博学而笃志,切问而近思。
（《论语·子张》）

博晓古今,可立一家之说;
学贯中西,或成经国之才。

复旦博学·复旦博学·复旦博学·复旦博学·复旦博学·复旦博学

复旦博学·社会工作教学案例库系列

赵芳 主编

社会工作
教学案例与课程设计

SOCIAL WORK
TEACHING CASES
AND
COURSES DESIGN

复旦大学出版社

目 录

序言 001

▌健康社会工作▐

1. 医务社会工作者介入PSICU患儿家庭支持系统

           马凯旋　孙　瑛　金钟鸣　003

2. 儿科护士临终关怀能力干预小组

     付　芳　高文红　傅丽丽　傅　茜　张灵慧　030

3. 赋权取向的小组社会工作

 ——以促进心境障碍患者恢复社会功能为例　　薛莉莉　058

4. "新路径、新希望"社区精神康复探索计划

 ——精神障碍康复者潜能拓展营　　　　　　　许俊杰　085

▌家庭社会工作▐

1. 婚姻暴力中受害妇女的社会支持

             高建秀　周冬然　111

2. 单次社会工作治疗在中国的发展及潜力：以三个家庭案例为例

              约翰·K.米勒　129

老年社会工作

1. 优势视角下的老年个案：身体—心理—社会功能的综合评估及介入

   张佳安　151

2. 以小组社会工作促进院舍养老的跨部门合作

   陈岩燕　朱　强　徐　伶　郑红霞　170

3. 美丽夕阳·社区老年活动室营造

   陈　琳　朱　强　吴艺琳　198

社区社会工作

1. 优势视角理念下增能理论在社区戒毒康复领域中的运用

   傅鹏鸣　赵　芳　221

2. 何以践行社会工作的"社会性"？
   ——一项针对成年精障人士"老养残"家庭照料者的项目实践

   韩央迪　张丽珍　赖晓苗　郑思佳　高瑞鑫　243

3. CIPP模型在社会工作项目评估中的应用
   ——以乐耆社会工作者服务社"银福家园"项目评估为例

   王川兰　葛丹玲　文玉群　277

4. 灾后安置社区建设
   ——基于增能的观点及策略

   刘　江　311

5. 新梅社区来沪人员社区融入　　陈虹霖　黄苏萍　330

后记　　360

序　言

　　社会工作是协助人们恢复和发展社会功能的助人专业和利他职业，是政府管理与市场服务的并存共生系统，也是发达地区和文明地区的重要标志。任务目标与过程目标的融合、助人自助与促境美好的兼顾，是社会工作区别于其他系统的重要特性。

　　基于理论的实践取向是社会工作的重要品性。社会工作长于实践，也有其理论，后者有基础理论和实践理论之分。关于个人发展的微观理论、关于场境变化的宏观理论以及关于社会福利的相关理论，都是社会工作的基础理论；基于前述理论而开展的助人策略，则属于社会工作的实践理论。与其他学科主要研究"是什么"和"为什么"有所不同，社会工作必须在回答这两个问题的基础上回应"怎么办"并采取相应行动。从社会工作实践的需求评估、方案制订、计划推行和评估总结四个阶段审视：以心理学为核心的微观理论和以社会学为核心的宏观理论可以作为需求评估的理论支撑；方案制订则需融汇管理学、政治学等方面的技术；计划执行和评估总结则需动态整合心理学、社会学、政治学、管理学等方面的知识和技能。因此，社会工作既汲取了相近学科的养分，又因其融汇品性、实践导向及社会价值而超越了这些学科，这应该是社会工作专业和职业的特色所在。

　　社会工作实践的广而推之和动态优化，离不开具体的实践案例。案例形成则充满社会研究中"假设演绎法"的意境。对于案例，业界首先要将实践进行归纳，然后应将其向相关领域、地区和场境进行演绎。因此，案例的形成不但可以推进社会工作的实践，而且利于凝练社会工作的理论，还可以对人类发展和文明进步作出操作性贡献。

　　复旦大学是国内的社会工作重镇之一。20 世纪 20 年代，复旦大学社会学科就有儿童福利等课程,雷洁琼先生曾在此讲授过社会工作类课程。1993年,社会学系针对上海在职人士进行了社会工作专业的大专教学。1998年,招收了全日制的社会工作大专学生。2000年,开始了本科层面的教学。2001年,与香港大学社会工作及社会行政系联合举办了社会服务管理硕士(MSSM)和国际认可的社会工作硕士(MSW)两个学位项目。截至2009年,该两项目共为中国内地培养了50多位MSW和60多位MSSM的毕业生,本校当初所有从事社会工作教学的老师也均接受该MSW培训并获得了学位。目前,复旦大学社会工作学系的绝大部分教师具有国际认可的社会工作相关高级学位,还拥有社会工作的本科、科学硕士、专业硕士、博士和博士后的完整培训系列。在社会工作研究中,本校教师对于社会工作本土导向、健康社会工作、家庭社会工作、老年社会工作、社会服务组织、社会政策等领域探索众多且成果不少。与此同时,复旦大学社会工作学科的师生还积极参与社会工作实践。绝大部分教师或者是社会工作专业机构的理事会、专家咨询团、督导组的成员,或者直接创办社会工作服务机构。目前,教师自办和推动MSW毕业生举办了六家社会工作机构,这些机构在当地社会工作中均有积极参与。在重大自然灾害或突发社会危机中,复旦大学社会工作教师均是上海社会工作灾后援建服务团的核心成员。在上海乃至全国的社会工作相关行政和政策中,复旦大学社会工作专业的教师也有相应贡献。因此,融汇和跨界堪称复旦大学社会工作专业的重要特色。

　　本书正是由具有如此特性的专业教师及其团队完成的案例汇编和教学设计。从场域审视,本书涉及健康社会工作、家庭社会工作、老年社会工作以及社区治理与社区社会工作;从对象审视,案例既涉及患儿家庭、精神障碍者、受虐妇女、老人、社区戒毒康复者、来沪务工人员等弱势群体,也涉及医护人员等非传统工作对象,还探究了灾后安置社区,并运用了临床社会工作和宏观社会工作的诸多实践模式。十多个案例中,有个人力作,也有团队成果。主编赵芳老师在策划和推进本书出版中付出了辛勤劳动。

　　本书的出版进一步充实了国内的社会工作案例库。三十年来,国内社会工作界始终积极推进社会工作实践,在近年更致力于将其融入社会治理以发挥该专业的特殊角色功能。但是,对于社会工作实践的探索研究总体不多,形成的社会工作案例和教学设计更显不足。本书的出版不但可以丰富社会工作的案例宝库,而且可以借此对社会工作的学历教学、在职训练和能力评价发挥延伸效应。

　　本书虽然属于受过规范训练的复旦大学师生的集体力作,但是也并非完美无缺。作者们如果能对外来模式的本土应用有更多思考,在解析案例时更加充分以更好地指引教学,在思考建议中更多些宏观品味,则本书的实践意义会更多,"社会"品味会更浓。

总体而言,本书很好地展示了复旦大学社会工作专业师生的积极探索和专业思考。本书的出版对于社会工作的实践探索、社会工作学科的教学推进都有其积极意义。其理论价值比较明显,实践意义无庸置疑,值得社会工作学术界、实务界及关注社会工作的其他人士参鉴领悟。

顾东辉

2019 年 9 月于复旦大学

健康社会工作

健康是一种自由,在一切自由中首屈一指。

——亚美路

医务社会工作者介入 PSICU 患儿家庭支持系统

马凯旋　孙　瑛　金钟鸣*

【摘　要】　医院社会工作是医务社会工作中的一个部分,主要面向医院中就医的患者开展。本土的医院社会工作开展强调在现有的医疗制度、背景下,充分评估服务对象需求和调动医疗机构内外的资源,让社会工作者能够成为多专业合作医疗团队中的重要一员,服务于患者,并在实务推进的过程中提升医护人员、社会大众对医务社会工作的认知。本案例以上海交通大学医学院附属新华医院医务社会工作者介入 PSICU 患儿家庭支持系统项目为例,展示了本土医务社会工作服务设立、推进和发展的各个阶段以及实务工作的方法和技巧。

【关键词】　医务社会工作、医院社会工作、危机干预、生态系统理论

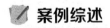
案例综述

一、项目背景

2013 年 9 月,原上海市卫生局印发《关于推进医务社会工作人才队伍建设的实施意见(试行)》,提出了加快推进医务社会工作者人才队伍建设的各项措施,各级医疗机构积极响应并设立医务社会工作岗位,探索医务社会工作在个体防病治病、改善健康状况、建立健全现代健康照顾体系、提高生活质量和构建和

---

* 马凯旋,上海交通大学医学院附属新华医院医务社会工作部医务社会工作者,复旦大学社会工作专业硕士(MSW)毕业;孙瑛,上海交通大学医学院附属新华医院医务社会工作部医务社会工作者;金钟鸣,上海交通大学医学院附属新华医院医务社会工作部主任。

谐社会中的重大意义。2013年8月,上海交通大学医学院附属新华医院(以下简称新华医院)正式成立医务社会工作部,与复旦大学社会工作学系合作积极推进医务社会工作在本院的实务开展以及人才培养,让医务社会工作能够合理地嵌入医院体系,发挥其应有的作用。

儿科重症监护病房(Pediatric Intensive Care Unit, PICU)发展至今,已大大提高了急危重症患儿的抢救成功率,降低了重症患儿的病死率。目前,新华医院小儿重症医学科有 PSICU(儿外科重症监护病区)、PMICU(儿内科重症监护病区)两个病区。其中,位于新华医院小儿外科临床医学中心的 PSICU 有两个治疗组,分别收治有外科监护需要的新生儿和1个月至12周岁儿童,共有核定床位34张,患儿以危重症入院或重大手术后监护居多。近年来,随着全人健康理念的发展和普及,PICU 特殊的环境、封闭的管理模式对患儿及其家属带来的心理压力和社会负担受到医疗界的关注。考虑到医疗需要以及各方面条件的限制,新华医院 PSICU 暂时未开放家属入室探视。医护人员提出希望社会工作者能够协助他们为患儿和家属提供更多、更全面的关怀。

二、文献回顾

近年来,国内外学者开始日渐关注 PICU 住院经历可能给患儿造成的负面心理影响。陈锦秀、叶天惠对国外有关 PICU 住院患儿创伤后应激障碍(PTSD)的研究文献进行了综述,大量文献证实 PICU 住院经历和患儿心理健康之间存在一定的关系,严重者导致患儿出现创伤后应激障碍,并影响患儿及其家庭的生活质量[1],这警示 PICU 临床医护工作者应关注 PICU 住院期间患儿的心理健康,以提早预防 PTSD 的发生。

针对 PICU 患儿家属,国外研究证实,大多数家属在患儿入住 PICU 期间,均有不同程度的焦虑感、悲伤感、恐惧感甚至绝望感,容易发展成为严重抑郁或 PTSD[2]。国内目前已有一些文献关注他们的心理社会需求并采取了相应的应对措施。多项采用症状自评量表(SCL-90)或焦虑自评量表(SAS)针对 PICU

---

[1] 陈锦秀、叶天惠:《住院 PICU 患儿创伤后应激障碍研究进展》,《中国护理管理》2015年第10期。
[2] Azoulay, E., Pochard, F., Chevret, S., et al., "Risk of Post-traumatic Stress Symptoms in Family Members of Intensive Care Unit", *American Journal of Respiratory and Critical Care Medicine*, 2005, 987-994.

患儿家属的定量研究皆表明,PICU 患儿父母心理健康水平低于正常人群,存在不同程度的焦虑、抑郁、强迫症状以及人际关系敏感等心理健康问题[①]。

李丽对 12 位外科 ICU 家属心理压力来源进行了质性研究,研究发现,家属的心理压力主要来自五大方面——担心病人救治是否成功、与医护人员的有效沟通不足、探视制度带来的压力、临床决策困难和经济压力[②]。同时,李丽还在瓦塞尔(Wasser)等研制的危重症病人家属满意度量表(CCFSS)的基础上进行了标准汉化和信效度检验,制成了中文版本的危重症病人家属满意度量表(C-CCFSS)。陈锦秀等利用该量表在患儿入住 PICU24 小时内、72 小时内和患儿离开 PICU 前、后对家属的需求进行了四组测量,结果显示:家属对患儿的信息需求是最重要的,家属更希望得到患儿治疗和预后的消息;随着患儿病情的稳定,家属逐渐开始关注患儿在住院期间的舒适度[③]。可见,家属的需求随着时间、患儿病情的变化而发生变化。李丽在对外科 ICU 家属心理压力来源研究的基础上,提出了较为系统的应对策略,包括重视护理质量、努力提高 ICU 病人的抢救成功率、医护人员与家属做到有效沟通、建立弹性的"以病人和家属需求为中心"的探视制度、促进国内临床决策共享模式的建立与发展、鼓励亲友提供精神和经济上的支持与帮助等。

针对患儿家属的心理压力,近年来国内医疗机构已经开始探索不同的应对措施。朱媛媛等[④]、岳坤芬等[⑤]通过研究,证实了增加改善护理干预的形式(如增加心理护理干预、采用综合护理干预等)对降低患儿家属焦虑的有效性。陈锦秀等通过干预研究,证实持续性护理人文关怀能够显著提高 PICU 家属的满意度,

---

① 向国平、彭文涛、颜金花:《46 例 PICU 患儿父母心理反应及护理》,《护理研究》2003 年第 6 期;周凤玲、向国平:《PICU 患儿家属焦虑状况与应对方式的相关性分析》,《护理学杂志》2005 年第 20 期;彭莉、陈淑珍、陈建丽等:《PICU 危重患儿家属心理反应及需求的调查研究》,《护士进修杂志》2007 年第 22 期;何庆荣:《遵义市某三甲医院 PICU 患儿家属心理状况调查及护理对策》,《齐齐哈尔医学院学报》2016 年第 37 期。
② 李丽:《外科 ICU 病人家属支持系统的建构与效果评价》,中国人民解放军第二军医大学博士学位论文,2009 年。
③ 陈锦秀、叶天惠、余慧英等:《持续性护理人文关怀在提高 PICU 住院患儿家属满意度中的应用》,《护理研究》2015 年第 20 期。
④ 朱媛媛、杨小红、陈霞:《浅析护理干预对 PICU 患儿家属焦虑心理的影响》,《实用临床医药杂志》2013 年第 17 期。
⑤ 岳坤芬、叶素琴、苏家琼等:《PICU 危重患儿家属焦虑状况及其心理干预效果观察》,《海南医学》2013 年第 24 期。

强调了人文关怀和心理护理需要贯穿整个住院过程以及需要出院后跟进①。

针对家属的探视需求,一些医疗机构也引进了现代的科技手段。苏慧敏等研究证实,运用手机视频探访能够有效降低 PICU 患儿父母的焦虑②。王文杰等对十堰市太和医院开展的干预研究,证实了以"基于医护一体化有效沟通的移动视频探视"的有效性。该研究除了区别于过去以护士为主体的干预模式,注重对移动探视系统以及"沟通-探视-沟通"制度的重视,还强调了"医护一体化沟通",即医生护士作为团队整体介入,根据患儿家属需求评估结果围绕探视开展充分的、有针对性的沟通③。

综上所述,患儿在 PICU 的住院经历会给患儿自身和家属皆带来各种心理压力,从全人健康的视角出发,患儿和家属的心理、社会需求需要得到进一步的重视。当前,国内的研究能够让我们初步了解 PICU 患儿家属心理压力的来源,并以此为依据制定相应的应对措施,但针对患儿自身心理需求和应对策略的研究尚不多见。当下的研究中,关心和参与干预 PICU 患儿家属心理需求的多为护士,也有研究强调医护团队的合作,但尚未见到社会工作者在其中的作用。社会工作者与医生、护士接受的专业训练不同,在沟通中持有的价值观和采用的方法也会不同。社会工作者会以平等而非权威的姿态与服务对象沟通,尊重服务对象的自决,帮助服务对象提升应对危机的能力,助人自助。医务社会工作者的加入是对医疗团队的有力补充,作为医疗团队中的一员,医务社会工作者在帮助患儿和家属建立支持系统、促进医患之间积极有效的沟通方面尚有很大的提升空间。

三、需求评估

2015 年 7 月起,新华医院医务社会工作部开始进入 PSICU 提供服务,并在此过程中通过观察、访谈等方式收集信息,进行需求评估。目前 PSICU 两个区

---

① 陈锦秀、叶天惠、余慧英等:《持续性护理人文关怀在提高 PICU 住院患儿家属满意度中的应用》,《护理研究》2015 年第 20 期。
② 苏慧敏、李素明、苏乐等:《运用手机视频访视降低 PICU 患儿父母焦虑的实践及效果分析》,《中国护理管理》2015 年第 15 期。
③ 王文杰、王梦荷、詹艳等:《基于医护一体化有效沟通的移动视频探视在 PICU 中的应用》,《海南医学》2016 年第 27 期。

域中，1—19 床病区为接受重症监护的新生儿，20—34 床为需要重症监护的 12 周岁以下儿童。医务社会工作者介入的以 20—34 床、可以进行语言沟通的患儿及其家属为主。医务社会工作者是在被医护人员邀请进入 PSICU 提供服务之后不断拓展服务内容的，因此，本文将先介绍医护人员的需求，再介绍患儿及家长的需求。

（一）医护人员的需求以及对社会工作者的角色期待

表达性需求来自个人或团体，是通过行动和表达明示出来的需求。服务对象是否能够表达出需求，与其对社会工作者角色的理解和期待（社会工作者是什么？社会工作者能做什么？）有很大的关系。PSICU 医护人员的需求以及对社会工作者的角色期待，随着社会工作者对医疗团队工作参与的加深而发生着变化。

1. 改善工作环境的需求

2015 年 6 月，医务社会工作部对小儿外科临床医学中心 4 个病区开展了环境优化行动，联合实习社会工作者、志愿者共同美化住院环境，提升患儿住院时的视觉舒适度。因对同一幢楼中的 PSICU 具体环境、运作方式、实际需求不熟悉，谨慎考虑后未对该病区进行优化。7 月，PSICU 护士长主动提出希望医务社会工作部协助优化环境。在沟通过程中，护士长表示，PSICU 中的色彩单调，患儿对住院环境感到恐惧，医护人员工作时也感到紧张、压抑，希望能够通过装饰来改善环境，一定程度上缓解患儿的恐惧和医护人员的紧张情绪。

2. 陪伴和安抚患儿，增进患儿配合度的需求

在社会工作者带领实习社会工作者进入 PSICU 进行环境优化的同时，社会工作者主动对正在哭闹或对医护人员治疗不配合的患儿进行安抚。医护人员向社会工作者表示，能够理解儿童很需要家属的陪伴，但现阶段病区内的条件无法实现家长入室陪伴或探视。尽管医生和护士对患儿表示同情，但治疗工作繁忙，实在很难有充足的时间对患儿进行充足的抚慰，而患儿的不理解、不配合也给他们的临床工作带来很多烦恼。他们看到社会工作者的介入可以在一定程度上减轻患儿对环境的不适应，增进患儿的配合度，于是提出希望社会工作者对一些可以进行语言沟通的患儿进行陪伴和抚慰。

3. 改变家属认知，疏导家属情绪，增进家属对医护人员理解的需求

社会工作者在与个别患儿进行沟通后进一步与家属沟通，并将有关情况反

馈给医护人员。医护人员向社会工作者表示,非常理解家属的焦虑情绪以及焦虑的来源,但面对家属的焦虑,并不是所有医护人员都有足够的沟通、疏导能力,而且很多问题也来自家属对医护团队的不了解、不理解、不信任,而不理解、不信任也增加了医护人员沟通的难度。医护人员看到社会工作者的参与能够改变家属的认知和舒缓家属的情绪,增进家属对医护人员的理解,因此也开始主动向社会工作者转介他们认为需要社会工作者介入的家属。

4. 协助医护人员提升责任意识、疏解压力、提高沟通能力的需求

随着社会工作者在PSICU工作的增多和加深,以及在工作过程中以各种非正式及正式的方式对社会工作相关知识和理念的介绍及展示,开始有医护人员主动询问专业相关的问题,也会提到个人以及团队在工作中遇到的压力和困惑,主动提出希望社会工作者能够为医护人员开设讲座,提升新进员工的责任意识,提高医护人员的沟通能力。

(二) 患儿的需求

从患儿角度来看,其主要需求有安全需求、知情和表达需求、适应住院生活的需求、改善家庭关系的需求。

1. 安全需求

PSICU患儿主动表达的需求通常是"想爸爸妈妈""想回家"。很多患儿从来没有重症监护病房的住院经历,有的甚至没有任何住院或与父母多日分离的经历,而且很多患儿是由于突发需要而被安置进重症监护病房,在之前并不知情。住进PSICU对患儿来说是一个非常大的冲击,与其住进来的原因(重病或重大伤害)一起对患儿带来了双重打击。对患儿来说,最大的冲击来自离开熟悉的家庭、校园和同辈群体,来到陌生环境的不适应以及父母不在身边的不安,而一些创伤性治疗也会加剧患儿对医护人员、病区和医院的负面感受,产生强烈的失能感、不安全感,以至于想要逃离,以哭闹、不配合等方式来发泄自己的情绪,或主动地表现自己或反复提出要求以引起医护人员的注意。

2. 知情和表达需求

患儿的不安全感有很大一部分来自不知情——不知道自己在哪里,不知道为什么自己会被安置在这里,不知道父母在哪里,甚至会误认为"你们(医护人员)要伤害我""爸爸妈妈不要我了"。根据认知行为理论,人的情绪与其信念、自我告知和评估是否理性有关。如果患儿对自己的处境不知情,也就很难作出理

性的判断，容易产生不安全感。

此外，一些年龄较大的重症患儿，对自己病情有更全面、更深入知情的需求。当患儿向医生护士表达"我得了什么病"或者"我的病什么时候能治好"的疑问时，医生和护士有时感到很难回答，或因害怕伤害患儿情感，或因患儿理解能力有限，对于病情不知如何告知。有时家属不希望患儿了解自己的病情，但患儿会在医生和护士查房、沟通病情时听到与自己有关的信息并作出判断，也会造成家属和医生之间、患儿和医生之间、患儿和家属之间的误解。

PSICU接收的都是12周岁及以下的儿童，这些儿童的认知水平和语言表达能力有限，情绪、观点、疑问都很难充分地表达，而没有清楚的理解和表达，也就增加了医护人员与患儿之间的沟通障碍。对于一些不使用汉语或普通话的患儿，表达的难度会更大。

3. 适应住院生活的需求

在刚进入PSICU时，患儿因为对住院环境的不适应常常有激烈的情绪和行为反应。患儿在病情转好至离开PSICU之间需要一段时间，当其躯体症状减轻、逐渐适应住院环境和当下的人际交往模式后，之前激烈的情绪和行为会减少，进而表达出"无聊""好想离开"等情绪，有对更丰富的住院生活、更多的社会功能恢复的需要。当患儿从PSICU转入普通病房后，住院环境发生变化，重新与父母建立紧密的连接，患儿也会有新的不适应情况出现。

4. 改善家庭关系需求

患儿在住院期间有时会表现出家庭关系上的潜在问题，如接受父母的照料不足、对父母过度依赖、对父母愧疚（"生病耽误你们工作了"）、对父母责备（"你们都不管我"）等。当患儿离开PSICU后，父母就要加入对患儿的日常照料和护理，如果对家庭关系处理不当，有可能会造成患儿康复阶段照料不足或对父母不配合等问题，给患儿以后的康复带来阻碍。

（三）患儿家属的需求

患儿家属的需求主要有适应需求、知情需求、经济需求、家庭关系需求、人际交往需求、做出计划和准备的需求等。

1. 适应需求

新入院患儿的家属，尤其是孩子因突发情况入院的，对于医院的就医流程、就医环境可能会非常不熟悉，在打乱以往的工作和生活节奏、进入就医程序的过程中,强烈的未知、无助、慌乱会使其感到强烈的不适应。

2. 知情需求

面对医院工作人员,家属最直接表达的是知情需求,即希望了解患儿治疗情况、在病房中的表现,尤其是情绪和适应情况等。PSICU 医生会在一定的时间内就患儿病情和治疗情况与家属进行会谈,但会谈内容集中在医疗方面,家属依然无法直观了解患儿的表现,依然会担心孩子不适应环境。此外,会谈医生只能介绍 PSICU 相关基础治疗,而手术安排、手术情况等需要家长与手术科室医生进一步沟通,但由于手术科室医生受时间、场地等的限制,与家属会谈时间有限,导致家属仍然有沟通不足的感受,有进一步的知情需求。家属的文化水平、沟通能力也对此需求有一定的影响。

3. 经济需求

住院期间,患儿治疗费用昂贵,尤其是 PSICU,相关设备、用药等费用较普通病房要高,对一些贫困家庭或者事发突然、来不及准备的家庭都会带来很大的负担。

4. 家庭关系需求与人际交往需求

孩子生病对家庭来说是极大的冲击和消耗,而家庭在此时十分需要来自周围的支持和帮助。来自亲戚、朋友的经济支持或抚慰都能够帮助患儿家属缓解压力,但一些家庭本来拥有的社会支持就非常薄弱,或者难以寻求。有时,是否要将孩子的情况告诉其他亲属(如爷爷奶奶)、如何缓解其他亲属对孩子的担心、如何影响周围人对自己家庭的舆论、如何从身边争取更多的支持、如何回馈他人对自己家庭的善意等,都会成为孩子父母的烦恼之处。

5. 做出计划和准备的需求

在孩子刚转入 PSICU 时,很多家属会对医生说"只要孩子能治好,别的我们都不在乎"。但事实上,如果没有做好充分的计划和准备,家属在后期,尤其是患儿离开 PSICU 需要家属时时在身边照护时会更加慌乱。很多家属因为担心患儿而忽略了自己的生理和心理健康,以至于后期照顾患儿时倍感压力。对家属来说,孩子在 PSICU 住院期间不需要时时陪床照顾,可以利用这段时间来调整自己,为未来做出计划和准备。

四、项目目标

根据文献综述和需求评估,医务社会工作部拟定了进入 PSICU 开展服务的总目标和子目标。

(一)总目标

协助 PSICU 患儿适应住院环境,调整情绪,主动配合治疗过程;帮助患儿家长舒缓压力,对未来做出计划,提升自助能力;成为医疗团队中发挥积极作用的一部分,促进医患沟通,为医护人员提供专业支持。

(二)分目标

本项目实施的分目标有:

(1)让医护人员了解社会工作者的角色和作用,建立"医生-护士-社会工作者"的团队合作模式,在医疗团队中进一步推广全人健康和"患者为中心"的服务理念。

(2)建立 PSICU 社会工作者探访制度,建立探访记录、个案管理记录模板和档案库。

(3)在日常探访中帮助有一定沟通能力的住院患儿适应当下的环境,为患儿和家长建立沟通桥梁(书信、传话等)。

(4)对于遭遇重大伤害(如车祸、坠楼等)的儿童及其家庭进行长期个案工作,实现 PSICU 中到 PSICU 后的全程服务。

(5)与医护人员一起探索建立家属探访制度的可能性。

五、理论依据与介入策略

本项目以危机干预理论和生态系统理论作为理论依据。

患儿重病以及患儿住进 PSICU 两个事件共同成为患儿及其家庭遭遇的危机。在危机面前,患儿和家属需通过调动处于危机之中的个体自身潜能来重新建立或恢复危机爆发前的心理平衡状态。社会工作者需在全程评估案主状态的基础上倾听,以明确问题、确保当事人的安全、提供支持,在倾听的基础上行动,明确可供利用的应对方案、制定计划、获得承诺,以增强案主的自我效能感。

生态系统理论强调个人与环境之间的交互作用。在治疗阶段,首先对治疗目标产生作用的是医患系统,包括"医疗团队-患儿"和"医疗团队-患儿家属"系统。此外,在对患儿和家属分别进行干预的过程中,家庭系统也需要得到关注。

因此,在介入时,社会工作者将首先对患儿及家属分别实施危机干预,进一步促进患儿家庭系统的改善,并与医护人员组成医疗团队,促进医患沟通和医患系统的改善(见图1)。

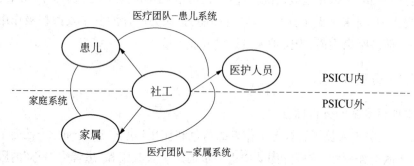

图1　PSICU患儿家庭系统与医患系统干预策略

六、项目具体执行情况

项目具体执行过程包括嵌入医疗团队、对患儿和家属进行危机干预、促进家庭系统内部互动、促进家庭与医疗团队的互动。

(一)嵌入医疗团队

医护人员对社会工作者的认知、期待在一定程度上影响医务社会工作者的工作范围和效果。为了能够嵌入医疗团队、与医护人员实现多专业合作,医务社会工作部采取了以下措施。

1. 优化病区环境,传递服务理念

如上文所述,医务社会工作部是从受医护人员邀请参与病区环境优化工作起进入PSICU开展服务的。优化病区环境的过程是社会工作者与医护人员直接互动的过程。在了解医护人员环境需求、装饰喜好、带动医护人员共同参与的过程中,社会工作者向医护人员直接或间接传达了简洁易懂且与医护人员需求直接相关的社会工作服务理念:优化的环境可以改善人的心理状态;患儿和家属的心理健康状况需要关怀;医护人员工作时的心理状态值得关注;医护人员的工作状态对患者的治疗过程和体验有很大影响等。在此过程中,医护人员能够感受到社会工作者是在积极地对医护人员和患者提供帮助,消除了对其"行政部门"管制、监督角色的刻板印象,因而有意愿进一步与社会工作者团队建立伙伴关系。

2. 主动发现需求,协助排忧解难

在优化病区环境的过程中,社会工作者在PSICU内发现了几个让医护人员感到为难的案例,有的是患儿长时间哭闹、不配合医护人员的操作,有的是家属对医护人员充满质疑和不信任,有的是家庭经济困难以致影响治疗进展等。社会工作者在与医护人员充分沟通后,从社会工作者的视角参与了讨论,探析患儿不配合、家属不信任背后的原因和反映出的需求,并主动与患儿和家属进行沟通,使得问题有所改善。对于经济困难的家庭,社会工作者也积极引入外部资源,协助他们申请社会上的有关慈善捐助。这些工作之后,医护人员开始信任社会工作者的工作能力,有的合作较多的医生开始有意识地将其认为需要进一步介入的患儿或家属转介给社会工作者,但大部分医护人员在转介时表达的还是"需要社会工作者来陪陪孩子"或需要协助其申请慈善捐助。

3. 专业呈现,系统介绍

在提供一定社会工作服务的基础上,医务社会工作部邀请PSICU护士长、医生分别参与了由医务社会工作部举办的研讨会、实习督导会、护士长交流会等会议,请他们聆听社会工作者和实习社会工作者的工作报告,了解社会工作专业老师的专业解析,作为需求方的代表与社会工作相关人员进行观点碰撞。有医生说:"我以前只是觉得你们能陪陪孩子、陪陪家长,听完汇报以后才知道你们做了这么多,才知道你们是这样的一个专业。"

(二) 对患儿的危机干预

1. 评估——关注当下的苦难

在每次开始与患儿的会谈前,社会工作者都首先需要向医护人员了解患儿近况,包括身体的恢复情况以及近期的情绪表现、沟通表现。其次要对患儿的表现及其周围环境进行观察。通过了解、观察,判断患儿当下可能的处境以及急需解决的问题。在与患儿的病床边会谈正式开始时,要从开放式提问开始,如"今天怎么样""有什么想对我说的吗",为患儿提供表达的空间。之后,根据患儿的反应及时跟进。要着重澄清患儿对自己当下的处境是否了解——"你知道这是哪里吗?""你知道自己为什么会住在这里吗?""你住进来多久了?""你知道爸爸妈妈在哪里吗?"

2. 确保患儿的安全

在询问、倾听的过程中观察患儿的反应,在患儿有影响身体健康的激烈反应,如过度哭闹、挣脱束缚、试图去除相关治疗和监测设备、自我伤害时,及时制止和安抚,确保患儿安全。

3. 对患儿的困惑给予直接的回应

在被社会工作者询问当下处境时,患儿有时可以判断出自己所处的情境——"我在医院里""我生病了爸爸妈妈带我来这里""医生说爸爸妈妈在外面等我"。当发现患儿对自己的处境认知不清楚时,社会工作者需要对患儿进行直接的回应,即便患儿有所了解和表达,也需要进一步强化,使其清楚地认识到:我现在生病了,因为要看病所以会来到医院;我现在身处医院的重症监护病房;我因为病情比较严重所以会住进重症监护病房;重症监护病房里的卫生要求非常严格而且有非常多的设备,所以有很多要求,爸爸妈妈不能进来看我;爸爸妈妈就在门外等我,他们一直在关心我;等我病情转好就能离开这里和家长在一起;我现在看到的医生和护士都是爸爸妈妈委托来帮助我的;等等。

4. 倾听和同理患儿当下的处境

除了直接解决患儿当下的困惑,社会工作者更需要积极倾听、同理患儿当下的处境。让患儿知道社会工作者愿意陪伴他、了解他,并且能同理到病痛、创伤性治疗、离开父母、离开熟悉的生活轨迹、离开同学朋友等给他带来的种种痛苦和不适应,以疏导患儿表达自己的情绪,拉近患儿与社会工作者之间的距离,建立专业关系。

5. 制定计划

在患儿清楚了解自己的处境后,和患儿确认共同的目标——病情转好,因为这是患儿、家长、医疗团队共同的期待,也是患儿能够离开PSICU与父母重聚的直接标准。与患儿探讨实现目标的方法:一是配合医生和护士的帮助,与他们建立良好的沟通和关系;二是保持相对平稳的情绪状态,坚定信念。在这个过程中,让患儿知道主动付出努力和接受他人的帮助都是重要的,让其感受到自己的主动参与对目标实现的重要性,激发其对自己的责任意识,提升自我效能感。

6. 获得承诺

在制定计划后,和患儿确认计划的可行性——"你觉得能做到吗?满分10分的话你能做到几分?"以此为患儿树立信心,获得患儿积极落实计划的承诺。

(三) 对患儿家属的危机干预

1. 告知患儿现状——直接回应当下苦难

家属的焦虑首要来自对治疗的不安和与孩子的分离。对治疗的不安可以由医护人员通过病情讲解得到一定的缓解,与孩子的分离则可以通过社会工作者直接告知其患儿当下状况得到缓解。在社会工作者探访患儿的过程中,如果患儿有清楚的语言表达,或者有希望社会工作者带给家长的话,社会工作者都可以传达给患儿家属,在客观传达之后,社会工作者可以协助家属发现患儿表现行为中的积极因素。

2. 倾听和同理心,对家属提供支持

当家属从社会工作者处了解孩子的现状后,会比较容易与社会工作者建立信任关系,加上医护人员平时和家属沟通的时间有限,患儿家属会比较愿意向社会工作者倾诉自己的经历和感受。面对家属的倾诉,社会工作者应当给予充分的倾听、接纳、尊重和理解,并用同理心予以回应,让家属感受到支持。

3. 肯定家属的努力,与其一同发现优势和资源

很多家属由于对医院和医疗过程不熟悉,在办理各种手续时常常会遇到不顺利的情况,因而感到无助。当患儿生病时,很多家属也会产生自责的心理,如"都怪我没照顾好孩子让他生病";或者觉得自己无用,如"我要是早带他去检查就好了""我要是多懂一点医学知识就好了"。这时,社会工作者要帮助家属梳理其就医过程,对家属在此过程中的不易表达同理心,肯定家属目前已达成的成就(如"你现在能带孩子从老家来到上海看病是多么不容易啊!"),发现身边的支持(如"原来有这么多家人、朋友都在帮你呢!""可以问问医生有没有情况和你们相近的家属愿意和你交流一下"),强化其自身和周围的优势和资源,增强家属的信心。对于有经济困难的家庭,社会工作者可协助其寻找社会公益机构的帮助。

4. 帮助家属梳理当下的任务,制定计划,获得承诺

患儿在PSICU住院期间,家属有较为充足的时间为以后的治疗、康复做准

备。社会工作者需要在沟通中让家属意识到,其需要在此期间:(1)照顾好自己的身体,为以后照护患儿做准备;(2)了解治疗所需费用的预估情况,做好经济方面的准备;(3)与医护人员做好充分沟通,为每次的医生谈话做准备,了解患儿现状,了解未来离开PSICU的时间以及离开后的相关注意事项;(4)顾及家中关心孩子的其他人,如爷爷奶奶等,维持好家庭关系和人际关系;(5)了解患儿离开PSICU进入普通病房时常出现的心理反应,做好应对准备。在认知充分的基础上帮助其制定合理的计划,获得承诺。

(四)促进家庭系统内部互动

在处理好患儿和家属的危机后,社会工作者需要在患儿和家属之间建立较为常态的沟通桥梁,例如为双方带话、带书信,或在不影响正常医疗过程的前提下请家属提供对孩子来说有重要意义、能够起到安抚作用的东西(如常用的玩偶、好朋友的书信、父母的照片、父母的绘画作品、对患儿有鼓励作用的视频等)交给患儿。要在患儿和家属中间建立共识:(1)疾病已经发生了,现在要关注的是如何克服困难、获得更好效果的治疗;(2)疾病不是家庭中任何人的错,是全家人(包括患儿和家属)的共同努力,才让孩子能够接受到现在的治疗;(3)不论治疗进展如何,家庭中的每一个成员都是彼此相爱的。

(五)促进家庭与医疗团队的互动

有时面对一些病情比较严重、预后不好的患儿,医生护士因为怕伤害患儿和家属情感,对告知病情会感到为难,社会工作者可以协助医护人员与患儿或家属进行沟通。首先澄清服务对象自己的认知和判断,再在此基础上让其知晓当下的情况,并告知其医疗团队可以提供的下一步治疗和关怀的计划。尤其是患儿,由于年龄限制可能无法理解医生介绍的医学术语,社会工作者可以协助用儿童能够理解的语言去沟通,让患儿能够自己思考这些医学术语背后代表的健康问题对自己的意义,以及未来的影响是什么。

在与患儿及家属沟通的过程中,社会工作者需要及时判断家庭与医疗团队的互动情况。对于积极的反馈,要在患儿或家属知情许可的前提下提示给医疗团队成员,增进医疗团队成员的信心;对于消极的反馈,如对医护人员的误解、不满、诉求等,也要以合适的方式反馈给医疗团队成员,提醒医疗团队成员积极探寻消极反馈产生的原因,对相关问题与患儿及家属作出理性的澄清和回应,促进医患系统互动的改善。

此外,在日常工作中,医护人员会注意到社会工作者与患儿或家属的沟通过程,看到社会工作者沟通中使用的方法;此外,社会工作者也会有意识地将自己对于问题的观点、分析的角度表达给医护人员,为他们展示不同的看待问题的视角,在实践中不断增强自己的沟通能力。同时,医务社会工作部也在和科室医护人员协商,计划未来对医护人员开展有关沟通能力的相关培训。

七、个案举例

患儿小恒(化名),6岁,因车祸造成多脏器损伤引发功能障碍,骨盆及左下肢骨折,双目失明,情绪反应激烈,常双手紧握病床栏杆不松开。其父母及亲属每次与医生会谈过程中都伴随激烈的情绪波动。医生将该个案转介给社会工作者跟进。

(一)对患儿的危机干预

接案时患儿主诉腿痛、腹部疼痛,眼睛看不见,常表达希望医护人员"开灯"。每当发现有医护人员经过,患儿都会要求其与自己说话,后提出希望爸爸妈妈来看他。社会工作者评估患儿此时有强烈的安全需求,在患儿病床边进行陪伴,与患儿进行语言沟通。

1. 了解和澄清患儿对创伤事件的记忆和感受

医生和护士以及家人都希望避免谈及车祸以及相关的创伤,害怕加重孩子的心理负担。但社会工作者认为,孩子对创伤事件会有一定的记忆和理解,只是我们不能判断记忆和理解的范围和深度,以及给孩子带来的影响有多深。如果一味避免谈及,有可能让孩子原有的表达欲望受到抑制,加重心理负担。所以,社会工作者在初期建立关系和评估的阶段,尝试了解患儿对创伤事件的记忆程度。

社会工作者:宝贝,你怎么样了?

小恒:腿疼。

社会工作者:哦,你摔跤了吗?把腿摔坏了吗?

小恒:不是,是车撞了。

社会工作者：哦，原来是这样啊。怎么会撞的呢？

小恒：……（患儿开始讲述车祸的经过）

社会工作者：你都记得吗？

小恒：是的。

社会工作者：你是看见的还是记得的？

小恒：记得的。

2. 安抚情绪，回应当下的需求

从患儿要求"开灯"、不停找人讲话、紧握栏杆等表现可以判断，患儿有强烈的恐惧和不安全感。在失明的情况下，患儿无法通过视觉判断自己所处的环境，声音、语言和肢体抚慰对其尤为重要。社会工作者尝试通过抚摸手部、轻轻按摩腿部、语言沟通对其进行安抚，协助其表达自己的需求，用同理心与小恒建立相互信任的关系。此外，社会工作者向小恒表明身份时使用"哥哥"称谓，以拉近与小恒的距离；在社会工作者团队其他成员跟进时，会向小恒表明"我们是和××哥哥一起的，昨天也来看过你，你还记得我的声音吗"，提醒小恒社会工作者和医护人员的关系，以及引导其练习用声音辨别不同人的身份。

社会工作者：你刚才想对我说什么？

小恒：我想要回家。

社会工作者：回家干嘛呀？

小恒：回家上学，我要妈妈。

社会工作者：以前有没有住过医院？

小恒：没有。

社会工作者：我知道，你第一次来医院一定很害怕，想妈妈，想回家、回到学校去，这里确实没有家里舒服。但你知道现在被车撞了，要在这里看病，你有没有觉得哪里不舒服呀？

小恒：腿疼。

社会工作者：是呀，腿撞坏了，所以你要待在这里，医生和护士才能帮你看病呀。

小恒：……（沉默）

社会工作者：等你病好了就能回家了。

小恒：嗯。

社会工作者澄清患儿不曾有过住院经历,将患儿的恐惧和不安全感合理化,并对此表示同理,与患儿建立好信任关系之后,进一步强调患儿住院治疗的必要性,让患儿能够接受当下的处境。

3. 帮助患儿设立目标,获得承诺

社会工作者要结合患儿的认知水平,从患儿自身需求出发,帮助其设立目标。目标需要可期待、有可操作性,才能激发患儿的承诺意愿,长期坚持并接受检验。

社会工作者：你想回家吗?

小恒：想。

社会工作者：我们刚才说怎样才能回家?

小恒：病好了能回家。

社会工作者：怎么才能使病好起来?

小恒：不知道。

社会工作者：谁是帮你治病的?

小恒：医生。

社会工作者：要不要听医生的话?

小恒：要。

社会工作者：为什么?

小恒：听医生的话好得快。

社会工作者：那就要乖乖的。除了医生能帮你,还有谁能帮你?

小恒：护士阿姨和哥哥。

社会工作者：要不要听护士阿姨和哥哥的话?

小恒：要。

社会工作者：还有谁能帮你?

小恒：不知道。

社会工作者：我们自己能不能帮自己呀?

小恒：……（沉默）

社会工作者：经常哭、每天都不开心能好得快吗?

小恒：不能。

社会工作者：所以我们要怎么做？

小恒：开心。

社会工作者：两个秘诀你记住啦？

小恒：听话，开心。

社会工作者：能做到吗？

小恒：能。

此后，社会工作者再跟进患儿时，经常会先询问"两个秘诀还记得吗？"并询问患儿的执行情况，提升患儿自我效能感。小恒开始逐渐接受当下的处境。

4. 随时应对新危机，提升患儿自身应对危机的能力

住院一段时间后，小恒要接受多次清创手术，每次手术后的疼痛都可能加剧他对下一次手术的恐惧。社会工作者通过持续的陪伴，在每次手术前后对小恒进行安抚和鼓励，向小恒强化手术的必要性，鼓励小恒积极面对手术和手术带来的痛苦感。随着治疗的推进，小恒的视力逐渐恢复，肢体创伤逐渐转好。

社会工作者：小恒，是不是又要做手术啦？

小恒：不想做。

社会工作者：为什么不想做？

小恒：疼。

社会工作者：是的，手术之后一定会疼的，我也会怕疼，但你一定比我勇敢，上次手术以后都没有哭。那你疼几天以后还疼吗？

小恒：不疼了。

社会工作者：不疼了以后你看到盖在腿上的纱布了吗？

小恒：嗯？

社会工作者：腿上的纱布变小了。

小恒：是的。

社会工作者：身上的管子呢？

小恒：少了。

社会工作者：对呀，这说明我们的身体怎么样啦？

小恒：越来越好了。

社会工作者：对呀，所以你知道手术是对身体好的，还是一定要做的，对吗？
小恒：嗯。
社会工作者：所以小恒要继续勇敢哦！

随着视觉慢慢恢复、肢体创伤部分康复，患儿更清楚地了解自己所处的环境，也开始表达出更多的需求。例如，就"还有几天能回家"的问题与医生"讨价还价"，更多地表达想要见到爸爸妈妈。社会工作者对小恒的感受表达同理，帮助小恒再次澄清住院的必要性和治好病的目标，鼓励小恒继续坚持下去。

（二）对患儿家属的危机干预

1. 将患儿的情况反馈给家属

社会工作者与小恒父母第一次会谈时，父母已经有几天没有见到孩子了，情绪波动较大，非常着急。当听说社会工作者进病房去探望孩子并与孩子做了沟通，迫切想知道社会工作者看到了什么以及孩子的反应。社会工作者将观察到的情况如实告诉家长，并表明自己是从家长的视角而非专业医护人员的视角出发去探望孩子，具体病情还需与医生做进一步沟通，以让家长能够更直接地了解社会工作者探望孩子的目的，拉进家属与社会工作者之间的距离，澄清社会工作者与医护人员之间的角色界限。

另外，社会工作者向小恒父母介绍了PSICU内的住院环境以及医护人员的照顾方式，让他们了解到孩子时刻都被医护人员关注，能够得到专业的治疗和照顾，且向其承诺会不定时来看望、抚慰孩子，提供人文关怀，希望父母能够更加放心。

2. 倾听、同理，疏导情绪

在第一次从社会工作者那里了解到孩子的情况后，小恒母亲流下了眼泪。社会工作者鼓励其抒发自己的情绪，并以同理的方式给予支持，肯定了父母在带孩子就医的过程中付出的努力，也承诺会继续陪伴小恒渡过难关，会把每次看到的情况反馈给她。

3. 不断向患儿父母确认目标，设置合理期待

在情绪稳定后，社会工作者开始与小恒父母讨论当下的任务，提醒其保全所有与车祸有关的证据，考虑保险赔偿和事故赔偿，在精力和能力有限的情况下考

虑聘请律师进行法律方面的代理和援助,以为小恒后续的治疗做好经济保障。此外,提醒小恒父母要照顾好自己的身体和情绪,为之后的照护做准备。

社会工作者与小恒父母沟通初期,父母表示对孩子的期待是"只要活着就好",当小恒身体逐渐转好,父母的期待开始增加——"视力能不能恢复正常?""下肢能不能健康行走?""有没有后遗症?""上学能不能跟上?"社会工作者提醒小恒父母关注自己目标的变化,肯定小恒情况的进步和父母为此付出的努力,提醒其也要警惕之后因为期待过高而产生失望感。

(三) 促进家庭系统内部互动

1. 协助家属了解患儿的现状,协助其有效沟通

当判断患儿对创伤事件有清楚记忆时,社会工作者将情况反映给家长,提醒家长在患儿离开 PSICU 后,需要就患儿知道的情况与患儿如实沟通病情,不必过度隐瞒。请家长提醒患儿以积极的视角看待自己的治疗经历。

2. 将有安抚作用的物品带给孩子

小恒曾向社会工作者表示喜欢去博物馆看恐龙和在电视上看鲨鱼,社会工作者向父母确认了小恒的兴趣,并建议父母为孩子准备恐龙或鲨鱼玩偶放置到孩子身边。父母购买了新的鲨鱼玩偶,在医护人员判断没有安全隐患后由社会工作者交给小恒。虽然初期小恒看不见,但小恒通过触摸能够感受到鲨鱼的形状,每当有医护人员问到小恒手里的东西时,小恒都会很自豪地说"这是妈妈送我的鲨鱼"。

后来,在小恒视觉恢复后,社会工作者又将全家的合影以及父母鼓励的书信带进病房,放到小恒身边。小恒常常将鲨鱼玩偶、合影和书信攥在手里。

3. 提醒患儿父母照顾好其他家人的情绪

因为车祸发生在外婆照顾小恒期间,社会工作者提醒小恒父母要关注外婆的情绪,以免其过度自责、悲伤,引发身体不适。同时,要照顾好其他关心小恒的家人的情绪,需要时将治疗的进展及时反馈给家人,以免他们担心。

(四) 促进家庭与医疗团队的互动

1. 协助医护人员澄清患儿及家属对现状的认知,促进医患沟通

当判断患儿对创伤事件有清楚记忆、能够大方讨论时,社会工作者将此信息反馈给医生护士,提醒医生护士在与患儿沟通时不必遮掩,可尝试用患儿能理解的方式直接回应患儿的疑问。将与家属的沟通情况反馈给医生,希望医生对于

家属的担心和困惑给予医疗上的专业解答；医生就家属担心的预后问题做了说明，并告知其可以与有类似经历的、已康复的患儿家属进行沟通。

2. 消除患儿对医护人员的误解，促进患儿配合医护人员

在小恒失明的一段时间里，小恒曾经突然对护士说："等我病好了我要杀掉你们。"护士带着委屈和不满、眼含泪水将此经历告诉了社会工作者，认为小恒不懂事、不懂得感恩。综合小恒的其他表现，例如曾说"等我出去了我要让爸爸把撞我的人杀掉"，社会工作者判断小恒认为带给他伤痛的人都是坏人，而护士在进行护理操作时一定会在躯体上带给他疼痛，让小恒将护士也归为"坏人"。

社会工作者通过帮助小恒回忆医生和护士对自己的治疗过程以及治疗前后自己身体上发生的变化和进展，让小恒了解到医生和护士的操作是对自己身体的长期恢复有利的，医生和护士是帮助自己的人，我们需要对帮助自己的人表达感谢。之后，社会工作者在陪伴小恒时，每当遇到医生或护士为他诊治，都引导小恒在诊治结束后对他们表示感谢，小恒也逐渐养成了表达感谢的习惯，使得医护人员更有信心与他进行良好的沟通，摒弃前嫌。

3. 提醒父母强化孩子对于医护人员和治疗过程的正面印象

社会工作者将小恒对医护人员的抵触情绪和后续的转变都告知了小恒父母，并提醒小恒父母在孩子离开PSICU后及时询问、了解其在PSICU住院期间的见闻、感受，对孩子的感受表达理解和关心；向孩子强化治疗的必要性，强化其对医护人员的正面印象，对小恒有礼貌的行为进行肯定和表扬，希望其树立正确的认知。

(五) 结案评估

整个住院过程中，小恒经历了不断发展的多个创伤因素：车祸及其带来的伤病、与父母分离、手术及其带来的疼痛、离开PSICU的愿望长时间得不到满足等。经过社会工作者的陪伴和疏导，小恒激烈的情绪表现减少，在每次手术前的消极表现减轻。小恒父母也从最初的慌乱状态中调整过来，能够为自己设立当下的任务目标，保持与其他家人的沟通，积极为孩子的后续康复做准备，与车祸有关的处理也在按程序逐步进行。小恒与医护人员之间从最初的关系紧张，到后来小恒能够主动表达感谢，医护人员也对小恒的行为表示理解。在小恒离开PSICU后，医生也会介绍与其遭遇相近的孩子家长与小恒父母沟通，小恒父母会积极地将自己的经验介绍给其他孩子家长，给他们鼓励。在小恒出院时，该家庭已经有较强的应对危机的能力，并且为小恒后续的康复做好了准备。

课程设计

一、教学目的与用途

本案例课程设计是以将此案例应用于"医务社会工作"课程中为目的，用于讲解医务社会工作中医院社会工作服务设计与开展的内容和过程，案例的编写以此为出发点组织相关内容，对案例的分析和总结也是基于这一目的。若将本案例用于其他课程，则需做调整，本案例课程设计可作参考。

（一）适用的课程

本案例适用于"医务社会工作"课程，也可以作为"儿童社会工作"等课程的辅助教学案例。

（二）适用的对象

本案例适用对象包括高年级社会工作专业本科生、社会工作专业硕士（MSW）研究生。

（三）本案例教学目标规划

1. 覆盖知识点

本案例在"医务社会工作"中应用，主要覆盖的知识点有：

（1）医务社会工作者的角色与功能；

（2）开展医务社会工作的专业路径；

（3）危机干预；

（4）焦虑与恐惧的处理。

2. 能力训练点

本案例在"医务社会工作"课程中规划的主要能力训练点有：

（1）学会识别医务社会工作所包含的要素、步骤与专业脉络；

（2）学会明确医务社会工作者的角色与服务内容；

（3）学会评估医院场域内来自不同主体的需求；

（4）学会成为医院医疗团队中多专业合作中的一员；
（5）学会进行医务社会工作服务项目的设计与开展。

二、启发思考题

本案例的启发思考题主要对应的是案例教学目标中知识的传递和能力的提升，启发思考题与案例同时布置，另外，要让学生在课前大量阅读并熟悉相关知识点。因此，在案例讨论前需要要求学生阅读教材中有关医院社会工作服务的相关内容，包括医院社会工作服务的前提条件、内容、服务历程。

（1）你认为一个好的医院社会工作服务的前提条件有哪些？这在上述案例中有哪些体现？又有哪些不足？

（2）你认为社会工作者在医院社会工作服务中应扮演怎样的角色？这在上述案例中如何体现？又有哪些不足？

（3）你认为在医院社会工作服务中，社会工作者和医生、护士以及其他工作人员是怎样的关系？社会工作者要如何进入现有的医疗团队？这在上述案例中如何体现？又有哪些不足？

（4）你认为社会工作者在医院社会工作服务中应如何进行需求评估和资源整合？在上述案例中如何体现？又有哪些不足？

（5）你认为在医院社会工作服务中理论依据是否重要？它的意义在哪里？

三、分析思路

案例分析的思路是阅读案例相关情境材料，通过教师事先设计好的提问，有逻辑地引导案例讨论，教师总结提升。因此，本案例分析设计的重点是学习医院社会工作服务的设计与执行。医务社会工作者嵌入多专业合作医疗团队以及介入患者家庭支持系统是案例分析的关键路线，服务开展背后的内在逻辑是教学目标。

本案例分析的基本逻辑是：

（1）阅读文献，了解医院社会工作的基本概念和相关知识。

（2）阅读案例，找出医院社会工作服务包括的基本要素和专业脉络。

（3）分析项目中的项目背景、文献检索、需求评估、理论依据、目标，寻找其对于医院社会工作开展的意义。

（4）根据项目开展历程，对项目进行过程分析，分析医院社会工作服务中知识、方法、服务系统资源、社会工作者角色之间的整合历程，尤其关注医务社会工作者开展服务时技术细节背后的社会工作理念、服务原则。

（5）利用生态系统理论分析项目整体与各部分之间的逻辑关系。

四、理论依据与分析

（一）医务社会工作所包含的要素、步骤与专业脉络

医务社会工作概念的构成要素主要有七个：（1）以社会工作的专业价值观与专业伦理为指导；（2）医务社会工作的性质是社会福利服务，实质和精髓是为病人、家属和公民提供以公民社会权利为基础的社会福利服务；（3）医务社会工作实务追求的目标是社会公平与社会平等、健康公平与健康平等；（4）医务社会工作的主要服务对象是病人、家属以及所有有健康问题、需要健康帮助的困难人群；（5）医务社会工作的主要功能是解决服务对象的心理问题和因疾病导致的其他社会问题，直接改善他们的健康状况和生活环境，间接影响宏观的社会环境、制度安排与福利政策；（6）医务社会工作者运用专业的助人技巧和组织化、制度化社会服务方法去帮助有需要的人士，而不是单纯的社会关怀和无私奉献；（7）医务社会工作者的运行机制是及时回应不断变化的社会需要，有效解决服务对象面临的各种社会问题。

医务社会工作者的一般工作程序：（1）确定案主；（2）查阅病历或与医护人员讨论病情，了解要帮助的患者的病情、治疗情形、治疗计划；（3）收集患者的有关社会与心理资料；（4）确定社会工作者可帮助患者之处；（5）提供服务，落实计划，实现目标，并将具体的服务事项记录在病历上；（6）评估个案工作，并完成个案工作报告。

从问题解决的角度来看，医务社会工作通常的介入步骤为：（1）列出所需解决的问题；（2）帮助服务对象理清思路，将列出的问题与目标按轻重缓急排序，明确需要最迫切地解决的问题，或解决所有问题的核心是什么，确定解决问题的先后顺序；（3）确定介入目标，得到服务对象对目标的承诺；（4）与服务对象探讨解决问题的方法、途径和程序、预计的困难以及需要的资源与帮助；（5）理清服务对

象及家庭的支持系统,挖掘并明确可利用的资源;(6)具体完整的介入计划;(7)在此基础上,可以与服务对象或其家庭订立合约,以明确对象和工作人员在介入过程中的角色,以及需要承担的责任和义务。

(二) 医务社会工作者的角色与服务内容

医务社会工作者常见的任务与功能:(1)间接服务,包括与健康、医疗相关的行政事务、资源开发、计划、教育训练、评估研究等,促进医疗环境的改善;(2)直接服务,即为病人及其家属提供直接的服务,协助他们解决问题,改善生活环境,恢复健康。

医务社会工作中社会工作者的角色:(1)社会福利的角色;(2)医疗团队成员的角色;(3)社区健康服务的角色;(4)医院部分行政的角色;(5)健康教育的角色。

医务社会工作者的作用主要有:(1)评估病人心理和环境中的不利因素和有利因素;(2)在服务传输过程中与团队成员配合,最大限度地利用每个团队成员的技能和知识;(3)帮助家庭配合治疗,鼓励病人有效地利用医疗服务;(4)与其他专业人士一起,利用多学科的知识提高医院的服务质量;(5)充当社区服务的桥梁,在病人需要与合适的资源间牵线搭桥;(6)参与政策倡导,推进更好的健康政策的制定;(7)从事研究活动,为在工作中获得成功而拓展知识基础。

儿科重症监护室的社会工作者角色:(1)评估病孩情况,了解其社会和心理的需要及支持;(2)为家长提供情感支持,帮助其疏导、管理焦虑的情绪;(3)与医护人员通力合作,协助完成治疗;(4)协助病人、家长配合完成医治任务;(5)为病人与社会架起桥梁,寻求更多社会资源,协助病人恢复健康;(6)收集病人和家长对医院的建议,改进医疗服务。

(三) 危机干预理论

1. 危机概念

危机是一种认识,当事人认为某一事件或境遇是个人的资源和应付机制无法解决的困难,此困难除非及时缓解否则会导致情感、认知和行为的功能失调。危机的主要特征是危险与机遇并存。

2. 危机的评估

危机评估的内容包括:评估危机的严重程度(求助者的主观认识和社会工

作者的客观判断）；评估支持系统和可利用的资源；对有自杀倾向的服务对象的评估（案主自杀想法出现的频率、自杀想法持续的时间、具体的自杀计划、自杀计划的实行程度）。

3. 危机的干预

危机干预包括两方面的内容：一是泛指帮助处于危机状态中的服务对象有效克服危机并能降低危机的消极影响；二是特指帮助企图自杀者打消自杀念头，使其重新振作、面对生活，并帮助其有效地驾驭因创伤而引起的精神痛苦。

危机干预的步骤：确定问题；保证求助者的安全；给予支持；提出并验证可变通的应对方式；制定计划；得到承诺。

五、关键要点

（一）社会工作者嵌入多专业合作医疗团队的方式和过程

在中国的实务情境中，社会工作者往往面临着社会大众对社会工作认知不足的问题。即便是同一团队的合作者，尤其是医护人员，由于其对社会工作的功能、角色认知程度不同，在合作中的表现也各有不同，这对社会工作者来说是一个较大的挑战。面对该问题，新华医院的社会工作者选择从与患者需求有关的医护人员需求出发，让医护人员在社会工作者的实务工作中有机会观察、体会社会工作服务的理念、方法，并进一步通过渐进的系统介绍在医护人员心中树立更加完整的专业形象，并以社会工作者的价值和理念来影响医护人员，在逐渐融入医疗团队的过程中也促成了团队文化的改变。

（二）社会工作者对患者和家属进行危机干预的理念和方法

危机干预有很多的应用情境，医院中常常会使用到。而且，随着治疗进程的发展，患者的"危机"也在发生着变化，需要社会工作者常常对危机以及危机的程度进行评估，并不断调整介入的计划和行动。对于患者来说，家属是尤其重要的支持系统，因此，要从系统的视角出发，来评估危机对患者-家属整个系统的影响，以及该系统与医护系统的互动，以巩固患者整个治疗康复过程中的社会支持系统的基础。

在课堂上讨论本案例前，应该要求学生至少读一遍案例全文，对案例启发思考题进行思考。具备条件的还可以以小组为单位围绕所给的案例启发思考题进行讨论。

(三) 本案例的教学课堂讨论提问逻辑

(1) 医务社会工作者如何看待 PSICU 中各方面的需求？

(2) 从该项目中能够看到哪些医务社会工作者的角色？这些角色构成了哪些系统和子系统？

(3) 医务社会工作者如何让自己成为多学科合作团队的一员？

(4) 医务社会工作者如何在服务中表现自己的专业性？

(5) 小恒的案例中，小恒和其家庭遇到了哪些危机？危机发生了几次变化？医务社会工作者在处理的过程中分别如何应对？遵循了哪些共同的服务原则？

(6) 该项目未来的发展可能会遇到哪些问题和瓶颈？该以怎样的策略去应对？

推荐阅读

1. Sarah Gehlert 等主编：《健康社会工作手册》，季庆英译，北京大学医学出版社 2012 年版。

2. 温信学：《医务社会工作》，台北洪叶文化事业有限公司 2014 年版。

3. 秦燕：《医务社会工作》，台北巨流图书股份有限公司 1996 年版。

4. 中国就业培训技术指导中心：《心理危机干预指导手册》，中国劳动社会保障出版社 2008 年版。

5. 顾瑜琦、孙宏伟：《心理危机干预》，人民卫生出版社 2013 年版。

儿科护士临终关怀能力干预小组

付 芳 高文红 傅丽丽 傅 茜 张灵慧*

【摘 要】 儿科护士在为临终患儿及其家属提供姑息、临终和丧亲照护服务中扮演着关键的角色。然而,对于护士来说,医学专业训练中很少涉及死亡和临终关怀的议题,他们很少有机会谈论对死亡的看法和感受,以及学会如何与临终患者及其家属讨论死亡,也普遍缺乏对儿童进行临终关怀照护的知识和技巧。本案例以小组社会工作为主要干预方法,通过六节的小组活动,分别与儿科护士讨论对待死亡的态度,如何与临终患儿、患儿家属讨论死亡,如何处理哀伤与丧失反应,以及如何跨团队合作进行临终关怀,从而让他们正确面对患儿的死亡,为临终患儿及家属提供更高质量的服务。

【关键词】 儿科护士、临终关怀、死亡与哀伤、沟通能力

案例综述

一、引言

近年来,临终关怀不断被提及,逐渐受到全社会的关注。随着临终关怀的需求日渐增多,如何为临终病人及其家属提供高质量的照护和服务也成为研究者关注的议题。

---

* 付芳,复旦大学社会工作学系副教授;高文红,复旦大学社会工作专业硕士(MSW)毕业;傅丽丽,复旦大学附属儿科医院医务社会工作部主任;傅茜,复旦大学社会工作专业硕士(MSW)毕业,复旦大学附属儿科医院医务社会工作者;张灵慧,华东理工大学社会工作专业硕士(MSW)毕业,复旦大学附属儿科医院医务社会工作者。

国外研究者指出,医生一般被认为是儿童临终关怀的权威,但是护士在整个过程中扮演着关键的角色[1]。护士是接触临终患儿及其家属最频繁的一个群体,护士向医生询问病人的情况并获得建议,以此作为参考制定最佳的临终关怀方案。同时,护士也会和临终患者家属讨论,进一步完善临终关怀方案[2],护士在解释死亡如何发生以及如何在患儿濒死、死亡及死后给予家属支持中承担着关键的角色[3]。

国内研究者认为护士在临终关怀照护中具有多重角色——临床工作者、教育者和协调者,对病人进行全面的身心照护,提供姑息治疗。同时,护士也对病人和家属进行死亡教育,帮助病人消除对死亡的恐惧,面对死亡,接受死亡。另外,护士还可以协助家属处理哀伤,减轻亲人离世后的悲痛[4]。护士担任的角色较复杂,包括照顾者、心理咨询者、教育者、研究者等[5],甚至要进入病人亲人的角色,为病人提供全方位的关怀与护理[6]。

对护士来说,为临终患者及其家属提供服务是不小的挑战。有研究表明,面对死亡,护士明显表现出回避、焦虑和禁忌的心理。尤其是面对儿童的死亡,护士面临更大的压力,其哀伤过程更加复杂、持久[7]。在实际工作中,护士需要面对大量的临终患者。然而,死亡本身带来的无助感,以及不知道如何与患者及其家属讨论死亡,是护士焦虑的主要原因[8]。在中国,人们往往把"临终"与"死亡"

---

[1] McGorty, E., & Smith, L., "Barriers to Physicians' Decisions to Discuss Hospice: Insights Gained from the United States Hospice Model", *Journal of Evaluation in Clinical Practice*, 2003, 9(3), 363–372.

[2] Knapp, C. A., Madden, V., Hua, W., Kassing, K., Curtis, C., Sloyer, P., Shenkman, E. A., "Paediatrics Nurses' Knowledge of Palliative Care in Florida: A Quantitative Study", *International Journal of Palliative Nursing*, 2009, 15(9), 432–439.

[3] Bloomer, M. J., Endacott, R., Copnell, B. O'Connor, M., "'Something Normal in a Very, Very Abnormal Environment'—Nursing Work to Honour the Life of Dying Infants and Children in Neonatal and Paediatric Intensive Care in Australia", *Intensive and Critical Care Nursing*, 2016, 33, 5–11.

[4] 刘月霞:《临终关怀护士的素质与培养》,《中国医学伦理学》1995年第3期。

[5] 姜雁:《临终服务中护理人员的角色》,《国外医学社会医学分册》2003年第3期。

[6] 张君丽:《临终关怀对护士素质的要求》,《护理实践与研究》2006年第4期。

[7] Morgan, D., "Caring for Dying Children: Assessing the Needs of the Paediatric Palliative Care Nurse", *Paediatric Nursing*, 2009, 35(2), 86–90.

[8] McGuire, D. B., Reifsnyder, J., Soeken, K., Kaiser, K. S., Yeager, K. A., "Assessing Pain in Nonresponsive Hospice Patients: Development and Preliminary Testing of the Multidimensional Objective Pain Assessment Tool (MOPAT)", *Journal of Palliative Medicine*, 2011, 14(3), 287–292.

联系起来,而死亡在中国传统文化中又是一个禁忌的话题,人们很少有机会谈论死亡以及与死亡相关的情绪、感受①。儿童的死亡本身不符合自然规律,人们会经常把这种非自然死亡与"业""报"联系起来,对此话题更是讳莫如深。对于护士来说,接受的专业训练中很少涉及死亡和临终关怀的议题,他们也很少有机会谈论对死亡的看法和感受,以及学会如何与临终患者及其家属讨论死亡②。护士普遍缺乏临终关怀照护的知识和技巧③。提供临终照护是一项高强度的情绪劳动,而缺乏相关知识和能力会对护患关系产生不良影响,导致护士产生逃避的心理,影响其服务质量④。

二、服务缘起与需求评估

死亡教育起源于20世纪20年代的美国。1963年,在明尼苏达州立大学首设死亡课程之后,死亡教育便在各院校展开。1978年,美国死亡教育与咨询协会(Association for Death Education and Counseling,ADEC)成立并构建了死亡教育者与死亡咨询师的专业执照制度,从而推动了死亡教育的发展。到2004年,超过50%的医学系以及接近80%的护理系均开设了死亡教育课程。我国的死亡教育起步相对较晚,最初在医学教育领域,围绕伦理问题而展开。目前国内护理界的死亡教育总体停留于理论研究,大多护理学校未单独开设死亡教育课程,在职教育也缺乏相应的培训内容,护理人员对死亡教育知之甚少;而与临终关怀相关的知识和技能培训更加缺乏。

复旦大学附属儿科医院于2012年正式成立医务社会工作部,其特点是以专职医务社会工作者为主导,"医务社工助理"及志愿者协助,第三方机构介入,组成了儿科特色服务的专业社会工作者团队。社会工作部的主要工作范围包括:以个

---

① 张慧兰、王丹:《国内外死亡教育发展的分析与思考》,《护理学报》2015年第11期。
② Aiken, L. H., Cimiotti, J. P., Sloane, D. M., Smith, H. L., Flynn, L., Neff, D. F., "Effects of Nurse Staffing and Nurse Education on Patient Deaths in Hospitals with Different Nurse Work Environments", *Medical Care*, 2011, 49(12), 1047 – 1053.
③ Weigel, C., Parker, G., Fanning, L., Reyna, K., Gasberra, D. B., "Apprehension among Hospital Nurses Providing End-of-Life Care", *Journal of Hospice and Palliative Nursing*, 2007, 9(2), 86 – 91.
④ Bailey, D. E. Jr., Wallace, M., Mishel M. H., "Watching, Waiting and Uncertainty in Prostate Cancer", *Journal of Clinical Nursing*, 2007, 16(4), 734 – 741.

案、小组、社区工作等专业方法面向患儿、家属和医护人员提供有针对性的服务。其中,针对医护人员提供的服务主要包括职业压力舒缓、身心放松、沟通技巧分享以及家庭关系促进等。"医务社工助理"项目是医务社会工作部的特色项目。

所谓的"医务社工助理"项目,是指社会工作部结合医务发展现状及需求,招募临床医护人员参加医务社会工作者助理队伍,定期对他们进行理论和实践技能培训,请他们协助在各自病房推广社会工作者理念,并对患儿及家属社会心理问题预估,将需要进一步干预的案例转介给社会工作部;作为专职社会工作者进入病房的桥梁,协助专职社会工作者与患者建立良好的关系,更好地促进专职社会工作者与患儿家庭的沟通。专职社会工作者在与"医务社工助理"的交流和沟通中了解到,儿科护士普遍存在较大的心理压力,尤其是面对临终患儿:一方面,不知道如何与患儿及其家属谈论死亡;另一方面,患儿即将去世对自己的内心也会产生较大的冲击。因此,他们希望社会工作部能够提供临终关怀相关知识和技能的培训,从而缓解自己的工作压力,更好地为临终患儿和家属提供服务。

针对儿科护士开展临终关怀技能培训,首先要对目标群体进行需求评估和调查,了解儿科护士及儿童家属在面对儿童即将去世时的心理情绪反应及应对方式,包括护士处理家属情绪时的应对方式;探索儿科护士对临终关怀和死亡的态度,总结儿科护士开展临终关怀服务的障碍和需求,从而制定儿科护士临终关怀技能培训的方案。

需求评估的对象主要是医院中有临床工作经验的一线儿科护士,年限不限,性别不限,曾经经历过儿童死亡的案例,急救室、手术室、重症监护室三个科室优先。拟访谈10名左右的一线护士,了解他们与死亡和临终关怀相关的个人工作经历,综合入职时间、科室等人口统计学变量,做到样本的多样化(见表1)。

表1 访谈对象基本资料

访谈方式	研究对象		数量	备注(包括工作年限)
半结构式访谈	一线儿科护士	急救室	3	以下简称"急A"(15年)、"急BZ"(护士长,11年)、"急C"(2年)
		肾内科	2	以下分别简称"肾A"(11年)、"肾BX"(4年)

续 表

访谈方式	研究对象		数量	备注（包括工作年限）
半结构式访谈	一线儿科护士	心脏外科	2	以下简称"心外 A"（14 年）、"心外 B"（6 年）
		新生儿监护室	3	以下简称"新 AZ"（7.5 年）、"新 B"（10 年）、"新 C"（3 年）

需求评估的内容包括：（1）儿科护士面对患儿死亡的反应及应对方式；（2）儿科护士处理家属情绪的方式；（3）儿科护士看待临终关怀的态度及需求。

面对儿童死亡，儿科护士的情绪反应大致有以下五个方面：恐惧、悲伤、失落与沮丧、内疚以及麻木与冷漠。他们处理这些情绪的方式也各不相同。工作年限较长的护士，在情绪处理方面比较有经验，知道用适当的方式疏导自己的情绪，或是寻找社会支持。相对而言，工作年限较短的护士更多地是用退缩和逃避的方式。很多时候，他们不知道如何面对和处理自己的负面情绪，希望有专业人士提供指导和帮助。而医务社会工作部提供的相关培训对他们来说是一个很好的学习机会，他们也愿意参加类似的培训和分享。

儿童死亡对一个家庭来说是极具创伤性的危机事件，儿科护士在面对患儿去世家属时，发现他们会表现出不同的情绪反应。相应地，儿科护士也有自己不同的处理方式。据访谈了解，目前儿科护士们处理家属情绪的方式大致分为三种：第一种是转移目标，分散家属的注意力，主要是和家属谈论一些后续的手续处理，让他们暂时抽离；第二种是给予家属情绪安抚，但是相对来说只是简单的安慰，如"节哀顺变""吃过饭了吗"等，他们反映自己不知道应该说些什么；第三种是向外求助，寻求专业人士帮助，遇到比较棘手的个案，他们会找社会工作者帮忙解决。

就儿科护士对待临终关怀的态度来说，他们在工作中已经考虑到临终病人家属的少部分需要，尽量满足家属的合理要求，但仅仅停留在家属情绪安抚层面，相对来说仍然存在很多不足。大部分护士认为，目前医院有必要开展临终关怀服务，但是自己的时间和能力不足，不知道如何开展。另外，儿科护士提到临终关怀排名前五的需求依次为：（1）了解临终患儿家属的心理特点和需求，如何与临终患儿及家属沟通；（2）了解如何协助临终患儿面对死亡，告知临终事实的方式；（3）了解临终患儿的心理特点及需求，为他们做力所能及的事情；（4）了解如何对丧亲者进行哀伤辅导以及丧失与悲伤的情绪处理；(5)护士面临临终或死亡患儿时个人的心理调适。

就培训的形式而言，护士们表示，互动式、体验式的小组活动对他们来说更加适合。从国外的相关干预来看，死亡教育和临终关怀的培训形式更多是短期的工作坊①。其内容包括四个部分：(1)了解自己死亡观，通过观看电影、讲座、小组讨论和体验式工作坊的形式，让护士了解自己对死亡的态度和想法；(2)了解自己对死亡的态度如何影响临终关怀服务；(3)学习如何帮助家庭应对哀伤；(4)如何互相帮助，共同应对经常面对死亡带来的压力。

三、小组干预的目标和方案设计

(一) 小组干预的目标

小组干预的总目标：提高儿科护士临终关怀服务能力。
具体目标分为三个：
(1) 提高儿科护士面对死亡和处理哀伤反应的能力。
(2) 提高儿科护士与患儿及患儿家属就死亡相关的话题进行沟通的能力。
(3) 提高儿科护士跨团队合作进行临终关怀的能力。

(二) 小组干预的理论框架

1. 哀伤理论

弗洛伊德在1957年就已经区分了哀悼(mourning)和抑郁(depression)，指出两者共同的特质在于痛苦，缺乏对外在世界的兴趣，丧失了爱的能力，禁止了各种活动；两者的差异在于后者有低自尊，甚至自我谴责、期待受到惩罚。

伊丽莎白·库伯勒·罗斯(Elizabeth Kubler Ross)②将临终病人的反应划分为五个阶段：第一阶段是震惊和否认——不相信，认为"这事不可能发生在我

---

① Judith, A. P., Betty, R., Ferrell, N. C., Patrick Coyne, Mary C., "Global Efforts to Improve Palliative Care: the International End-of-Life Nursing Education Consortium Training Programme", *Journal of Advanced Nursing*. 2007, 61(2), 173-180.

② Ross, Elizabeth Kubler & Kessier, David, *On Grief and Grieving: Finding the Meaning of Grief Through the Five Stages of Loss*, New York: Scribner, 2005, 235.

的身上";第二阶段是愤怒,觉得不公平,提出"为什么是我得这个病";第三阶段是讨价还价——企图借较有权力之人的承诺来获得更多的时间,如"让我看到我的孩子长大";第四阶段是抑郁——失去继续生活下去的欲望,认为"没有用的,无论如何都是死,倒不如现在就死",不愿与人互动;第五阶段是接受,感到这种情况是必然的,并能平静地接受,这与被动忍受和放弃是不同的。库伯勒发现即将死亡的癌症患者很希望有机会可以开放地分享自己的情感和焦虑,库伯勒所关心的并非是丧亲之痛或悲伤本身,而是失落(loss)导致的情绪反应。

病人和家属都会经历"预期的悲伤"。"预期的悲伤"是指意识到在可预见的未来会有不可避免的重大失落及情绪冲击。预期的悲伤可以分为三个阶段:第一个阶段是"急性期",指面对死亡危机,接受安宁疗护或缓和照顾之时,会有高焦虑及不明确情绪,需要镇静、信任和资讯;第二阶段是"慢性生死期",已能将死亡相关的知识整合进生活,面对各种人际关系及日常生活的问题,需要面对现实以及协助情绪的宣泄;第三阶段是"临终期",面对分离及退缩,病人及家属都需要支持与接纳[①]。

临终患者存在生理、心理、社会、灵性层面的需求,生理层面主要是疼痛控制和症状管理;心理、社会层面包括情绪疏导支持、维持良好的沟通关系、经济上的实质援助;灵性层面包括思考有关生命的意义与愿望达成。家属的心理社会需求包括分担照顾的责任、情绪疏导支持、维持良好的沟通关系及社会功能、经济上的援助、悲伤辅导等[②]。

2. 儿童的死亡认知阶段论

心理分析学派最早就儿童对死亡的理解进行研究,其主要的关注点在于儿童对死亡的情绪反应,同时也调查儿童对死亡的理解。儿童对死亡的理解与成人不同,他们对死亡的概念大多存在"误解"。10岁以下的儿童认为死亡带来的分离与平日的分开无异,死去的人只是去到天堂等特别的地方,在那个地方继续生活。他们知道死去的人不会再回来,但是认为不能回来的理由是天堂太远。有些儿童认为死亡等于睡着。对于死亡的原因,儿童比较倾向于个人化:有些儿童会认为是"妖怪"或是"死神"让人死亡;有些儿童认为死亡是因为他们做了坏事。因此,心理分析学派的研究者认为,儿童对于死亡的理解和接受能力会受

[①] Reynolds, L., & Botha, D., "Anticipatory Grief: Its Nature, Impact, and Reasons for Contradictory Findings", *Counselling, Psychotherapy, and Health*, 2006,2(2), 15 – 26.
[②] 邓燕明:《癌症姑息治疗临床实践》,广东科技出版社,2015年,第294页。

到认知和情绪能力发展的限制,而他们对死亡的"误解"则会加剧自身的焦虑。

皮亚杰主要从认知技能发展阶段的角度,研究儿童对死亡的认知①。在他的研究中,将复杂的死亡概念分为以下六个维度:

(1) 不可逆,结束。死亡代表人死不能复生。
(2) 普遍性。所有有生命的事物最后都会死亡。
(3) 每个人都会死。自己终将会走向死亡。
(4) 不可避免。死亡是每个人都要面对的。
(5) 停止,失去功能。人死之后,身体和精神都不存在。
(6) 死亡的原因。身体功能的丧失导致死亡。
(7) 不可预测。死亡的时间不可能预先知道。

5—6岁的儿童首先能够理解死亡的普遍性和不可逆②。最后,儿童能够理解死亡意味着停止和死亡的原因③。研究者认为儿童在7岁之前不能够完全理解死亡的所有特征④。儿童对死亡概念的逐步了解正是反映了其认知发展不同阶段的特点:从具体、清晰的概念到更为抽象、复杂的概念。换而言之,年龄较小的儿童对死亡的理解更加以自我为中心,相信万物有灵。他们会将死亡与更为熟悉的现象联系,如睡着、离开,没有将死亡当成生物的自然现象,而是更多地从心理和行为层面去理解死亡。这可能是因为他们没有习得生物学方面的知识,不能将死亡与健康、疾病和生命周期等生物概念联系在一起,而是用他们已知的人类行为去解释死亡。年龄较大的儿童能够从生物学的角度去理解事物。5—8岁的儿童能够对一些关键的生物学概念进行推理,包括繁衍、基因传递、成

---

① Safier, G. , "A Study in Relationships between the Life and Death Concepts in Children", *Journal of Genetic Psychology*, 1964,105(2), 283 – 294.
② Koocher, G. P. , "Childhood, Death and Cognitive Development", *Developmental Psychology*, 1973, 9(3), 369 – 375.
③ Lazar, A. & Torney-Purta, J. , "The Development of the Subconcepts of Death in Young Children: A Short-Term Longitudinal Study", *Child Development*, 1991,62(6), 1321 – 1333.
④ Speece, M. W. & Brent, S. B. , "Children's Understanding of Death: A Review of Three Components of a Death Concept", *Child Development*, 1984,55(5),1671 – 1686.

长、疾病传染、人类的功能和结构以及死亡①。对生物学知识的了解让儿童对死亡概念的理解更为一致、更有逻辑性②。（见表2）

表2 儿童和青少年对死亡认知的发展③

研究者	年龄	阶段	儿童对死亡的概念
纳吉（Nagy）	3—5岁	第一阶段	死亡是可逆的、暂时的，认为死者是到达另一个地方，是一种长久的睡眠状态
	5—9岁	第二阶段	死亡概念尚未成熟，认为死亡发生在年老者或者生病的人身上
	9岁以上	第三阶段	对死亡概念趋向成熟，认为死亡是必然的、普遍的
皮亚杰（Piaget）	2—6、7岁	前运算期	死亡是暂时的、可逆的，将死亡与具体的行为联系，如躺着不动、闭上眼睛、离开了
	6、7岁—11、12岁	具体运算期	所有生物都会死亡，死亡是正常的、不可逆的。他们认为死亡是由具体的外部原因导致的，如车祸、事故、细菌。不能理解死亡是生命的一部分，是内在身体功能丧失导致的
	12岁及以上	形式运算期	拥有与成人相似的死亡观，理解死亡是不可避免的，是所有生物必须经历的最后阶段，是身体功能的停止
福克纳（Faulkner）	3—6岁	结构性阶段	对于生死的对立性尚不理解，认为死亡与睡眠无区别
	6—12岁	功能性阶段	逻辑思维发展，认为外部原因导致死亡
	12岁及以上	抽象思考阶段	能够了解死亡，并对死亡产生恐惧

---

① Solomon, G. E. A. & Cassimatis, N. L., "On Facts and Conceptual Systems: Young Children's Integration of Their Understandings of Germs and Contagion", *Developmental Psychology*, 1999, 35(1), 113-126.
② Kane, B., "Children's Concepts of Death", *Journal of Genetic Psychology*, 1979, 134(1), 141-153.
③ 高文红：《儿科护士对临终关怀的态度研究》，复旦大学硕士学位论文，2016年。

续表

研究者	年龄	阶段	儿童对死亡的概念
张向葵	3.5—6.5岁	阶段一	尚不能较好地理解死亡的概念,不理解人会死,特别不理解动植物的死亡
		阶段二	能根据某些具体原因比较清楚地解释死亡的概念;具有强烈的自我中心意识和感情色彩
		阶段三	能够根据一定的自然原因、疾病等解释死亡,理解死亡的不可逆,对死亡感到悲伤
朱莉琪、方富熹	4、5岁	阶段一	能够清楚地认识到非生物不会死亡,但不能以死亡为指标准确地区分生物和非生物
	6岁	阶段二	不认为所有东西都能死亡,能够把死亡作为区分生物和非生物的一个特征;认为人和动物死亡的原因是被杀、生病和衰老等

3. SPIKES六步沟通法——如何向病患传递不好的消息[①]

对儿科护士来说,如何与患儿和患儿家属沟通与死亡相关的信息,是相对复杂的挑战。除了口头传达坏消息之外,也需要对患儿及其家属的情绪反应作出回应,协助他们作一些重大的决定。这一复杂的互动过程需要整合不同的沟通技巧和应对患儿及其家属情绪的方法,协助信息的传递。柏利(Baile)和他的同事提出了SPIKES六步沟通法,将坏消息的传递分成六个步骤。其中,S代表setting up the interview,即设定沟通的场景;P代表assessing the patient's perception,即评估沟通对象的感受;I代表obtaining the patient's invitation,即获得病人的认可和邀请;K代表giving knowledge and information to the patient,即给予家属知识和信息;E代表addressing the patient's emotions with empathetic responses,即富有同情心的回应;S代表strategy and summary,即共同寻找策略并总结。SPIKES六步法主要通过一系列的评估和交流,达到以

---

① Baile, W. F., Buckman, R., Lenzi, R., Glober, G., Beale, E. A., Kudelka, A. P., "SPIKES — A Six-Step Protocol for Delivering Bad News: Application to the Patient With Cancer", *The Oncologist*, 2000,5(4), 302-311.

下四个目标：(1)收集病患及家属的信息,了解他们有关病情的知识和期望,从而判断他们是否准备好听到坏消息;(2)根据病患及其家属的需求和愿望,提供恰当而有用的信息;(3)为病患及家属提供支持,减轻他们得知坏消息之后的负性情绪反应和孤独感;(4)与病患及家属一起,制定治疗计划。需要注意的是,在与病患沟通坏消息时,并不需要完成SPIKES所有的步骤,可以根据实际情况选取其中需要的部分;如果全部按照六个步骤进行,需要依次按顺序来沟通。

(三) 小组活动方案设计

根据上述需求评估、小组目标和理论基础,设计小组活动方案(见表3)。

表3 小组活动方案设计

	目标	主题	活动设计	形式
第一次	(1) 小组内容介绍,进行前测; (2) 协助护士了解自己对死亡的态度和想法; (3) 了解临终关怀的相关内容	临终关怀——死亡是生命的另一种样子	(1) 生命与死亡的图画(20分钟); (2) 案例分享:临床工作如何面对死亡(20分钟); (3) 引出临终关怀的话题,介绍临终关怀的内容(20分钟)	绘画、分享
第二次	(1) 了解临终患儿的心理特点和需求; (2) 了解如何与临终患儿沟通,告知临终事实的方式及注意事项	点亮生命之灯——如何与重症患儿谈论死亡	(1) 填写压力量表,分享工作中的压力事件,解析工作压力源,引出与临终患儿沟通的话题(10分钟); (2) 护士分享重症患儿面对死亡时的情绪反应(10分钟); (3) 介绍如何与不同年龄的患儿谈论死亡(15分钟); (4) 讲解与讨论临终患儿的需求(10分钟); (5) 情景模拟,如何与患儿沟通(15分钟)	讲座、案例分析

续　表

	目标	主题	活动设计	形式
第三次	(1) 了解临终患儿家属的心理特点和需求； (2) 了解如何与患儿家属沟通和患儿临终相关的信息	SPIKES 六步法——如何与危重患儿家属有效沟通	(1) 暖身活动——冥想，缓解身心疲惫和压力(5 分钟)； (2) 护士分享医患关系中最难沟通的经历及原因(15 分钟)； (3) 讲授 SPIKES 六步沟通法(15 分钟)； (4) 两两配对，进行模拟练习，挑选一组演示(25 分钟)	讲座、角色扮演
第四次	(1) 护士面临临终或死亡患儿时个人的心理调适； (2) 如何协助丧亲家属进行哀伤情绪的处理	悲伤过后，扬帆起航——如何处理丧失与哀伤情绪	(1) 介绍哀伤的概念，正常化哀伤情绪反应(5 分钟)； (2) 护士分享在工作中如何处理哀伤经历，并对其他同事提出建议(20 分钟)； (3) 将家属的情绪反应分类，并让护士讨论如何针对病患家属的不同哀伤反应进行处理(25 分钟)； (4) 提出建议，如何与病患家属沟通(10 分钟)	讲座、角色扮演
第五次	(1) 护士进行临终关怀的方法； (2) 如何进行跨团队合作	跨团队合作与交流	(1) 暖身游戏——你画我猜，强调内部沟通的重要性(10 分钟)； (2) 介绍跨团队合作的重要性(10 分钟)； (3) 案例分析：如何进行跨团队合作，让病人家属接受可能要放弃治疗的想法(25 分钟)；	讲座、案例分析

续 表

	目标	主题	活动设计	形式
			(4) 讲解跨团队合作的结构和过程(10分钟); (5) 介绍如何评估跨团队合作的效果(5分钟)	
第六次	(1) 澄清护士临终关怀工作的价值和意义,明确其信念,为其增能; (2) 护士学会互相帮助,进行自我调适; (3) 结束小组,小组效果评估	工作中的自我照顾与调适	(1) 护士分享在工作中获得的成就感主要来自哪些方面、做哪些事情、克服哪些困难,以及支撑自己克服工作中困难的信念是什么(25分钟); (2) 介绍CISD的做法,让护士进行情景模拟(25分钟); (3) 结束小组,填写问卷(10分钟)	分享、情境模拟、问卷填写

四、小组的实施和效果评估

(一) 小组成员的招募

儿科护士临终关怀能力干预小组依托复旦大学附属儿科医院医务社工部的"医务社工助理"培训,从中招募对临终关怀议题感兴趣的护士15名左右。医务社工部通过微信、海报、电话等方式招募组员。由于儿科护士工作较忙,不能确保每次都参与小组,因此将小组确定为半封闭式小组,每期有固定的小组成员,同时也欢迎对小组其中一节感兴趣的护士参与。

(二) 小组的时间和期限、地点

该小组按照"医务社工助理"以往培训的模式,每个月培训一次,每次1个小时左右,地点定在社会工作部的会议室。

(三) 小组的实施

小组的带领者为高校社会学系的教师,有较为丰富的临床研究基础和干预经验。每次小组活动会有一名研究生协助,负责小组实施前的物资准备、小组过程中进行录音,以及事后的转录、小组资料的整理等。另外,医务社会工作部的社会工作者作为观察者,全程观察小组的实施,并适时提出修改的建议。

(四) 小组过程

第一节 临终关怀——死亡是生命的另一种样子

时间:13:00—14:00

地点:复旦大学附属儿科医院行政楼二楼会议室

组员人数:16人

小组目标:

1. 协助护士了解自己对死亡的态度和想法。

2. 了解临终关怀的相关内容。

小组活动前准备:活动需要的物品包括签到表、小礼品20份、临终关怀知识问卷20份。

人员安排:主带为高校教师,记录员1名,观察员3名。

小组过程:

1. 介绍小组的内容、目标(5分钟)。首先,小组带领者向各位成员介绍项目的缘起、目标以及整个小组的内容,让大家对小组有比较清晰的了解。

2. 小组成员相互认识(10分钟)。每个小组成员介绍自己的姓名、科室、工作年限以及来小组的目的,让成员彼此间相互熟悉,建立关系。

3. 临终关怀知识测试(10分钟)。对小组干预进行前测,同时了解小组成员临终关怀的知识和态度,进行需求评估。

4. 小组成员讨论对临终关怀的理解,同时提出自己的困惑(15分钟)。包括:如何对小孩进行临终关怀?如何与情绪激动的家长进行沟通?临终关怀除了安慰儿童和家属还可以做些什么?

5. 小组带领者介绍临终关怀的概念(15分钟)。通过PPT的方式,向小组成员介绍什么是善终、善别和"四道人生"。

6. 小组成员分享本次小组活动的心得和感受。小组带领者预告下次小组的内容(5分钟)。

小组小结:

从小组成员的表现来看,大家对临终关怀的话题非常感兴趣,在实际工作中做了一些尝试,如尝试安慰家属、尝试为儿童做一些让他们开心的事。但是由于工作较忙,时间有限,同时缺乏相关的技能,对临终关怀领域没有涉及太多。在小组开始之初,小组成员谈论了很多开展临终关怀的困难,感觉自己能做的特别少。但是随着讨论的深入以及对临终关怀知识的了解,小组成员更倾向于讨论在现有的环境下可以做什么、怎么做。讨论的氛围非常积极,大家更多的是想办法,而不是"吐槽"问题。小组成员反映最多的一个问题就是沟通问题,他们不知道如何与儿童、家属沟通所谓的"坏消息",如病情恶化、治愈希望不大、生存期限不多等,这也为我们后面开展小组活动提供了思路和线索。

第二节　点亮生命之灯——如何与重症患儿谈论死亡

时间:13:00—14:00

地点:复旦大学附属儿科医院行政楼二楼会议室

组员人数:12人

小组目标:

1. 了解临终患儿的心理特点和需求。

2. 了解如何与临终患儿沟通,告知临终事实的方式及注意事项。

小组前准备:活动需要的物品包括签到表、小礼品20份、A4纸20张、水笔20支。

人员安排:主带为高校教师,记录员1名,观察员3名。

小组过程:

1. 填写压力量表,分享工作中的压力事件,解析工作压力源,引出与临终患儿沟通的话题(15分钟)——小组成员分享自己工作中倍感压力的一件事,并标出压力指数。让小组成员做一个小游戏,每位成员填写完压力事件和压力指数后,小组带领者全部收回,让每个老师抽取一张,读一下内容,并邀请纸条的主人进一步解释。几乎有一半的护士谈到与儿童和家属沟通是工作中压力较大的事情。通过这个游戏引出此次的小组内容:如何与患儿沟通。

2. 护士分享重症患儿面对死亡时的情绪反应(10分钟)。在前面的活动中,有一到两个组员提到了与患者沟通是自己目前面临的问题。小组带领者让他们举例说明,通过案例讨论的方式找到他们沟通的难点和问题所在。在小组成员的讨论中发现,对于年龄越小的孩子,护士越不知道用什么方式沟通。而针对年龄较大、可以沟通的孩子,又不知道沟通到什么程度比较合适,是否要提到"死亡"两个字。

3. 小组带领者介绍如何与不同年龄的患儿谈论死亡(15分钟)。小组带领者介绍不同年龄阶段的儿童对死亡的理解是什么样的,如何通过言语和非言语的沟通方式与不同年龄阶段的儿童交流。同时,邀请年资较长的护士长分享他们的经验和沟通技巧。

4. 引导护士思考自己工作中感受到的临终患儿的需求,并与其他小组成员分享(10分钟)。护士交流工作中的经验和感受,之后小组带领者介绍一些理论层面的知识,并讨论如何将理论运用到实际工作中,将其可操作化。

5. 情境模拟,如何与儿童沟通(5分钟)。PICU的护士对小组带领者展示的模拟情境进行回应,如当重症患儿提出关于死亡的问题时,可以如何回答。

6. 小组带领者总结本次小组内容,小组成员分享体会和感受(5分钟)。

小组小结:

对于与患儿的沟通,小组成员普遍感觉比较困难。一是由于不同年龄阶段的儿童心理发展水平各有不同,护士们不太有把握用何种方式与儿童沟通、沟通到什么程度能够让儿童听懂。二是沟通的内容本身比较沉重,护士担心会对儿童产生负面影响。因此,他们在工作中尽量不和儿童谈及与死亡相关的话题。三是家长也要求护士们不要和儿童谈及与其病情、死亡相关的问题。因此,在整个谈论过程中,小组成员围绕沟通什么、怎么沟通、与谁沟通的问题各抒己见。结合小组带领者提供的一些理论和案例分享,小组成员从中有了更清楚的认识。

从小组过程来看,原定的情境模拟时间太短,一是由于前面小组成员的讨论时间过长,导致后面的时间不够开展情境模拟;二是在前面的讨论过程中,有案例的演示和讨论,因此,最后一个环节时间被压缩。

第三节　SPIKES六步法——如何与危重患儿家属有效沟通

时间:13:00—14:00

地点:复旦大学附属儿科医院行政楼二楼会议室

组员人数:15人

小组目标：

1. 了解临终患儿家属的心理特点和需求。

2. 了解如何与患儿家属沟通与患儿临终相关的信息。

小组前准备： 活动需要的物品包括签到表、小礼品 20 份、A4 纸 20 张、水笔 20 支。

人员安排： 主带为高校教师，记录员 1 名，观察员 3 名。

小组过程：

1. 暖身活动——冥想，缓解身心疲惫和压力（5 分钟）。播放轻柔的音乐以及冥想词，让小组成员放松身体和心情，更好地投入下面的小组活动。

2. 护士分享医患关系中最难沟通的经历及原因（15 分钟）。让护士分享自己与家属沟通的经历，特别是让自己觉得比较困难、压力较大的经历，同时让其他小组成员发表看法，讨论沟通困难的原因，以及如果是自己碰到这种情况，可以怎么做。

3. 讲授 SPIKES 六步沟通法（20 分钟）。向小组成员介绍如何向家属沟通和解释不好的消息。共六个步骤，详细解释如何一步一步地操作。介绍完之后，让小组成员谈谈自己的想法，对六步沟通法有什么问题和想法。有小组成员提出，现实情况没有这么理想，能够一步一步照着走，很多时候可能要拆分整合，单独使用。就这个问题小组成员又进行了讨论。

4. 两两配对，进行模拟练习（15 分钟）。两两一组，一位小组成员扮演护士，一位小组成员扮演家属。小组成员自由拟定情境，让扮演护士的小组成员用六步法进行沟通。之后互换角色。

5. 小组带领者总结本次小组内容，小组成员分享体会和感受（5 分钟）。

小组总结：

小组成员讨论与家属沟通不畅的案例时，能够想到的方法不多，除了回避或是安慰两句之外，没有太多的解决办法。而在小组带领者介绍 SPIKES 六步法之后，小组成员也有一些疑惑。大家觉得这个框架很好，但是操作性不强。家属经常采用沉默的方式，对护士的沟通无动于衷，不会按部就班地按理论上的六步来。因此，小组成员一起讨论如何灵活地使用该模式，在沟通之前，首先要做的就是需求评估，任何时候都要在了解服务对象需求的基础上进行之后的沟通。沉默代表什么？背后的原因是什么？这是我们要搞清楚的，不能因为沉默就放弃沟通。

在小组模拟的时候,发现小组成员就事实层面进行了比较好的沟通,一直在解释病情,但是没有对家属的情绪进行共情。因此,沟通效率不高。同时对 SPIKES 六步法的使用还不是很熟悉,需要进一步练习。今后遇到此类情况,可以布置家庭作业,让小组成员在工作中运用,这样对干预模式的掌握更加有效。小组带领者虽然建议大家回去使用,但是没有当成一个任务去布置,小组成员实施的可能性较小。

第四节 悲伤过后,扬帆起航——如何处理丧失与哀伤情绪

时间:12:30—13:30

地点:复旦大学附属儿科医院行政楼二楼会议室

组员人数:17 人

小组目标:

1. 护士面临临终或死亡患儿时个人的心理调适。
2. 如何协助丧亲家属进行哀伤情绪的处理。

小组前准备:活动需要的物品包括签到表、小礼品 20 份、A4 纸 20 张、水笔 20 支。

人员安排:主带为高校教师,记录员 1 名,观察员 3 名。

小组过程:

1. 介绍哀伤的概念,正常化哀伤情绪反应(5 分钟)。让小组成员了解什么是哀伤、哀伤的表现以及哀伤是一种正常的情绪,需要时间去处理。只有当个体长时间处于哀伤无法应对时,才需要干预。

2. 护士分享在工作中如何处理哀伤经历,并对其他同事提出建议(20 分钟)。首先,向小组成员介绍文献中有关护士哀伤的六个阶段,看是否能引起大家的共鸣。同时,让小组成员说出自己的哀伤体验,以及如何应对。其次,让年资较长的护士长分享自己的心路历程和应对方式,让小组其他成员参考。

3. 将家属的情绪反应分类,并让护士讨论如何针对病患家属的不同哀伤反应进行处理(25 分钟)。小组带领者将前期访谈中有关家属的哀伤情绪反应进行分类,分成四种类型,让小组成员分成四组,针对每一类型的家属进行分析,讨论如何与他们沟通和应对。

4. 小组带领者提出建议,如何与病患家属沟通(10 分钟)。小组带领者总结大家的讨论,同时提出了一些建议,如可以和危重病患家属说什么、不要说什么,

让大家有一些思路。

5. 小组带领者总结本次小组内容,小组成员分享体会和感受(5分钟)。

小组总结:

在处理如何应对家属的哀伤情绪之前,有必要对护士自身的哀伤情绪进行梳理和讨论,只有能恰当地处理自己的情绪,才有可能更好地帮助服务对象。在讨论护士的哀伤经历和情绪时,小组带领者没有直接让他们分享,而是先从文献入手,介绍以往研究总结的护士的哀伤体验和经历的阶段,让他们有一个准备和参考,同时让护士更容易投入话题的讨论中,之后再由讨论"护士群体"到分享自己的体验,护士们会更加开放,讨论也比较积极。

另外,在讨论家属的哀伤情绪时,小组带领者根据前期访谈的资料将家属的哀伤情绪反应分成四种类型,让小组成员分成四组讨论对策。在整个过程中,小组成员讨论得非常热烈,无论是在小组讨论还是大组分享,大家都畅所欲言,根据自己的工作经验,提出了很多看法和建议。因此,有的放矢地让大家讨论,会比泛泛而谈更加有效果。前期的资料收集和准备非常必要。

第五节　跨团队合作与交流

时间:12:30—13:30

地点:复旦大学附属儿科医院行政楼二楼会议室

组员人数:17人

小组目标:

1. 护士进行临终关怀的方法。
2. 如何进行跨团队合作。

小组前准备:活动需要的物品包括签到表、小礼品20份、A4纸20张、水笔20支。

人员安排:主带为高校教师,记录员1名,观察员3名。

小组过程:

1. 暖身游戏——你画我猜,强调内部沟通的重要性(10分钟)。将小组成员分成两组,进行你画我猜的比赛。一共两轮,第一轮可以用言语沟通,依次传递前面小组成员沟通的成语,看哪组的正确率高。第二轮只能用非言语沟通,依次用非言语表情沟通前面成员传递的成语,看哪组的正确率高。游戏的目的是强调内部沟通的重要性,引出跨团队合作的主题。

2. 介绍跨团队合作的结构和内容（10分钟）。向小组成员介绍跨团队合作的重要性，尤其在临终关怀领域中非常重要。而在一般的科室有时候也需要跨团队合作，提高工作效率。同时，介绍跨团队合作的步骤、程序和过程。

3. 情景模拟——如何进行跨团队合作（25分钟）。让小组成员将前面所了解的跨团队合作的方法进行模拟演练，三个人组成一个小组进行。设定一个情境，向家属告知患儿即将去世的消息。先向大家解释这个情境是护士在实际工作中遇到的，因为团队配合不当，导致家属情绪很激动，沟通不顺利。然后，让他们设计一下，如何与家属有效地沟通此事，同时照顾好家属的情绪。之后，让小组成员展示情境模拟的效果，小组带领者进行分析，针对每一个跨团队沟通的环节进行讨论。

4. 小组带领者总结本次小组内容，小组成员分享体会和感受（5分钟）。

小组总结：

跨团队合作对于护士来说相对陌生。因此，带领者花了一些时间介绍跨团队合作的重要性以及相关的概念。在案例模拟和讨论环节，小组成员才慢慢进入状态，对于跨团队合作有更多的了解，同时提出一些相应的问题，如是否只需要医生与患者家属沟通就可以了，护士在整个沟通过程中的角色和作用是什么等。大家也就这些问题进行了充分的讨论。最后得出结论：跨团队合作是发挥团队每个成员的优势和作用，可以使工作效率最大化，因此，搞清楚团队内部成员的独特作用和优势非常重要；同时，护士也需要学习如何与团队其他成员进行沟通。

第六节　工作中的自我照顾与调适

时间：12:30—13:30

地点：复旦大学附属儿科医院行政楼二楼会议室

组员人数：16人

小组目标：

1. 澄清护士临终关怀工作的价值和意义，明确其信念，为其增能，引导护士学会互相帮助，进行自我调适。

2. 结束小组，小组效果评估。

小组前准备：活动需要的物品包括签到表、小礼品20份、A4纸20张、水笔20支。

人员安排：主带为高校教师，记录员1名，观察员3名。

小组过程：

1. 介绍危机事件集体减压法（Critical Incident Stress Debriefing，CISD）的做法（25分钟）。首先介绍危机干预的方法，让小组成员了解当遇到危机事件时，医护人员可以做些什么进行及时的心理干预。介绍完CISD后，让小组成员思考可以在什么样的工作情境下使用此方法。小组成员分享完自己的经历之后，小组带领者现场展示了CISD的做法，让大家进一步观察如何运用此方法。

2. 自我照顾之情绪管理（20分钟）。让小组成员了解情绪应对的方法，更好地管理自己的情绪，包括如何认识、识别、理解和接纳情绪。讲解之后，让小组成员两人一组，尝试情绪管理的办法，之后大组分享。

3. 自我价值的肯定（10分钟）。让小组成员思考：自己工作中最喜欢的部分是什么？最欣赏自己的是什么？从中肯定自我的价值，通过意义建构的方式给自己赋能。通过大组分享，让每一个成员都有进一步的思考和感触。

4. 结束小组。小组带领者总结六次小组的内容，让成员分享感受（5分钟）。

小组总结：

最后一次小组的主题是自我照顾，从个体和小组层面向小组成员介绍CISD、情绪管理和意义建构的方法。从小组成员的反馈来看，医护人员自我照顾的需求较高，但是较少有机会满足，更多地是应对工作上的事务，很少有机会关注自身的情绪和心理需求。小组的开展，让护士们有机会思考忙碌工作背后的意义以及如何善待自己，只有把自己照顾好了，才能更好地投入工作。

（五）小组效果评估

小组的效果评估分为两部分：一是满意度评估；二是成效评估。满意度评估通过问卷的形式，对小组活动形式、小组目标的实现、小组成员在整个过程中的感受以及小组带领者的表现进行评估。成效评估采用准实验设计，小组成员在小组开始之初和小组结束后填写临终关怀知识、临终关怀自我效能问卷，进行组内前后比较；招募对照组，填写临终关怀知识测试、临终关怀自我效能问卷，进行组间比较。

就满意度的结果来看，共有20位小组成员在小组结束后填写了满意度问卷。满分5分，活动形式的满意度均值为$4.1(SD=0.72)$，目标实现均值为$4.23(SD=0.44)$，小组成员感受均值为$4.38(SD=0.64)$，而小组带领者的表现均值为 4.27(SD=0.50)。

针对成效评估方面,小组成员临终关怀知识测试的前后测差异显著(前测 M=2.92,SD=1.31;后测 M=10.33,SD=1.83)(T=−15.32,P<0.000)。小组结束后,小组成员与对照组的临终关怀知识测试的差异也十分显著(干预组 M=10.33,SD=1.83;对照组 M=8.42,SD=1.51)(T=3.29,P<0.01)。就临终关怀自我效能感而言,小组成员的效能感比之前有所提高(前测 M=18.83,SD=4.35;后测 M=21.75,SD=2.73),但并没有显著差异(T=1.78,p>0.05)。而小组成员与对照组的效能感差异明显(干预组 M=21.75,SD=2.77;控制组 M=17.25,SD=4.79)(T=−2.98,P<0.05)。

由此可见,该小组对护士临终关怀知识方面的提升是有显著效果的,无论是前后测还是与对照组的比较都表明,小组干预能够有效提高护士临终关怀知识的知晓度。而就小组工作提升护士的效能感方面而言,虽然与对照组相比差异明显,但前后测的差异并不明显。知识层面的提升与实际的行为存在差别,如能理论联系实际,并且提供真正的实践干预机会,可能对于提升效能感更加有帮助。

课程设计

一、教学目的与用途

可以将此案例应用于"医务社会工作"课程的教学,用于讲解小组工作方法在医务社会工作中的应用,案例的编写以此为出发点组织相关内容,对案例的分析和总结也是基于这一目的。此外,"小组社会工作"课程中也可以将此案例作为教学之用。

(一)适用的课程

本案例适用于"医务社会工作",也可以作为"小组工作"等课程的辅助案例。

(二)适用的对象

本案例适用对象包括高年级社会工作专业本科生、社会工作专业硕士

（MSW）研究生。

（三）本案例教学目标规划

1. 覆盖知识点

本案例在"医务社会工作"中应用主要覆盖的知识点有：

(1) 临终关怀的理念和内容；

(2) 临终患儿与患儿家属的心理需求；

(3) 医护人员的哀伤反应与应对。

2. 能力训练点

本案例在"医务社会工作"课程中规划的主要能力训练点有：

(1) 学会分析医护人员对临终关怀和面对死亡的态度；

(2) 学会分析临终患儿及患儿家属的心理需求；

(3) 学会如何应对患儿家属及医护人员的哀伤反应；

(4) 学会发展契合医护人员的临终关怀能力提升干预方案。

二、启发思考题

本案例的启发思考题主要对应的是案例教学目标的知识传递目标，启发思考题与案例同时布置，另外，要让学生尽量在课前熟悉相关知识点。在案例讨论前需要布置学生阅读教材中有关医务社会工作中小组工作方法和临终关怀相关内容，包括临终关怀的基本理念、内容和形式，以及哀伤辅导、小组工作方法等方面的内容。

(1) 你认为医护人员面对病患死亡的态度和感受是什么？

(2) 临终患儿如何看待死亡？他们的情绪反应是什么？他们的期待和需求是什么？

(3) 临终患儿家属的情绪反应主要有哪些？他们的期待和需求是什么？

(4) 医护人员进行临终关怀的主要障碍有哪些？他们需要哪些方面的帮助？

(5) 如何设计小组干预方案来帮助医护人员提升临终关怀的能力？

三、分析思路

案例分析的思路是将案例相关情景材料通过教师事先设计好的提问逻辑引导和控制案例讨论过程。因此,本案例分析设计的本质是提问逻辑的设计,案例中服务对象的需求评估和小组干预方案的设计是案例分析的关键路线,服务方案设计背后潜在的建构理念和建构原则是教学目标。

(一) 案例服务建构点

1. 本案例的主要服务方案建构点
(1) 如何提升医护人员的临终关怀能力?
(2) 小组干预方案的构成要素是什么?
2. 相关的辅助服务体系建构要点
(1) 如何确定临终患儿和患儿家属的心理社会需求?
(2) 如何评估医护人员的临终关怀照护需求?
(3) 如何设计小组干预方案来满足医护人员的临终照护需求?

(二) 案例分析的基本逻辑

1. 对相关的儿科护士进行需求评估,了解信息
(1) 儿科护士面对儿童死亡的反应及应对方式。通过前期访谈,确定他们在处理工作中的哀伤时可能出现的问题和需要的帮助,从而为之后的方案设计奠定基础。
(2) 儿科护士处理家属情绪的方式。通过护士对家属情绪反应的描述和分析,了解家属面对患儿死亡出现的情绪反应,以及护士如何应对家属的情绪,从中找到儿科护士在此过程中可能遇到的困难。
(3) 儿科护士临终关怀的态度及需求。除了应对自身和家属的哀伤反应,临终关怀的内容还包括如何为患儿及其家属提供更高质量的服务,满足他们的社会心理需求,提高他们临终前的生活质量。因此,需要了解儿科护士对临终关怀的态度和想法,是否进行过临终关怀相关的服务,在服务过程中遇到了哪些困难,需要哪些方面的帮助;而需求评估的形式主要以半结构式访谈为主,找到经常面对患儿死亡的护士,了解他们的工作经历和需求,从而为制订干预方案提供

实证基础。

2. 设计干预方案

对儿科护士进行较全面的评估之后,需要进一步思考,如何设计干预方案,满足他们的需求。首先,要考虑干预的形式。从以往的文献回顾得知,死亡教育和临终关怀的形式更多是短期的工作坊。结合复旦大学附属儿科医院的实际情况,社工部本身有"医务社工助理"培训的特色项目,主要是小组工作的形式。因此,将干预方案定位在小组工作上相对来说比较适合,符合实际情况。其次,就干预的内容而言,需要结合以往的文献资料和访谈内容。临终关怀和死亡教育的内容大致包括四个部分:

(1) 让护士了解自己对死亡的态度和想法;

(2) 了解自己对死亡的态度如何影响对病患的临终关怀;

(3) 学习如何帮助家庭应对哀伤;

(4) 如何互相帮助,共同应对经常面对死亡带来的压力。

对儿科护士进行需求评估后,排名前五的需求依次是:

(1) 了解临终患儿家属的心理特点和需求、如何与临终患儿及家属沟通;

(2) 如何协助临终患儿面对死亡,告知临终事实的方式;

(3) 临终患儿的心理特点及需求;

(4) 丧亲者的哀伤辅导以及丧失与悲伤的情绪处理;

(5) 护士面临临终或死亡患儿时个人的心理调适。

因此,该案例确定将小组工作作为主要的干预方法,就儿科护士面对死亡的态度和想法、如何与临终患儿及其家属沟通、如何帮助家庭应对哀伤以及如何应对自己的哀伤反应、跨团队合作进行临终关怀的内容展开讨论和干预。

(三) 确定评估策略

需要确定小组干预方案的效果评估策略,从而对干预的效果进行检验。该案例采用准实验设计,即招募干预组和控制组,就相关的指标分别进行前后测,从而检验实证干预的效果。而评估指标的确定也需要和小组干预的目标相吻合。该干预方案的目标是提高儿科护士临终关怀方面的能力,因而评估的指标也就确定为儿科护士临终关怀知识和临终关怀自我效能感的测量。

四、理论依据与分析

(一) 哀伤理论

小组干预方案中需要处理儿科护士和患儿家属的哀伤反应,因此,要了解个体面临死亡的态度和情绪反应。库伯勒针对临终患者及患者家属面临死亡的五阶段论为如何应对哀伤反应提供了理论基础。

同时,需要了解临终患儿及其家属在生理、心理、社会、灵性层面的需求,从而有针对性地对儿科护士进行能力的训练和提升。

(二) 儿童的死亡认知阶段论

儿科护士在需求评估时提到,不知是否应该和儿童谈论死亡?如果要谈,谈论到什么程度为宜?要回答这个问题,需要对儿童的死亡认知阶段发展有清晰的了解,理解不同阶段的儿童对死亡的认知是什么样子,才能在他们理解的范围内与他们讨论死亡的议题。心理分析学派和皮亚杰对儿童死亡的概念和认知发展的研究为小组干预提供了理论支持。

(三) SPIKES 六步沟通法——如何向病患传递不好的消息

对儿科护士来说,如何向患儿和患儿家属传递与死亡相关的信息,也是相对棘手的任务。SPIKES 六步法将不同的沟通技巧融入其中,分步骤讲解如何与病患及其家属沟通不好的消息,为小组干预提供了理论框架和支持。

五、关键要点

本案例分析关键在于把握医护人员临终关怀能力建构的主要因素,理解临终患儿及家属的社会心理需求、医护人员的哀伤反应处理、与患儿及家属沟通技巧等要素。

(一) 教学中的关键点

(1) 临终关怀理念的形成与发展;

(2) 临终关怀的内容和形式；
(3) 医护人员面对死亡的态度和情绪反应；
(4) 临终患儿及其家属的心理社会需求；
(5) 临终关怀能力提升干预方案的设计。

（二）建议的课堂计划

本案例课堂计划可以根据本科生和 MSW 学生的差异，进行区别化教学。本课程中案例主要按照 2 学时进行设计。

A 计划：本科学生可以将需求评估和方案设计的讨论放在课程内进行，因为这类学生的临床经验较少，因此，案例讨论过程中需要教师引导的内容要相对多一些。

B 计划：MSW 学生已经具备相应的小组工作基础，可以让他们在课外对医护人员的临终关怀能力提升的需求进行评估，同时设计相应的方案，在课堂中进行展示和讨论。

两种课堂教学的详细安排计划如下：

A 计划	B 计划
考虑到本科生的知识基础和实践经验相对缺乏，要适当增加讨论前的知识讲解和讨论后的知识总结时间。 课堂安排：90 分钟 知识讲解：20 分钟 案例回顾：10 分钟 集体讨论：20 分钟 案例分析：20 分钟 知识梳理总结：10 分钟 问答与机动：10 分钟	课前文献阅读至少 1 小时。 考虑到 MSW 学生的知识基础和实践经验较丰富，建议将需求评估的内容放在课前准备中，而小组干预方案的设计和讨论置于课堂中进行。 课堂安排：90 分钟 案例回顾：10 分钟 需求分析：15 分钟 小组讨论：25 分钟 集体讨论：30 分钟 知识梳理：5 分钟 问答与机动：5 分钟

在课堂上讨论本案例前，应该要求学生至少阅读 1—2 篇与临终关怀相关的文献，对案例启发思考题进行回答。在课堂讨论中，以小组为单位围绕所给的案例启发题进行讨论。

（三）本案例的教学课堂讨论提问逻辑

（1）儿科护士临终关怀能力提升的需求评估是否到位？从评估的方法和内容上看是否符合现实情况？

（2）分析出来的五个需求是否都可以在小组工作中满足？不同方面的需求可以用什么方式满足？

（3）小组干预的理论框架是否对小组干预的内容有指导作用？为什么？

（4）医护人员在面临患儿和家属的时候，沟通的内容和形式是否需要调整？

（5）医护人员面对工作中的哀伤有哪些处理方法？

（6）小组活动的内容是否能够达到小组设定的目标？

（7）小组的效果评估是否恰当？

（8）除了小组设计的内容之外，医护人员临终关怀能力培训还有哪些内容？

（9）除了小组工作之外，社会工作部还可以为医护人员的临终关怀能力提升提供哪些服务？

推荐阅读

1. 陈维樑、钟莠筠：《哀伤心理咨询理论与实务》，中国轻工业出版社 2006 年版。

2. 霍尔德、克兰顿：《临终：精神关怀手册》，吴宇琦、方志燕译，上海译文出版社 2006 年版。

3. 罗斯：《论死亡和濒临死亡》，邱谨译，广东经济出版社 2005 年版。

4. 孟宪武：《优逝：全人全程全家临终关怀方案》，浙江大学出版社 2005 年版。

5. 史宝欣：《生命的尊严与临终护理》，重庆出版社 2007 年版。

赋权取向的小组社会工作
——以促进心境障碍患者恢复社会功能为例

薛莉莉[*]

【摘　要】　目的：通过建构赋权取向的小组社会工作方法对心境障碍患者进行干预,探讨其可行性和有效性。方法：采用案例研究的方法,将每个完整的小组过程视为单独的案例进行研究。采用单纯随机对照研究设计,把80个心境障碍稳定期的患者随机分为研究组和对照组,每组40个。对照组进行常规的治疗护理,研究组在进行常规治疗护理的基础上参与小组社会工作,每阶段小组持续时间为2周左右,于治疗前后使用日常生活功能量表(ADL)、领悟社会支持量表(PSSS)、自我和谐量表(SCCS)、自尊量表(SES)检测患者改善状况。结果：赋权取向的小组社会工作方法在一定程度上提升患者的自尊,促进自我和谐及社会适应,逐步恢复社会功能。

【关键词】　赋权、小组社会工作、心境障碍、社会功能

案例综述

一、项目背景

上海市精神卫生中心是三级甲等精神卫生专科医院,担负着全市精神卫生医疗、教学、科研、预防、康复、心理咨询/治疗和对外学术交流等任务,是全国规模最大、业务种类最全、领衔学科最多的精神卫生机构。中心于2010年在物质依赖(戒毒)科引入专职社会工作者,随后分别于2012年、2013年先后引入3名

---

[*] 薛莉莉,上海市精神卫生中心社会工作部主任,复旦大学社会工作专业硕士(MSW)毕业。

专业社会工作者。2015年,在上海市疾控精神卫生分中心下正式建立社会工作部,社会工作部成员不仅为全市开展精神健康社会工作积极助力,同时也在院内提供社会工作专业服务,打造精神健康"全人"服务模式。

精神病患的社会功能缺陷发生率高达53%[①],尤其是长期封闭式住院环境对患者行为的退缩起到了强化作用。在生病之后,为了治疗,他们放弃了自己所能做的,一味地遵从中规中矩的治疗方案,甚至慢慢变得对自己的疾病缺乏责任心,好像自己人生的发展就此停滞了。精神疾病康复的关键是要协助患者恢复社会功能。赋权是个人、组织与社区借由一种学习、参与、合作等过程或机制,使患者获得掌控自己本身相关事务的力量,以提升个人生活、组织功能与社区生活品质。赋权的社会工作服务提倡以"健康促进"取代传统的问题修复,通过"发掘优势",协助个人通过帮助别人或自己努力去争取他们应得的权利。因此,在心境障碍病区构建赋权取向的小组社会工作方法介入稳定期的患者并评估其效果,应是一次有益的尝试。

二、项目意义

随着人们的生活压力加剧,各种生物、心理、社会环境因素导致精神心理疾病问题日渐突出。据调查,精神障碍占我国疾病总负担的首位,尤其是进入疾病慢性阶段者,多存在意志减退、行为退缩等阴性症状,长期封闭式住院环境对其行为的退缩也起到了强化作用。因此,精神疾病康复不仅要修复患者的神经机能,也要协助其恢复社会功能。自2012年8月进入心境障碍科(六病区)从事医务社会工作以来,我们根据所在病房的特色开展了不同主题系列的小组社会工作。在已开展的小组社会工作中发现,心境障碍的大部分患者在疾病控制并逐步恢复的过程中,对回归社会生活、重新担负其原有的社会角色有一定的顾虑,具有无能无助感和不同程度的病耻感。然而,这些感觉是可以在小组中被探讨和分享的,并且在探讨和分享后能够令患者感到有所收获。因此,在封闭式住院的环境下,采用小组社会工作的方法可以给患者提供情绪疏导的空间,在游戏和知识学习的过程中,辅以赋权理念设计,通过小组协助患者建立自信和提升能力,可以帮助其减轻无能感和病耻感。

---

① 屠丽君、朱玲、麻丽萍等:《精神分裂症患者社会功能缺陷及护理对策》,《中华护理杂志》1997年第8期。

三、文献回顾

小组社会工作是一种社会工作的基础方法，通过小组社会工作者的带领，引导成员在小组活动中互动，促使成员彼此建立关系并以个人能力与需求为基础，获得改变与成长，达成个人、小组、社区发展的目标。近年来，采用小组社会工作方法介入精神障碍患者康复的研究较多。例如，陶明娟提出，可以通过"来自院外"且"身份平等"的小组社会工作者的介入，让患者通过加入小组、参与游戏、体验互动、进行讨论等形式进行交流和沟通，打破患者与外界绝对封闭隔绝的状态，改变患者自闭、孤独、不愿与他人接触的状况，逐渐恢复患者的人际交往与沟通能力，消除其对院外社会的恐惧与不安，协助其恢复社会性功能[1]。吴辉霞从优势视角出发，着眼于挖掘患者的资源及能力，让患者在平等、安全、轻松有趣的环境中体验到尊重、友爱、信任，在他人的赞赏、鼓励中建立自信，精神面貌大为改观，增强了对活动及对周围环境的兴趣和交流沟通能力[2]。刘俊、武艳红等发现通过小组社会工作，组员在领悟社会支持、自尊方面有一定程度的提高，从量表上看孤独感较对照组也下降很多，与心理咨询不同的是，社会工作者在解决组员简单的情绪和心理问题的同时，更注重整合外部资源[3]。胡莹认为，小组加强了同病友、家属之间的联系与互动，增进了病患、家属以及医护人员相互之间的了解，病患与家属之间的关系网络也更加亲密，对生活的满意度提升了，有助于精神病患者的社会融入[4]。莫丽平、武姣宁指出，小组社会工作有康复、能力建立、矫正、社会化、预防、问题解决和社会价值重建等功能，已被成功地运用到精神病患者康复活动中[5]。

由此可见，小组社会工作为精神障碍患者提供了一个与他人互动的空间，有

---

[1] 陶明娟：《浅谈小组社会工作模式在促进精神病患者早日回归社会中的作用》，《求医问药（学术版）》2012年第11期。
[2] 吴辉霞、廖燕芬、曾玉霞等：《社工专业小组社会工作介入精神康复于慢性精神病患者的影响》，《中国民康医学》2013年第9期。
[3] 刘俊、武艳红、苏献红等：《小组社会工作对改善精神疾病患者孤独感的效果》，《中国健康心理学杂志》2013年第10期。
[4] 胡莹：《小组增权在精神卫生社会工作中的实践——以精神病患者及家属增权小组为例》，《郑州轻工业学院学报（社会科学版）》2013年第3期。
[5] 莫丽平、武姣宁：《浅谈小组社会工作对精神病患者社会性康复的作用——以成都市精神病院为例》，《金田》2011年第8期。

效地改善了患者社会功能削弱的情况。但此类小组社会工作采用的多是结构化的一般小组社会工作方式,缺乏某种针对性的理念和准确的理论视角切入。如果对不同病种的精神病患者采取独特的、有针对性的理念与方法设计小组,是否更有效? 心境障碍患者在接受系统、规范的治疗后多能获得较好的精神康复,部分患者依旧可以回到原工作岗位工作或继续自己的学习生涯,但是患者在生病过程中获得治疗和家人理解支持的同时,也获得了"病人"的标签,很大一部分患者因为这个标签忽略了自己的优点、长处和能力,对自身的整体评价产生偏差。

施忠英、柳少艳、聂磊煤、张菊英、张松兰的研究认为,单纯的药物治疗能改进抑郁症患者的抑郁情绪,但难以改变患者已形成的对疾病的耻辱认知,联合团体心理干预对减轻病耻感水平显现出良好的前景。王宪琴、张程指出,医护人员采取为患者创造安静舒适的休养环境、鼓励患者表达自己的想法、调整患者情绪阻断负性思维、帮助患者学习新的应对技巧等干预措施,能有效地帮助患者更好地恢复[①]。

"赋权"自20世纪90年代开始备受瞩目。按照字面的意思,赋权意味着"变得有力"。据《社会工作词典》的解释:赋权是理论,关系到人们如何为其生命取得集体的掌控,以便达成整个团体的利益;也是方法,社会工作通过它提高缺乏力量的民众的力量,因此,赋权被定义为是个体、团体和社群掌管其境况、行使其权利并达到其自身目的的能力,以及个别和集体地,能够借此帮助自己和他人将生命的品质提高到最大限度的过程[②]。

四、项目目标

(一) 总目标

通过赋权模式的小组社会工作协助患者重建生活信心,承担原有社会角色,促进其社会功能的恢复。

(二) 分目标

(1) 构建安全、有归属感的小组氛围,给组员提供分享经验和交流问题的

---

① 孙霞、苑成梅:《双相障碍的团体心理治疗》,《上海交通大学学报(医学版)》2015年第10期。
② 罗伯特·亚当斯:《赋权、参与和社会工作》,汪冬冬译,华东理工大学出版社,2013年,第20页。

机会。

（2）澄清和讨论组员患病后产生的问题，让组员清晰地了解自身问题和需求，有更多的机会参与决策，改变生活现状。

（3）通过学习"放松技巧"和构建社会支持网络，提升组员能力，进而获得更多对生活和症状的控制感。

（4）学会制定生活管理计划，充实组员对未来生活的信心。

五、理论依据与介入策略

本项目的理论依据主要为赋权理论和小组社会工作理论。

赋权指协助个体、团体和社群获得掌管其境况、行使其权利并达成其自身目的的能力，以及个别和集体地，能够借此帮助自己和他人将生命的品质提高到最大限度的过程。它包含人们的能力、行使权利的过程以及获得成就三个要素。这三要素主要是通过与他人互动产生的。

赋权的重要价值观点：（1）许多社会问题的存在，起源于资源分配不均，那些无法获得资源的人，可以通过互助、帮助别人或自己的努力去争取他们应得的权利，而不是完全依赖社会福利机构或慈善团体来满足其需求；（2）以"健康促进"取代传统的"修复问题"，以"发掘优势"取代传统的"收集危险因素"，以寻找"环境影响"取代传统的"责备受害者"。

针对组员因精神疾病而备受歧视、无法重新获得工作、人际关系断裂等问题，通过实施小组社会工作方式，构建重新促进其获得资源、学习的情境，并帮助组员认识到康复后很多资源是自己有责任去争取的，而非一味地等候帮助，以帮助其重获对生活的知觉感和控制感，协助其社会功能的恢复。在小组社会工作的设计过程中，工作者协助组员相互帮助，分享彼此的知识和经验，工作者在小组进入维持阶段后，将团体的发展逐步交给组员，自己淡出对团体的影响，以利于小组成员相互支持和成长。同时，在小组过程中，更多地让组员看到自身积极的方面，探寻彼此优势，并协助组员明白自身能力的限制部分地受到环境的影响，症状带来的影响非他们的本意，要以尊重和接纳的态度面对自己和其他组员（见表1）。

表 1　赋权的过程和结果

层次	过　　程	结　　果
个人	学习决策技巧 运用与管理资源 与组员合作共同完成目标	控制感 批判意识 参与行为
小组	参与决策 分担责任 共享领导	与其他组员形成连结 有效地争取资源

六、具体执行

为了检验所设计的赋权式小组社会工作是否有效，笔者对本项目设计了评估方案。工作者将开展 5 组小组社会工作，每组 8 人参与，分为实验组和对照组。总共 80 人，实验组成员从心境障碍科（六病区）Ⅱ级病情较稳定的患者中招募或由医生推荐，再经过筛选，确定适合参与的组员，并在这些成员中随机抽取分组，每组由 8 人组成，实验组组员既参加院内康复活动，也参与社会工作者开展的赋权取向小组。小组社会工作每周开展 3 次，3 周完成一次完整的小组活动。对照组组员在六病区Ⅱ级病情较稳定的患者中随机抽取，仅参加院内设计的康复活动。小组开始前用量表进行前测，3 周后再以相同量表进行后测，量表主要采用日常生活功能量表（ADL）、领悟社会支持量表（PSSS）、自我和谐量表（SCCS）、自尊量表（SES）。

（一）准备阶段

通过海报招募、医生推荐的方式招募组员，并在小组开始前对实验组和对照组进行量表测试与个别访谈，筛查出不适合参与小组的患者（如有强烈自杀念头、行动非常迟缓等），再随机分组。

1. 筛选访谈的主要问题

（1）参与小组的动机；

（2）告知小组进行的周期及大致过程；

(3) 了解组员希望在小组内获得什么；

(4) 告知小组参与注意事项，如需要遵守保密的约定等；

(5) 了解组员近期治疗安排（是否有 MECT，即无抽搐电休克治疗；哪些时间段可以参与小组等）。

2. 评估工具

(1) 日常生活功能量表（ADL）。ADL 共有 14 项，包括躯体生活自理量表和工具性日常生活能力量表两部分。按 4 级评分：1) 自己完全可以做；2) 有些困难；3) 需要帮助；4) 根本没办法做。总分最低为 14 分，为完全正常；大于 14 分表现为有不同程度的功能下降，最高为 56 分。

(2) 领悟社会支持量表（PSSS）。该量表共 12 个条目，由家庭支持、朋友支持、其他支持（老师、同学、亲戚）三个分量表组成，每个分量表含 4 个条目。本量表为 7 级量表，选项从 1＝极不同意，过渡到 7＝极同意。社会支持总分由三个指标的分数相加而成，分数越高，得到的总的社会支持程度越高。

(3) 自我和谐量表（SCCS）。自我和谐是罗杰斯人格理论中最重要的概念之一，它与心理健康有着密切的关系。个体有维持各种自我知觉之间一致性，以及协调自我与经验之间关系的机能。如果个体体验到自我与经验之间存在差距，就会出现内心的紧张和纷扰。此项得分越高，自我和谐程度越低（低于 74 分为低分组，75—102 分为中间组，103 分以上为高分组）。

(4) 自尊量表（SES）。该量表用以评定个体关于自我价值和自我接纳的总体感受，由 5 个正向计分和 5 个反向计分共 10 个条目组成，其中，3、5、8、9、10 为反向计分。分四级评分，1 表示非常符合，2 表示符合，3 表示不符合，4 表示很不符合。总分范围是 10—40 分，分值越高，自尊程度越高。

使用 SCCS、SES、ADL、PSSS 于入组前及小组社会工作 3 周后分别评定一次。

(二) 实施阶段（具体计划书见附件）

整个小组过程分为 8 节，四个阶段：

1. 第一阶段：建立团体归属感和安全感

通过破冰游戏、自我介绍，建立团体规则，澄清疾病知识、患者（重要他人）对疾病的看法、目前困扰的问题。有些环节采用游戏等形式来展现，而非单纯的语言分享。在这一阶段，小组的主要目的是建立小组安全感和归属感，因此，在组员彼此熟悉后，社会工作者主要和组员探讨如何看待疾病，比如工作人员会问

"你们了解什么是双相障碍吗?""当你们得知这个诊断的时候,是怎么想的?"大部分患者说"我在想自己怎么会得这个毛病""我觉得自己的人生完蛋了,我很害怕""我只是情绪比较容易激动,怎么就变成神经病了""我不是很清楚啊,我开始没意识到生病了,我不想吃药一辈子"。社会工作者会根据患者不同的反应,再次询问其他人是否有相同的感受或想法。很多组员都感慨原来不只自己有这样的恐惧和困惑,其他人也有啊。社会工作者会聚焦之前患者的疑问并回答,比如双相障碍的定义、疾病症状等。

社会工作者会分发给每个组员一个小信封,让大家把自己目前最困扰的、愿意和大家分享的问题写在信封里的纸条上,写完后社会工作者回收放入一个小盒子里,然后,社会工作者随机抽取信封,并把困扰的问题念出来。例如,有的组员很担心是否能结婚的问题,社会工作者会问问大家的看法。开始大家都不吭声,表示这个不好说。社会工作者会说:"其实我们很多患者都有这样的困扰,我们可以发表不同的意见,无所谓对错。"有的组员认为生病了就不要结婚了,这个病别人是不能理解的;有的组员认为,病人也有权利结婚;有的组员认为主要是要不要让对方知道这个事情,最好开始可以隐瞒住,结婚后再告诉;有的组员认为这样不好,以后万一知道了要离婚,会受到更大的刺激……在这一阶段中,比较重要的是让患者了解自己的疾病,虽然在医生面前他们已经被确诊,但那个阶段患者往往缺乏自知力,并不清楚地知道自己究竟怎么了,等到他们治疗处于康复期了,又没有人具体告知他们疾病到底是什么样子,因此,在赋权之前,首先要让他们有获知准确疾病信息的权利和渠道。其次,通过匿名抽取问题的形式,安全性地展示了患者共有的一些需求或者疑问,通过社会工作者的提问和鼓励,让患者有机会大胆地思考,提出各种建议。在这个思考过程中,社会工作者以及患者都会发现,原来虽然自己生病了,但是我们并没有丧失基本的逻辑思维能力,我们也能够参与解决问题,每个人提供的建议都是解决问题的一个思路,并且也都是可以去尝试的。这个看似普通的游戏,体现了社会工作者初次尝试让患者成为问题的解决者、建议的提供者,而不是一味等着所谓的"专家"给一个标准答案。社会工作者在引导的同时,也在淡出"专业人士"的位置。起初患者并不习惯,所以保持沉默,但一旦有人开始分享了,便激发了大家思考和表达的欲望。

2. 第二阶段:解释"赋权"之意义,厘清患者角色

启发患者去探讨作为患者的权利和义务。在此期间,工作者把更多探讨机会留给患者。社会工作者会问组员:"你们觉得一个生病的人具有哪些权利?"组

员感到很意外,他们表示从来没有想过生病的人会有权利这回事。社会工作者解释说:"'病人'也是一种角色,而每个角色都有自己的权利和义务,你们试想一下,'病人'这个角色有什么权利呢……"组员又是很懵的样子,然后有人说"休息";有人很小声地说"配合治疗";有人说"吃药"。社会工作者又问:"除了休息、吃药、配合治疗,还有吗?"组员觉得没有了。社会工作者又问:"那如果一个人高烧了,是否还需要做家务劳动?还需要去上班?"组员马上说:"那肯定不用了,吃不消。"社会工作者说:"那我们精神疾病也是一样的,我们除了要吃药、配合治疗、休息之外,原先我们所承担的一些责任可能也要暂时放下,比如生病了急性期不能工作了要在家休息;比如作为母亲原来你要做家务和辅导孩子功课,但现在没有办法做了;等等。所以,生病了就有权利暂时放下我们的一些要承担的责任,先治疗和康复。"接着,社会工作者会问组员"那对于病人这个角色有什么义务",组员仍旧回应还是吃药、配合治疗。在这整个过程中,我们会看到患者似乎被洗脑似的,生活的中心就是吃药和配合治疗,除此没有别的想法。对精神科医生来说,他们很希望病人能坚守这两个准则,但是从社会工作者的角度看,应该允许患者有各种想法和异议。社会工作者在这一节之所以提出病人角色的权利与义务,是因为很多患者在患病后被家人指责(照顾者认为他们意志力不够顽强,认为他们懒或者逃避问题),深感内疚(他们认为这一切都是自己造成的,是因为自己不好),同时又被这个社会所"厌弃"(媒体更多是报道精神病人肇事肇祸或者滑稽的行为)。社会工作者想通过对病人角色的澄清,去减轻组员的病耻感和改变对疾病的错误认知,让他们明白得了精神病和肺炎等疾病一样,在急性期需要治疗,可能要中断工作,或者变得和以往的生活不同,但是经过康复期,就可以慢慢地承担起一部分角色,比如可以做力所能及的工作,可以像原来一样给孩子辅导功课,可以去公众场合参与各种社交活动等。同时,社会工作者会告诉组员"赋权"的概念,强化组员的一种意识,即:虽然我生病了,但是我依然拥有自己的权益,我也应该为自己争取权益,而不是因为生病变成完全不能自主的傀儡。在小组中,社会工作者会营造比较温馨的氛围,尽可能让患者去表达、分享,不责备、不批判。

3. 第三阶段:患者自己制定能做到的住院计划和出院后的康复计划,并在团体中进行分享

在此阶段工作者针对组员都在康复期且有出院的愿望,提出大家制定出院计划的建议,组员觉得可以试试。但是一开始组员几乎只能在纸上写一两行字,大意都是锻炼、吃药、积极康复之类的话。于是社会工作者让组员自由组合分为

两组,先给小组命名,并且在组内讨论制定一个较详细的出院康复计划,还要选出一个组长,代表小组展示小组的康复计划。组员开始讨论如何细化康复计划,起初他们觉得康复就是康复,每天就是按时起床、吃饭吃药、午休,然后锻炼身体,晚上吃药睡觉,周而复始。接着他们觉得这样很乏味,有组员就会问其他人平时还会做什么,有的组员说想打牌,有的说想打篮球,有的说要散步……经过组内讨论和相互探讨,终于有一份较之前更完整的计划书。最后,社会工作者总结说出实施计划的要点和措施,然后让小组再细化自己的康复计划。在这个阶段,小组的凝聚力和归属感很好,参与度也很高,此时,社会工作者进一步淡出,将小组的进程和内容主要交给组员。让组员既学习相互交流信息与沟通,又尝试参与合作,共同协商完成一些决策,促进了赋权的过程。

4. 第四阶段:巩固团体内获得的分享,植入希望和树立信心

这一阶段是小组的终期阶段,活动内容主要包括:回顾团体过程,展示患者在团体过程中的分享和收获;树立患者出院后实施计划的信心;启发构建社会支持网络;注重患者之间相互的鼓励和支持;给予祝福和离组告别。社会工作者主要会询问组员在小组中的感受,回顾小组的历程,尤其对于之前制定的出院计划有无担忧,是否有阻碍因素需要在小组内解决。有的组员觉得在小组里很开心,觉得被尊重,担心离开小组一切又恢复常态;有的组员对实施计划表示担心,怕自己不能坚持;有的组员担心自己会反复复发,这样学到的东西又没有了……针对组员的各种顾虑,社会工作者将问题列出,然后邀请每个组员对上述问题谈谈自己的看法。有的组员认为,真正学习到的东西会印在心里,但需要慢慢消化;有的组员认为改变很难,但是可以试试;有的组员建议可以找人监督自己。随后,社会工作者启发组员学习如何构建社会支持网络技巧。社会工作者先询问组员在生病后是否能维持原来的人际关系、保持原有的兴趣爱好或习惯等,组员均表示很多都中断了,于是社会工作者告知组员良好的社会支持网络可以帮助大家更好地康复。然后询问大家觉得在有困扰的时候从哪里可以得到支持,组员思考了一下,纷纷给出了如家人、朋友、兴趣爱好(扩展很多)、参与的团体、宗教信仰、自己的宠物、书等答案。社会工作者将这些答案写在白板上,并告诉大家这个网络越是大和多,对康复和预防复发越有帮助,同时也告诉大家对于家人、朋友这些支持网络如何细化。最后,让每个组员在卡片上写下对其他组员祝福的话,同时写下对未来的期望,贴在"心愿树"上……在这个过程中,不仅能把组员的离别情绪处理好,更多的时候还能够激发组员的思考和参与能力;进一步

理解在处理问题的时候并非只有一种答案,组员可以有消极的情绪,但是针对一个问题,同样有各种积极的可能性存在;社会工作者并不一概否定组员想到的消极面,因为那种感受或者情境是真实的、可能发生的,但希望组员能知道更多的可能性,在以后的思考中能更多地想到这些可能性,并从这些可能性中提取自己所需要的。最后让组员带着写有彼此祝福话语的卡片离开,期望小组的能量和所学心得可以陪伴组员延续到小组之外。

整个小组结束后,在组员离组之前,工作者对组员进行前述量表的后测。

(三) 评估

1. 量表评定结果

(1) 基线两组的比较。

正态性:两组所有量表基线数据经 K-S 正态性检验,P 值均大于 0.05,提示两组病人的四个量表得分均服从正态分布。

方差齐性检验:自我和谐(SCCS)、日常生活功能(ADL)的测量 P 值<0.05,方差不齐,表明两组有显著差异;自尊量表(SES)、领悟生活支持(PSSS)的测量 P 值>0.05,表明两组差异不明显。

独立样本 t 检验:基线时两组在自我和谐量表、自尊量表、日常生活功能量表得分均无显著差异(P>0.05),领悟社会支持有显著差异(见表2)。

表 2 基线两组患者量表得分情况比较

	Levene 方差齐性检验		独立样本 t 检验	
SCCS	F	P	t	P
	4.967	0.029	-1.10	0.28
SES	F	P	t	P
	0.593	0.444	0.50	0.62
ADL	F	P	t	P
	5.737	0.019	0.34	0.73
PSSS	F	P	t	P
	0.984	0.324	2.93	0.004

(2) 基线与随访数据比较。

两组患者基线及随访数据经球形检验(Mauchly's test of sphericity)，P<0.05，不满足球形分布，结果均进行了 Greenhouse-Geisser 校正(见表3)。表3 显示，SCCS、SES、ADL、PSSS 的指标前后测差异有统计学意义，从时间与组别 交互效应也可看出前后测差异会受到分组(即小组社会工作方案选择)的影响。

表3 基线与随访数据比较

观测量表	时间效应		组别效应		时间与组别的交互效应	
	F	P	F	P	F	P
SCCS	31.09	0.000	6.68	0.012	12.38	0.000
SES	69.86	0.000	15.20	0.000	85.98	0.000
ADL	43.63	0.000	2.94	0.09	28.72	0.000
PSSS	83.60	0.000	53.47	0.000	69.34	0.000

图1—图4显示两组患者各量表得分随时间的变化情况。横坐标1表示前测，2表示后测；图中实线段表示研究组患者量表得分随时间的变化情况，虚线段表示对照组患者量表得分随时间的变化情况。图中提示上述指标前后测差异有统计学意义，从时间与组别交互效应也可看出前后测差异会受到分组(即小组社会工作方案选择)的影响。因此，可以看到该小组的干预对提升患者的自尊、领悟社会支持、自我和谐以及日常生活功能有一定的帮助。

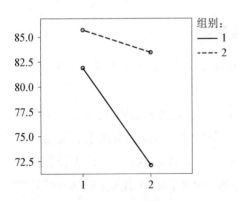

图1 组1及组2自我和谐量表分前后测变化

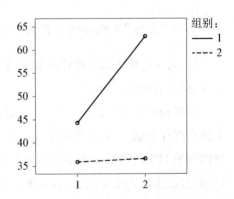

图2 组1及组2领悟社会支持量表分前后测变化

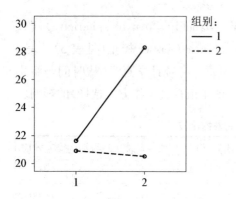

图 3　组 1 及组 2 自尊量表分前后测变化　　图 4　组 1 及组 2 日常生活功能量表分前后测变化

据工作人员观察,在小组进程中,组员从开始比较被动地接受安排到主动参与并会对社会工作者所述问题提出质疑,从开始不愿配合到主动为小组取名字等表现来看,已经有了很大的积极性和自主性。同时,通过访谈获知参与小组的组员对于小组整体满意度较高,主要集中在:小组有安全感,可以更多地分享;小组有更高的自由度;小组中可以学习到对自己有用的技能和知识。

七、项目反思

(一)"赋权"于精神病患者的作用与意义

1. 赋权着眼于激发精神病患者的内在潜能以及可以利用的资源,而非过度关注他们的缺陷与不足

长期或反复住院的环境下,不论是医生护士还是患者家属,包括患者本人的关注点都在疾病上,往往忽略了患者作为一个"人"所可能具有的潜在能力以及可以获取利用的资源。在小组的最初阶段,很多患者并不适应自己去设想康复计划、自己去决定小组的命名,而更多地是向社会工作者提出关于疾病和药物的问题,好像除了这些他们再没有什么可以去讨论的了。这不仅是疾病本身给患者带来的困扰和习惯性思维方式,更是患者被贴上精神病患标签后作为一个"人"所享有的权益"被剥夺"了,这种剥夺是无意识或出于"善意"而产生的,看似

患者被照顾了，实际上患者也逐渐"失能"了。社会工作者选取优势视角，相信任何人哪怕是精神病患者也有其潜能和资源。通过游戏和不停地抛出问题，鼓励他们自己寻找解决方法，激发其潜能，且取得不错的效果。

2. 精神病患者参与决策，由此产生的行为和想法转变是赋权过程的重要内容

鲁斯·阿尔索普(Ruth Alsop)和妮娜·海恩索恩(Nina Heinsohn)的报告中提出，让赋权可以被衡量，即"一个人有选择的能力……将选择变成动机的能力"，"赋权的程度要通过选择的存在、选择的使用以及选择的结果来衡量"[1]。弗英吉尔德(Finfgeld)提出了为精神病患者健康赋权的理论模型，认为赋权的本质属性包括参与、选择、支持以及协商四个水平[2]。在整个小组设计中，从宣传纸的贴出到开始小组的访谈，就已经开始了赋权的过程。有的组员是主动参与的，有的是医生推荐且经访谈后觉得可以入组参加的。在小组过程中，除了介绍赋权大致的意义及一些康复的方法，其余的讨论更多是组员自己深入开展的，包括对自己康复计划的设计和如何实施。工作者更多地是给予鼓励和支持，即使组员的康复计划有些怪异，也只是和其探讨及协商，并不强求其改变，只要其计划不会伤害自己和他人即可。

3. 赋权期望精神病患者获得控制感，但同时也不强求必须获得控制感

精神疾病或者精神病患者之所以让人感到恐惧，更深层次的原因是人们无法忍受丧失思维和行为控制，失去对生活的自我控制[3]。然而，一味地期望组员在赋权中获取控制感，无疑也是一种压迫。例如，希望他们一定采用某种我们认为对他们好的方法去掌控自己的情绪，有些组员表示可以做到，而有些组员表示在应激事件触发之始难以做到，并会为自己做不到而自责、感到有压力。与其如此，不如顺其自然，在最初并非要采用某种方法去控制情绪，控制自己，可以告诉并承认自己暂时无能为力，接纳这种状态，等待从中获取新的感悟也不失为一种好的方法。在"漫步人生路"环节，组员回顾了以往发生的不愉快事件，运用坦然接受的方式去应对，反而有了新的人生感悟。例如，他们会觉得"生病固然不好，但也许身体和大脑都需要休息了""人生总有起伏，既然无法预料，何必自找烦

---

[1] 申连城：《社会支持对恶劣心境障碍患者心理压力影响研究》，《中国医药指南》2011年第36期。
[2] 王宪琴、张程赪：《恢复期心境障碍患者抑郁和自尊状况调查及心理干预》，《临床心身疾病杂志》2012年第5期。
[3] 徐一峰：《社会精神医学》，上海科技教育出版社，2010年，第13页。

恼"等,反而更能坦然面对自我。

4. 赋权是一种过程,应当贯彻在整个小组过程之中

卡塔内奥(Cattaneo)指出赋权是个反复的过程,其核心要素包括设定个性化、有意义和增进力量为导向的目标、自我效能、知识、能力、行动和效果[①]。由于患者处于住院环境之下,短暂的小组内被赋权而产生的自我效能感往往会与住院中服从性的治疗方式产生冲突,或在冲突中易被重新卷入原有状态。例如,有的组员表示,自己并不喜欢医院内的有些治疗(绘画或者音乐治疗),觉得自己并无收获,可是自己提出不参加或者一个人独处,可能被护士或医生认为不合作、有问题,一旦对此略有情绪,还会被误认为是病态。此时,自己往往就会妥协,继续被动地服从安排。因此,赋权的过程要从组员入组即开始,让组员慢慢进入被赋权的过程,在小组过程中慢慢强化和培养,并在小组之外力求保持。

(二) 小组社会工作方法在此过程中的作用与意义

1. 小组社会工作的结构化和连续性保证了赋权的成效

医院原有的治疗活动安排,如康复科的大团体治疗、科室内的团体心理教育,都是比较宏观且单次进行,结构上比较松散,活动空间也是开放式的,因此,即便采取此种赋权的模式,起到的作用和效果也不是很大。相比较而言,小组社会工作通过事前的具体化设计,将赋权方式以层层递进的结构形式在小组中实施,使得组员能够循序渐进地了解赋权的含义并有机会在小组中实施,确保赋权的成效。

2. 小组社会工作采用封闭式的环境,组员间易建立安全感与归属感,也能更快地达到赋权的效果

要达到真正的改变和实现赋权,首先需要患者彼此信任,感到环境的安全。相比较病房里开放式的人数众多的心理教育,小组的封闭式环境更容易让患者产生安全感。随着小组进程的推进,组员从最初讲述自己生病的原因,到慢慢地讲述自己真正的需求、渴望及改变的阻力。这些隐蔽的、私密性的东西,只有在此种环境下才会渐渐被表达出来。

---

① Cattaneo, L. B. & Chapman, A. R., "The Process of Empowerment: A Model for Use in Research and Practice", *American Psychologist*, 2010, 65(7), 646-659.

八、项目的局限与建议

(一) 赋权未能得到应有的巩固，使得赋权的效果被削弱

随着患者逐渐康复，最终要回归家庭和社区。然而，在社区或者家庭的康复过程中，几乎没有给患者"赋权"的理念，患者会重新回到原来的康复模式中。因此，赋权是个反复的过程[①]，尤其是患者长期习惯在此种环境下已经养成的比较被动的思维方式，回归社区之后已被赋权的思维模式削弱了。此后，我们抽取了几个患者，了解其康复计划和设想是否完成，他们均表示实现起来有阻力，并且和家人在这方面的沟通会受到阻滞。长此以往，患者就又会恢复到之前的状态。因此，社会工作者在给患者赋权的过程中，应当同时对患者的家属进行赋权教育，植入赋权的理念。这样可以保证患者康复出院回到家中，仍然可以保持所获得的力量。

(二) 赋权的实施还不够全面

赋权作为帮助人们发展独立解决问题和作出决策的过程，应当包括认知、体验、伦理、社会、身心功能和经济等因素。在本次小组中仅仅初步讨论和涉及认知、身心功能等元素，缺乏体验和关于伦理、经济等方面的讨论。虽然一个小组时间有限不能完全顾及所有内容，但是在设计时还是应当更多和患者做前期的访谈，了解其需求并整合同质性更高的小组，更好地去设计赋权的过程。

(三) 赋权效果评估较为单一

无力感、羞耻感、个人的内在资源、自信和组织人际互动是赋权的前提因素，赋权的积极转变包括获得力量、身心健康水平增加等。笔者选取了 SCCS、SES、ADL、PSSS 的量表进行检测，比较倾向于个体内在的某些因素的转变，但对于赋权过程的评定明显不足，且对于定性方面的访谈也欠缺深入，如社会工作者更多地是获知患者对小组的满意度高，感到被支持和认同等，较少有意识地了解患

[①] Finfgeld，D. L.，"Empowerment of Individuals with Enduring Mental Health Problems：Results from Concept Analyses and Qualitative Investigations"，*Advancing in Nursing Science*，2004，27(1)，44 - 52.

者对一些其他更深入的重要信息的看法。

🔍 课程设计

一、教学目的与用途

本案例课程设计是以将此案例应用于"精神健康社会工作"课程中,用于讲解精神健康社会工作中赋权理论的运用和小组社会工作的服务设计与开展,案例的编写以此为出发点组织相关内容,对案例的分析和总结也是基于这一目的。若将本案例用于其他课程,则需做出调整,本案例课程设计可作参考。

(一)适用的课程

本案例适用于"精神健康社会工作",也可以作"高级临床社会工作""小组社会工作"等课程的辅助案例。

(二)适用的对象

本案例适用对象包括高年级社会工作专业本科生、社会工作专业硕士(MSW)研究生。

(三)本案例教学目标规划

1. 覆盖知识点

本案例在"精神健康社会工作"中应用主要覆盖的知识点有:

(1)精神健康患者的需求;

(2)赋权的理念、知识与运用;

(3)开展精神健康患者小组社会工作的主要策略。

2. 能力训练点

本案例在"精神健康社会工作"课程中规划的主要能力训练点有:

(1)学会构建精神健康患者小组社会工作的要素、步骤与专业脉络;

(2)学会赋权理论在精神健康社会工作中的运用;

(3)学会评估精神障碍患者不同层次的需求;

（4）学会在精神健康社会工作中整合不同资源及专业的方法；

（5）学会精神健康小组社会工作的过程评估和成效评估。

二、启发思考题

本案例的启发思考题主要对应的是案例教学目标中知识的拓展和能力的提升，启发思考题与案例同时布置，让学生在课前大量阅读并熟悉相关知识点。因此，在案例讨论前需要布置学生阅读教材中有关赋权理论、精神健康和小组社会工作的相关内容。

（1）你如何看待精神病患者这个群体？他们是否需要被赋权？

（2）你认为构建赋权取向的精神健康社会工作服务的前提条件有哪些？这在上述案例中有哪些体现？又有哪些不足？

（3）你认为在赋权取向的精神健康小组社会工作中，社会工作者的角色是怎样的？在上述案例中有哪些体现？又有哪些不足？

（4）你认为在构建赋权取向的精神健康小组社会工作服务中理论依据是什么？它的意义在哪里？

（5）你觉得本次小组社会工作中是否呈现出了一些治疗性要素？如果有，具体有哪些？这些治疗性要素对小组成员产生了哪些影响？

（6）本次实验组和对照组的设计是否符合科学性？存在哪些不足？

（7）你觉得在整个小组的设计中哪些比较好？哪些设计还有不足？你会怎样改进？

三、分析思路

案例分析的思路是阅读案例相关情境材料，通过教师事先设计好的提问，有逻辑地引导案例讨论，教师总结提升。因此，本案例分析设计的重点是了解精神健康患者的需求，构建与其需求相匹配的小组社会工作的设计与执行方案。小组的设计与实施过程如何回应精神健康患者的需求是该项目分析的关键路线，服务开展背后的内在逻辑是教学目标。

（一）案例主要设计与评估点

（1）精神健康患者被忽略的需求；

（2）赋权理论与满足精神健康患者需求之间的关系；

（3）赋权取向小组社会工作将赋权与精神健康患者需求连接的可能性与有效性。

（二）案例分析的基本逻辑

（1）阅读文献，了解赋权的基本概念和相关知识；

（2）阅读案例，找出赋权取向小组社会工作的基本要素和专业脉络；

（3）分析项目中的项目背景、文献回顾、理论依据、目标，了解构建赋权取向小组社会工作的设计过程及意义；

（4）根据项目开展历程，对项目进行过程分析，探寻赋权理论在小组社会工作中的应用和社会工作者角色转变的历程。

四、理论依据与分析

（一）赋权与自助

从20世纪90年代开始，赋权理论就备受瞩目。按照字面意思，赋权就是"变得有力"，被定义为协助个体、团体和社群获得掌管其境况、行使其权利并达成自身目的的能力，以及个体和集体能够借此帮助自己和他人将生命的品质提高到最大限度的过程，包含人们的能力、行使权利的过程以及获得成就三个要素。对此，在两种观点之间存在张力，即"感觉到被赋权就够了"还是"赋权的结果是最重要的"。鲁斯·阿尔索普和妮娜·海恩索恩提供了可被衡量的标准，他们认为个体的赋权受到个人动力和机会两个因素的影响，个人的动力由以下有利条件组成：心理的、资讯的、组织的、物质的、社会的、经济的以及人的各项资产。而一个人所拥有的机会，则受到立法、各种管理的架构和规则以及约束行为的社会规范所影响。也就是，"赋权的程度要通过选择的存在、选择的使用以及选择的结果来衡量"①。

赋权的概念,无论观点还是实践,均源自一种自助和互助的传统。赋权的产生与发展得益于 19 世纪中叶起人们越来越相信自主创业成功的自助行动、慈善政策,以及为穷人提供的社会工作支持。自助被定义为人们自我帮助的方法,因此可以被看作是赋权的一种形式。自助的要素,如倡导与自我倡导、自我管理、反科层制、合作和共同的经验,都有助于赋权。根据加特纳(Gartner)和里斯曼(Riessman)的观点,自助的哲学是"更行动主义的、以消费者为中心的、非正式的、开放的和低花费的";它强调非专业的主题是"具体的、主观的、经验的和直觉的,与专业所强调的距离、观点、反思和系统的知识和理解相对"②。

本案例中,由于组员作为精神病患的特殊性,其被赋权的机会比一般人更少,其自身的权利、选择的机会大多被剥夺,这种剥夺有的因为医疗的专业性,有的则是家人、医护人员为了省事方便,或所谓的为病人的"考虑";故病人实际上住院期间或在家康复期间,都存在选择权丧失,进而导致他们对于自己权利的丧失已经毫无觉察,因此,对于精神疾病患者或康复者进行赋权干预很有必要。社会工作者在小组的设计和实施中均体现了赋权和自助相联结的关系。例如,在小组的招募和设计过程中,社会工作者计划张贴海报激发患者的主动性,在筛选组员过程中,也未完全按照医生或护士的推荐吸收组员,而是主要根据患者本人的意愿和动机(排除因病症不适合的)入组。在小组设计的结构中,社会工作者除了一开始的破冰环节介入较多,之后的讨论、分享等都没有过多的干预,而是将话语权更多地给予了组员,让组员感受到被赋权,了解赋权的过程与结果。与此同时,组员在小组的进程中,因为没有被过多地干预,也形成了自助、互助的小组行为和小组氛围,这种自助、互助也在小组结束后得以延续。

(二) 赋权和参与

参与(participation)指整个连续过程中针对介入的那个阶段,在参与过程中,人们发挥比较积极的作用,有比较大的选择权,行使比较多的权利,并且对于决策与管理有重大的贡献。因此,"参与"就是进行中的赋权。

参与发生在两个主要领域中③:一是提供服务的组织。这些组织的管理者

---

① 罗伯特·亚当斯:《赋权、参与和社会工作》,汪冬冬译,华东理工大学出版社,2013 年,第 20 页。
② 同上。
③ 同上书,第 41 页。

认为,参与就是让患者或案主在其治疗过程中获得一个比较完全,也就是掌握更多知识和更多信息的角色;而社会工作和社会照顾的提供者,则把参与看作在专业人员作出决策前征求其意见,询问其意愿、与其讨论的过程;二是自助、使用者导向以及照料者导向的组织。这些团体和组织的成员以相互支持为目的,强调组员在互动过程中的相互支持与协助。

参与活动涵盖的范围很广,包括一次性咨询、持续性咨询、与决策小组共同工作、个案或团体中与专业人员的合作、充当服务供给的促成者、充当其他人的教育者、充当其他人的良师益友、领导活动、在活动中管理其他人等。

在本案例中,组员赋权的感受正是因为参与而达成的。组员虽长期患病,但对于疾病知识的了解和吃药这些事情仍然不够清楚,并心存顾虑,而医生和家属也不会用更多时间去耐心地了解组员的真正想法。在小组讨论中涉及这些问题,组员参与热情不高,但是当社会工作者询问如"你们觉得有必要终身服药吗?""药物的副作用让你们感觉很差吗?"这些问题时,组员感到社会工作者的同理,并纷纷作出反应,比如表示"不吃药不行,自己也很无奈,但感觉很差""吃药就说明我一直是不好的,有病,绝望"。此时组员开始参与到讨论中,并且也在社会工作者的启发下去思考如何可以康复或减少药量,甚至会说出如何对抗副作用的方法等。在小组中后期,组员的归属感比较强,因此,在讨论出院计划及家庭生活计划时,社会工作者几乎很少介入,组员也能很主动地去讨论,有一两个组员会像带领者一样去组织讨论,写下计划。可见,组员在各种参与的过程中,逐步有了被赋权的感受,培养了他们的自主性和选择自己生活方式的能力。由此,我们参考拉娅尼(Rajani)儿童参与模型,尝试构建与本案例相关的参与赋权模型(见图5)。

如图5所示,通过在小组中的参与,组员在四个方面(即康复程度/自身能力、参与程度、小组环境、组织结构)进一步提升和发展,达到赋权的目标:(1)通过小组内参与讨论和学习了解康复知识、寻找问题解决路径,进而恢复和发展部分自我决策的能力;(2)通过在小组中对组员"参与"的强化,以期组员今后主动创造机会参与到更多事务当中;(3)将从小组环境中习得的参与行为推广到家庭、社区中;(4)在小组中获得的经验,可以促使组员在小组结束后加入其他康复组织,或者自己组建自助式的康复小组。

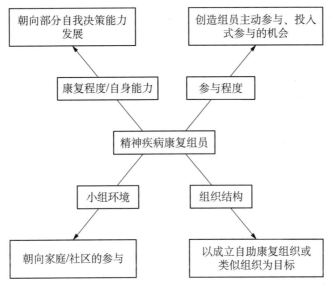

图 5 本案例参与赋权模型

五、关键要点

本案例分析的关键在于如何通过参与和自助的方式将赋权理论运用于精神健康患者的小组社会工作中,尤其是在设置小组目标、厘清病患角色、制定出院康复计划等环节。

(一) 教学中的关键点

(1) 了解赋权的概念、理念和架构;
(2) 了解设计赋权取向小组社会工作的背景、原因;
(3) 了解赋权小组结构性的特点;
(4) 探索社会工作者在小组过程中的角色与责任;
(5) 分析组员在小组中角色和责任的转变。

(二) 建议的课堂计划

本案例课堂计划可以根据学生的差异,尤其是对案例的阅读和课前对相应知识的掌握程度来进行有针对性的施教。本课程中案例主要按照 2 学时进行设计。

A 计划：学生事先预习，本科生和全日制研究生可以将小组讨论置于课外进行，案例讨论过程中需要教师引导。

B 计划：在职 MSW 学生可预先阅读相关文献，将小组讨论置于课堂之中进行。

两种课堂教学的详细安排计划如下：

A 计划	B 计划
课前阅读相关资料和文献 3 小时； 小组讨论 1 小时； 考虑到本科生的知识基础和对应用的理解要适当增加讨论后知识总结的时间。 课堂安排：90 分钟 案例回顾：10 分钟 集体讨论：50 分钟 知识梳理总结：20 分钟 问答与机动：10 分钟	课前阅读文献至少 0.5 小时。 课堂安排：90 分钟 案例回顾：10 分钟 小组讨论：20 分钟 集体讨论：50 分钟 知识梳理：5 分钟 问答与机动：5 分钟

在课堂上讨论本案例前，要求学生读一遍案例全文，对案例启发思考题进行回答，并以小组为单位围绕所给的案例启发题进行讨论。

（三）本案例的教学课堂讨论提问逻辑

（1）精神病患目前的生存或生活状态如何？你如何看待他们的生存和生活状态？

（2）该赋权取向小组社会工作设计的关键环节有哪些？成功和不足之处是什么？

（3）小组社会工作给精神健康患者提供了什么样的社会支持？是否足够？你希望如何改进？

（4）如何实现小组赋权结果的延续性？

推荐阅读

1. William C. Cockerham：《医疗社会学》，何斐琼译，台北双叶书廊出版社

2014年版。

2. 徐一峰:《社会精神医学》,上海科技教育出版社2010年版。

3. 迈克尔·阿伦斯基:《全人健康教练——身心的成长与改变》,李培忠译,中译出版社2017年版。

4. 叶锦成:《精神医疗社会工作:信念、理论和实践》,台湾心理出版社2011年版。

附件：

小组社会工作计划书

小组名称	小组目标	具体内容
"很高兴见到你"	1. 介绍开展小组的目的； 2. 小组成员关系初步建立； 3. 介绍小组要达成的目标，并建立契约	1. 工作人员自我介绍，并介绍此次开展小组的目的，组员相互介绍（我画我说）； 2. 破冰游戏：copy不走样（通过脸部表情和五官的变化来传递三个成语）； 3. "我们的约定"，共同建立小组规则； 4. 绘画传"情"：组员画出参与本次小组的期待，然后依次传递给下一个组员添加任意图案或文字，讨论所画内容的意义及期待的目标； 5. 将本次小组不同阶段的任务以及家庭作业等内容告知组员； 6. 教授放松练习
"疾病之始"	1. 让组员对疾病有更清晰准确的认知； 2. 了解组员患病后情绪、认知上的变化； 3. 澄清组员患病后角色、权利和责任变化的问题	1. 回顾第一次小组大致内容； 2. 组员分享第一次获知患病后的想法及当时的情绪，并讨论彼此想法的共同之处，以及现在对这种想法的看法； 3. 社会工作者讲授准确的疾病信息，并互动反馈； 4. "解忧杂货店"：将自己的烦恼写入信封，随机抽取别人信封并写回信给这个人；讨论问题是否得到解决，根据组员的意愿，分享问题和解决之道； 5. 社会工作者对本次小组总结，让组员明白问题的解决方式并非只有他们所想的一种，对每个组员提供的解决方式给予鼓励，对有明显偏颇的给予适当纠正； 6. 放松练习

续　表

小组名称	小组目标	具体内容
"我该怎么做"	1. 了解"赋权"的含义； 2. 将疾病和自身权利联系	1. 社会工作者组织组员讨论"赋权"的字面含义，并讲述赋权的内涵； 2. 生活记事本：让组员简单记录在家生活或住院生活；引发讨论，探讨组员生病前后是否在权利等决策问题上有丧失，以及如何看待这种丧失； 3. 讨论是否需要改善及如何改善； 4. 放松练习
"我是谁"	1. 将疾病和自身角色联系； 2. 将疾病和组员自身做外化	1. 我的面具：给组员纸盘，让其画出对外人的表情面具，对内的一面画内心实际的表情面具；讨论是否不一样、不一样的原因以及和疾病的关系； 2. 讨论患病后角色问题，是否还能承担原有角色，如果不能，是否会自责，如何正确看待不能承担的情况；主要让组员认识到是因为患病无法承担原有角色的义务和责任，而非其本身本质的变化，和个人品行等更无关； 3. 放松练习
"我能做什么1"	1. 学会制定计划； 2. 激发组员投入和参与个人问题决策	1. 回顾上几节小组内容，引出组员自身如何改变目前现况； 2. 让组员在小组内制定生活计划、住院生活计划或出院计划； 3. 让组员互相讨论计划的可行性、难易程度、如何解决；将组员难以解决的问题写在白板上，进一步头脑风暴； 4. 计划制定的技巧：具体化技术和任务分层； 5. 放松练习； 6. 回家作业：改善自己的计划； 7. 放松练习

续 表

小组名称	小组目标	具体内容
"我能做什么2"	促进组员进一步互动和参与决策	1. 家庭作业检查，并询问作业的难易程度； 2. 分组讨论计划书：让组员自由分组，并为自己小组命名，在各小组间相互讨论每个人的计划书，并推选和改善出一份小组认为最优的计划书； 3. 两组分别派代表展示自己小组的康复计划书； 4. 分享过程中的感受； 5. 放松练习
"我想让你做什么"	与照顾者更好地沟通，表达需求	1. 回顾上期小组，了解组员对计划实施的信心及困难； 2. "我想让你做什么"：组员写下希望照顾者做什么、不希望他们做什么（匿名形式写下来）； 3. 角色扮演：针对上述希望或不希望照顾者所做的事情，举例来角色扮演沟通过程（尤其是之前失败的沟通），寻求有效的沟通方式，并尝试； 4. 经验分享和提炼； 5. 放松练习
"我的生活我做主"	1. 学会构建社会支持系统； 2. 了解疾病复发和症状反复不同； 3. 进一步探讨未来的自我管理问题	1. 工作者告知支持系统的含义，并让组员自己设计构建，白板展示组员提供的各种支持，彼此相互借鉴； 2. 讨论未来生活的自我管理：疾病复发的担忧澄清；心境障碍患者自我管理方面的经验（组员的、工作者的）； 3. 放松练习
"美好愿景"	1. 回顾总结； 2. 憧憬未来	1. 回顾小组的整个历程，组员和工作者分别总结整个小组的经验； 2. 组员交流自己的收获及对未来生活的展望，互赠祝福卡片； 3. 种下"心愿树"

"新路径、新希望"社区精神康复探索计划
——精神障碍康复者潜能拓展营

许俊杰*

【摘　要】　国内当前精神健康医学的发展,主要集中于机构、院舍场景中,以传统生物医学模式为主。长宁区精神卫生中心在过去几年里,于社区精神康复方面尝试着多元的探索。本案例主要记载了长宁区精神卫生中心联合社会组织于2016年开展的一次带领社区精神障碍康复者进行户外潜能拓展的露营活动。以此活动为切入点,反思了当前中国精神健康服务与管理的现状与挑战,并就如何更为有效地推进精神健康教育尝试性地提供了新的思考和路径。

【关键词】　精神康复、社会工作、历奇拓展、健康宣教

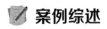
案例综述

一、项目背景

对于精神障碍患者,或者说是度过了医疗上急性期生物医疗干预后的患者,怎样的服务对他们而言是更为有效、更有帮助的,成为现阶段上海市许多致力于精神健康服务的从业者们的一种困惑——他们究竟需要什么?到底怎样才算好的、有效的服务?作为服务提供者,又能提供哪些具有针对性的服务和资源……这些也是本案例报告的作者在过往几年中,与同行交流及参与一些项目督导时时常会听到的声音。

---

*　许俊杰,上海市长宁区精神卫生中心医务社会工作者,复旦大学社会工作专业硕士(MSW)毕业。

目前,精神健康服务越来越开放和充满变化,这从如下方面可以看出:精神健康领域内的专业学术交流越来越具有国际性;港台地区的康复治疗模式最近几年也经常地被引入大陆;国际上潮流和时新的治疗概念与方法一经推出,就会引来许多国内相关组织的跟进……大家交流学习以后,纷纷试图将所学的内容应用在本土的服务对象中,以期获得与交流学习时看/听到的效果。

2016年3—6月,本案例报告作者在长宁区精神卫生中心担任MSW学生实习督导时,在一个为期6节次、以面向精神康复学员"说话交流之道"为主题的小组中,至少有两个现象引起当时大多数社会工作者的关注。一次是实习社会工作者在其中一节——要求参与组员假想他们将去陌生的荒岛开展向往的新生活,如果可以带3—5件最珍贵、最想带的物品,他们会带什么?其中一位组员在交流分享时答道:"……精神科药物。"而在另一节次中,其中一位组员更是语出惊人,当他在所在社区接受某媒体专访谈到自己(作为康复回归群体的一员)时,这样评价道:"我们都(只)是背景……"听起来格外意味深长。

我们提供的服务、搭建的平台,到底是应该将服务对象置于舞台中央,还是更多地在利用他们,以谋求利益相关方(出资方、所在机构或是其他)的利益最大化?传统生物医学模式下将患者置于无能的、危险的、无法为自己选择作出最佳判断的标定[1]到底在多大程度上需要突破?以及如何在现有制度结构下,温和地让拥有资源的和强势的利益相关方以可以接受的方式拓展一些空间?这些成为致力于改进现有精神健康服务系统的工作者们的努力方向。

从2015年下半年开始,笔者与另外两位研究者在一项关于"精神障碍患者回归家庭与社区的探索性研究"中,研究文献时发现如下经验:

在精神健康、公共卫生、社会服务发展得较好,经验较为丰富国家(如美国、英国、德国),起初,学者们对于精神障碍患者回归家庭和社区作出的假设是:社会大众因为对于精神疾病缺乏基本、充足的知识,不仅使得一般公众常不能接纳患者人群,也使得更大范围的人群在面对精神困扰时难以及时接受医疗卫生服

---

[1] Nelson, G., Lord, J. & Ochocka, J., "Empowerment and Mental Health in Community: Narratives of Psychiatric Consumer/Surviors", *Journal of Community & Applied Social Psychology*, 2001,11(2), 125-142.

务以及自我帮助服务①。但有趣的是,美国人进行的一项跟踪研究发现,当政府所推行的针对教育公众精神健康知识的法案实施10年后,社会大众对于精神疾病的基本知识与归因相比过去有了一定的提升,然而,大众对于患者群体在社区的包容性和接纳度似乎并未见起色。

德国学者在大众对于精神障碍群体的社会距离或社会排斥研究中发现,大众对于精神疾病的个人经历常常是他们理解、认识精神疾病的首选信息源,如他们自己、他们的核心家庭成员或朋友、他们所在圈子里的相关人群(有相类似的经历或体验)。因而,那些有着更为直接的精神疾病、精神障碍经历或有相关接触的人们,对于精神障碍患者人群的排斥度也比较低,相对应的接纳度也就更好②。

美国学者在发展中国家和地区所做的关于人口-社会经济状况(SES status)与大众对于精神疾病的看法与态度研究发现,在性别、年龄、受教育程度、家庭收入以及城市或乡村居住区域这些指标间,似乎很难发现人群有统计上的显著性差异(卡方检验)③。若去掉研究中部分指标最低的人群(通常是年龄、教育、收入最低的群体),我们可以发现与次低和最高指标群体相比,中间群体(将所有群体按照正态分布为四段)对于精神疾病患者人群的包容度是最高的。

总结上述他国的文献研究经验,联系笔者在一线场域中的感受,笔者认为很多时候的确如文献经验中所说,我们很可能是在"鸡同鸭讲"地宣传教育许多精神健康的相关信息。其中可能的一种原因在于——医务工作者、社区大众等更多是处于泊松分布的大多数比例分布,教育乃是就他们对于精神疾病的大众解读进行教育和宣传,而精神疾病患者更多是处于分布的两端,所以一定意义上产生了不对称的隔离现象。这样看来,康复患者群体或者至少其中的一部分人是否可以站出来为所在群体发声,告诉大家精神障碍患者到底是怎样的一类人群?他们又有着怎样的特质?是否正如大众刻板印象中所设定的那样?这些成为很

---

① Pescosolido, B. A., Martin, J. K., Long, J. S., Medina, T. R., Phelan, J. C., Link, B. G., "'A Disease Like Any Other'? A Decade of Change in Public Reactions to Schizophrenia, Depression, and Alcohol Dependence", *American Journal of Psychiatry*, 2010, 167(11), 1321–1330.

② Angermeyer, M. C., Matschinger, H., "Social Distance towards the Mentally Ill: Results of Representative Surveys in the Federal Republic of Germany", *Psychological Medicine*, 1997, 27(1), 131–141.

③ Gureje, O., Lasebikan, V. O., Ephraim-Oluwanuga, O., Olley, B. O., Kola, L., "Community Study of Knowledge of and Attitude to Mental Illness in Nigeria", *British Journal of Psychiatry*, 2005, 186(5), 436–441.

长时间内笔者社会工作服务和倡导的方向。

2015 年开始,东方卫视的两档生活类节目吸引了许多观众的眼球,一是"跟着贝尔去冒险",二是"人间世"。于是,我们就想是否可以将两档节目的特点结合起来,组织一次精神障碍患者群体/康复者群体和提供精神健康服务的工作者们一同参与的户外露营过夜活动。这样构想的目的主要有二:一方面是在远离都市习以为常的环境中,探索这群过往常被负面标签化的群体,看看他们在这样的陌生环境中可以发展出怎样的潜能和优势;另一方面,希望借着工作者与服务对象在外同吃、同住、同游戏,离开原有的服务提供者与服务使用者的权力、资源不对等的身份与关系后,在一个临时被创设出来的、条件较为艰难的环境中,彼此重新发现和互动,并希望将露营中的体会和发现,带回结束后的现实生活中来,有所启发、有所借鉴、有所转化。

带着上述的考量,在体制内的机构工作了 3 年多的笔者,向主管和机构的管理层提议了上述看似有些"激进"想法,一石激起千层浪……分管领导反馈表示,需与机构所在的领导班子商议后给予准许与否的答复。一周后,分管的副院长告知说可以推行该方案,但许多地方需要探讨和调整。

为了提升服务效果,以及尽最大可能地降低利益相关方之一的体制内组织方的风险,我们在露营拓展项目中引入了第三方——一家专门的户外拓展训练机构,在保证服务品质优化的同时,也为机构的责任分担进行了部分的风险转移。

一路磋商下来,仍有两处较大的分歧:其一,户外露营的时间量(三天还是两天);其二,需要有多少工作者随行配比。关于时间的差异,社会工作者提议三天,主要从项目实施的内容安排,预期效果和过程中进行拍摄、取材内容的丰富度及完整等方面考虑;而机构管理层则认为在外时间的长短与安全和局面的掌控成反比。过程中社会工作者两次试图与机构进行磋商,因为若是两天,考虑到路上行程的时间较长(单向车程在 4—5 小时),参与的学员会比较累,这样也在某种程度上存在安全隐忧。在和领导与团队商量几次后,最后并未得到支持。另外,对于随行配比的工作者,机构考虑能够采取 1∶1 的工作者与参与学员和家属配比方案,社会工作者则认为可以适当减少工作者的数量……正如一次在与第三方拓展公司的教练团队开会时所呈现和讨论到的,一位教练在现场反馈给社会工作者的一段话是:"要知道我们现在在这里的讨论和争取,某种程度上也反映出社会上对此议题和人群的真实写照。慢慢来,不要着急,先走好第一步……"

二、服务计划

2016 年 re-find hearts("心发现,新出发")拓展营活动计划方案

1. 项目背景

活动目标:潜力、尊重、友好、合作。

活动时间:2016 年 9 月 27 日—9 月 28 日。

活动地点:浙江,桐庐瑶溪。

活动组织者:长宁区精神卫生中心、上海纵行管理咨询公司、上海大学社会工作者系、新泾镇阳光心园。

2. 项目方案细则

活动行程方案(Part Ⅰ)

第一天	第二天
8:00—10:00 上半段车程(工作人员自我介绍,介绍活动流程,休息养神)(准备柔和的音乐放松休息); 10:00—10:10 服务区休息用洗手间(短暂停留休整,继续出发); 10:10—12:00 下半段车程(车上互动游戏,唱歌活动,营造轻松愉快的气氛); 12:00—13:30 午餐休整(活动基地已经准备好了可口饭菜,吃完看队员的情况,可以有一个小时的午休,休息一下准备开启团队活动); 13:30—14:00 讲解登山徒步知识,热身活动,布置徒步中间的挑战任务; 14:00—16:30 开心家园主题活动(全体分成若干合作小队,前往山上的村落拜会树王,造访村落,途中完成村长交代的各项任务)——后来调整; 16:30—18:00 回到基地,埋锅造饭(伙伴们将下午努力得来的食材,做一顿可口的饭菜); 18:00—19:00 晚餐(新鲜的食材经过大家的烹饪变得美味可口); 19:00—19:30 洗漱(吃完饭回房间洗漱一下,把一天的疲惫洗掉,清爽一下;建议大家把外套穿起来,山里可是有点凉意了呢); 19:30—20:15 篝火文艺晚会(学员主持+节目,工作人员节目);	7:30—8:00 早餐(在山溪潺潺、鸟鸣幽幽中醒来,一顿清香可口的早餐已经准备好了,元气满满的一天从早餐开始); 8:00—8:30 热身游戏(松鼠与大树,饰演自然中的角色,传递欢乐); 8:30—9:00 讲解分配梦想屋任务道具及使用说明; 9:00—11:00 搭建梦想屋(所有人一起动手,用瓦楞纸和PVC管设计搭建一个大家的梦想家园,再用画笔美化加工,呈现出一个充满爱和创意的房子); 11:00—11:30 伙伴一起分享活动感悟; 11:30—12:30 中餐; 12:30—13:30 摄像记录,访谈(谈谈你内心中的变化以及对未来的展望); 14:00—18:30 返回上海

续　表

第一天	第二天
20:15—22:00　露天电影(童年的露天电影又来啦,大家一起围坐,在大山中观看一场励志电影,为自己加油鼓励); 22:00—23:00　访谈(面对摄影镜头,记录下最真实的感受); 23:00　休息入睡(工作人员值夜)	

3. 项目备注

活动预计人数:8—12人/营/期。

活动报名费:200元/人/两天;300元/两天(可带一名父母,身体健康);如因经济情况影响参与,长宁区精神卫生中心提供2个免费名额可以申请。

4. 时间推进表

9月19日:相关活动信息发布,招募参与者。

9月20日:营员和纵行公司教练第一次见面会,简介相关的活动安排和注意事项。

9月21日—9月23日:参与者可以继续报名,确认参加夏令会的具体人员名单。

9月26日:出发前的注意事项和准备会议。

9月27日—9月28日:实际参与拓展营。

5. 补充说明

(1) 所收取的费用中,包含一件营会定制外套(价值120元),以及纪念礼物一份(价值50元)。

(2) 若自己出发游玩,上海到桐庐的费用估算如下,可作为参考:

上海—桐庐,来回大巴198元;餐费:30元/顿农家餐×4餐=120元。

住宿费用:帐篷(或宾馆)100元/天/人;交通保险:20元/人×2次=40元。

6. 报名回执

姓名:	性别:	年龄:	街道:
是否参加夏令会	☐参加 ☐考虑一下 ☐不参加		
是否参加8.20见面会	☐参加 ☐考虑一下 ☐不参加		
是否参加8.26准备会	☐参加 ☐考虑一下 ☐不参加		
因经济困难且又想参与,想申请免费名额	☐申请 ☐不申请		

7. 活动联系

许俊杰　社会工作者

办公室电话：2213＊＊00＊2209(周一、周五全天,周二上午)

电子邮件：6026575＊＊@qq.com

孙岩　医生

办公室电话：2213＊＊00＊2205(周三不方便)

8. 拓展营拍摄方案细则

拍摄方案①(Part Ⅱ)

(1) 拓展营记录大纲

目的：尽量客观真实地呈现情况;尽量找出困境中的潜力。

拍摄主干：谁 A 面对困难 B1(工作人员 vs. 康复学员);哪些困难(who & what);生活中的挑战 B2(whatever connected with daily lives);面对困难,可以选择的应对方式 C(＋/－)(how)。

(2) 拍摄主线

《飞跃疯人院》节选作为引子(背景)

---

① 关于本案例中的图片使用,特别征求过作者意见,作者回复:"之前我们在该服务进程中和所有参与者讨论、商议过肖像使用问题,当时播放视频时获得他们的许可。因为视频中呈现完整的人物,文章中注,附有链接,故再打码觉得反而不合适。另外,该案例不管是实务操作还是文案书写,都希望以近乎自然、合乎尊严的方式来呈现和倡导该群体属性,所以也倾向于保留原脸。出于这两个部分的考虑,还是以原始图呈现在案例中。"我们尊重了作者的意见。

主干元素	5分钟(短剪辑)	30分钟(长剪辑)
A. 谁：他们是谁？ 　　服务者是谁？ 　　你又是谁？ B. 露营有哪些困难？ 　　与日常生活如何相关？ 　　让你想到日常生活中的什么？ C. 怎么解决处理这些困难？	*对象：1—2个学员；其他参与者辅助衬托（从不同角度记录与焦点人物的互动和感受）； *方向：积极主动的为主，兼顾真实性； *结构脉络：围绕焦点对象，各类参与者之间的互动	*对象：分组以后每组的一个学员为主（折射整体）；其他参与者辅助衬托（从不同角度记录与焦点人物的互动和感受）； *聚焦方向：积极主动的，普通平凡的，遇挫消极的； *结构脉络：各类参与者（工作人员、教练员、志愿者、学员自己、学员家属），他们之间的互动
	从情绪、情感角度捕捉：面对挑战的感受（兴奋、低沉、合作、害怕）；面对合作、冲突的感受（回避、建设、直面、沟通）；面对感动、温馨的感受（感动、懂事、反省、成长） 从活动事件角度捕捉：重要的行程单中的事件……	

(3) 可以参考的素材资料

《面对巨人》中蒙眼潜力挖掘的桥段；

《42号传奇》忍受屈辱，用正确合规的方式来回应的桥段；

虚实结合，作为结尾方向的引导。

三、服务实施与评估

（一）项目前期

项目的原始招募对象主要聚焦于"我们的说话之道"小组的参与人员，也会邀请经常参与长宁区精神卫生中心不同康复项目的学员，两个部分作为底数。消息一经发布，就引来了不同的声音：一部分学员十分期待，也有一些学员疑虑重重……预报名，大约报了15人左右。在实际的启动会议时，将近1/2的人员陆续告诉社会工作者，他们主动放弃或因环境所限不得不被动放弃。这让当时的方案执行遇到很大挑战，因为人数的变少让官方立场的主办方变得棘手（距离预先设想的宣传效果和目标有一定距离）。当然，康复者们的退出原因也是各样——有的那几天里和父母关系不太好,父母"威胁"不给他们报名费;有的看到自己感兴趣的朋友不去自己也不想去了;有的不想花 200 元钱;有的父母不愿意给他们花 200 元报名费;有的担心自己在外可能会睡不好,第二天出现糟糕的状况……这让准备项目的作者,头一次真切地感受到该群体具有不确定属性的外部评论。

有一个插曲是,临行前因为人数少,团队打电话去补充招募邀请余下可以"争取"的学员,其中一位康复者已经有意,我们也准备将其列入;但他的社区联络员告知团队他之前有癫痫发病史,经过团队再三的沟通,最终还是将他排除在名单之外。这位学员的父亲致电团队社会工作者进行沟通,希望尽量保留他孩子参与的机会,最终得到较委婉的拒绝后,表示理解的同时还是心有不甘和难过。

（二）项目实施

拓展营活动当天,有 12 名学员,2 名家属,同时安排近乎 1∶1 的工作人员配比(外加 5 名第三方团队拓展训练的教练和 4 名拍摄组的工作者),乘坐大巴一同前往桐庐瑶溪露营基地。按照前期的商量安排,将所有参与者(学员、家属和工作人员)共分成 3 个小组,每个小组有一名组长和一名副组长,负责露营期间各组的事务,而这两个角色分别由康复学员(任组长、副组长)、实习生(其中 1 组,任副组长)担任(见图 1、图 2)。

图 1　所有参与者露营分组　　　　图 2　工作者和康复者合力支帐篷

在途时间是 4 个小时。前半程大家主要在休息,后 1/4 的行程就开始进入拓展机构教练与所有参与者之间以游戏方式建立关系的阶段。

到达并进行午餐后,大家就进入分组建立关系(取队名、画队标、喊口号、做招牌集体动作等)、团队合作游戏(团队蒙眼绕障碍竞技,只有1名组员可以看见,其他组员需带上眼罩,同时大家都不能发声)环节。这部分考验的是大家的信任、默契(见图3、图4)。在活动结束后一些参与者分享道:

这里的地理形势其实挺危险的,在原来的社区中根本不可能有这样的机会来体验信任,让我看到很多可能性……(康复学员G)

蒙眼绕障碍让我印象深刻,我原来不太愿意,也不太能够信任别人,但是通过这个游戏,让我感受到其实他人是可以信赖的……S医生在过程中很照顾我,有障碍物时第一时间会放慢行进的速度和脚步,让我感觉很安全……(康复学员W)

图3　团队建立信任

图4　康复者作为小组长带领团队完成任务

在上述活动结束后,三队营员跟随教练奔赴下一个任务点。因为上一个活动的超时、到达时间的延误以及当天微微下雨,所以原计划的上山拜会树王的团队定向越野任务调整为山涧徒步和设计制作飞行器大作战——每队有一些报纸、一次性纸杯、玻璃胶、生鸡蛋3枚、小气球、一次性筷子若干,团队需要在规定的时间内设计且制作出3个飞行器进行PK:飞得高、飞得远、飞得准(需用到上述道具且鸡蛋不能破碎)。这项活动把大家的积极性进一步调动起来,大家全身心地投入;甚至比起学员,一些工作人员在每组中的参与更为投入,以至于在旁作为观察员的同事提醒过于投入和忘我的工作者们，适当保持自己的距离，让康复学员更多地参与（见图5、图6）。

看到大家各自发挥所长，配合团队的分工，最后看到A组的飞行器在飞得高、不碰碎的环节中脱颖而出，那种感受很棒。虽然不是自己小组获胜，但看到大家都在热情投入地参与，最后又能取得一个好的作品，我也会感到很满足、很愉快。（工作者X）

高中物理，我学得不是很好，在飞行器大作战环节，我主要担任组里的飞行器美化涂色任务，这样的分工还是我可以做的……（康复学员G）

图5　参与者共同设计飞行器　　图6　小组之一比赛中获胜的精彩时刻

暮色已沉，拓展营进入埋锅造饭阶段。很巧的是三组中各有一位平日在家下厨的组员，两组中的大厨分别是两位工作者（男生）和另外一组的学员母亲。洗菜、切菜、生火、刷碗、配菜，组员各自做着自己力所能及的事情。最后完成的那一刻，大家纷纷拍照，留影纪念集体的成果（见图7、图8）。

在做菜环节我很开心，可以在大家面前露一手平日在家的技能，让大家看到，得到大家的认可和赞扬，心里别提多高兴了……（学员家属ZM）

我以前在家偶尔会做一下，并不擅长，那天在露营中我很想参与，但是看到我们组的F做得很好，她以前在我住院时是病房的护士，我就想算了……不过露营回来以后，我又做过好几次菜，比以前频率高许多，期待以后有机会展示……

（康复学员 ZU）

没有想到学员在做晚餐环节那么厉害，我自己平时在家里都不怎么会动的，很多东西都不知道，反应都还没有学员快……（工作者 ZO）

图7　团队之一共同参与晚餐制作　　　　图8　团队之一完成晚餐制作的合影

时间匆匆，大家分批洗漱过后就开始进行篝火晚会。在露营活动发布前，当时负责项目的社会工作者就提议有兴趣参与露营活动的组员，需要准备1—2个节目，到时候会安排晚会，大家可以一起分享表演。于是，有学员随身带着笛子，有学员在家练习了很多次歌曲。虽然雨时下时停，插曲再三发生，但是最后在九月末的细雨中晚会还是拉开了帷幕，大家依次表演着自己的拿手节目，有的还表演前一段时间一起学习的沪剧。有学员自己胆子小，便邀请实习社会工作者（通过之前的小组活动已建立起信任关系）一起演唱歌曲，还有学员当场即兴赋诗朗诵……（见图9、图10）

当看到学员那么镇定自若地表演时，我是挺钦佩的。会想到自己，可能自己有时候在一些公开场合未必能那么放得开、拿得出……（工作者 C）

当学员在一起唱《阳光总在风雨后》的时候，那一瞬间，让我想到他们的不容易，他们一路走来，好像歌曲里所表达的意义，特别感动……（工作者 S）

他们对这次表演很重视，我想他们平时展示自己才华的机会或许不多，你看同样是表演，我们就不怎么准备，但是他们就会很认真地准备……（实习社会工作者 L & 工作者 X）

图9 工作者投入其中积极参与　　图10 康复者为晚会特别准备的节目

虽然很希望有更多的时间让大家看露天电影《42号传奇》，但因为时间限制，学员们需要早些休息，于是便要求学员们进白天搭的帐篷睡觉去了……此时已是21:45左右，大多数学员的睡眠时间在20:30—21:00（5—6点就会醒来）。这个时候，一部分工作人员开始洗漱，另外一部分工作人员对一些学员和参与拓展营的精神卫生工作者和户外拓展教练进行采访录影（已制成微电影"一步半"，详见：https://v.qq.com/x/page/x05043zydia.html）。

所有第一天采访录制完成，工作人员洗漱完毕，此时大约已是夜里12点左右。一位学员从帐篷营地来到餐厅集合区域，告诉工作人员，她睡不着。此时，她已经给自己私自加了2粒药（平时常规分量之上），同行的工作者之一（也是精神科医生）评估后觉得药物量已经达到上限，不能再加了。于是出现了处理策略的分歧：专注于心理学派的工作人员此时邀请该学员放松冥想，或者询问是否需要聊天倾诉；而工作年限更久的工作者则是觉得太麻烦，建议该学员可以去和另外一个工作者同住宾馆（当时为了洗澡、应急情况以及一些机构工作者的睡眠习惯和质量开了5间营地宾馆），不要再去睡帐篷了。20多分钟后，该学员表示自己还是回到帐篷去睡……整个晚上露营区域和餐厅集合区域都有拓展教练守夜。工作者身份的营员则是一半人住宾馆，一半人住帐篷（见图11）。

第二天，早餐和热身游戏过后，安排了一个主要的活动，就是分组用瓦楞纸搭建理想中的梦想屋；中间也有些农家的体验活动，如打糕。鉴于第一天飞行器大作战过程中工作者身份的营员参与投入的热情过高，这次大家有意识地淡出，以学员为主参与本项活动内容。

图 11 潜能拓展营会大合照

经过 30 分钟左右的时间,工作人员发现似乎各组学员的行动没有什么实质性的进展,对小组里的讨论方案——要搭建什么、怎么搭建都比较困惑。此时,带活动的教练决定调整方案,由原先三组分别搭建改为合并成一组共同合作,通力完成任务。没想到随着时间流逝,除了零星的几位学员说了一下想搭建什么,其他参与者们完全没有概念,而提想法的几位组员也没有什么具体的行动。又过了 20 分钟,依旧没有实质性的行动。这个时候负责项目的社会工作者召集几位工作者和带活动的负责教练,讨论面对这样的情况如何调整。教练表示根据他们拓展公司的经验,一般会以鼓励、肯定团队的凝聚力为主题予以切入。但眼下的情况显然比较难以沿用这样的常规方法。负责的社会工作者在这个过程中,主要从两个方面回应了现场的局面:一方面,告知原先提供想法的几位营员不仅仅要提供想法,一些具体的行动可以先做起来,看看能不能自己或带领一些人先动手尝试起来;另一方面,其他组员如果没什么想法、一筹莫展,是否可以试着做一些力所能及的辅助工作,如传递工具、进行美化、搬运物资、切割大的瓦楞纸等基础性工作……社会工作者和其他工作者也部分地重新加入大家的操作中。同时,社会工作者也与教练沟通,看看能否和大家探讨一下此活动推进缓慢的原因究竟出在哪里?是没有想法?还是沟通不够?抑或是没有意愿先动手等?这种情况一度也让社会工作者陷入思考:许多精神障碍康复患者通常是在初、高中年龄段发病,因为发病、住院等导致后来的学业也中断了,因而相对于普通人,他们的一般性社会知识和技能明显不足。因而对于许多精神障碍康复者而言,在有限的资源下,他们究竟更为迫切需要的到底是什么?令人欣慰的是,以学员为主的营员,最后还是完成了用瓦楞纸搭建梦想屋的任务,且作品效果还不错。梦想屋制作的中后期间歇,还有一些营员体验了农家乐的打糕项目,制作午餐前的点心(见图12、图13)。

在他们进展不大的情况下,我真的有点担心和尴尬。但后来看看有些学员,像G、Z等人纷纷动手,从做些力所能及的工作开始,然后局面就开始渐渐突破。最后的效果也蛮不错的,想来学员也是第一次有这样的体验,算是蛮不错的吧……(实习社会工作者ZH)

给他们多点时间和引导,再有一点协助和支持,最后还是可以做出作品来的,我们需要更多地信任他们……(教练D)

打糕之前我从来没有体验过,虽然吃过,但是不知道原来制作过程那么辛苦。我也打得不是很好,打几下就没力气了。看到专业的师傅在那里打,觉得挺不容易的,以后粮食什么的也要好好珍惜,不要浪费……(康复学员M)

我想等过了很长一段时间以后,再回忆起这次的拓展露营时,搭建梦想屋的这个活动,或许会让我印象很深吧……(康复学员ZU)

图12 凝聚力游戏一幕(工作者投入其中)　　图13 学员参与搭建共筑梦想屋

趁着午餐的空档,团队工作组也抓紧时间访谈了第二批次的营员。

你们的活动组织得很专业、很好,要是我们自己,肯定做不出这样的活动。之前她(女儿)生病的时候我们压力很大,有的时候别人问,我也只能回避。有这样的一个机会,和大家一起来露营,感觉很释放啊……(学员家属GF)

这两天来到山里,听着潺潺的流水声,吃着农家菜,看着自己儿子在晚会上表演和表达对我的感谢与感恩,还有不同康复者之间的彼此帮助和鼓励,我的内心别提有多开心了,希望你们以后多举办这样的活动……(学员家属 ZM)

这些学员都和正常人一样,有的时候社会上有些自媒体可能胡乱宣传,引起大家对这类人群的恐惧。其实,只要走近他们,了解他们,他们还是非常可爱的……(教练 F)

午餐过后,大家坐上大巴,从拓展营基地赶回上海,大约 18∶45 分抵达上海的出发点后,彼此道过珍重和感谢后解散,各自归家,也结束了这次为期两天的露营拓展会。

(三) 反思与讨论

尼尔森(Nelson)等人在对精神障碍生存者的赋权与社区精神健康叙事研究中梳理出赋权(empowerment)应用于精神健康领域的三元素:微观层面的个体赋权、涉及个人对于权力的感受和实际获得的性质[1]。因而,在此过程中,是否拥有选择和控制(感)便是一项核心要素。中观层面的社区整合,常涉及为了身份的抗争,学习有价值的社会榜样,促进社区生活的参与[2]。通过知识,唤醒意识,发展技能,建立关系,促进和提升社区支持等,权力关系会得到改变[3],因而社区整合就成了面向该群体和所在服务系统赋权的重要元素之一。最后,宏观层面对于有价值资源的获取是赋权的另一项要素。可以想象,如果人们处于贫困、低质量的住房条件,高失业风险以及难以保障的教育资源等情况下,将难以发展出很好的赋权服务和行动[4]。

---

[1] Lerner, M., *Surplus Powerlessness*, London: Humanities Press, 1991; Prilleltensky, I. & Gonick, L., "Polities Change, Oppression Remains: On the Psychology and Politics of Oppression", *Political Psychology*, 1996, 17(1), 127-148.

[2] Lord, J. & Hutchison, P., "The Process of Empowerment: Implications for Theory and Practice", *Canadian Journal of Community Mental Health*, 1993, 12(1), 5-22.

[3] Lucksted, A., "Turning Points and Empowerment", Center for Mental Health Policy and Services Research, Philadelphia, PA, 1997; Staples, L., Developing, Facilitating, and Sanctioning Mental Health Consumer Empowerment: Roles for Organized Consumers, Provider Professionals, and the Mental Health Bureaucracy, Paper Presented at the Empowerment Practice in Social Work Conference, University of Toronto, 1997, 9.

[4] Prilleltensky, I., "Empowerment in Mainstream Psychology: Legitimacy, Obstacles, and Possibilities", *Canadian Psychology*, 1994, 35(4), 358-374.

从学员及其家属角度而言,他们在这个过程中经历了一些全新的体验,包括住帐篷、埋锅造饭、用瓦楞纸搭建筑、离家集体远游等。在此过程中,既有实际生活方面相关技能的训练和拓展,也有关于友谊、陌生人际关系的建立与管理,还有探索生活未知与意义的部分。家属和学员都坦言这样的体验可能是他们自己难以去实现和经历的。虽然他们的断言不一定正确,但我们也有感于横在他们面前的困难、挑战之多,有形的、无形的,可谓困难重重。在用瓦楞纸搭建梦想屋的活动中,原本设计者和社会工作者们都认为这或许会是一项充满积极意义、投入参与感很强的项目,但事与愿违,这也引发了工作者的思考:对于这类年轻时因患病中断学业的人,在目前资源有限的情况下,资源究竟应当更多投放于他们的康复项目中,还是教育项目中。其实这也回应了一些学者[1]倡议的赋权模式下的精神健康,或许应当突破精神健康概念本身,联结更大的社会脉络。

从(体制内)工作者和机构角度而言,此次体验勇气可嘉。传统医疗行政模式下,对于机构和工作者自身利益的保护做得非常到位;加之精神卫生系统,在目前架构下对于管控的倾斜远甚于服务和管理,因而要让体制内的工作者,尝试走出自己的安全区、权益范围,去接受可能的不确定与权益风险,其实是很不容易的事情。这样的体验本身对于现行制度下的工作者而言,也是一次新的探索之旅。这样的露营拓展让大家重新思考,除了控制、限定之外,是否还有其他的可能性来达成期待的目标和效果。同时也有机会让现有的工作者与康复者重新思考现存的权力结构和关系,思考这在多大程度上捆绑、影响着精神健康患者的福祉以及各利益相关方在系统中的利益。不知这小小的一步是否会在其他地方起到示范作用,最终发挥影响:将隔离式的社区康复整合融入到已有的社区结构和资源中来[2]。

在1年后的某一次研究访谈中,一名新的社会工作者实习生(非参与当次露营拓展者)访谈问及一位在拓展营活动中活跃的学员(也在其他不少康复活动中

---

[1] Fook, J., *Radical Casework: A Theory of Practice*, Allen and Unwin: St Leonards, NSW, 1993; Nelson, G., Lord, J., & Ochocka, J., "Empowerment and Mental Health in Community: Narratives of Psychiatric Consumer/Surviors", *Journal of Community & Applied Social Psychology*, 2001,11(2),125-142; Spindel, P., "Polar Opposites: Empowerment Philosophy and Assertive Community Treatment (ACT)", *Ethical Human Sciences and Services*, 2000,2(2),93-100.

[2] Nelson, G., Lord, J., & Ochocka, J., "Empowerment and Mental Health in Community: Narratives of Psychiatric Consumer/Surviors", *Journal of Community & Applied Social Psychology*, 2001,11(2),125-142.

扮演着榜样角色和有过来人经验的学员),对于拓展营的印象和感受时,该学员表达了更为真实的感受:"我们一群人露营的那两天都十分'憋',好像'屏气功'(上海话,形容很忍耐自己,不自然的感觉),虽然对一些熟悉的工作者还好,但是因为营里还有许多平时不怎么接触的工作者,那感觉真是……"(笑出声来)。尽管如此,该学员仍然表达:"那次拓展营因为第一天服药比平时晚,中午回程时其实已经比较困了,但是在车上还是让自己尽力清醒、睁着眼睛去观看窗外沿途的风景,希望尽可能地在脑海中保留印象,因为这是一次难得的机会,以后可能不再会有了……"对照尼尔森等人的研究,在赋权模式下,个人层面引致的选择和控制效果在三大层面中是最有可能产生改善效果的,效果最弱的是当事人对于有价值资源的可及性,而社区资源的部分则居于两者(效果)之间。

作为精神健康服务的提供者和研究者,在实践和探索与该群体有关的服务系统时,可以感受到来自现有机构、体系所带来的许多压制和权力的羁绊(之于该群体及其福祉)。实践至今,也感到其实在世界范围内人们对于某些弱势人群均常有这样的看法和对待[①]。虽然如此,却也在另外一方面,我们觉察到一些从压力、苦难、挫折中迸发出来的生命韧性,以及走过/出伤痛、经历上述痛苦之后将此宝贵经验转化为生命意义的力量,这将化为对其他在相似经历中的人群的祝福,以创造出苦难经历背后的美好图景[②]。

课程设计

一、教学目的与用途

此案例基于"医务社会工作""精神健康社会工作"的课程教学需要和目的进行撰写,用于讲解现有精神健康,尤其是精神健康去污名化宣教中涉及的理论及其相应的局限(批判性反思)。全篇案例报告以此作为主线和出发点,组织相关内容,对案例的分析和总结也是本于这一目的。此外,在案例报告中也尝试性地运用多媒体-互联网(+)的理念与技术,对传统精神健康服务与宣教进行了回应

[①] 参见伊森·沃特斯:《像我们一样疯狂:美式心理疾病的全球化》,黄晓楠译,北京师范大学出版社,2016年。
[②] 参见 C. S. 路易斯:《痛苦的奥秘》,林菡译,华东师范大学出版社,2013年。

和补充。

（一）适用的课程

本案例可以适用的课程包括"精神健康社会工作""医务社会工作"，也可以适用于"社区社会工作""社会服务项目开发与证据为本的社会服务"课程。

（二）适用的对象

本案例适用对象包括高年级社会工作专业本科学生及社会工作硕士（MSW）研究生。

（三）本案例教学目标规划

1. 覆盖知识点

（1）精神健康群体的赋权理论/框架；

（2）社会服务项目的一般操作流程；

（3）精神障碍人群的社会接纳与排斥等思想。

2. 能力训练点

（1）学会开发一项具有批判性、创造性的心理-社会服务项目；

（2）学会利用当前的多媒体-互联网（＋）资源、技术手段对所服务的项目进行传播升级和品质/品牌打造。

二、启发思考题

本案例的启发思考题主要对应的是案例教学目标中知识的传递和能力的提升，启发思考题与案例同时布置，另外，学生需要在课前大量阅读并熟悉相关知识点。

（1）（社区）精神障碍患者群体的需求有哪些？从事相关服务领域的工作者们服务的关注点又有哪些？

（2）为什么想要运用"拓展营"的方式设计此项活动？这种活动形式和内容的意义在何处？可否有其他活动方式作为替代？

（3）如果你是服务提供者，会如何安排两天的拓展营活动内容？案例中的哪些活动内容是你印象比较深刻的，为什么？哪些活动内容你存有异议？请提供你的改进方案。

（4）对于这项潜能拓展营的活动，精神障碍康复者们的主要关注点有哪些？还有哪些相关方的需要、期待、注意事项需要被考虑进去？（有谁？是什么？）

（5）作者在项目活动实施中的困难有哪些？换作是你，会如何思考并处理？

（6）从文献资料到最终的视频呈现，中间不管是活动内容、形式还是访谈，这些松散的线索最终是如何被合成赋权视角下的精神健康教育和倡导视频的？

三、分析思路

精神障碍的社区接纳与融合，基于何种视角下产生的效果较为理想？对疾病的生物医学归因是否能够产生预期的理想效果？

现今西方精神健康服务模式以康复模式（recovery）为主，这一模式经历了从生物医学模式，到生物-心理-社会模式，再到康复模式的转变。每一代的发展，背后都经历着相应的社会-历史的大脉络影响——现代西方医学的发展—弗洛伊德学派的发展与盛行—战后宏观理论的瓦解，后现代思潮的跟进。同时，每一代精神健康模式的发展，也是对前一代知识和经验的反思。对于中国大陆后发的精神健康体系而言，我们既不断地与西方新技术方法理念互动，又处于国内整体的环境脉络中，在这种张力和撕扯下，致力于发展有本土特点的精神健康服务。

过去，我们一直过多地依靠本就不太发达、资源投入巨大的生物医学模式，想要依循西方的经验和优势（综合的精神健康服务模式），成效并不明显，但目前，心理—社会服务经验和基础又发展相对滞后，束缚局限也较多。在这种情况下，作为领域内的工作者们，到底该如何定性精神障碍？就如文献反省的那样——一旦大众对于精神疾病有一个科学化、较为合理的认知后，达不成原先的期待又将如何是从？对于这个部分，学生可以做的是批判性地思考和建设性地深入实践。可以查考流行病学下精神疾病的家族发生相关性（反思遗传假说的合理性和影响性），也可以查考DSM手册的修改轨迹（从前三代试图以典型病理归因性撰写精神障碍，到四代开始转向症状学的描述）对于精神健康的影响和意义。

设计项目服务时，若需达至期待的目标，需要考虑哪些相关方？比较容易忽视的利益相关方有哪些？为什么容易忽视？评估和实施这类利益相关方的需要时会遇到哪些挑战？

最初设计该项目时，主要考虑如下几个方面：（1）精神疾病去污名的教育和倡导该使用何种方式，既充满尊严，又能让社会包容和支持。（2）现有服务系统中，精神障碍康复者们因循长期被训化服药的依从性和严密的管控性，他们生活中独立自主性能力被削弱，从而影响到他们对于生活的希望、信心、责任。是否可以有些新的尝试，让他们重新去经历、体验上述被削弱的部分？（3）现在的精神健康体系，高压控制的色彩较为明显，精神病人也被公安视为几类最容易出现风险、需要重点关注的对象。这种氛围也影响着相应的社区和机构工作人员，进而影响到他们与精神障碍康复者的互动和关系，带来负面消极的影响，却又不觉得缺乏合理性。项目也试图让这种互动关系进入某种新的尝试。这种考虑势必会带来原先系统中一些利益相关方安全舒适区的突破。这个时候就需要寻求服务系统中涉及项目实施可能性的关键人物。于精卫中心工作的社会工作者而言，就是中心的领导层是否关心？如果关心度不够，但项目预估后又觉得有意义和价值，当如何包装宣传？如何附加领导层的关注利益点？

对于本项目而言，当时各家机构在宣传时使用传统报纸、折页、微信软文较多，而视频作为宣传卖点在传统体制下还是较为稀少的，既可以帮助中心日后多种场合的宣传，又能产生更好的关注体验效果。另外，这种方式和内容的社区康复计划，对于大陆本土而言，也具有较好的创新性，其经验积累和分享也将为机构在相关服务领域内积累一定的资源。

案例中另外一个伦理价值挣扎在于：机构希望的2天露营时间与社会工作者（案例作者）希望的3天之间的矛盾。尽管作者提出了诸多以项目活动效果为理由的解释说明，但其实背后也可以探讨为何会有如此坚持？最后妥协的原因是什么？这种折中对于一个新晋工作者的工作热情和目标会带来怎样的影响？如何调节与克服？也可以迁移到：时常处于弱势情境下（社区或是医院）的社会工作者，在面对强势方（资方，不太了解社会工作概念的医疗、行政体系）时，可以调整的角色和可持续发展的策略。

如何将理论、研究证据灵活地融合到相关的服务内容中去，达成评估的效果？过程中需要考虑哪些影响因素（包括相关的研究证据、服务提供者属性、服务使用者属性）？这些问题也值得一一深入思考。

我们想要让康复者自己透过拓展营中的行动、言语来发声，我们也认为这种方式最近乎自然和具有尊严性。但同时考虑到宣传的积极和正面性，我们对于焦点人物和所有参与者的选取和实践配比就需要进行一些灵活设置，也可以算是一种选择性的呈现。过程中，社会工作者运用质性研究的技术对拓展营的参与者及其所在体系（康复者、家属、社区工作者、医务工作者、行政官员）进行了访谈；后期制作和编辑视频时的主线编码设置，也是将相应的专业技能在非传统领域交叉运用。同时，在编辑呈现视频短片时也试图弱化工作人员、突出康复者，达到增能赋权之效用。

四、关键要点

本案例课堂计划可以根据学生的差异，尤其是对案例的阅读和课前对相应知识的掌握程度来进行针对性施教。本案例主要按照2或3学时进行设计。

A计划：学生事先预习到位，本科生可以将小组讨论置于课外进行，这类学生的实际工作经验少，因此，案例讨论过程中需要教师引导的内容要相对多一些。

B计划：对于MSW研究生，强调课前的阅读、课堂中的讨论与延展思考，因此，需要将小组讨论置于课堂之中进行。

两种课堂教学的详细安排计划如下：

A计划	B计划
课程着重点在： (1) 社区项目的操作流程； (2) 现有文献、书籍的批判性思考； (3) 伦理挣扎冲突的讨论。 课程安排：90分钟 案例回顾：10分钟 知识点讲解：20分钟 集体讨论：20分钟 案例分析：20分钟 知识点与课程再回顾、总结：10分钟 提问、布置回家作业和延伸交流：10分钟	课程着重点在： (1) 现有文献、书籍的批判性思考； (2) 伦理挣扎冲突的讨论； (3) 服务计划与实施中的细节讨论和设计后的对比； (4) 视频短片的讨论和相似方式的尝试。 课程设置：135分钟（中间有休息） 课前阅读材料的简短检查和分享：10分钟 案例回顾：15分钟 启发提问：15分钟 课程分组讨论和交流：20分钟＋20分钟 案例的再思考（结合课前阅读材料再深入辨析）：20分钟 知识点与课程回顾、总结：10分钟 提问、布置回家作业和延伸交流：10分钟

推荐阅读

(一)课前推荐阅读和完成的材料

1. 伊森·沃特斯:《像我们一样疯狂:美式心理疾病的全球化》,黄晓楠译,北京师范大学出版社 2016 年版。阅读至少 1 章(共 4 章/4 个案例)。

2. Pescosolido, B. A., Martin, J. K., Long, J. S., Medina, T. R., Phelan, J. C., Link, B. G., "'A Disease Like Any Other'? A Decade of Change in Public Reactions to Schizophrenia, Depression, and Alcohol Dependence", *American Journal of Psychiatry*, 2010, 167, 1321–1330.

3. (观看)影片:《飞越疯人院》。

(二)课后推荐阅读和讨论的材料

作为精神健康服务的提供者,你是否想过苦难这个议题和意义?就你所经历的挑战和挫折,在信任的关系和环境中与学习者分享,试探讨如何回应议题——用何种方式回应?为什么选择用这种方式回应?背后的动机是什么?思考不同的回应方式的利弊以及接收者的感受及反馈等。

1. C. S. 路易斯:《痛苦的奥秘》,林菡译,华东师范大学出版社 2013 年版。

2. 精神健康(理论)发展史/历史脉络的资料(biomedical-biopsysocial-recovery),赋权理论、相关概念的文献资料。

家庭社会工作

> 吾国社会之组织,以家庭为单位,不以个人为单位,所谓家齐而后国治也。
>
> ——梁启超

婚姻暴力中受害妇女的社会支持

高建秀　周冬然*

【摘　要】　婚姻暴力已成为当今国内及国际社会关注的热点。本文揭示了婚姻暴力对于受害妇女的身体、心理和精神三方面的负面影响及其需求分析,探讨了"身心灵全人健康模式"的受害妇女社会工作小组实践,提出了干预婚姻暴力的社会支持路径。通过本案例的探讨,期待学生掌握社会支持、社会性别及增能的理论与方法,运用社会工作的微观、中观及宏观视角与方法干预婚姻暴力。

【关键词】　婚姻暴力、受害妇女、社会支持

案例综述

一、项目背景

婚姻暴力是指配偶一方遭受另一方语言、身体和性暴力的伤害。在这种暴力行为中,大部分受害者是女性,少数受害者是男性[①]。关于婚姻暴力中受害妇女的社会支持研究,在一些国家和地区已经取得了较为成熟的经验。如何将这些经验引入上海市反婚姻暴力工作中,发挥社会工作在制止婚姻暴力中的作用,使反婚姻暴力工作取得实质性的进展,值得我们进一步分析与总结。

鉴于国内对于婚姻暴力受害妇女的研究还处在起步阶段,针对婚姻暴力受

---

* 高建秀,复旦大学社会工作学系副教授;周冬然,复旦大学社会工作学系硕士研究生毕业。
① 刘梦:《中国婚姻暴力》,商务印书馆,2003年,第28页。

害妇女的服务还比较缺乏,本实务案例希望能够为改善婚姻暴力受害妇女的生活状况、提高她们的生活质量做出努力。

二、婚姻暴力对受害妇女的影响分析

(一)身体伤害

通常情况下,婚姻暴力表现为躯体暴力。当丈夫处于暴怒和失控的情绪状态,拳头、脚和其他硬质器物就成为其施暴的工具,对妻子的人身进行伤害。婚姻暴力对受害妇女身体的伤害程度分为轻微伤、轻伤和重伤三种。轻微伤是指如鼻青脸肿、软组织挫伤等。轻伤指造成他人身体组织、器官结构一定程度的损害或者部分功能障碍的损伤。重伤指使用特别残忍的手段造成严重残疾,对人体组织、器官结构有严重影响[1]。婚姻暴力受害妇女常见生理反应是失眠、无食欲、疲劳、头痛、背痛、肌肉疼痛、身体疲倦、内分泌失调、肠胃不舒服、哭泣等。

(二)情绪困扰与心理压力

婚姻暴力受害妇女因受到婚姻暴力或婚姻暴力的威胁,会出现一系列与压力有关的情绪困扰及心理症状。如对于现状的恐惧和无法接受使她们产生心理上的恐惧反应,表现为惊慌、恐惧、烦躁不安、心神恍惚、神经紧张、抑郁或者情绪低落等;婚姻暴力受害妇女自我权利、尊严和平等地位的丧失使得她们产生如自责、自尊感低等问题;受害妇女自尊受到伤害,消极行为增加,可能患有精神健康问题的危险增加,包括抑郁症、自杀、酗酒和吸毒等[2];婚姻暴力受害妇女很多因自己受教育水平低、经济上无法独立或者是为孩子被迫维护家庭完整而无法摆脱婚姻暴力环境,这也使得她们心理上受到很大伤害,出现如习得性无助或者创伤后应激障碍。受害者表现出如精神麻木、反复体验所遭受的暴力行为、强烈的精神压力、持续的高唤醒状态以及对有关婚姻暴力创伤事件的回避等症状。婚姻暴力受害者经常会产生无助、绝望以及弥散性的不适感等不良心理症状[3]。习得性无

---

[1] 郭爱妹:《家庭暴力》,中国工人出版社,2000年,第5页。
[2] 陈敏:《呐喊:中国女性反家庭暴力报告》,人民出版社,2007年,第11页。
[3] 肖凌燕:《女性遭受婚姻暴力的原因分析及心理治疗》,《西北农林科技大学学报(社会科学版)》2008年第6期。

助是其中最容易感到的负面症状,受害妇女因暴力不受控制而产生无助感,感到自己缺乏控制生活的能力,将自卑和无助感内化,放弃改变的努力,对生活和未来不抱希望[1]。这些心理反应很大程度地影响她们的日常生活、工作与社交。

1. 观念扭曲

主要反映在她们对现实的扭曲观察。在婚姻暴力关系中,受害人和施暴人之间也会产生类似斯德哥尔摩综合征的感情依恋。受害者陷在随时可能发生暴力的亲密关系中无力摆脱时,很容易选择认同施暴者的价值观,认为只有顺从他的意愿,才有可能保证自己和孩子的人身安全[2]。因此,受害人会困在婚姻暴力的环境中无法摆脱,遭受更多的伤害。有些受害妇女还会认为自己命不好,嫁了一个不好的丈夫,常常感到自卑。这些观念将有效地维持受虐关系的存在。

2. 人际关系问题

婚姻暴力受害妇女往往会对人缺乏信任,过度敏感,形成与他人的屏障,以保护自己不再受伤害。她们与人沟通少,社交能力较弱,难以果断处事及自主。有些受害妇女与子女的相处也有困难。

由于婚姻暴力的普遍性、隐秘性和周期性[3],婚姻暴力受害妇女成为隐蔽的社会弱势群体。如果受害妇女缺乏社会支持,她们将会陷入受虐的恶性循环之中。因此,对于缺少社会支持系统的婚姻暴力受害妇女,社会工作干预可以帮助其获得更多的关注和支持;使得社会更加重视婚姻暴力问题,并整合各种资源,改善其处境;促进受害妇女对于自身自主地位的觉醒和个人能力的发掘,从而使其发展出更加独立和有尊严的生活意识和能力。

三、婚姻暴力受害妇女需求评估

(一) 安全的需求

受害妇女最基本的需求是感到自身处在安全的环境,不再遭受虐待。如果丈夫采取暴力的方式维护家庭平衡,而非采取商议、讨论的方式,或者在失意或者酒醉的情况下采取对妻子的暴力作为宣泄情绪的方式,或者使用暴力作为不

---

[1] 刘梦:《中国婚姻暴力》,商务印书馆,2003年,第40页。
[2] 凌舒文:《心理充权:婚姻暴力受害妇女心理干预模式探究》,内部资料,2008年,第4—5页。
[3] 李洪涛、齐小玉:《受害妇女的援助与辅导手册》,中国社会科学出版社,2004年,第44、95页。

满意妻子表现的惩罚方式,在家庭这一最私密和依赖的环境中,女性将感受到被侵犯,丧失最基本的安全感。

(二) 自由独立的需求

婚姻应该是两个独立的个体缔结的神圣契约,不能因为进入婚姻而使女性丧失独立自主的地位,进而感到被剥夺和充满无力感。如果女性在家庭中无法自主选择生活方式,如决定是否外出工作、是否生育后代等,被逼迫做出违背自己意愿的选择,或者无法享有一定的经济权利,支配一定的家庭财产,或者无法享有和外部世界交往的权利,维持自己的社会交往圈,这些都会使女性长期处于被虐待、被控制和被剥夺的环境,无法感到自由和独立,并产生心理问题。

(三) 被尊重和被爱的需求

女性在婚姻中应该被尊重和爱护。女性是独立的个体,而非丈夫的附属品。如果妻子对于家务活动的每日投入无法得到丈夫的认可和赞赏,甚至被视为理所应该需要做好的事,或者妻子对于子女教育的付出无法得到丈夫的肯定和鼓励,甚至故意削弱其在子女面前的地位,不仅妻子对于婚姻生活的付出得不到承认,而且她在家庭中也无法感受到作为一个人本身应得的尊重。

(四) 宽松的家庭氛围的需求

家庭作为人最重要的活动场所,为人提供身体休息、精神放松、情感支持等。因此,一个良好的家庭氛围对于生活在其中的个人来说十分重要。而婚姻暴力会破坏良好的家庭氛围,使得打骂、哭闹、攻击、折磨成为家庭生活的主要形式,使得妇女无法感到宽松的家庭氛围,如果长期生活在这种压力之下,妇女会在身体和心理上产生相应的负面反应。

(五) 社会支持的需求

我们的调查结果显示,婚姻暴力发生后,受害妇女向社会机构求助的行为占六成以上。这与我们普遍认为的婚姻暴力受害妇女多通过个人社会网络(如家人、朋友、邻里等)寻求帮助的结果不符,出现这一现象的原因主要在于接受调查的受害妇女一部分为主动向妇联求助,进而导致所占比例偏高。另外,当今社会对于婚姻暴力的关注增加,2016年中国《反家庭暴力法》的实施使受害妇女对于求助途径的了解增加，求助意识增强，希望获得社会支持的愿望有所增强。婚姻暴力中的受害妇女由于经济资源匮乏、社会支持不力和传统性别观念导致权利障碍。婚姻暴力发生后，受害妇女希望得到心理上的安慰和法律上的建议，体现出受害妇女在出现婚姻暴力之后的法律意识也有所提高。婚姻暴力受害妇女离开暴力家庭的成功率与她们的社会支持体系完善程度成正相关，拥有丰富的社会资源能够让受害妇女顺利摆脱施暴者。

四、小组工作方法探索

本项目是一个人数为6人的针对婚姻暴力受害妇女的身心干预小组，小组的名称为"我的未来我做主"。招募的组员主要是前来妇联求助和通过热线电话求助的婚姻暴力受害妇女，在对她们进行访谈的过程中，运用量表等了解其遭受婚姻暴力的情况和心理状态，选取在遭受婚姻暴力后有轻度焦虑、恐惧等负面心理反应的妇女（心理问题严重的建议其求助相关医院的精神科医生或心理医生），向其提供婚姻暴力受害妇女干预小组服务。

在小组设计中，我们试图将社会支持理论、社会性别理论及增权理论运用在婚姻暴力受害妇女小组中，同时注意将社会工作价值观与中国传统文化结合起来。小组工作通过受害妇女之间有目的的互动互助，使受害妇女获得情绪调整、认知及行为的改变，协助她们恢复和发展社会功能。

（一）小组目标

（1）提供组员宣泄情绪的机会。通过小组活动，使组员将埋藏在心底的感受充分表达出来，以释放压抑的情绪。

（2）小组给组员以支持。通过对每一位组员的接纳、爱护以及认可，使每一位组员对小组有归属感，以便尽量表达自我，从而提高自信。

（3）促使组员对自己有新的认识。组员通过小组活动，观察到他人在同样情况下如何应对，了解别人对自己的看法，从而对自己有更清晰的认识。

（4）改善适应，促进成长。当组员对自己和他人有了更清楚的认识后，就可以找出更多的方法来对事和对人，从而增强她们的判断能力和处事能力。

(二) 小组的介入策略

此次小组运用"身心灵全人健康模式"服务于婚姻暴力受害妇女。20世纪90年代初,香港大学陈丽云教授从中国传统哲学思想和中医养生方式中得到启发,提出并开创了"身心灵全人健康模式"。她将全人健康概念贯穿于小组辅导的过程中,通过身体运动、情绪调节、观念调整三方面互动,来实现身体、心理及精神健康的目标[①]。

"身、心、灵"(body、mind、spirit)三个字的字面意义分别是:"身"指身体;"心"即心理,主要指情绪范畴;"灵"主要指精神和社会层面,如人对生命的意义、人生价值观的思考,以及人的生死观、苦乐观等。身心灵作为一个整体,具有两层含义:其一,指这种模式以"身、心、灵"三个层面作为主要介入途径;其二,指三者之间有着互动关系[②]。三者的良性互动是身心健康的基础。

身心灵全人健康小组的辅导目标不注重解决组员的某一个具体问题,而在于关注她们内在的潜力和向上动力的提升,从而帮助组员建立自信,培养积极的生活态度和承受挫折的能力。该模式将西方心理辅导形式和中国传统文化背景相结合,具有比较鲜明的本土化特征。"身心灵全人健康模式"在香港地区曾运用在癌症患者、抑郁症患者、丧亲者等群体,在北京曾运用在离婚妇女小组中。本项目运用身心灵健康模式辅导婚姻暴力受害妇女,结合对身体、心理和精神三方面的疏导,减轻婚姻暴力受害妇女负面的心理体验,在上海是首次运用。同时,也可以探索社会工作对于婚姻暴力受害妇女服务的新模式,为提高社会工作的服务水平和本土适用性提供实践经验。

1. 身体层面介入

主要是帮助组员明白负面情绪如何影响人的身体,破坏免疫系统。身体的健康可以保持感情的平衡,身体运动可以让人远离抑郁,一些看起来并不起眼的身体运动,如跳一跳、搓搓手等,都可以疏导负面情绪,增强人们的舒畅感。实际上,运动练习有时候是心理辅导的有效替代方式。对一些不善于用言语表达自己内心的伤痛或情感的人来说,呼吸练习、身体训练可以使他们有机会发泄出负面情绪,改善心理健康。因此,可以在小组活动中增加呼吸运动、气功练习、游戏

---

① 陈丽云、樊富珉、梁佩如:《身心灵全人健康模式:中国文化与团体心理辅导》,中国轻工业出版社,2009年,第37页。
② 同上书,第3页。

以及冥想放松练习,让组员爱护自己的身体,了解身体与情绪的关系,爱惜自己的健康。

2. 心理层面介入

主要是从缓解情绪和改变认知两方面介入。受害妇女因遭受婚姻暴力而情绪波动,负面的情绪不仅影响人的精神状态,也影响到人的身体健康,与生命息息相关。首先,在小组中帮助组员认识情绪及了解不良情绪对身心健康的影响,学习如何表达情绪及调整情绪,了解学会情绪管理对改善自己生活的重要性。在小组活动内容中,安排了冥想、唱歌、朗诵、认识情绪、写作、绘画、小组讨论分享等,协助组员了解自己的情绪、解析愤怒、舒缓焦虑,处理和释放负面情绪。其次,在小组中协助组员理解认知方式及生活态度会对身心健康产生的影响,片面的、错误的认知及非理性的信念是个体产生抑郁、自卑、焦虑、恐惧、痛苦等负面情绪的原因[①];选择理性的思维模式看待问题,有助于问题的处理及解决。

3. 精神层面介入

主要是协助组员确立生活目标,培养积极的生活态度及承受挫折的能力。主要的方法是协助组员进行得失观讨论、面对人生困境讨论;强调组员的优点和能力,增强其自信;协助组员关爱他人,建立良好的人际关系体验;协助组员进行生命意义讨论,将痛苦经历转化、升华为生活的动力[②]。在小组活动中,还运用绘画、唱歌、穴位按摩等,给予她们快乐的体验,使组员重新建立平和的心态及健康的信心与信念。

(三) 小组的内容

小组工作在一个月内开展了4次,每次3小时的活动。第一次小组工作的主题是"我的人生路",着重进行人生经历和婚姻生活困境分享;第二次小组工作的主题是"我可以做自己情绪的主人",介绍全人健康的概念,解释情绪如何影响人的健康,教导组员如何驾驭自己的情绪,学习理性思维方法,鼓励组员通过分享和冥想达到身心健康;第三次小组工作的主题是"学会爱惜自己",引导组员爱护自己的身体,提高生活质量,在家庭困境短时间内无法克服的情况下学习对自己好一点,以便更好地面对和改变现有的困境;第四次小组工作的主题是"明天

---

① 陈丽云、樊富珉、梁佩如:《身心灵全人健康模式:中国文化与团体心理辅导》,中国轻工业出版社,2009年,第96—97页。

② 同上书,第121—123页。

会更好",讨论如何与家庭组员互动,改善家庭关系,解决子女教育问题,以及畅想理想生活,讨论未来的生活目标。

(四)小组的成效

小组开展的目的在于了解婚姻暴力对受害妇女的身体、心理和精神三方面产生的负面影响,并运用身心灵辅导模式进行干预,为受害妇女提供情绪辅导,帮助她们治疗心灵上的创伤。

为了提高小组工作的效率,及时改进工作方法,我们设计了一些问卷,对组员在小组工作开展前及小组工作结束后进行了前测和后测,以及每次活动后的评估;同时通过访谈和组员的自我评估,了解组员的改变和小组的功效。

小组实施过程中,每次都设计了合适的活动,促进小组内部组员建立信任,以便后期活动的顺利开展。例如,针对解决婚姻暴力问题的"我的人生路分享",小组组员分享了各自的人生经历、遭遇婚姻暴力的情况和现实婚姻的处境。有相似问题的受害妇女在接受服务过程中分享彼此的经历,增强对彼此的支持。在过程中,受害妇女一方面能够实现自己感受的表达,陈述对婚姻暴力及遭受虐待的看法;另一方面,能够从有相似经历的人的分享中有所收获,如感受到并不是自己独自面对这样的困境,进而产生一起改变现状的信念。另外,在这个环节中,受害妇女还可以获得改变现状的信息,如获得如何申请最低生活保障和廉租房及离婚程序、孩子抚养权问题的信息。小组中也因为分享而充满了信任、接纳、温暖的气氛,受害妇女因为这个环节实现了互相支持、舒缓压力,增进组员的适应能力和促进自我功能的实现,并拓宽了其社会交往的网络。小组也为组员提供了一种归属感,他们得到了互助合作的资源,赋予组员面对婚姻暴力问题的能力。

小组实施过程中,开展与分享了促进身心健康的知识和活动。为了让组员认识到情绪和心理及身体健康的密切关系,社会工作者教会组员在家庭关系紧张时控制自己负面情绪的方法和建立良好家庭互动模式的策略。在小组结束后,受害妇女认识到自己原先对家庭关系的偏差认知,学习到让自己在负面的家庭环境中尽量保持身心愉悦的方法,也从原本对于家庭的过度关注改变为更加关心自我。通过实践"如何爱我自己""给自己的礼物""想象我的理想生活"等活动,使得小组组员建立正确的自我认知和积极的人生态度,发展内在的潜力和提升向上动力,促使她们更加自信,提高承受挫折的能力①。

每节小组活动都会安排互动游戏、冥想练习、身体运动和唱歌环节。这些活动,不仅促进了小组内部信任气氛的建立,使得个人经历的分享越发深入,也使得受害妇女在小组中获得放松,舒缓压力。这些活动通过将中国传统文化、传统医学、哲学思想等融会贯通,并把瑜伽、冥想等方式融入小组辅导过程中,让组员在小组中学习心理情绪调节方法,并通过运动来处理情绪;通过唱歌、坚定信念等活动尝试自我改变;通过对认知、态度的改变而重新找回情感的平衡;通过精神的升华使组员在克服痛苦情绪中实现成长,发现自我价值、保持心态平衡②。

(五) 问题和反思

1. 小组干预效果可能发生倒退

组员在没有小组支持的情况下,可能会再次陷入婚姻暴力带来的各种压力之下,出现问题的反弹。因此,社会工作者在小组结束之前引导组员建立了互助小组,以便组员可以相互提供帮助。小组结束后,社会工作者总结小组取得的成效和存在的不足,并做了以下工作以了解小组成效和防止干预效果倒退。

一是机构访问。小组结束后,社会工作者对妇联中参与和协助小组工作的工作者进行访问,了解他们对小组开展情况的看法和建议,以更好地改进小组服务。妇联表示这是对婚姻暴力受害妇女干预的新实践,填补了传统方法的空白,可以更加有效地为婚姻暴力的受害妇女提供帮助。二是问卷调查。在小组过程中,通过对组员发放问卷和口头询问,了解组员在参加小组前后的改变和对小组的反馈等。小组组员多表示参加这种活动可以让她们心情变轻松,因为大家处境相同,比较有共同话题,可以得到很多关于政策和法规的信息。另外,因为有各种活动和游戏,组员以前都没有参加过,每节活动都有新鲜的体验;而且教授的歌曲和运动、冥想等方法都比较简单易学,小组结束后也可以在家里练习以减轻压力。三是电话回访。未来计划对组员进行一定时期的电话跟踪,了解小组结束后她们的生活状态和心理情况。

---

① 周冬然、高建秀:《家庭暴力受虐妇女的社会工作干预》,《社会福利》2009 年第 8 期。
② 同上。

2. 对社会工作不了解，有顾忌

婚姻暴力受害妇女多对社会工作不了解，在遭遇婚姻暴力时多寻求传统的解决婚姻暴力问题的方法，即寻求自己的私人社会网络，如亲友的支持，或者是向自己社区内部的居委会求助。另外，由于传统的"家丑不可外扬"观念的影响和婚姻暴力问题的私密性，婚姻暴力受害妇女在社会工作者最初联络时都存有顾忌，最后愿意参加婚姻暴力干预小组的妇女仅仅是遭受婚姻暴力受害妇女中非常少的一部分。因此，社会工作首先要加强对于自身的宣传，使得社会大众对社会工作的专业地位、工作模式和社会机构有更好的了解，这样才能向更多婚姻暴力受害妇女提供服务。

3. 为受害妇女提供的资源较少

从此次婚姻暴力受害妇女小组开展的经验来看，婚姻暴力受害妇女能够得到的资源依然很少。首先，就社会支持网络来说，传统的家本位观念更强调家庭的整体利益，漠视家庭成员的个人权利。人们普遍认为在家庭发生的事情都是内部问题，应该在家庭内部解决，非家庭成员无权干涉。缺乏有效的法律干预和舆论谴责，使得施暴者没有心理压力，也认为夫妻打架是普通的家庭纠纷。这导致社会支持网络十分有限，而且也不能进行深入的干预。其次，国内对于婚姻暴力问题的关注度有待提高，从事相关服务的社会机构才刚刚开始发展，针对婚姻暴力受害者的心理干预项目和服务还不多。因此，需要增加社会对于婚姻暴力受害妇女的关注，在法律咨询和专业服务等方面提供更多的资源给受害妇女，以保护他们的合法权利，改善其生活处境。

五、社会支持路径

对于婚姻暴力受害妇女的介入主要有两种取向：一是倡导社会、政治及法律的完善；二是提倡直接服务。前者是探讨如何从立法和司法上防治惩治家庭暴力，后者是为家庭暴力受害者提供直接的社会支持与服务。可以从社会和个体两方面介入。

（一）社会方面

从社会性别角度出发，提倡性别平等与相互尊重。大力进行婚姻暴力危害性的宣传与教育，人们对婚姻暴力危害性认识的提高有助于减轻婚姻暴力情况的发生。动员全社会合作，推进各部门及各机构的合作。充分发挥基层居委会等组织的调解作用，联合公安、司法、检察院、民政、卫生、妇联等部门，建立起多层次、多机构的社会支持体系，形成一个反家庭暴力的工作网络。对此网络中的人员进行反家庭暴力培训，改变他们的传统观念，提高他们对家庭暴力的敏感度，增强他们的人权意识、平等意识、性别意识。

从社会支持角度出发，婚姻暴力介入可以放在改变受害妇女的社会生存环境上，了解到受害妇女群体面临的困境，进而建立及时、有效的社会救助服务。《反家庭暴力法》已施行两年多，一些司法保护规定开始实施，反家庭暴力社会服务机构陆续建立，社会工作者可以将这些信息提供给受害妇女，并协助其获得社会支持。

社会工作可以结合其专业优势，在社区中可以设计一些针对家庭暴力的项目和课程，比如如何控制愤怒情绪、如何和家人正确沟通交流、如何释放自己的负面情绪等课程或宣传，促进家庭成员良性互动，纠正原有不适当的互动模式，防止家庭氛围恶化升级为家庭暴力；让社区居民了解良性家庭关系的重要性，使得遭受婚姻暴力的女性及早意识到自己被伤害的处境，转变观念，积极寻求问题的解决方案；让社区居民了解到心理健康对于生活质量的极大影响，在改善家庭氛围的同时舒缓家庭成员的心理压力，促进身心健康。这些方式都能够引发社区居民对家庭暴力问题的关注，促进社区居民主动探寻解决家庭暴力的方式。

（二）个体方面

相关的服务有针对受害者的服务及针对施暴者的介入。服务方法有小组工作、婚姻辅导以及个案辅导。工作者与婚姻暴力当事人建立良好的专业关系，有助于直接服务的开展。通过小组工作、婚姻辅导及个案辅导，使他们获得态度、行为的改变以及社会功能的恢复和发展。

1. 针对受害妇女的小组介入

婚姻暴力受害妇女的小组介入可以向受害妇女提供支持性服务，主要是向她们提供援助、支持和建立自尊的机会；运用"身心灵全人健康模式"，帮助婚姻暴力受害者发掘自身应对困难的潜力，从而消除或减少生活事件对个体的不良影响，维护身心健康。每节小组活动都将身体锻炼、情绪调节、观念引导三个方面的内容穿插进行，有利于受害妇女的身体、心理、精神三个方面的改善；也有利于婚姻暴力应急处理策略的改善。最终可以帮助受害妇女建立自尊与自信，提升自我评价，促进其改善现状等。支持性小组还可以给予受害妇女以情感支持，提供一些具体的、有针对性的帮助，如协助寻找工作、住所，提供法律咨询等，从而赋予女性力量，让她们对婚姻关系作出自决。

2. 针对施暴者的小组介入

在施暴者小组中，工作者帮助组员建立平等的社会性别观念；反思家庭暴力对自己和家庭组员的危害；对家庭暴力有新的认识与改变；认识及管理自己的情绪；学习处理冲突及改善关系的技巧；掌握防止婚姻暴力再度出现的有效方法等。

3. 婚姻辅导

婚姻暴力牵涉到夫妻双方，因此，可以动员夫妻两人共同参与心理干预治疗，前提是双方都愿意通过消除暴力改善婚姻，施暴者愿意承认和停止其暴力行为，也愿意讨论暴力这一问题。夫妻共同治疗可以让夫妻了解正在发生的暴力行为，可以向夫妻双方介绍相同的信息和技术，如指出错误的性别观念，学习减少和控制创伤性冲突行为的方式，学习控制愤怒情绪的技巧，训练良好沟通的技巧，以及训练解决家庭实际问题的技巧，争取消除婚姻暴力。

4. 受害妇女的个案辅导

对于受害妇女个案辅导主要是向她们提供一对一服务。在详细了解受害妇女的背景、困境及所拥有的资源的基础上，针对存在的问题设计个性化的解决方案，提供针对性的服务。因此，个案辅导能够在服务时间内给予受害妇女个体较为专业的关注。在向受害妇女提供干预服务前，社会工作者对服务对象的个体情况、生活环境、婚姻暴力史、求助经历等都会加以了解。在了解信息的基础上，向受害妇女提供如何改变自身境况的知识和信息，并使得受害妇女在服务过程中获得工具性知识，改善困境和提升自我。社会工作者在提供个案服务时，会鼓励受害妇女在婚姻暴力情况发生时为保护自身的安全而求助于相关资源。首先是警方，他们可以在紧急状态下保护受害妇女的人身安全，使其免受实际的肢体暴力伤害。其次，可以求助于社会服务机构。这些机构针对婚姻暴力受害妇女的服务对象提供紧急庇护、经济支持、心理辅导等服务。再次，可以求助于社会网络。在遭受婚姻暴力时，妇女可以求助于自身的社会网络，如亲属和朋友等。这些传统的社会网络可以在一定程度上保护婚姻暴力受害妇女的人身安全，提供紧急的法律、经济和情感支持，进而缓解受害妇女的心理压力和情绪困扰。

5. 施暴者的个案辅导

对于不同类型的施暴者，可以采取不同的干预模式。对于受封建社会文化影响，对妻子进行暴力行为的施暴者，应给予法律的惩戒，以及社会性别平等教育,加深其对两性平等与尊重的认识,以非暴力及平等行为来应对家庭冲突,且对自己的行为负责。对于因个人可能的人格异常、幼年经验、依附模式或认知行为模式等所造成的暴力行为,可以运用心理治疗方式加以改善,协助他们对暴力的认知及行为进行改善。对于无法控制愤怒情绪的施暴者,可以帮助他们学习控制愤怒情绪,避免冲突,防止婚姻暴力的发生。对于在社会环境中因为失败而迁怒于家庭的施暴者,可以引导他们尝试转换观念,用积极态度面对家庭和社会的变化,增加自我肯定训练及社交训练,并学会利用资源提升自己的社会处境,如经济收入、社会地位等。对于因为酗酒或者第三者原因引发的婚姻暴力,则可以针对问题本身和施暴者探讨,寻求用其他方法而非暴力解决问题[①]。

婚姻暴力对于受害妇女的身心健康会造成极大的伤害,也会影响家庭生活的质量以及社会的稳定。在处理婚姻暴力的案例中,信念决定了我们的态度和处理问题的方式。我们坚信,任何人都没有权利对他人使用暴力来解决冲突和问题。在任何情况下,使用暴力都是不可以接受的,甚至是违法的。社会各界需要对婚姻暴力予以高度关注,更需要对婚姻暴力的受害者与施暴者予以专业的服务和帮助。

课程设计

一、教学目的与用途

(一) 适用的课程

本案例适用于"家庭社会工作",也适用于"高级临床社会工作实务""婚姻辅导"等课程的辅助教学案例。

(二) 适用的对象

本案例的适用对象主要是社会工作专业硕士(MSW)研究生。

[①] 高建秀、周冬然、陆荣根:《家庭暴力的社会工作干预模式探讨》,载《中国反对针对妇女暴力的研究与行动》,社会科学文献出版社,2012年,第245页。

（三）本案例教学目标规划

1. 覆盖知识点

本案例主要覆盖的知识点有：

（1）家庭社会工作的基本理念和模式；

（2）开展婚姻暴力干预的专业路径；

（3）与婚姻暴力相关的知识、婚姻暴力对受害者的影响及婚姻暴力受害者的需求；

（4）社会知识体系的内涵及建立社会支持体系的路径。

2. 能力训练点

本案例在课程中规划的主要能力训练点有：

（1）学会识别家庭社会工作在婚姻暴力干预中所包含的专业要素、步骤与脉络；

（2）了解家庭社会工作者在婚姻暴力干预中的角色与服务内容；

（3）学会评估婚姻暴力受害者的需求；

（4）学会开展"身心灵全人健康模式"的小组社会工作介入；

（5）学会婚姻暴力受害者社会支持体系的构建。

二、启发思考题

本案例的启发思考题主要对应的是案例教学目标中知识的传递和能力的提升，启发思考题与案例同时布置，另外要让学生在课前大量阅读并熟悉相关知识点。

（1）国际和国内对家庭暴力与婚姻暴力的定义是什么？

（2）导致婚姻暴力的原因是什么？

（3）婚姻暴力给受害者带来哪些伤害？

（4）如何看待施暴者和受害者？

（5）社会工作如何介入婚姻暴力？

（6）运用小组社会工作介入婚姻暴力时，会运用哪些小组工作的治疗性要素？

三、分析思路

案例分析的思路是阅读案例相关情境材料,通过教师事先设计好的提问,有逻辑地引导案例讨论,教师总结提升。

本案例分析的基本逻辑是:

(1) 从社会性别视角分析婚姻暴力产生的原因。

(2) 基于社会支持理论、增能理论与身心灵理论设计和提供婚姻暴力受害妇女的相关服务。

(3) 对案例小组社会工作中提到的"实践中的问题"进行反思,并提出更进一步的解决建议。

(4) 中国已经于 2016 年颁布《反家庭暴力法》,思考这个法律的颁布对社会工作干预婚姻暴力的积极意义。结合新法律的颁布,对该项目的设计与实施进行新的思考。

四、理论依据与分析

(一) 社会支持理论

人们在遭遇生活事件时,需要资源以应对伴随事件而来的问题,其中包括个人资源与外在资源。社会支持属于外在资源,它分为正式支持和非正式支持。社会支持的定义有很多,社会支持具有工具性支持、情绪性支持、资讯支持以及自尊支持等基本功能。在压力事件下,社会支持可以缓解压力带来的负面影响;对心理健康发挥正向的效应,有助于提升自尊及对环境的掌控感[①]。从社会工作来看,婚姻暴力干预的社会支持网络资源包括个人资源、家庭资源、社区资源。而社区资源指来自家庭外部的个人、小组、社会组织及政府机构的资源。婚姻暴力的社区干预就是调动和整合社区资源,尤其是调动并健全社区正式的支持网络,多方配合,在社区形成对婚姻暴力中受害妇女全方位的服务支持网络,为她们提供救助庇护及情感、心理、法律和物质支持。

---

① 宋丽玉等:《社会工作理论》,台北洪叶文化事业有限公司,2002 年,第 288—289 页。

(二) 社会性别理论

社会性别概念将生物学意义上的性别差异与社会文化建构的性别特征区分开来,这是提高性别敏感、认识家庭暴力及干预家庭暴力的前提[①]。传统的社会性别观念认为,男女角色分工应该是"男主外、女主内",由此造成家庭中资源分配的不同。男性被认为是有价值的,女性被认为是价值较小的;国家和家中的大事更多地是由男性掌握,女性最多拥有掌握家庭中的柴米油盐等小事的权力。这种权力分配模式强化了社会性别中男人和女人的身份权力差异及支配与服从关系。从社会性别视角看,婚姻暴力是男女不平等制度的结果,是一个社会性产物。两性权力的不平等导致了其问题的产生。婚姻暴力干预的重点应该放在改变受害妇女的从属地位及社会结构上的不平等。关注妇女的权益,倡导建立平等、合作、文明的两性关系,帮助受害妇女提高性别意识,鼓励她们表达受暴的经历及被压抑的情绪。同时,为受害女性提供有效的社会资源,改善其健康状况,进行心理辅导、法律援助等。

(三) 增能理论

增能理论认为权能是可以掌控自身处境或改变自身环境的能力。权能发生在三个层次:一是个人层次,包括个人感觉到有能力去影响或者解决问题;二是人际层次,指个人和他人合作促成问题解决的经验;三是环境层次,指促进性别平等的社会制度的建立。在婚姻暴力中,受害者所遇到的问题常常是权能被压制,产生无权感。在社会工作者看来,受害妇女并非没有权能,而是生活环境的限制使她的个人权能被压制了,甚至她也认为自己无力反抗丈夫的暴力[②]。增能从受害妇女本身出发,帮助受害者建立自信和自我控制能力,降低自责感,提升受害妇女的自我意识,改变自我概念,挖掘自身的潜力,帮助受害妇女获得权利感和对生活的控制感。

[①] 李洪涛等:《受害妇女的援助与辅导手册》,中国社会科学出版社,2004 年,第 10 页。
[②] 全国社会工作者职业水平考试教材编写组:《社会工作综合能力(中级)》,中国社会出版社,2013 年,第 112 页。

五、关键要点

本案例分析关键在于把握针对婚姻暴力中受害妇女的需求如何提供的专业社会工作服务。

(一) 教学中的关键点

(1) 如何评估受害妇女的需求？其中社会性别理论的知识是如何被运用的？

(2) 如何通过小组社会工作给受害妇女提供支持，使其在身心灵方面获得改变和成长？其中社会性别理论和增能理论是如何被运用的？

(3) 除了小组社会工作，还可以提供哪些社会支持以帮助这些受害妇女？

(4) 当受害妇女面对暴力时，社会支持的功能是什么？如何在中国建立起婚姻暴力受害妇女的支持系统？

(5) 在当前社会建立这个受害妇女社会支持系统时，会面临哪些文化上、制度上的障碍？社会工作者要如何面对这些障碍？

(二) 教学安排计划

根据以上关键要点，本案例建议按照3课时（135分钟）进行设计，具体的课堂计划如下：

案例回顾：20分钟；

《反家庭暴力法》知识回顾：15分钟；

分组讨论：20分钟；

集体讨论：40分钟；

总结提升：25分钟；

问答与机动：15分钟。

推荐阅读

1. 宋美娅、薛宁兰：《妇女受暴口述实录》，中国社会科学文献出版社2003年版。

2. 佟新:《社会性别研究导论》,北京大学出版社2011年版。

3. 刘昱辉:《公权力介入家庭暴力的法理思考》,中国人民公安大学出版社2018年版。

4. 刘梦:《中国婚姻暴力》,商务印书馆2003年版。

单次社会工作治疗在中国的发展及潜力:
以三个家庭案例为例①

约翰·K.米勒*

【摘　要】　这是一个通过单次社会工作治疗服务家庭的项目,是一个基于家庭与人际间的,以简短、问题聚焦以及指导性为特征的治疗服务。服务以家庭系统为取向,具有无需预约、单次疗程、家庭整体为主,合作性以及强行动力的特点。通过具体案例的呈现,详细阐述了单次社会工作治疗的理念、过程和技术。希望能够让那些通常不会考虑接受服务的人群会因为此项服务的方便可及而愿意接受此类服务,获得更好的改变与成长。

【关键词】　单次社会工作治疗、家庭治疗

案例综述

一、项目缘起

我在单次社会工作治疗(single session social work,SSSW)领域的实践和研究始于1995年。那时我有幸接触到关于单次治疗兴起的相关文献以及摩西·塔尔曼(Moshe Talmon)、麦克·霍伊特(Michael Hoyt)、罗伯特·罗森鲍姆(Robert Rosenbaum)和阿诺德·斯拉夫(Arnold Slive)等学者在该新兴领域

---

① 此文章部分内容已在 Slive, A., Bobele, M., Hoyt, M. and Rosembaum, R. (Eds.)所著的 *Capturing the Moment* (Zeig, Tucker & Theisen Publishing)章节中发表。

* 约翰·K.米勒,博士,复旦大学社会工作学系教授。作者感谢王雅男(2015级社会工作硕士研究生)和杨悦为此文章翻译;作者同时感谢美国国务院 Fulbright 高级研究学者奖协会、中国教育部、东亚学术交流协会、美国驻北京大使馆及美国文化教育局的协力支持。

的开拓性工作。刚开始成为一名社会工作者时,我在经济相对落后的美国南部为行为上存在偏差或沦为孤儿的青少年提供相关辅导工作。正是这样的工作环境和相关经验,让我充分意识到家庭在孩子成长过程中的重要作用。随后,我接受了心理研究所(Mental Research Institute,MRI)传统的训练,成为一名短期家庭治疗师,以期努力追随格里高利·贝特森(Gregory Bateson)、唐·杰克逊(Don Jackson)、约翰·威克兰德(John Weakland)、杰·海利(Jay Haley)、理查德·菲什(Richard Fish)以及维琴尼亚·萨提尔(Virginia Satir)等前辈们的足迹。下半年,我从美国弗吉尼亚搬到了加拿大的卡尔加里,与斯拉夫(Slive)博士和他的同事们在东部家庭治疗中心(Eastside Family Therapy Center)设立的"免预约单次心理家庭治疗服务部"共事一年。在此期间,我们接受了几百个案例,并从中对来访者的满意度、求助行为及影响改变过程的因素这三个方面进行了研究①。看到单次治疗服务给众多来访者带来的积极改变,我从中深受启发。在结束加拿大的工作后,我始终在寻找如何让更多心理患者尝试临床服务的有效方法,这也是美国、加拿大以及世界各地所面临的共同问题。为此,我在俄勒冈州大学开办了"关系体检"服务②;为刚成为父母的伴侣提供"健康安巢"短期咨询项目③;为遭受过重大灾难的人群提供单次治疗的服务④;使用基于网络的

---

① Miller, J. K. " Walk-in Single-Session Therapy: A Study of Client Satisfaction", *Dissertation*: *Virginia Polytechnic Institute and State University*, 1996; Miller, J. K. & Slive, A., "Walk-in Single-Session Therapy: A Model for the 21st Century", Paper Presented at the 1997 Annual Conference of the American Association for Marriage and Family Therapy, Atlanta, GA; Miller, J. K. & Slive, A., "Breaking Down the Barriers to Clinical Service Delivery: Walk-in Family Therapy", *Journal of Marital and Family Therapy*, 2004,30(1), 95 - 103; Miller, J. K., "Walk-in Single-Session Team Therapy: A Study of Client Satisfaction", *Journal of Systemic Therapies*, 2008,27(3),78 - 94.

② Miller, J. K., "Bringing the Mountain to Mohamed: Re-thinking Clinical Delivery", Relationship Check-ups, Paper Presented at the 2000 World Congress of the International Family Therapy Association (IFTA), Oslo, Norway, 2000.

③ Linville, D., Todahl, J. & Miller, J., "Healthy Nests: A Pilot Preventative Intervention for New Parent Couples", Presentation at American Association for Marriage and Family Therapy National Conference,2008,10, Memphis, TN; Todahl, J., Linville, D., Miller, J. & Brown, T., "Healthy Nests: A Preventative Intervention for New Parent Couples", Presentation at American Association for Marriage and Family Therapy National Conference, Sacramento, CA,2009.

④ Miller, J. K., "First on the Scene after Disaster Strikes: What to Expect as a Mental Health Worker", *Family Therapy Magazine*, 2006,5(2),6 - 11; Miller, J. K., "Single Session Intervention in the Wake of Hurricane Katrina: Strategies for Disaster Mental Health Counseling", In A. Slive & Bobele, M. (Eds.), *When One Hour Is All You Have: Effective Therapy for Walk-in Clients*, Phoenix, AZ: Zeig, Tucker, & Theisen, 2011a,185 - 202.

团体治疗去帮助那些有自杀倾向①和存在网络成瘾问题的人群②;以及和我的同事贾森·布拉特(Jason Platt)博士一同为墨西哥和柬埔寨地区曾经历过创伤的人群开发单次治疗项目③。

值得欣慰的是,我们在该领域的积极探索与孜孜追求终于引起了国际上的广泛关注。同时,我认为单次治疗服务对于那些社会工作、心理治疗、心理咨询等概念尚处于发展阶段的国家有着独特的吸引力。我清楚地认识到,相较于传统、长期的西方模式的心理治疗,这些国家与地区的民众更容易接受单次社会工作治疗的服务。

2005年起,我前往中国开展教学工作,并从中国当前高速发展的背景出发,就家庭治疗和社会工作这一主题,与中国同行进行合作研究。对中国的好奇与向往,就像是一颗种子在我幼小的时候就扎下了根。我父亲是一位化学教授,在20世纪70年代时有一批中国大陆的研究生来到美国跟我的父亲学习,在那个年代,很少能在美国看到中国的学生。2008年,我获得了美国国务院颁发的富布莱特高级研究学者奖,从而有机会旅居中国一年,在北京开发并提供单次治疗服务。其间,我们开始了免预约(同时也可以接受预约)单次治疗项目。此项目既是临床服务,也是一次跨文化合作培训的机会,同时还可以展开来访者对治疗服务有何体验的研究。接下来本文将详细介绍此项目的发展历程、所遇到的问题,以及我们是如何探索与中国国情相适宜的单次社会工作治疗模式。

二、中国情境下以家庭为本的社会工作

尽管在西方有许多适合中国国情的社会工作、心理治疗以及心理咨询方面

---

① Miller, J. K. & Gergen, K. J., "Life on the Line: Therapeutic Potentials of Computer Mediated Conversation", *Journal of Marital and Family Therapy*, 1996, 24(2), 189 - 202.
② Su, W., Fang, X., Miller, J. K. & Wang, Y., "Internet-Based Intervention for the Treatment of Online Addiction for College Students in China: A Pilot Study of the Healthy Online Self-Helping Center", *Cyberpsychology, Behavior, and Social Networking*, 2011, 14(9), 497 - 503.
③ Miller, J. K. & Platt, J., "Therapy Needs and Challenges in Post-Genocide Cambodia", International Family Therapy Association's 21st World Family Therapy Congress, Lake Buena Vista, FL, 2013; Miller, J. K., & Tarragona, M., "International Family Therapy", In A. Rambo, C. West, A. Schooley & T. V. Boyd (Eds.), *Family Therapy Review: Contrasting Contemporary Models*, New York: Routledge, 2012, 262 - 264.

的服务,但对于中国民众而言,基于家庭与人际间的,以简短、问题聚焦以及指导性为特征的治疗服务似乎有更大的吸引力。而这种选择的偏好似乎与中国特有的文化背景密不可分,比如其中的"孝"文化。

孝道,是儒家思想中所提倡的美德,以尊重长辈为核心价值。中国文化突出集体主义,强调人与人之间相互的依赖。我认为中国的文化观念让民众更加倾向于选择具有指导性和专家性的、能够快速切实解决问题的专业助人者[①]。所以,对于中国尚处于崛起中的社会工作与家庭治疗领域来说,单次治疗会是一个较理想的选择。

三、当前中国临床服务开展的困境

在中国,尽管已有许多致力于推广和促进心理治疗服务的努力,但绝大部分本可以通过心理治疗获得帮助的人士仍然不愿选择尝试接受服务。近期的研究结果显示,17%的中国人存在精神健康问题,而这些人中的绝大多数都未曾接受过任何社会工作、心理咨询或相关的专业服务,即使绝大部分的情况下,这些专业服务是可以帮助到他们的。但他们却出于维护社会声誉及社会地位的需要,或是对"面子"的看重,不愿寻求帮助,害怕自己会因此失去别人的尊重。据世界卫生组织(World Health Organization,WHO)及其他相关国际机构的报告,在世界范围内,相较于卫生服务领域的其他分支,精神健康系统通常面临更多的阻碍。这些阻碍主要包括以下四个方面:(1)病耻感;(2)低可及性;(3)高费用支出;(4)可供选择且具备相应专业资质和能力的社会工作者、心理咨询师、心理治疗师数量不足。有研究表明,单次会谈的干预服务有克服以上阻碍的可能。因为单次会谈干预采用的方法具有优势取向(低耻感)、高可及性、低花费(对来访者来说通常是免费的,由大学的诊室、机构或政府承担费用)等特点。有证据表明,相比于男性排斥度较高的传统治疗模式,他们更容易接受单次会谈的服务。同样,部分接受过单次会谈服务的来访者表示,他们通常不会接受传统的心理治

[①] Miller, J. K. & Fang, X., "Marriage and Family Therapy in the People's Republic of China: Current Issues and Challenges", *Journal of Family Psychotherapy*, 2012,23,173-183; Liu, L., Miller, J. K., Zhao, X., Ma, X, Wang, J. & Li, W., "Systemic Family Psychotherapy in China: A Qualitative Analysis of Therapy Process", *Psychology and Psychotherapy: Theory, Research, and Practice*, 2012.

疗服务,这种简短又"不麻烦"的咨询形式却吸引了他们的注意,让他们选择了尝试。该群体中许多人表示这是他们第一次求助经历,这次体验不仅让他们有机会揭开心理治疗的"神秘面纱",也增加了他们日后接受其他类似社会服务的可能。他们当中的很多人还表示,在他们所生活的社区中,心理咨询服务并不普及,而且存在心理治疗被"污名化"的问题。本文接下来所介绍的项目就是为了能够克服在中国开展社会服务过程中存在的阻碍而做出的努力与探索。

四、单次社会工作治疗在中国的实践与尝试

本项目中的服务以家庭系统为取向,具有无需预约、单次疗程、家庭整体为主、合作性以及强行动力的特点。项目服务所秉持的哲学方法以及相应的技术在别处有更详细的呈现[①],本文仅在此做简略描述,供有兴趣发展单次治疗服务的读者了解。本服务旨在单次会谈中提供尽可能多的帮助。此种服务的目的不是在于要在单次会谈中解决来访者呈现出的所有问题,而是能在会谈中促使来访者迈出他们转变过程中宝贵的第一步。项目希望能够让那些通常不会考虑接受服务的人群会因为此项服务的方便可及、免费的特点而愿意接受此类服务。项目中相关的临床治疗师和研究人员均为此无偿贡献了他们的时间。我们推测大部分接受此项服务的来访者一般完全没有或非常少体验过此类型的社会心理服务。所以,本服务将有助于普及寻求社会服务帮助的理念,提供一次有利的社会服务推广的"试用"体验。如此一来,那些觉得自己需要更进一步帮助的来访者在将来会更有可能主动尝试寻求其他帮助。此项服务在一所大学的培训诊所中开展,但除了单次治疗,我们还提供了传统的个体与家庭治疗的临床服务,方便有继续接受服务需求的来访者。诊所里有几间咨询室和一间可容纳10位社会工作者、咨询师、治疗师和督导师共同观察治疗过程的观察室。整个咨询团队作为一个合作的协同工作小组,共同讨论如何才能最好地帮助来访者。所有的咨询阶段都使用中文并在我的督导下进行,且每次咨询都配备一位(中英文)翻

---

① Miller, J. K., "Walk-in Single-Session Therapy: A Study of Client Satisfaction", Dissertation: Virginia Polytechnic Institute and State University, 1996; Miller, J. K., "First on the Scene after Disaster Strikes: What to Expect as a Mental Health Worker", *Family Therapy Magazine*, 2006, 5 (2), 6 – 11; Miller, J. K., "Walk-in Single Session Team Therapy: A Study of Client Satisfaction", *Journal of Systemic Therapies*, 2008, 27(3), 78 – 94.

译。心理治疗个案都采用了"五步小组"的方法,此方法通常均包括在访谈的最后,观察小组的成员在征得来访者知情同意的前提下走进咨询室与来访者对话。咨询阶段的五步具体如下:(1)正式治疗开始前,小组基于已有的信息,在来访者到达咨询室前讨论个案;(2)治疗第一阶段,咨询师了解来访者的问题及来访者所期待的答案;(3)休息环节,咨询师向观察小组征询意见;(4)治疗第二阶段,咨询师与来访者一同进行总结;(5)治疗后,咨询师向观察小组做简要汇报,听取督导反馈。

治疗结束后,来访者会被邀请进入另一个房间,由未参与咨询过程的研究人员询问一些问题,内容主要包括来访者对于服务的体验和看法。过去的20年间,我在美国和加拿大已经开展了这项服务,大部分来访者都很乐于听取来自小组的反馈。虽然此现象在北美很典型,但中国的来访者要比北美的来访者更欢迎来自小组的反馈。这可能与中国人更注重寻求专家对于问题的意见和反馈的心理有关。总体而言,本咨询团队的立场是,坚持协同合作,结合来访者对咨询的期待,致力于在咨询的最后为来访者提供有用的反馈。

项目中所有临床治疗师均为接受过系统取向咨询培训的中国研究生,且大部分具备双语(中文与英文)能力。所有志愿提供服务的10位临床治疗师都参加过时长为8小时的单次治疗临床培训。尽管这些临床治疗师拥有不同的社会工作、心理咨询、心理治疗的教育背景,但均有两年及以上的临床系统培训的经历。其中,8小时的培训课程主要包括个案模拟的角色扮演,并全程接受我和中国督导的反馈。所有参加此项目的临床治疗师必须经过中国督导许可后方可在服务中接触个案。

作为单次治疗服务的"基本功",我们将尽力充分利用和来访者的每一次接触,包括首次接诊电话。项目通过在校园周边社区和当地报刊发布招募通知的方式征集来访者。通知上对项目进行了简短的介绍,并以热情友好、有吸引力和尽可能去污名化的方式对项目服务进行了呈现。由于大家对此服务的回应非常热烈,起初原本计划提供两个月的服务,最后不得不延长至三个月才完成了所有电话预约或未经预约便前来的来访者所要求的服务。

我们还为本项目专门设计了一整套与单次治疗服务特点相匹配的文件材料。这些文件资料包括电话接诊文件、"大厅"接诊文件以及会谈记录表格等。这些表格均充分考虑到单次治疗服务的局限而特别设计。表格中的问题包括:(1)您觉得今天我们可以如何帮助到您?(2)今天有没有什么特别想要解决的具体困难或问题？（3）如果您曾有过接受咨询的经历，您觉得过去的咨询中哪些是有效的？哪些是不佳的？（4）您觉得自身或者在现有的关系中有哪些长处或资源？

五、单次治疗服务案例呈现

项目中，本团队共开展了超过 50 场单次治疗。其中，半数个案是免预约直接前来的，其余则是通过预约参与咨询的。过程中，团队得以共同会见了多元化的个案，也看到了其中所呈现的多样化问题。下面三个案例是我们在治疗过程中遇到的部分典型问题。正如案例后面评论部分所讨论的，每一个案例都是中国文化下社会工作独特服务的缩影。

案例 1：婆媳问题

一对 25 岁左右的夫妻以及男方的母亲共同出现在一次单次咨询中，要求通过咨询解决最近一年中他们三人间产生的"沟通"问题。访谈的第一阶段，主要是妻子在说话。经她介绍得知，这对夫妻在双方大学毕业后结婚，婚后便搬去和男方的父母同住，现已结婚三年，并在一年前有了第一个孩子（男孩）。丈夫的爸爸在两年前（在他们搬去同住的一年后）去世，而妻子在婚前和婆婆的接触很少。作为一个西方人，我觉得非常有趣的是，在中国文化中，原生家庭中的每一个成员都有其特定的称呼。例如，在普通话中，婆婆是指丈夫的母亲，媳妇是指儿子的妻子。这些家庭成员的特定称呼（相较于在西方所使用的词）让我意识到，中国人强调家庭中每一个成员的独特位置。这位妻子告诉我，起初她与婆婆的关系是礼貌且友好的，但在第一个孩子出生后，妻子发现婆婆开始越来越多地批评她作为母亲和妻子的不足。我了解到，在中国文化中婆婆与媳妇之间的冲突通常称为婆媳问题，直译成英文应该是"mother-in-law problem"（部分在场的小组成员认为，从系统的观点来看，也可以称为"daughter-in-law problem"或"mother-son-wife problem"）。

案例中的丈夫和妻子都在外工作，家里只有奶奶来照顾婴儿。我发现现代中国社会中，很多家庭都是这样分工的，处于工作年龄的家庭成员离家外出工作，将孩子留给祖父母抚养。该案例中丈夫比妻子在外工作的时间更长，于是两个女人共同留在家中的情况更多，也就增加了双方发生冲突的几率。访谈第一部分的临床目标是澄清每一个家庭成员对问题的陈述。在咨询师的鼓励下,丈夫表示,他不清楚为什么他最在乎的两个女人不能和睦相处。他感叹道自己正在非常努力地工作,尤其是在父亲去世后,他越来越多地感受到自己要承担的家庭压力。然而他很怕夹在两个女人中间,于是他越来越少地参与到家庭事务当中。当然,他也承认这样只是让情形更加恶化了。婆婆则表示她只是在做对孙子最好的事情,觉得照顾小孩和听婆婆的话是妻子的义务,并认为自己有权利给媳妇提建议,但她感到媳妇既不感谢也不重视她的建议,这让她感到被冒犯和伤心。媳妇听后显得有些惊讶,并表示这不是她想传达的信息,其实她很重视婆婆的意见。

  大致了解问题过后,咨询师询问道,过去有没有发生过类似问题,却处理得较为妥当的经验。他们均表示,在爸爸去世前一切似乎都很顺利。因为在以前,如果家里发生了冲突,爸爸会介入进来,这可以很快地帮助解决问题。同时,爸爸作为一个强有力的支持者,他的去世无疑给家里留下了一片空虚。随后,整个家庭一同讨论了爸爸的离世,以及他们是如何未能正视这个丧失事件的。休息过后,临床咨询师返回治疗室并询问家庭是否愿意直接听取来自小组的反馈(让小组成员走进治疗室直接与来访者交谈),家庭成员们都表示对此很感兴趣。小组便分享了他们认为的这个家庭中所有成员的共同点:他们都很在乎这个家庭,关心这个刚诞生的宝宝,并都对去世不久的爸爸有着很深的感情。其中一位小组成员将这个家庭现状重构为,该家庭正在经历新的困难与挑战,而这些挑战自然会带来一些家庭成员间的冲突。小组指出,当一个家庭在经历结婚、生子、失去亲人等重大事件时,家庭成员要付出非常多的努力才能适应这些新的变化。当案例中的家庭成员认识到这些困难与挑战,并将他们所经历的一切正常化时,他们的痛苦似乎也有所缓解。一位小组成员还注意到一个重要信息,即有家庭成员提到爸爸还活着的时候,会介入他们之间的冲突。之所以重要,是因为这可以被视为解决问题的例外情况。于是,该小组成员邀请家庭成员们假设如果爸爸现在就在这个房间里,面对家中当前的问题,他可能会给出什么样的建议。最后,另一位小组成员又提到了哀悼的重要性,并想知道这个家庭是否用足够的时间进行了充分的哀悼。在小组离开房间后,家庭与咨询师讨论了刚刚听取到的来自小组的建议,特别注意到了他们所提出的"如果爸爸在这里他会说什么,给他们什么样的建议"这一观点。临床咨询师指着房间中的一个空椅子,然后问每一个人:"如果他就坐在这里,你觉得他会说什么?"家庭成员们轮流分享了他们心目中"爸爸会做些什么"的想法,并且边说边流泪。他们一致认为,爸爸会给出很和善的信息,会鼓励他们为了婴儿着想而团结起来。临近结束,咨询师建议他们在家中也可以展开这样的谈话,让已离世的爸爸也加入进来,并告知未来如有需要,随时欢迎家庭再次回到诊所。

案例 1 评论:

在该案例的简单描述中,强调了单次治疗中的多个有效因素。关于单次治疗的研究证实,很多来访者表示单次治疗的有效之处,就是他们可以在一个有专业人员在场的客观情况下,公开讨论他们的问题,专业人员的在场可以避免场面变得过于激烈或陷入僵局。来访者常常会说,他们无法自己在家中展开如他们在咨询室中所进行的对话,在家中尝试进行这样的谈话,最终常会沦为毫无结果的争吵。他们表示,一个中立、安全、专业的空间可以使他们彼此开展一种新型的对话,这种对话可以激发出新的重要观点、理解和行为。

此个案同时强调了中国家庭生活中的一个重要美德——孝道。百善孝为先。这是一种家庭荣誉,即年轻的家庭成员在成长过程中通过照顾长辈,接受来自他们的影响,向长辈表示他们的尊重。但在现代中国,这种美德也在各种压力下经历着新的挑战。这种压力主要是指,城市化的快速发展,大批来自农村的年轻人移居城市,以及需要独生子女照料的老年人口持续增长等社会问题。在这个家庭中,这些压力在媳妇身上表现得非常明显,她不仅要接受来自婆婆的影响和要求,同时还要适应自己作为母亲角色的转变以及与工作角色的平衡[①]。

案例 2:"4-2-1 困境"和"学业成就"

一位 40 多岁的母亲和其 18 岁的女儿也参与到我们的单次治疗当中。咨询一开始,妈妈表示她因女儿在学校表现不佳而担心。妈妈看起来为女儿的学习成绩感到非常焦虑,但实际上即使女儿的学习成绩有所下降,她的成绩仍然是不错的。在访谈的第一部分,当妈妈表达自己的担忧时,女儿一直安静地坐在一旁听着。后来在咨询师的鼓励下,女儿也开始表达。她觉得自己压力太大,尤其是进入大学之后,这种担心和焦虑更是日渐增长。因为这个过渡时期对她来说非常困难,她特别担心自己不能再像小时候一样继续保持良好的成绩。并且父母

---

① Lim, S. & Lim, B., " Po Xi Wen Ti: The 'Mother-in-Law Problem': Navigating Tradition and Modernity in Transforming Familial Relationships in the Chinese Family", *Journal of Family Psychotherapy*, 2000, 23(3), 202-216.

持续不断的关注让她十分不安,比如每天给她打电话,对她刨根问底,而且这些情况在她入学以后变得越来越严重。这种担忧和压力开始让她变得越来越抑郁,甚至认为自己的生命没有意义。妈妈之前从来未听女儿提起过这些,她显然被女儿的话吓到了,于是表现得更加焦虑和刨根问底。咨询师在这点上对女儿进行了详细的询问,女儿否认有任何自伤的想法和行为。咨询师便让女儿讨论她在压力下的感受,分析那些感受从何而来,以及怎样做才能帮到她。女儿讲道,小时候自己在一所郊区的学校里上学,一直在班级名列前茅。这让她非常快乐,因为她作为两位同为独生子女父母的独生女,自己在学业上的成功可以让她的四位祖父母和两位父母都觉得"脸上有光",并且很喜欢在外炫耀她。小时候的她可以轻而易举地拿到班级最好的分数,但随着每完成一个阶段的学习进入一个新的学校里,她就要和来自各地最拔尖的学生一同竞争。她的努力也最终让她在高考中证明了自己。不得不提的是,在中国,每年几乎所有高中毕业生都要参加高考,高考成绩决定了他们可以进入的大学。中国的大学费用相对较低,高考分数会直接影响学生可以进入哪所大学学习。

现如今,她被重点大学录取,这就意味着她要和许多像她一样从小一直是尖子生的学生竞争。在这样的情况下,不是所有曾经是尖子生的学生都可以一直保持名列前茅。除此之外,她还提到了自己对离家后把父母"丢"在家里的担忧。妈妈承认女儿上大学后非常想念女儿,而且女儿的离家使得她和丈夫之间的关系变得更紧张。因为是独生子女的缘故,女儿自出生以来就一直是家中的焦点,女儿的离家让他们的生活像是出现了一个"大洞"。

妈妈和女儿在休息阶段表示很愿意听取来自小组的反馈。小组成员们先肯定了妈妈和女儿都很在意彼此的感受,以及她们对于整个大家庭的尊重。小组还表示他们非常理解妈妈对于女儿学习成绩的焦虑,因为她为女儿付出了许多,甚至整个家庭都在女儿的学业上投入了很多心血。同时,小组也表达了他们对于女儿处境的理解,知道她的肩膀上承载了四位祖父母和两位父母的梦想和希望。另外,因为咨询过程中反复提到了"压力"一词,小组便继续讨论了压力的作用与代价。有些小组成员指出,一定程度的压力是有益的,可以给人们提供足够的能力和动力去完成困难的事情。但压力也存在一个"收益递减"的原则。这个原则描述了两个彼增我涨的变量(如压力与成功)。具体是指,在一定范围内,压力的增加会增加成功的可能;但到了一定程度后,这种关系中的积极收益会减少,甚至有时会适得其反,即增加压力会减少成功的几率。小组成员想知道她们是否在女儿目前的状况中发现这个问题。不过,小组推测即使她们发现了这个问题,但基于她们一直以来的习惯,也很难在短时间内改变她们的做法。但小组成员还是推荐她们去思考一下这个问题,并尝试着去减轻压力。最后,小组讨论了这个家庭对于"成功"的定义,并好奇这个家庭是否曾经讨论过其他(除了成绩以外)的可以证明一个人成功的方法。他们鼓励母女可以和父亲一起坐下来讨论这个话题,甚至可以和祖父母一起讨论这个话题。

小组离开咨询室后,妈妈和女儿都同意女儿的压力与学业成功之间已经出现了"收益递减"的问题。她们与咨询师一起商讨可以为女儿减压的方法,女儿也提出了一些自己的见解。她们都愿意在下次吃饭时与父亲一起分享和开展这样的对话。同时,母亲还讨论了如何降低她对于所发生的事情的焦虑感与压力的方法,其中还包括多和丈夫增进感情的做法。

案例 2 评论:

这个案例同样呈现了单次治疗中的多个有效因素。来访者似乎陷入了一种"尝试解决问题的方法本身便是问题"的情形。所有人都在给女儿施加压力(包括她自己),曾经这种方法非常有效,但现在却让情况变得更糟。很多来访者都会陷入这种情形,他们不断重复着相同的方法来解决问题,因为他们对于该问题的解释不允许其他可替代的"尝试解决问题的方法",而且还担心自己一旦停下来情况会变得更糟。用"可替代的故事"来重新解释当下的情形可以有效地为家庭提供新的机会,使他们尝试新的可能,进而减轻他们的问题。正如案例 1 中提到的,会谈对于家庭的有用之处便是,在有受过训练的专业人员在场的情况下,可以提供一个中立的场所,让每个人有机会表达,却不至于让整个场面陷入僵局或变得过于失控。小组成员在案例中首先对当下的情形进行了正常化,肯定了每一个人都在尽己所能地做自己认为最有益的事情。随后,小组鼓励家庭去发掘一些现有的资源(大家庭)来帮助他们解决"收益递减"的问题。很多来访者都表示单次治疗的另一个有用之处在于帮助他们激活了现有的资源。

"4-2-1 困境"是中国社会的一个研究议题[①],这是中国历史上独生子女政策导致的意料之外的后果,第一代独生子女之间结了婚,生下了第二代独生子

---

① Miller, J. K. & Fang, X., "Marriage and Family Therapy in the People's Republic of China: Current Issues and Challenges", *Journal of Family Psychotherapy*, 2012, 23(3), 173-183; Miller, J. K., "Introduction the Special Section on Marriage and Family Therapy in China", *Contemporary Family Therapy: An International Journal*, 2014, 36(2), 191-192.

女。在这样一个崇尚孝道的环境下,我们可以清晰地看到,巨大的压力是如何从四位祖父母和两位父母身上传递给家中唯一的孩子。另外,非常有趣的是,在美国,治疗中呈现的最常见问题是抑郁,而在中国,我在过去十年间观察到的最常见的抱怨却是压力。这两者之间的区别可能是非常细微的,也许是源于美国个人主义取向的社会与中国集体主义取向的社会之间的区别:一个认为快乐与痛苦均源自个体的内在;另一个则认为这是由外界强行压入个体的现象。

案例3:"闪婚"和"闪离"

一对近30岁的夫妻出现在一次单次治疗中,他们表示遇到了婚姻关系上的问题。他们已经结婚两年,但在最近一年内他们的关系变得十分紧张。临床咨询师询问了他们冲突的情况以及他们通常冲突的内容。这对夫妻表示,他们在四个月的短暂恋爱之后就结婚了,婚前他们并没有充分地了解彼此。他们都谈到了来自家庭催婚的压力,而且均认为他们的恋爱发展得太快。他们通常争吵的内容主要包括家庭"财政大权"归属、家务责任分配以及与彼此父母之间的关系等。最终,他们的矛盾分歧在去年春节时达到顶峰。因为双方父母不在一个地方,他们只去了男方父母家过年,却没有足够的时间去女方家过年。

中国有十几亿人口,每年的春运都是破世界纪录的大规模人口迁徙。在现代中国,春运中越来越多地是在大城市工作的年轻人回到他们在农村的原生家庭中过年。

春节在丈夫父母家中时,丈夫的父母一直批评妻子,暗示她没有尽到她应尽的家庭责任,照顾好他们的儿子。妻子认为他们在逼迫她将重心从事业转移到家庭,让自己投入更多的时间来照顾丈夫。然而,面对高消费的城市生活,他们现阶段的经济状况不允许她辞去工作。这对夫妻都表示自从去年春节以后他们之间就变得不太愉快,妻子觉得她在婚姻中变得越来越不开心,甚至正在考虑离婚。丈夫说他不想离婚,他承认现在他们之间非常不开心,但又不知该如何是好。他们还指出,这次治疗是他们第一次可以直接冷静地讨论双方的冲突,因为每次他们在家中谈及此事时,对话都会立刻恶化成一场毫无结果的争吵,结局通常是两个人各自躲进不同的房间里互不理睬。

这对夫妻非常愿意听取来自小组的意见,小组成员们在休息期间走进咨询室,与这对夫妻讨论了他们在工作和家庭中所遭遇的巨大压力。一位小组成员表示,在一段关系开始之初有些分歧是很重要的,因为这样他们才有机会商定一些他们关系中的特定问题。小组将他们的紧张关系进行了正常化,指出这是新婚夫妻必经的过程,并推定他们在短暂的恋爱后就结婚,缺乏足够的时间来商定他们关系中的一些问题。也许在决定离婚之前,他们可以花些时间去思考该如何做好一个决定,以及他们本来的期待到底是什么。因为他们二人都表示这次会谈使他们之间有了一种新型的讨论方法,小组建议将这对夫妻转介给合适的社会工作者,以协助他们做出对未来最好的决定。可见,小组关注的焦点不在于让伴侣选择继续留在一起还是分开,而是帮助他们对接下来该如何行事做好决定。这对夫妻同意了这个建议,并和社会工作者预约了后续的会谈。

案例 3 评论:

此次咨询也涉及了来访者常提到的关于单次治疗有用的方面。案例中,这对夫妻的关系陷入了僵局,他们无法再在原有关系中开展有效的沟通。这次会谈为他们之间打开了一个新的对话空间,让他们可以在不演变成冲突的情况下进行交流。很多来访者都表示,会谈为他们提供了一个有客观专业人士在场给他们提供引导和管理冲突的中立空间,让他们可以更加冷静地对话。这个谈话的空间只是他们解决问题关系的重要开始,这对夫妻仍需要更多的后续服务来巩固这种改变的动力和效果。显然,未来的咨询目标不在于让他们在一起或者分开,而是帮助他们发现问题,协助他们做出最好的决定。

这次咨询呈现了当代中国夫妻关系中的独特问题。过去几十年内,中国的离婚率快速上升。很多社会科学家认为快速上升的离婚率源于发展中国家的快速现代化进程和物质的日渐丰裕。过去的中国,离婚要先征得单位领导的同意,而现在的法律简化了离婚的程序。在城市中,性格不合常常被提出作为离婚的原因,很多夫妻在结婚 7 年后离婚。这些变化导致在中国年轻人中产生了另一种新的社会现象,即"闪婚"和"闪离"。这个术语指的是在近十几年内,许多经历了短暂恋爱便选择结婚(短于或等于 7 个月)的伴侣,在婚后通常又很快离婚。尽快结婚的压力常常源于经济负担或者原生家庭的迫使。快速社会变迁所导致的"闪婚"和"闪离"难免会引起中国社会的普遍担忧[1]。

---

[1] Miller, J.K. & Fang, X., "Marriage and Family Therapy in the People's Republic of China: Current Issues and Challenges", *Journal of Family Psychotherapy*, 2012, 23(3), 173-183.

六、单次咨询治疗服务体验反馈及其在社会工作专业领域里的发展前景

每次会谈一结束,来访者会受邀填写一份问卷,并与一位独立的研究人员进行一次咨询后的访谈,研究人员会询问来访者对于服务的体验和意见。问卷和访谈的目的是为了了解以下几个方面:(1)本服务对来访者是否有帮助;(2)中国来访者对求助行为的具体看法;(3)单次治疗是否有效;(4)有效的话,具体是指哪些方面;(5)可能改善服务的建议。几乎所有的来访者都在结束部分完成了问卷和咨询后的访谈。当被问及单次治疗是否符合他们的预期时,81%的来访者表示达到了他们的预期,没有来访者表示完全没有达到他们的预期。当被问及单次治疗对他们是否有用时,79%的来访者表示有用,21%的来访者对于这个问题持中立态度,没有来访者表示完全没用。当问到单次治疗是否足够解决他们在治疗室中呈现的问题时,56%的来访者表示足够,剩余的来访者表示他们需要接受更多的帮助。此结果与在北美和澳大利亚地区类似的研究大致吻合。

除此之外,来访者还被问到他们认为应该如何提高中国社会服务的可及性。大部分受访者(66%)表示,在他们的社区里,社会服务不是轻易可及的,以及中国民众对接受社会服务普遍存在负面的病耻感(93%)。当被问及他们认为怎样才能让中国的民众更愿意接受帮助时,许多人认为,一方面,需要让更多的人了解哪些人可以提供有质量的服务,以及清楚如何才能找到资深的临床咨询师;另一方面,还要建立明确的专业规范来保证从业人员经过良好的专业培训,确保其有足够的专业胜任力。这个关乎临床从业人员胜任力的问题,在西方很多关于行业阻碍的研究中也提到了潜在来访者对于如何找到有胜任力的从业人员的担忧[1]。当被继续问及会谈中什么部分是有效的帮助时,很多来访者提到了在会谈中临床人员和小组成员提出的客观的、专业的建议。这个结论似乎支持了关

---

[1] U. S. Department of Health and Human Services, Mental Health: A Report of the Surgeon General — Executive Summary, Rockville, MD: U. S. Department of Health and Human Services, Substance Abuse and Mental Health Services Administration, Center for Mental Health Services, National Institutes of Health, National Institute of Mental Health, 1999; Miller, J. K., "The Question of Competence", *Family Therapy Magazine*, 2005,4(4),28 - 31; Miller, J. K., Todahl, J. & Platt, J., "The Core Competency Movement in Marriage and Family Therapy: Key Considerations from Other Disciplines", *Journal of Marriage and Family Therapy*, 2010,36(1),59 - 70.

于中国文化中很多人更倾向于以专家为基础的、可以给出直接建议和服务的假设。

社会工作是中国发展速度最快的临床服务之一,中国许多顶尖大学都有培养高质量、有胜任力的专业社会工作者的项目。但现实中却因为本文所讨论的行业阻碍因素,很多年轻的、受过专业训练的专业人员没有机会去为那些需要帮助的个体与家庭提供服务。单次社会工作治疗则可能会提供不寻常的临床服务来克服这些行业阻碍,同时还可以起到向大众普及社会服务概念的作用。中国社会工作实践的发展相对较新,也较为快速,这势必要求我们创新方式,带动更多的社会民众参与其中。不幸的是,尽管目前中国有很多高质量的社会工作者,原本更多的中国人可以从他们的服务中获益,但大部分有需要的人都无法获得这项服务,除非能够发展出新的方法来克服其中的阻碍。

七、西方社会工作在中国情境下的总结与反思

(一) 关于单向出口的伦理问题:双向交流的重要性

现今中国的很多社会工作实践是中国的社会工作者与西方专业影响协同合作的结果。然而,任何事情都有其两面性。从长久性和延续性而言,中国文化是现存最古老的文明之一,也是一个成功的文化。所以,在西方的概念与方法不断影响中国文化时,谨记中国文化中具有治愈力的独特方法和过程同样是非常重要的。对于双方而言,营造一个真正"互通有无"的平等交流环境,会比从西方直接向东方单向输送信息和知识更加健康。同样,中国社会工作、心理咨询和家庭治疗领域的领导者与学者们在采用西方治疗方法的同时,也要学会保存、识别、促进其中具有中国特色的知识与治愈力[1]。只有积极推动知识和治愈力传统的

---

[1] Liu, L., Zhao, X. & Miller, J. K., "Use of Metaphors in Chinese Family Therapy: A Qualitative Study", *Journal of Family Therapy*, 2014, 36(1), 65–85; Ma, J. L. C., *Anorexia Nervosa and Family Therapy in a Chinese Context*, Hong Kong: The Chinese University Press, 2012; Miller, J. K., "Special Section: International Issues in Clinical Practice and Training", *Journal of Systemic Therapies*, 2011, 30(2), 41–42; Miller, J. K., "Introduction to Special Section on Marriage and Family Therapy in China", *Contemporary Family Therapy: An International Journal*, 2014, 36(2), 191–192; Su, W., Fang, X., Miller, J. K., & Wang, Y., "Internet-Based Intervention for the Treatment of Online Addiction for College Students in China: A Pilot Study of the Healthy Online Self-Helping Center", *Cyberpsychology, Behavior*, (转下页)

双向交换,我们的努力才会使心理治疗领域乃至全球范围的来访者获益。

(二) 警惕中国"单一故事"的危险性

作为一名生活与工作在中国的西方人,我体验到了这里丰富多彩的文化、民族和传统,也深刻意识到中国绝非是一个同质性的群体。中国有56个民族,使用包括方言和次方言在内的一百余种不同语言①。但西方社会通常将中国当作一个单一的文化团体,这无疑是对中国丰富且复杂的文化与民族的极端简单化。在成为一位社会科学家的过程中,我学会的第一件事情就是,不要将个体直接视为他所属的群体,也不要认为群体可以被某个个体片面代表。当我在中国各地工作,感受到精彩纷呈的中国民族与文化时,便更加清晰地认识到这条基本原则的正确性。这一点我深受小说家祈玛曼达·阿迪奇(Chimamanda Adichie)于2009年所做的著名TED演讲《单一故事的危险性》的启发。演讲中,她提到我们以及我们所属的群体是由很多交织的故事所组成,如果我们只听到了某个体或群体的单一故事,我们会产生严重的误解。只有当我们学会拒绝一个文化(或个人)的单一故事时,我们才可能"重获美好的天堂"。

课程设计

一、教学目的与用途

此案例适合应用于"高级临床社会工作"课程的教学,用于讲解单次社会工作治疗在婚姻家庭社会工作中的应用,案例的编写以此为出发点组织相关内容,对案例的分析和总结也是基于这一目的。此外,"家庭社会工作"课程中也可以将此案例作为教学之用。

(一) 适用的课程

本案例适用于"高级临床社会工作",也可以作"家庭社会工作"等课程的辅

(接上页) *and Social Networking*, 2011, 14(9), 497 – 503.

① Miller, J. K. & Fang, X., "Marriage and Family Therapy in the People's Republic of China: Current Issues and Challenges", *Journal of Family Psychotherapy*, 2012, 23(3), 173 – 183.

助教学案例。

（二）适用的对象

本案例适用对象包括高年级社会工作专业本科生、社会工作专业硕士（MSW）研究生。

（三）本案例教学目标规划

1. 覆盖知识点

本案例在"高级临床社会工作"中应用主要覆盖的知识点有：
（1）单次社会工作治疗的概念和特点；
（2）单次社会工作治疗的理念；
（3）单次社会工作治疗在中国运用的意义。

2. 能力训练点

本案例在"高级临床社会工作"课程中规划的主要能力训练点有：
（1）学会分析中国目前临床社会工作面临的困境及挑战；
（2）学会分析中国文化的特点及其对临床社会工作的影响；
（3）了解和运用单次社会工作治疗的关键技术点；
（4）了解单次社会工作治疗的阶段咨询"五步法"并加以运用；
（5）学会将单次社会工作治疗方法运用于中国临床社会工作服务中。

二、启发思考题

本案例的启发思考题主要对应的是案例教学目标的知识传递目标，启发思考题与案例同时布置，另外，要让学生尽量在课前熟悉相关知识点。因此，在案例讨论前需要布置学生阅读教材中有关家庭社会工作、家庭治疗的相关内容，包括家庭治疗的基本理念、内容和形式。

（1）你认为单次社会工作治疗适合中国文化特点吗？为什么？
（2）你认为中国临床社会工作尤其是精神健康社会工作服务中面临哪些障碍？单次社会工作治疗是否是解决这些障碍的方法之一？为什么？
（3）你认为单次社会工作治疗与多次治疗的最主要区别是什么？这样设计的意义是什么？

(4) 文中的三个案例分别呈现的是怎样的中国文化、中国家庭特点？作为一个外国的治疗师，作者在治疗时是怎样面对这些文化差异的？

(5) 通过文中案例，详细说明治疗师运用了哪些专业技巧以达成治疗目标？这些专业技术是怎样促成来访家庭改变的？

三、分析思路

案例分析的思路是将案例相关情景材料通过教师事先设计好的提问逻辑引导和控制案例讨论过程。因此，本案例分析设计的本质是提问逻辑的设计，案例中中国文化的特点、临床社会工作面临的挑战和单次社会工作治疗的知识与技术是案例分析的关键路线，该服务方法在中国文化中运用的知识和技术反思是主要的教学目标。

（一）案例分析点与思考

1. 本案例的主要分析点
(1) 单次社会工作治疗运用的现实基础；
(2) 单次社会工作治疗运用的知识和技术要求。

2. 围绕这个主要分析点的拓展性思考
(1) 反思"双向交流的重要性"；
(2) 反思"单一故事的危险性"。

（二）案例分析的基本逻辑

(1) 在中国独特的文化以及目前社会工作行业发展的现实背景下，如何选择更好的社会工作服务方式？

(2) 在"双向交流"中如何一边学习西方的已有成熟技术和经验，一边将其本土化，并在中国现实社会中针对中国服务对象的需要进行创造性地运用？

(3) 在临床社会工作服务中如何识别来访者行为背后的文化意义？如何在单次治疗中运用对文化意义的觉察和了解推进治疗的开展？

四、关键要点

本案例分析关键在于把握如何将单次社会工作治疗的理念与技术运用于中国临床社会工作中,尤其是治疗过程中理论与技术的运用。

(一) 教学中的关键点

(1) 单次治疗的概念、理念、步骤以及技术;
(2) 如何将单次治疗运用于中国家庭治疗实践;
(3) 在单次治疗中社会工作者的地位与角色;
(4) 西方的家庭治疗技术在中国的本土化。

(二) 建议的课堂计划

本案例课堂计划可以根据学生的差异,尤其是对案例的阅读和课前对相应知识的掌握程度来进行有针对性的施教。本课程中案例主要按照2学时进行设计。

A 计划:学生事先预习,本科生和全日制研究生可以将小组讨论布置在课外进行,案例讨论过程中需要教师引导。

B 计划:在职 MSW 学生可预先阅读相关文献,将小组讨论置于课堂之中进行。

两种课堂教学的详细安排计划如下:

A 计划	B 计划
课前阅读相关资料和文献 3 小时; 小组讨论 1 小时;考虑到本科生的知识基础和对应用的理解,要适当增加讨论后知识总结的时间。 课堂安排:90 分钟 案例回顾:10 分钟 集体讨论:50 分钟 知识梳理总结:20 分钟 问答与机动:10 分钟	课前阅读文献至少 0.5 小时。 课堂安排:90 分钟 案例回顾:10 分钟 小组讨论:20 分钟 集体讨论:30 分钟 知识梳理:20 分钟 问答与机动:10 分钟

在课堂上讨论本案例前,要求学生读一遍案例全文,对案例启发思考题进行回答,并以小组为单位围绕所给的案例启示题目进行讨论。

推荐阅读

1. Irene Goldenberg & Hebert Goldenberg:《家庭治疗概论》,李正云等译,陕西师范大学出版社 2005 年版。

2. 马克·里韦特、埃迪·斯特里特:《家庭治疗:100 个关键点与技巧》,蔺秀云等译,化学工业出版社 2017 年版。

3. 查里斯·菲格里:《帮助受创伤的家庭》,周月清、叶安华译,桂冠图书股份有限公司 1997 年版。

4. 贝蒂·卡特、莫尼卡·麦戈德里克:《成长中的家庭:家庭治疗师眼中的个人、家庭与社会》,高隽、汪智艳、张轶文译,世界图书出版公司 2007 年版。

老年社会工作

理解和承认老年人是社会资源,尊重生命直至最后一刻。

——梅陈玉婵

优势视角下的老年个案：身体—心理—社会功能的综合评估及介入

张佳安*

【摘　要】　对案主进行一个详实、正确、综合的评估是提供合适、有效的支持服务或介入的基础。本案例针对老年案主的个人直接服务，讨论如何从优势视角对老年案主的案主背景、身体功能、认知功能、心理功能以及社会功能进行综合评估，并以此为基础提供适合该案主的介入服务。本例中详细探讨的介入服务是夫妇人生故事介入法，以此来应对案主和患有阿尔兹海默症的丈夫之间进行有意义的互动、能共享的沟通的需求。

【关键词】　老年个案综合评估、优势视角、夫妇人生故事介入法

案例综述①

一、引言

C 太太和她丈夫是一间辅助式老年公寓"护老之家"的新住户。C 太太 79 岁，她 80 岁的丈夫一年多前被诊断为患有早期阿尔兹海默症（Alzheimer's disease）。C 太太是她丈夫的主要照顾者。他们的两个女儿都不住在本地，女儿们虽然提供不少情感上的支持、经济上的支持，但是她们无法提供任何其他工具性的支持，如做饭、洗衣、清洁等日常活动。在过去的四个月里，C 先生的情况开始变糟，愈发需要不间断的照看。有时他在家附近散步时，会对地理位置和方向

---

* 张佳安，博士，毕业于美国密歇根大学社会工作学院，复旦大学社会工作学系副研究员。
① 案例中人名及机构名皆为化名。本案例发生在美国中部某州，在学习本案例时需考虑可能存在的文化和社会差异。

感到困惑，无法独自走回已经住了三十多年的家。出于对安全和照顾压力的考虑，C太太在女儿们的支持下，决定和C先生搬去当地的这间辅助式老年公寓居住。

这间老年公寓提供的是全方位的老年服务选择——针对日常生活活动能完全自理老年人的独立生活护理，针对日常生活活动需要部分护理老年人的辅助生活护理，以及针对失智老年人的护理。老年公寓对其住户的日常生活活动提供全天候24小时的照顾。同时提供各类创新性的项目以满足老年人在社交和参与方面的需求，确保他们能在此享受生活。在新住户入住老年公寓之后，社会工作者会对其首先进行一个综合评估，以识别其需求，更好地提供个性化的项目服务。

我们对C太太的评估在她的公寓中进行。评估分为四部分，分别为案主背景、身体和认知功能、心理功能和社会功能。一共分两次完成，每次约一小时。

二、个案综合评估

（一）案主背景

在"护老之家"，C太太和她丈夫同住，他们的公寓包括一间卧室、一间起居室和一间浴室。房间干净、有序且舒适。C太太表示搬来老年公寓后，极大地减轻了她的照顾压力和她对丈夫安全的担忧。在谈及当初对于机构养老的选择时，她表示不愿意送丈夫去养老院，因为"那里会和老年公寓非常不同，在这里（老年公寓），他们允许我们保留一些个人的物品，整个布局会更像个家"。我们发现在她的公寓里保留有不少她自己的书籍和家人的照片。一些是她和她丈夫各自小时候的旧照片，一些是家庭的照片，另有些是她两个女儿的家庭的照片。很显然她非常喜欢这些照片，在我们对其进行探访时，她很高兴地向我们展示这些照片并告诉我们照片背后的故事。我们注意到她的客厅里摆有不少书籍、杂志和报纸，书桌上更是摆着电脑。这在其他住户的房间里并不常见。她告诉我们自己很喜欢阅读，电脑用于阅读新闻、查资料、和亲人朋友发电子邮件。C太太向我们表达了对学习的热爱，她认为学习新的知识、阅读以及与人沟通让她感到年轻，可以保持其精神健康。

对于案主背景的了解，我们从邀请C太太回顾她的人生开始。C太太来自一个大家庭,有八个兄弟姐妹,父亲是个农夫。小时候家境贫穷,但她从小勤奋好学,成为家中第一个上大学的人。她和丈夫相识于大学,一直感情深厚。结婚后她依旧继续工作。虽然在那个年代已婚妇女通常是全职家庭主妇,但她一直坚持着自己的事业。C太太说丈夫一直给她很多鼓励,并且在家务和育儿方面主动分担很多责任。退休前C太太在当地的儿童图书馆工作多年,退休后也坚持每周花两个半天去图书馆当志愿者,直至两年前她不能开车为止。

当问及现阶段的主要生活事件时,C太太表示丈夫被诊断出患有阿尔兹海默症是现阶段发生的最重要的生活事件。C先生的记忆力及其他认知功能逐渐降低,常忘记刚发生的事,在熟悉的地方迷路,有时对人名或时间的辨认感到困难。除了需要24小时的照看之外,最让C太太感到沮丧和孤独的是,她和丈夫逐渐失去沟通和共同语言:C先生的语言交流开始减少,对于共同的人生事件的记忆开始出现混淆,对曾经的兴趣爱好减弱,甚至开始有情绪波动、性格改变的现象出现——"他开始变得不像是以前的他了……我有时感到他在离开我们,而我们却无能为力"。

(二)身体和认知功能

从外表上看,C太太比她的年龄看上去显得年轻。从我们的观察来看,她在走动、起身、坐下等活动方面看不到任何困难。我们使用日常生活活动(activities of daily living,ADLs)和工具性日常生活活动(instrumental activities of daily living,IADLs)来评估C太太的身体功能。

在ADL涵盖的六项活动指标中,C太太可以独立完成全部的六项。我们评估她在日常生活活动中是可以自理的。在IADL部分,她在购物和准备食物这两项活动方面需要帮助。C太太表示自己出门购物变得麻烦,但主要原因是由于自己不再开车。虽然她可以用微波炉处理一些简单食物,但是做饭对现在的她来说是个挑战。好在老年公寓有食堂,并定期组织购物活动,她可以在这两项工具性日常活动上得到协助。除此之外,老年公寓提供清洁服务,她需要承担的家务活动也很有限。我们评估她在工具性日常生活活动中需要协助,但此项需求在她现有的居住安排中可以得到满足。

C太太对自己的健康持有积极的态度。虽然跑步、举重、下蹲、弯腰这样的活动对她来说是个挑战,但她自我评价其健康水平为"相对于我的年龄而言,是属于健康的,并没有限制生活中的很多活动"。C太太也积极寻求保持健康的方法,为了将来可以"继续在老年公寓中生活而不至于要被送去养老院"。我们询问在日常生活中她采取了哪些行动以达到"保持健康",她表示自己很注重"健康饮食",而且"定期会做一些运动"。但是她承认最近运动较少,几周前她出现头疼症状,检查后医生认为压力可能是头疼的主要原因。在过去几周,她一直在看物理治疗师来解决头疼问题,她表示"目前症状已有消退,很快就可以恢复正常的运动习惯"。

对于认知方面的评估,我们对C太太进行了最广泛使用的综合性认知障碍测试:简易智能状态测验(mini mental status examination,MMSE)。总的来说,C太太在这次测试中完成良好。在时间定向部分,她可以正确快速地说出年、季节和月份,但对于是确切的哪一天,她需要查找当天的报纸才得以回答。关于地理位置,她可以正确回答住所地址,虽然她新搬来老年公寓,但是对于说出目前居住地的地址并没有表现出困难。在用于测试记忆的问题中,对于重复我们说的词汇"桌子、笔、苹果",她没有表现任何困难。在有关注意力和计算的问题,我们请她从100开始倒数7。开始,她误解了问题,从100开始计数了7个数字;在我们向她再次解释了问题之后她能准确地领悟题目要求,但是她倒数至93之后便无法继续。我们使用替代测试方法请她倒序拼读单词"world",她能正确地说出每个字母。在回忆测试部分,我们请她回忆之前要求她说出的三个单词。她毫无困难地重复了一遍。在语言、重复和复杂指示测试中,C太太在物品命名、句子重复、根据命令执行动作、书写、复制图形方面都能正确地完成测试题目。在整个认知障碍测试中,除了在时间定向问题中她无法说出确切日期,其余题目她都获得满分。她的总分是29分,根据这个分数,我们评定她的认知功能没有出现损害的症状。

(三)心理功能

我们使用能够识别抑郁的基本症状的老年抑郁量表(geriatric depression scale)来测量C太太的心理健康情况。采用的是临床上较多使用的包含15个问题的简短量表。总体而言,C太太对于提问能做出较快回答。她对她的生活基本满意,她不觉得她的人生是空洞的,或者感到无聊。她认为她大部分时间都很精神,不认为她记忆方面的问题比她同年龄的人要多,也从来没有感到自己毫无价值。但是C太太对两个问题感到困惑。例如,当被问及"你是否感到无助"时,她有少许迟疑,回答道"有时候",她认为自己的"无助感"主要来自面对患有阿尔兹海默症的丈夫,"我没有任何办法,只能看着他变得不再是他"。当被问到"你是否充满活力"时,她的回答是"是又不是",她补充道"我有活力(她指她的头),我喜欢我精神活跃,但这里不太多(她指她的腿)"。老年抑郁量表的评判标准点有两个:5分和10分。5分及以上为建议性的倾向抑郁,应当有后续的综合评估;而10分及以上通常表明为抑郁[①]。C太太的总得分为2,我们评定她无抑郁症状的表现。

(四)社会功能

在社会功能方面,我们对C太太进行了个人网络的测试。我们从她网络的最内圈开始。尽管C太太多次提及患有阿尔兹海默症的丈夫开始变得"不再是原来的他了",从丈夫处能获得的各种支持逐渐消失,但是C太太仍把她丈夫列为最核心处,因为"他是我的人生中最重要的人"。两个女儿也被C太太识别为网络的最内圈。女儿们和C太太"非常亲近",每周至少给她打三次电话,在情感和经济上给予很多支持。虽然不住在同一个州,但女儿们和她约定每两个月轮换着来看望她和C先生。她网络的第二圈包含她的三个孙女、她的兄弟、侄女和侄子、她的两个亲密朋友以及这间老年公寓的工作人员。C太太的孙女们都在外地工作和求学,她只有在圣诞节假期时才能见到她们。但是C太太表示她和她的外孙女们都很亲密,尤其是和最小的。C太太说她很喜欢打电话给她们,听她们讲年轻人关心的事情。不过C太太也表示:"外孙女和女儿不一样,我很喜欢和她们聊天,但我不会依赖她们"。她的兄弟、侄女和侄子都住在外州,但是每年他们都会过来看望C太太。C太太的两个亲密朋友也在第二圈。C太太在两年前不再开车之后,和朋友们的见面次数减少了。但与这两个朋友经常互相通电话,每周一到两次。这两个朋友给了C太太很多情感上的支持。当问及为何把老年公寓的工作人员也归为第二圈内,C太太告诉我们,这里的工作人员非常友好和专业,如果她在这里遇到问题,特别是健康问题,她会首先寻求他们的帮助。她网络的第三圈包括她最近在老年公寓认识的邻居。她和邻居时常有交流,但是她不会因为个人问题而向他们寻求帮助。总的来说,我们认为她有一个较大的个人网络,且她能经常与网络中的人进行互动,可以在需要的时候得

[①] Sheikh, J. I. & Yesavage, J. A., "Geriatric Depression Scale (GDS): Recent Evidence and Development of a Shorter Version", in T. L. Brink (Ed.), *Clinical Gerontology: A Guide to Assessment and Intervention*, New York, NY: The Haworth Press, 1986, 165-173.

到多层面的支持。

(五) 评估小结

在完成对C太太各项评估之后,我们从优势视角(strengths perspective)对其状况进行小结。根据C太太的功能评估,她本人在日常生活活动中表现独立,在工具性日常生活活动中仅需要做饭和购物方面的帮助。C太太的认知功能良好,也没有抑郁症状,可以参与一般的活动。从优势视角出发,她现有的居住安排——住在"护老之家"这一辅助式老年公寓中——是一大优势。"护老之家"的服务符合她的需求。一方面,在做饭、购物等工具性日常生活活动的需求可以完全得到满足;另一方面,辅助性老年公寓不同于养老院,有限的干预可以鼓励和维持C太太心理和身体的独立性以及对生活的控制感。

她的另一大优势是她的教育水平和对学习的热爱。她认为课堂、阅读和对话让她精神上活跃。所以,为她提供更多的智力活动会更有助于她的心理健康。在此基础上我们建议介绍C太太加入"护老之家"已有的一些文体活动。第一个项目是代际文化交流项目。"护老之家"与当地大学合作开展的代际文化交流项目,旨在加强年轻人和老年人之间的互动、交流和相互了解。这个项目将大学生和"护老之家"的住户结对,每周定时访问,每次一小时。每个月有一个参考的讨论议题,如一本书或者某个社会话题。C太太在访谈中曾向我们表达过非常喜欢和外孙女们聊天,"听她们讲年轻人关心的事情",这个跨代交流项目既可以使她获得与年轻人的交流和陪伴,又获得文化知识上的学习和发展。第二个项目是"护老之家"的文学艺术课程。这个每周一次的文学艺术课程由当地大学的文学系和戏剧系的退休教授主持。每年的主题由"护老之家"的居民投票选择,例如,有一年选出的主题是莎士比亚。这个课程将通过观看电影、戏剧、阅读、讨论的方式进行。C太太在这样的课程中可以继续她的阅读爱好,扩展文化视野;同时,作为一个新住户,C太太可以通过课程结识新朋友,进一步扩大她的个人支持网络。第三个建议的项目是"护老之家"的健身课程。这个健身课程由当地大学的临床运动生理学家领导,课程设置针对老年人的身体机能,课程每两周一次,每次90分钟。C太太对于维持自己的健康持有非常积极的态度,她也多次表达自己要保持功能健康以免将来被送入养老院。基于此,我们将协助C太太在获得医生的评估和确认之后,建议她加入健身课程。

从案主背景和个人网络的评估来看,C太太目前最关心、最担忧是患阿尔兹海默症的丈夫。虽然她丈夫的照顾问题在"护老之家"可以得到很好的解决，但是对于和丈夫逐渐失去共同语言的沮丧和孤独感并没有随着照顾压力的消失而消失，反而将随着丈夫病情不可逆转地发展而加深。"护老之家"目前没有既定的项目来解决这个问题。为此，我们开展一个五节的夫妇人生故事介入法（couple life story intervention），邀请C太太和她的丈夫参加。

三、夫妇人生故事介入法

夫妇人生故事介入法试图解决失智症患者护理中配偶照顾者和被照顾者之间进行有意义的互动、能共享的沟通的需求。这个介入法以一起唤起积极的回忆的方式提供给夫妇一个愉快的活动，并在这个过程中完成一本可留作纪念的人生故事书，这本书中包括记载他们认为有纪念意义重要时刻的照片、明信片、书信或报纸剪贴等。在夫妇人生故事介入法中，有两个重点：第一要同时纳入配偶照顾者和被照顾者，在回忆夫妇在一起的生活故事时，社会工作者要协助双方以互动的方式进行，而不是单向的对某一方的访谈。第二，在回忆的内容方面，将焦点集中在长期记忆和令人愉悦的活动上，以唤起夫妇双方对生活的积极回忆。

我们对C太太和C先生的夫妇人生故事介入设计为五节每周一小时的会面，会面在他们的房间中完成。介入开始的第一步任务是协助C太太和C先生把他们一同生活的人生分为三个不同的阶段：早年阶段、中间阶段和近年阶段。在每个阶段回顾他们共同的生活故事。在会面的过程中，我们要确保双方都有足够的时间来表述，但同时不能过于纠结C先生现在不再记得的回忆。我们负责记录会面过程中讲述的故事和感想。在每次会面结束时，我们会布置一些"功课"让C太太和C先生完成。这些"功课"包括讨论下个阶段生活中的一些可以回忆的话题清单，以及找出一些能体现那个阶段的照片或纪念品。在下一次会面的间隔时间中，我们则将本次会面谈论的照片和纪念品贴在本子上，在每张照片或纪念品旁，根据C太太夫妇分享的其所代表的故事和感想，写上标题或一小段文字。这本创作中的人生故事书在下次会面中与C太太和C先生分享，并且根据他们的建议添加或修改说明。

五节会面的主要任务分别为：

第一节：向C太太和C先生介绍夫妇人生故事介入法，并介绍一些沟通的技巧，例如，在回顾生活故事的时候，鼓励他们各自讲故事，而不是纠正故事发生的细节，过于频繁地更正事实细节会增强沮丧感，无助于推动交流。在第一节中，我们主要讨论他们在一起的早年阶段，集中在两方面的话题：两人如何相识，以及什么是吸引彼此的品质。这一节结束后的功课是列出一些早年阶段一起生活的讨论问题以及同一时期的照片或纪念品。

第二节：我们首先向C太太和C先生展示他们的"夫妇人生故事书"的开端，记载的是根据上一节会面时他们分享的关于如何相识以及什么是吸引彼此的品质的回答。在余下的本节时间内，我们与C太太夫妇一同看他们找出的早年阶段的照片和明信片，听他们讲其中的故事。本节结束时，我们留给他们一些关于中期阶段的问题，比如在一起生活的中期阶段，最重要的记忆是什么？那个阶段你们如何平衡工作和家庭？你们经常一起做的休闲娱乐活动是什么？

第三节：会面开始形成固有的程序，我们首先向他们展示包含上一节时分享的照片、纪念品和故事的人生故事书。然后询问上一节结束时留下的功课的完成情况。剩下的会面时间用于分享他们一起生活中期阶段的照片故事。在本次会面结束时，我们留给他们一些关于近年阶段的讨论问题，例如，近年阶段中最重要的记忆是哪些事？退休之后的经历如何？有哪些一起的活动？同时希望他们展望将来的日子，思考对于你自己和你们之间的关系，你希望被记住的是什么？

第四节：遵循会面的固有程序，首先展示更新过的故事书；其次询问"功课"的完成情况；然后一起具体分享上一节留下的讨论问题：近年阶段的回忆和未来的展望。

第五节：在最后一节的会面中，我们向C太太和C先生展示完整的夫妇人生故事书，并和他们一起从头阅读，重温这些记忆。我们鼓励他们每周设定一个固定的"回忆时刻"，在本次介入结束之后也能定期一起阅读这本夫妇人生故事书。

在五节介入结束之后，C太太向我们表示："这激发了我们之间很多的交谈。在交谈过程中，（C先生）变得好像开朗了些。""我们一起看了很多以前的照片，看这些照片时，回想起很多那时候的开心的出游和聚会，我们都很喜欢。"通过集中分享他们共同的生活故事，夫妇人生故事介入法可以帮助促进夫妻间的交流，并唤起他们所共享的愉快事件。

课程设计

一、教学目的与用途

本案例适合应用于老年社会工作实务中个人直接服务方面的教学。案例所使用的方法、介入、覆盖的具体知识点主要涉及老年学领域知识。针对其他人群的个人直接服务需考量其领域内的特定知识。由于此案例发生在美国某州，在使用本案例时需考虑可能存在的文化和社会差异。

（一）适用的课程

本案例主要适用于"老年社会工作实务"课程，也可以作"个案社会工作""高级社会工作实务"等课程的辅助教学案例。

（二）适用的对象

本案例适用对象主要为社会工作专业本科高年级学生和社会工作专业硕士（MSW）研究生。

（三）本案例教学目标规划

1. 覆盖知识点

（1）优势视角；

（2）针对老年人的身体-心理-社会功能的综合评估；

（3）夫妇人生故事介入法。

2. 能力训练点

（1）学会使用常用的标准量表对老年人的身体、认知、心理、社会功能进行评估；

（2）学会识别老年案主的优势之处；

（3）掌握夫妇人生故事介入法的基本内容及流程，以及关注重点。

二、启发思考题

思考题可在课前同案例一起布置给学生,主要帮助学生熟悉案例,促进学生主动查找、梳理相关知识点,训练学生的思辨能力。在课堂教学时,可对思考题进行课堂讨论。

(1) 在本案例中,优势视角具体体现在哪些方面?

(2) 优势视角的基本理念是什么?

(3) 本案例中,在对C太太的综合评估中使用了哪些标准量表?每个量表的目的是什么?

(4) 在本案例中,为何采用夫妇人生故事介入法?

(5) 从本案例的夫妇人生故事介入法的描述来看,这一介入法的重点是什么?

三、分析思路

本案例为针对老年案主的个人直接服务案例。个人直接服务的一般流程为评估—识别—提供支持、服务或介入。

首先,评估是第一步。一个详实、正确、综合的评估是提供合适、有效的支持、服务或介入的基础。此阶段的重点是对哪些方面进行评估,以及如何进行评估。在此案例中,社会工作者对C太太的综合评估涵盖了老年人功能的各个主要方面:身体功能、认知功能、心理和情绪健康和社会功能。针对每一个功能,社会工作者使用了在老年社会工作实务中广泛使用的标准量表。

其次,一个详实的综合评估有助于社会工作者识别出案主所面临的挑战和拥有的优势。在C太太的案例中,社会工作者从优势视角出发,特别关注她所拥有的个人和环境层面的优势。

最后,在评估和识别的基础上选择合适有效的支持、服务或介入。在C太太的案例中,社会工作者对服务和介入的选择是基于如何最大化C太太所拥有的优势,从而克服她所面临的挑战和问题。

四、理论依据与分析

(一) 优势视角

在老年社会工作服务中,我们强调从优势视角出发,关注老年人的"强处",以整合其个人和社会的多方面能力和资源,为其在老化的过程中面临的挑战和问题找到解决方案①。优势视角贯穿于老年服务的实践中:在对老年人面临的一些特定方面的挑战(包括身体功能、认知功能、心理健康、家庭关系和社会功能等方面)进行评估时,识别这些方面出现的问题和挑战固然重要,但是一个好的评估则会同等地重视对老年人所拥有的优势的识别。在评估基础上寻求介入方法时,一大重要的前提是这种介入方法可以帮助老年人最大化他们的优势,从而克服他们在老化过程中所面临的挑战和问题②。

优势视角本质上体现了社会工作实践的一大基本原则——案主自决③。相信案主有能力主导自己的人生,即便是到了老年阶段也能继续发挥独立和决策的能力。社会工作的介入是促进、动员老年人利用他们仍然拥有的优势和能力,使他们成为改变自己生活的主角。已有不少实证研究显示,能够拥有自己人生的掌控权,能够继续持有对人生做出长期或短期计划的决策权,是老年人身心健康和福祉的最佳预测因素之一④。老年社会工作中最重要的基本原则之一是最大限度地发挥老年人的独立功能,促进维护老年人个人尊严的价值。一个好的老年社会工作实践是寻求赋予老年人加强和拓展他们掌控自己生活的范围的方法。

在C太太的案例中,她的教育水平、身体认知功能的独立性,以及她现有的居住安排是她所拥有的个人和环境层面的优势。利用她个人的能力和环境中可

---

① Perkins, K. & Tice, C., "A Strengths Perspective in Practice: Older People and Mental Health Challenges", *Journal of Gerontological Social Work*, 1995,23(3-4),83-97.
② 参看 Glicken, M. D., *Using the Strengths Perspective in Social Work Practice*, Boston, MA: Pearson, 2004。
③ Ibid.
④ Wolinsky, F. D., Wyrwich, K. W., Babu, A. N., Kroenke, K. & Tierney, W. M., "Age, Aging, and the Sense of Control Among Older Adults: A Longitudinal Reconsideration", *The Journals of Gerontology Series B: Psychological Sciences and Social Sciences*, 2003,58(4),212-220.

利用的资源,通过参与代际文化交流项目、艺术课程来维持和加强她在认知功能的独立性,通过参加健身课程项目来维持和加强她在身体功能方面的独立性。针对她所面临的挑战——应对与患有阿尔兹海默症的丈夫日益消失的沟通和情感联系,通过夫妇人生故事书介入这一基于"优势视角"的干预措施,也是在推动C太太和C先生主导、唤起生活的积极回忆,注重对方的优势和过去的优势。

(二) 针对老年人的身体-心理-社会功能的综合评估

评估是任何有效的介入的基础,用于确保提供的支持或服务能帮助老年人维持独立和满足其福祉。一个详实的评估应当识别出老年人的个人功能上能独立运作的方面,以及其面临严重挑战的方面。只有识别了优势和挑战,才能有针对性地提供旨在支持、恢复或替代老年人现有功能水平的特定服务。

在老年社会工作实务中,我们注重最大限度地发挥老年人的独立功能。评估有助于确认哪些功能依然存在,哪些功能受到损害,从而有助于确保提供哪些服务可以维持存在的功能,哪些服务可以重建或替代受损的功能。对于老年人的综合评估,通常包含身体功能、认知功能、心理和情绪健康和社会功能。

身体功能方面通常评估日常生活活动(ADLs)[1]和工具性日常生活活动(IADLs)[2]。对老年人在日常生活活动能力方面的评估取决于其是否能完成自我照顾的基本任务。日常生活活动以进食、洗澡、穿脱衣物、如厕、行走和移动、大小便控制这六项基本活动来评估。工具性日常生活活动比日常生活活动复杂,但其仍然是考量独立生活所需的基本技能。工具性日常生活活动的能力损失可能表明老年人开始出现认知衰退或功能障碍。工具性日常生活活动通常包括以下内容:(1)使用电话:包括查询和拨打号码并接听电话的能力。(2)购物:指在提供交通的情况下,规划和购买物品的能力。(3)准备食物:指在没有帮助的情况下准备、完成一顿完整的膳食。(4)家务管理技能:完成基本的家务活如擦洗地板、除尘、整理、铺床。(5)独立使用交通工具:如搭乘公共汽车或出租车。(6)药物管理:无需其他人的帮助或提醒,能在适当的时候服用正确的剂量。(7)财务管理:包括支付账单、书写支票、存取支票等。

---

[1] Katz, S., Down, T.D., Cash, H.R. & Grotz, R.C., "Progress in the Development of the Index of ADL", *The Gerontologist*, 1970,10(1),20-30.

[2] Lawton, M.P. & Brody, E.M., "Assessment of Older People: Self-maintaining and Instrumental Activities of Daily Living", *Gerontologist*, 1969,9(3),179-186.

日常生活活动和工具性日常生活活动通常在三个层面中进行评估：完全独立完成活动的能力、需要在某些活动中进行协助和完全无法完成任务。日常生活活动经常用于判断老年人是否能在家中独立生活，还是需要其他的长期照料安置。出现工具性日常生活活动的障碍并不一定意味着老年人无法独立生活；相反，它们提示可能需要提供一些支持服务来帮助老年人维持尽可能多的其他方面的独立性。

在评估认知功能时，简易智能状态测验(mini-mental status examination, MMSE)是最广泛使用的综合性认知障碍测试[1]。评估内容包含以下分类：时间定向(询问年、月、日)、空间定向感(地理位置)、记录(重复一串字)、注意力与计算能力(减七法)、记忆力(回忆先前重复的字)、语言能力(说出物件名)、重复(重复测试者的话)、复杂指示(完成一套动作或临摹图画)。MMSE的满分为30分，分数越高表示认知程度越佳。国际常用的分数线为24分，得分24分以下为认知功能异常[2]。但是研究也指出这种评判需考虑案主的教育程度，比如当评估没有或几乎没有受过正式教育的老年人时，建议将分数线划为18分[3]。简易智能状态测验的结果可以让社会工作者了解被测试者是否存在认知功能上的损害，作为是否出现失智症的初步指示。当然，简易智能状态测验并不是失智症的明确指标，如果老年人在此项测试中得分不佳被评估为认知功能异常，社会工作者需建议其进行更深入的医学上的认知诊断。

评估老年人的心理和情绪健康时，通常特别关注老年人的情绪状态是否稳定以及是否出现抑郁。虽然每个人都有情绪低落或悲伤的时候，尤其在老年阶段，更有可能遭受配偶、亲人或亲密朋友的离世，或发生重大的身体疾病，在这些情况下，悲伤或情绪低落是可预见的，但长时间的悲伤状态并不是老化过程中的正常部分。抑郁症是老年人心理健康问题中最被严重低估和最缺乏正确诊断的

---

[1] Folstein, M. F., Folstein, S. E. & McHugh, P. R., "Mini-Mental State: A Practical Method for Grading the Cognitive State of Patients for the Clinician", *Journal of Psychiatric Research*, 1975, 12(3), 189-198.

[2] Borson, S., Scanlan, J. M., Chen, P. & Ganguli, M., "The Mini-Cog as a Screen for Dementia: Validation in a Population-based Sample", *Journal of the American Geriatrics Society*, 2003, 51(10), 1451-1454.

[3] Zhang, Z., "Gender Differentials in Cognitive Impairment and Decline of the Oldest-old in China", *Journal of Gerontology: Social Sciences*, 2006, 61(2), 107-115.

问题之一,抑郁症损害老年人的情绪和身体功能①,极大影响老年人的生活质量②。

社会工作者在对老年人的心理和情绪健康进行评估时,首先需要注意两大主要表现:一是压倒性的悲伤情绪;二是明显对曾经感到愉快的事情的兴趣大大减弱③。在实务中,使用一些自评量表,如常用的有老年抑郁量表(Geriatric Depression Scale,GDS),有助于我们确认抑郁症的基本症状④。原始的老年抑郁量表包含 30 个问题,其中,在确定老年人抑郁症方面最有效的那些问题被整理为一张包含 15 个问题的简短量表⑤。老年抑郁简短量表(GDS-SF)更容易在临床上使用,通常只需要 5—7 分钟的时间完成,而且更适用于在认知方面出现障碍的老年人⑥。抑郁量表有助于探测老年人的抑郁症状,但并非用作老年人抑郁症的唯一决定因素。自评量表的可靠性和有效性取决于老年人在回答问题时的诚实度以及测试当日的心情。其他的一些抑郁症的筛查工具,如贝克抑郁量表(BDI-II)⑦,也可作为参考。

评估社会功能的目的之一是识别老年案主是否有可动员的社会支持。无数的实证研究显示,社会支持与健康、福祉和整体生活质量相关⑧。在老年阶段,一些社会角色(如配偶、就业者、社区成员或朋友)的丧失不可避免且难以替换。

---

① 参看 American Psychiatric Association, *Diagnostic and Statistical Manual of Mental Disorders*: *DSMIV-TR* (4th ed.), Washington, DC: American Psychiatric Association, 2000。
② Pinquart, M., Duberstein, P. R. & Lyness, J. M., "Effects of Psychotherapy and Other Behavioral Interventions on Clinically Depressed Older Adults: A Meta-analysis", *Aging & Mental Health*, 2007,11(6),645-657.
③ 参看 American Psychiatric Association, *Diagnostic and Statistical Manual of Mental Disorders*: *DSMIV-TR* (4th ed.), Washington, DC: American Psychiatric Association, 2000。
④ Yesavage, J. A., Brink, T. L., Rose, T. L., Lum, O., Huang, V., Adey, M. B. & Leirer, V. O., "Development and Validation of a Geriatric Depression Screening Scale: A Preliminary Report", *Journal of Psychiatric Research*, 1983,17(1),37-49.
⑤ Sheikh, J. I. & Yesavage, J. A., "Geriatric Depression Scale (GDS): Recent Evidence and Development of a Shorter Version", in T. L. Brink (Ed.), *Clinical Gerontology: A Guide to Assessment and Intervention*, New York, NY: The Haworth Press, 1986,165-173.
⑥ Kurlowicz, L. & Greenburg, S. A., "The Geriatric Depression Scale (GDS)", *Best Practice in Nursing Care to Older Adults*, 2007,4,67-68.
⑦ 参看 Beck, A. T., Steer, R. A., & Brown, G. K., *Manual for the Beck Depression Inventory* (2nd [BDIII]), San Antonio, TX: Psychological Corporation, 1996。
⑧ Barrera, M. & Ainlay, S. L., "The Structure of Social Support: A Conceptual and Empirical Analysis", *Journal of Community Psychology*, 1983,11(2),133-143.

这些角色的丧失严重影响了老年人社会支持网络的数量和质量。在评估中，社会工作者需要识别老年案主的社会支持网络的优势和挑战。对于社会支持网络的考量通常包含客观的测量（如家庭成员和朋友的数量、接触的次数和频率等）和主观的测量（对家人关系和社会关系的满意度、亲密程度等）。本案例中所用的个人网络图是基于一个社会网络护航模型（Convoy Model）[①]。社会网络护航模型认为，在人生的不同阶段会有不同的"护航"成员加入或离开。这个个人网络图是一个以"自己"为中心的，包含三个同心圆的图表。从里往外，案主在第一个圆圈中列出他（或她）认为可以归为"无法想象人生中若没有他们"的人，中间圆圈列出那些"可能没有如第一圈那么亲近"的人，在最外圈列出那些"还没有提到的，但是在生活中足以亲近或重要的，也应该被放在自己的个人网络中"的人。在案主谈论这些个人网络中的人时，社会工作者可以识别其社会功能的量化（如总人数、相识年数、接触频率等）和质化（如亲密程度、接受的支持类型、满意程度等）信息。

对老年人的身体-心理-社会功能的综合评估是帮助老年人获得有效服务和资源，以提高生活质量和维持独立生活的第一步。在进行评估时，社会工作者掌握与老化过程相关的生理、心理、社会变化的信息对于评估老年案主如何处理这些变化以及如何面对这些变化所引起的挑战至关重要。在评估中，有时需要社会工作者对老年案主提出一些非常个人的问题，这些问题必须以特别敏感和耐心的方式提出。老年案主有时会质疑社会工作者提问一些特定个人信息的意图，社会工作者必须对此有所准备并能耐心详尽地做出说明。

（三）夫妇人生故事介入疗法

本案例中，我们采用了夫妇人生故事介入法（couple life story intervention）来应对 C 太太和患有阿尔兹海默症的丈夫之间进行有意义的互动、能共享的沟通的需求。

随着人类寿命的延长，阿尔兹海默症或其他形式失智症患者在全世界范围

[①] Kahn, R. L. & Antonucci, T. C., "Convoys Over the Life Course: Attachments, Roles, and Social Support", in Baltes, P. B., and Brim, O. G. (Eds.), *Life-Span Development and Behavior* (Volume 3), New York: Academic Press, 1980, 253–286.

内以惊人的速度增长①。失智症会影响老年人沟通的能力,从而给他们的照顾者带来孤独、沮丧和情绪上的负担②。当照顾者是配偶时,由于之前的亲密关系,失去沟通和共同意义会引起巨大反差,这使得这些消极的情绪在配偶照顾者身体上表现得更为显著③。

实务工作中大多数对失智症患者及其照顾者进行的干预或介入手段都集中于指导照顾者如何协助失智者完成日常生活活动、如何管理自己的情绪、如何解决家庭冲突以及如何减轻照顾的负担等,而鲜有将作为被照顾者的失智症患者纳入工作之中④。但是有不少文献表明,同时将照顾者和被照顾者作为参与者纳入干预措施中会使得干预更有可能成功⑤。夫妇人生故事介入法正是这种同时纳入患失智症的被照顾者及其照顾者的干预措施。

夫妇人生故事介入法可以看作对回忆疗法(reminiscence therapy)的发展⑥。虽然回忆疗法并不一定同时纳入照顾者和被照顾者,但在干预内容上,夫妇人生故事介入秉承了回忆疗法旨在指导老年人回想起那些积极的记忆,关注那些相信自己是值得尊重的记忆,取得的成就,以及引起快乐感觉的事件的宗旨⑦。常用的回忆疗法可以按时间顺序进行,例如将人生划为五个主要发展阶段:童年、青春期、成年早期、中年和老年。每个阶段的回忆主题依干预的目标

---

① Ingersoll-Dayton, B., Spencer, B., Campbell, R., Kurokawa, Y. & Ito, M., "Creating a Duet: The Couples Life Story Approach in the United States and Japan", *Dementia*, 2014, 15(4), 481-493.
② Gentry, R. & Fisher, J., "Facilitating Conversation in Elderly Persons with Alzheimer's Disease", *Clinical Gerontologist*, 2007, 31(2), 77-98.
③ Rankin, E., Haut, M. & Keefover, R., "Current Marital Functioning as a Mediating Factor in Depression Among Spouse Caregivers in Dementia", *Clinical Gerontologist*, 2001, 23(3-4), 27-44.
④ Whitlatch, C., Judge, K., Zarit, S. & Femia, E., "Dyadic Intervention for Family Caregivers and Care Receivers in Early-stage Dementia", *Gerontologist*, 2006, 46, 688-694; Ingersoll-Dayton, B., Spencer, B., Campbell, R., Kurokawa, Y. & Ito, M., "Creating a Duet: The Couples Life Story Approach in the United States and Japan", *Dementia*, 2014, 15(4), 481-493.
⑤ Zarit, S., Femia, E., Watson, J., Rice-Oeschger, L. & Kakos, B., "Memory Club: A Group Intervention for People with Early-stage Dementia and Their Care Partners", *Gerontologist*, 2004, 44(2), 262-269; Burgio, L., Schmid, B. & Johnson, M., "Issues in Assessment and Intervention for Distress in Alzheimer Caregivers", in K. Laidlaw and B. Knight(Eds.), *Handbook of Emotional Disorder in Later Life: Assessment and Treatment*, Oxford, UK: Oxford University Press, 2008, 403-419.
⑥ Subramaniam, P. & Woods, B., "The Impact of Individual Reminiscence Therapy for People with Dementia: Systematic Review", *Expert Review of Neurotherapeutic*, 2012, 12(5), 545-555.
⑦ Watt, L. M. & Wong, P. T., "A Taxonomy of Reminiscence and Therapeutic Implications", *Journal of Gerontological Social Work*, 1991, 16(1-2), 37-57.

而定,可以是取得的主要成就,或是成功应对难题的能力,或感觉最幸福的回忆。不少实证研究结果表明,回忆疗法与幸福感、记忆力、社交互动、自尊和认知功能的提升相关[1]。使用夫妇人生故事介入的研究结果也显示,夫妇双方可以从中受益,体现为其生活质量、沟通得以改善[2]。

在进行夫妇人生故事介入的时候,以下几点需要加以注意:第一,在适用人群方面,研究显示对于失智症早期或轻度的患者及其照顾者更为适用[3]。第二,这是一个基于"优势视角"的方法。我们并非专注被照顾者和照顾者的不足或功能的缺失,而是帮助夫妇关注彼此的优势以及他们过去的优势,强调夫妇多年以来的相关性、适应性和抗逆能力[4]。第三,注重引导夫妇双方的共同参与和互动。在失智护理中,照顾者往往必须接管更多的日常生活活动和工具性日常生活活动,更由于失智影响被照顾者的沟通能力,照顾者和被照顾者之间能共享的沟通和愉快的活动数量将大为减少。夫妇人生故事介入法对早期回忆疗法的改善是以夫妇双方相互参与为重点。在实践中,不应将案主的角色限制在照顾者和被照顾者,而需注重帮助他们强调夫妇的共同身份和关系,促进共同参与和交流。

五、关键要点

(一) 教学中的关键点

(1) 优势视角的基本理念;

(2) 评估老年人身体功能、认知功能、心理和情绪健康和社会功能的标准量表的选择;

---

[1] Subramaniam, P. & Woods, B., "The Impact of Individual Reminiscence Therapy for People with Dementia: Systematic Review", *Expert Review of Neurotherapeutic*, 2012,12(5),545-555.

[2] Subramaniam, P., Woods, B. & Whitaker, C., "Life Review and Life Story Books for People with Mild to Moderate Dementia: A Randomised Controlled Trial", *Aging & Mental Health*, 2014,18(3), 363-375.

[3] Ingersoll-Dayton, B., Spencer, B., Campbell, R., Kurokawa, Y., & Ito, M., "Creating a Duet: The Couples Life Story Approach in the United States and Japan", *Dementia*, 2014,15(4),481-493.

[4] McGovern, J., "Couple Meaning-Making and Dementia: Challenges to the Deficit Model", *Journal of Gerontological Social Work*, 2011,54(7),678-690.

（3）各个标准量表的内容和使用方式；

（4）夫妇人生故事介入法的基本内容和关注重点。

（二）教学安排计划

1. 课前

布置学生阅读案例和思考题，学生可以学习小组的方式在课前进行学习讨论。每个学习小组需记录思考题的讨论要点，以便上课时进行课堂讨论发言。

2. 课堂安排（以 3 课时 135 分钟的教学为例）

案例回顾：10 分钟

知识点讲授——优势视角：15 分钟

课堂讨论——优势视角：15 分钟

知识点讲授——老年人综合评估（身体功能、认知功能、心理与情绪健康和社会功能）的标准量表：40 分钟

课堂讨论——老年人综合评估的标准量表：15 分钟

知识点讲授——夫妇人生故事介入法：15 分钟

课堂讨论——夫妇人生故事介入法：15 分钟

问答/总结：10 分钟

课后练习：访问一位老年人，使用课堂所学的评估老年人身体功能、认知功能、心理与情绪健康和社会功能的标准量表进行模拟评估。

在课堂上讨论本案例前，应该要求学生至少读一遍案例全文，对案例启发思考题进行回答。鼓励学生以学习小组的方式以小组为单位围绕所给的案例和思考题进行讨论。

（三）本案例的教学课堂讨论提问逻辑

（1）在对 C 太太案例的评估中，优势视角体现在哪些方面？

（2）在老年社会工作实务中，为什么要使用优势视角？如何体现优势视角？

（3）你认为优势视角在不同社会的实践应用中，是否会出现或如何出现东西方文化上的差异？

（4）对老年案主进行综合评估时，主要针对哪些功能的评估？

（5）在使用常用标准量表进行评估时，社会工作者需注意哪些方面？

（6）在使用各种标准量表时，是否需要考量或如何考量不同的文化背景、社

会背景以及经济背景对量表使用的影响?

（7）夫妇人生故事介入法为何适用于本案例?

（8）你认为夫妇人生故事介入法在不同文化背景中是否有适用性?

推荐阅读

1. Cox, C., *Dementia and Social Work Practice: Research and Interventions*, New York, NY: Springer, 2012.

2. Youdin, R., *Clinical Gerontological Social Work*, New York, NY: Springer, 2014.

3. McCallion, P. & Ferretti, L. A., "Social Work & Aging: The Challenges for Evidence-Based Practice", *Generations*, 2010, 34(1), 66-71.

4. McInnis-Dittrich, K., *Social Work with Elders: A Biopsychosocial Approach to Assessment and Intervention (4th Edition)*, Boston, MA: Allyn and Bacon, 2012.

以小组社会工作促进院舍养老的跨部门合作

陈岩燕　朱　强　徐　伶　郑红霞*

【摘　要】 当老人入住养老院后,由护理员、医生、护士、社会工作者等专业工作者所组成的照护团队便为其提供包含日常生活照料、医疗康复、精神慰藉与社交活动等在内的综合性长期照护服务,以此维持乃至提升老人在院内的生活质量。然而,在我国的现实环境中,各专业服务的衔接与协调往往出现空白与断裂。本案例以上海市S福利院的"齐心同福"小组在促进院舍内跨部门合作照护的小组经验为背景,展示了院舍内跨部门合作小组的理论基础、需求评估、小组目标、设计与实务评估。

【关键词】 小组社会工作、全人照护、整合式照护、跨部门合作、服务提供者的增权

案例综述

一、引言

面对我国人口老龄化进程中呈现出的基数大、增速快、高龄化、失能化等特点[①],建立起有效的老年长期照护体系成为重要的应对策略。在上述体系中,养老院因其资源的相对集中性、开展服务的有针对性而成为满足许多城市老人长期照护需求的主要选择之一。当老人入住养老院后,由护理员、医生、护士、社

---

* 陈岩燕,博士,复旦大学社会工作学系副教授;朱强,复旦大学社会工作专业硕士(MSW)研究生;徐伶,复旦大学社会工作专业硕士(MSW)研究生;郑红霞,上海市第三福利院社会工作部负责人。
① 阎青春:《我国人口老龄化的特点、发展趋势和对策研究》,《社会福利》2004年第5期。

工作者等专业工作者所组成的照护团队便为其提供包含日常生活照料、医疗康复服务、精神慰藉与社交活动等在内的综合性长期照护服务,以此维持乃至提升老人在养老院内的生活质量。

在实地参访上海市 S 福利院的过程中,院内各照护部门为提升其专业服务的质量,均采取一定措施。例如,护理部十分重视老人日常照料的细节管理,并对护理员的知识与技能开展培训与考核;医务部中的护士在照护老人之余,还须参加持续性的职业教育;社会工作部的社会工作者在现有的怀旧电影、书法练习、书报阅读等活动的基础上,还开展了创意手工制作等新活动,以延缓老人在肢体活动能力、思维认知能力等方面的衰退。

然而,部门之间的沟通与协作却明显不足。例如,小组活动结束时,护理员未及时出现并接回老人;护士每次为老人送药时,总是将注意力放在老人是否尽快将药吃下,之后便很快离开,很少向护理员询问老人近期生活情况,或向社会工作者询问老人近期精神状态。有时甚至出现了跨部门员工间消极协作的情况,例如,有护理员觉得接送老人前往小组活动过于麻烦,在社会工作者邀请时便以"手上事情正忙,没时间送老人"等理由推辞。在上述多种情境中,不同部门工作者各自提供的照护服务之间出现了空白与断裂,由此,老人在养老院内长期照护的需求未能得到充分满足。

二、需求评估

在初步感知院内各部门照护者合作不足的基础上,我们开展了具体的需求评估,分别向护理部、医务部、社会工作部中 3—4 名工作者就老年照护工作、跨部门合作等方面的问题开展访谈;同时,通过非参与式观察,从具体的照护情境中了解不同部门工作者的互动情况。

先以访谈的方式分别了解护理、医务、社会工作部门各自所关注的案主需求,以及识别需求的方法(结果见表1)。

表 1 各部门关注的案主需求及识别方法

部门	所关注的案主需求	识别需求的方法
护理部	1. 居室与院内环境的安全保障； 2. 与照护等级、自理能力相匹配的日常生活照料； 3. 情绪的调节	1. 观察老人生活习惯及其行为、神情； 2. 观察、询问老人对医生、护士的配合情况，以及对自身疾病的了解情况； 3. 向老人家属获悉情况
医务部	1. 基础疾病治疗（如慢性病管理）； 2. 突发疾病医治； 3. 健康宣教	1. 入院时老人自诉与院方评估报告； 2. 医生、护士的直接观察，查房时与老人的沟通； 3. 护理员的情况反馈
社会工作部	1. 可以发挥个人特长的活动； 2. 自己感兴趣的活动； 3. 合理表达积极情绪、疏导消极情绪； 4. 院内各部门的关心、院外家属与志愿者的支持； 5. 建立起自己的朋辈群体	1. 查房中的访谈、观察； 2. 在活动中发现； 3. 从其他部门照护者处获得信息

从上表中可见，针对案主需求，各部门有自己的工作重心；在识别案主需求的过程中，部门之间已有一定程度的沟通。针对部门之间的沟通与合作问题，我们又向各部门的工作者询问"当你在本职工作中遇到困难或挑战时，希望从哪一个跨部门团队中获得帮助"，从而了解各部门照护者在当前的互动与沟通模式下，是否存在进一步合作的动机和需求。通过对访谈中所获得的质性资料进行整理，发现目前部门之间的合作照护在以下几个方面尚有提升的空间。

（一）为不同部门照护者搭建有效的沟通平台，尤其是有效的求助途径和反馈渠道

无论是医务部的护士、护理部的护理员，还是社会工作部的专业社会工作者，在访谈中都透露了与其他部门同事深入交流并保持密切联系的愿望。例如，一位在失智照料中心的社会工作者说："我们与其他部门同事见面的机会主要是在给失智老人提供直接服务的时候,比如查房中看有没有老人需要开展个案辅导工作,或者是像每周二下午创意手工制作这样的小组活动,但因为我们(社会工作者)和他们(护理员、护士等)也都有工作要忙,能够交流的时间其实也不多……有的时候觉得老人的身心状况可能不是特别理想,也想从护理阿姨那里得到一些帮助,但是到具体需要帮助的内容、方法,我们可能没有特别好的场合能说清楚,最后也只好尽量自己设法克服了。"除了寻求在合适场合建立跨部门的联系之外,已有联系的长期有效维持也成为跨部门有效沟通中的现实需求。例如,一位护理员提道:"如果有老人生病了,医生、护士来给老人开药、扎针之后,主要照看老人的其实还是我们护理的阿姨。他们(医务人员)在场的时候,我们会了解一下老人的病情、需要注意的事项,等他们离开过了一段时间,我们其实也需要向他们反馈老人用药后的反应,但有的时候就不能及时和他们沟通上。如果老人身体状况突然又变得不好了,我们护理员其实是很需要他们给一些指导的。"由此,寻求合适的跨部门交流平台并在此平台上进行稳定、有效的沟通,以应对老人照护工作中可能出现的挑战,是各个部门照护工作者的重要需求。

(二)社会工作者在老年院舍照护中的角色并未完全得到照护团队其他专业人士的了解

例如,一位护理员在谈到社会工作者服务时说:"每次看到他们都是在大厅或者活动室做小组活动,做做手工、听听音乐什么……我们(护理员)也不是特别清楚这些活动背后的具体用意,但是看到参加的老人都挺开心的,我们就觉得他们(社会工作者)的工作是蛮有意义的。"

(三)不同部门照护者可以共享同一案主的照护信息

尽管目前福利院在老人办理入住手续时根据上海市《老年照护等级评估要求》进行首次评估、持续评估,但各部门工作者对于评估结果的了解程度存在差异。一位护理员向我们反映:"入住的老人很多患有慢性疾病,有的还不止一种,但是我们目前所能了解到的也就是老人床前个人信息卡片上显示的。更加具体的疾病、用药情况,是在医生那边留档的,我们大多数时候是接触不到的。"类似的,在老人入住前家庭状况、入住适应情况、目前所接受的个体化照护服务等方面,医生、护士、护理员和社会工作者等不同提供照护服务的主体所掌握的情况也存在差异。这时，不同部门的专业照护者面临着信息不对称的限制。

（四）不同部门的照护者希望彼此借鉴经验、分享照护知识

各专业团队对医疗护理知识的需要尤为迫切。例如，一位护理员在谈到医生、护士的工作时说："他们在老人身体检查、疾病治疗这些方面肯定是非常专业的，我们其实也很想向他们学习一些老人身体健康方面的知识，以后要是老人身体再不舒服的时候，我们也可先及时处理一下。"类似的，两三位社会工作者在肯定护理员对于老人日常生活照料的专业性之外，也表达了对于老人紧急状况处理经验的学习热忱："我们在开展社会工作者活动的时候，也会有老人疾病突发这一类的风险，一旦发生，我们肯定会赶紧找照顾老人的阿姨（护理员）……阿姨在照顾老人方面肯定是比我们有经验的，要是我们能像她们那样知道老人出现突发状况时怎么处理，我们再进行各项活动时内心也会更加踏实。"

基于院内各部门照护者在跨部门合作方面的实际需求，我们计划通过"齐心同福"的小组社会工作，为医务部、护理部、社会工作部的各方工作者搭建起跨部门沟通交流的平台，以促进部门间的了解、沟通与合作，从而优化照护服务的递送。

三、小组社会工作的目标与策略

跨部门合作促进小组的目标在于：提升跨部门团队的协作意识，初步建立合作平台，优化照护服务递送过程；促进不同部门的照护者对彼此角色的理解与支持，提升团队协作意识。

小组目标达成的具体策略如下：

（1）引导组员审视自身在老年照护服务中的工作角色，并理解其他部门同事的角色、需求与困难；

（2）引导不同部门工作者就如何回应老年案主的需求进行讨论，并引入"全人照护""以人为本"的照护理念，启发组员以整体的视角看待案主需求，并认识到不同部门在回应案主需求方面的独特作用；

（3）引导组员对跨部门合作的期待、挑战与可持续性等议题进行深入探讨，形成地方性的"整合式照护"的共识。

四、小组设计

(一) 小组基本信息

1. 小组性质

该小组性质为支持性小组与教育性小组。该小组旨在通过组员间围绕照护工作的经验分享、信息交流与情感支持等,促成组员的自身改变与组员之间的互助互惠。该小组带领者将引入新的照护理念,引导组员在此基础上反思机构当前的服务递送系统,就如何促进合作以改进服务递送方式提出构想。

2. 小组开展时间

2016年12月—2017年1月。本小组共计开展五次单元活动,每单元开展时间为45分钟至1小时。

3. 组员招募情况

"齐心同福"小组主要依托上海市S福利院内的"H工作室"作为开展平台,该工作室以全国劳模、福利院内资深护理员、护理培训师H为负责人,是全国范围内老年照护方面的劳模创新工作室。工作室成立之初,主要吸纳院内护理部员工为成员并开展老人护理方面的知识与技能培训。发展至今,院内护理部、医务科、社会工作部乃至民政老年医院护士中的业务骨干、团队带领者均加入工作室。"齐心同福"小组所关注的老年照护中跨部门合作提升的议题在机构中尚无先例,故工作室的负责人与成员均报以浓厚的兴趣。我们本着知情同意、自主自愿的原则从机构中招募11名工作人员作为该小组的成员,他们分别为工作室负责人(资深护理员)、福利院护理部主任(护士背景)、介护照料中心副主任(护士背景)、失智照料中心副主任(护士背景)、民政老年医院护士业务骨干、社会工作者业务骨干(三大照料中心各1名,共计3名)、护理组长(三大照料中心各1名,共计3名)。

(二) 小组社会工作计划

在小组社会工作的具体执行方面,我们设计并开展了五次单元活动,旨在促进来自医务、护理和社会工作者各部门专业照护者之间对于彼此工作内容、挑战与期待的相互理解,并就老年照护跨部门合作的相关议题达成共识,以此强化组员此方面的意识,并对日后的老年照护工作形成积极影响(见表2)。

表 2 小组社会工作计划

小组单元	一	二	三	四	五
日期	2016年12月20日	2016年12月22日	2016年12月26日	2016年12月30日	2017年1月2日
历时时间	60分钟	55分钟	45分钟	55分钟	60分钟
地点	失智照料中心6楼大厅	失智照料中心6楼大厅	失智照料中心6楼大厅	介护照料中心活动室	介护照料中心活动室
主题	"相见欢"	"影像发声,沟通分享"	"齐心聊吧(上)"	"齐心聊吧(下)"	"欢乐颂"
目标	营造良好的组内氛围,帮助组员熟悉彼此,消除小组初期的陌生与紧张感,同时使小组成员明确小组目标与后期工作计划	借由影像发声的途径,引导组员了解各部门的工作状态,特别是在跨部门合作方面需要其他部门帮助的地方,以及自己所能提供的协助	探索不同部门照护者所关注的案主需求及识别需求的方法,激发组员对全面回应老人照护需求的反思,提升跨部门合作意识	基于上节小组讨论的结果,促进跨部门组员之间的深入认识与理解,并从PCC模型的相关知识中获得关于老年照护工作的启发,从而对跨部门合作产生新的期待	巩固已形成的团队凝聚力,通过回顾前几单元中的小组成果来强化组员对于自身改变、收获的认识,同时对于日后福利院中跨部门合作提出新的期待,以促进团队合作效能的维持乃至提升
内容和形式	1. 组织者开场:关于我们,关于小组; 2. 很高兴认识你:组员自我介绍与参与期待; 3. 小组契约; 4. 破冰游戏:默契考验; 5. 影像发声,作业布置	1. 上节回顾,小组契约强化; 2. 影像发声的作业展示; 3. 跨部门合作议题的分组讨论; 4. 组间分享; 5. 本节总结,下节预告	1. 暖场游戏:解开千千结; 2. 各部门分组讨论:老人照护需求的评估方法与关注点; 3. 组间分享; 4. "以人为本"照护模型(PCC模型)与全人照护理念的引入	1. 回顾:上节活动的讨论主题与感受; 2. 小组成果:老人需求的评估与满足方法; 3. 组内讨论:PCC模型的原则、要素以及应用设想	1. 暖场游戏:你来比划我来猜; 2. 回顾:我们的单元成果; 3. 组员分享:我的收获与改变; 4. 扬帆起航:跨部门合作的展望与祝福

续　表

所需资源	
内容	经费预算
1. 纸质材料打印； 2. 彩色卡纸； 3. 展示用 KT 板； 4. 水笔、美工刀、剪刀等文具； 5. 组员茶歇； 6. 纪念礼品	0.1 元 × 200 = 20 元 0.5 元 × 20 = 10 元 20 元 × 2 = 40 元 （其他若干）25 元 5 元 × 11 = 55 元 30 元 × 11 = 330 元 合计：480 元

（三）可能遇到的困难与临时处理计划

鉴于该小组成员分别来自福利院的医务科、护理部与社会工作部，在为老人提供照护服务或参与业务培训考核等方面的工作时间安排有所差异，各位组员在协调可以一起参与小组活动的时间段方面会出现比较明显的困难。为了妥善应对该问题，小组组织者将会提前向组员告知下一单元的内容、形式，并尽可能多地提供备选的时间段；同时，小组组织者将积极与各部门的照护者以及部门、院方领导进行沟通，在陈述该小组开展的必要性与致力于促成的有益成果后，以获取各方的理解、支持，从而使几乎所有组员均能准时参与、全程配合每个单元的小组活动。

由于组内较多的成员在平时的工作中需要直接接触入住福利院的老人并为其提供照护服务，在单元活动开展的过程中，组员可能因临时收到关于照护老人的突发状况而不得暂时离开小组并赶赴老人照护现场，这对于小组动力的产生与维持易造成较大的负面影响。故在小组的成立之初，带领人会引导组员就小组开展的基本准则达成共识，并形成正式的小组契约。通过强化组员对小组参与的重视程度，带领人将尽可能避除服务对象突发状况外其他组外干扰因素对组员的影响。另外，小组组织者也将鼓励组员学会平衡照护工作与小组参与这两者之间的关系，合理规避服务对象出现突发状况的风险，使其在小组内的状态更加安稳、从容。

五、实务评估

对于"齐心同福"小组的实务评估，我们采用了"投入-活动-产出-结果-效果"的逻辑模型来进行呈现,具体的评估内容如图1所示。在评估模型中,对小组的每一节活动内容形成过程评估。

第一节 相见欢

活动内容:

初次相见,带领者首先对小组性质与目标进行解释与澄清,随后组员互相介绍,并取好各自在小组中的别名,如栗子姐、大王、小江、鹤等。明确了小组契约后,大家进行破冰游戏,背靠背运送气球考验默契,随后通过"木桶定律"的介绍引入小组主题,并在最后布置"影像发声"作业,以评估小组成员关于老人和跨部门合作方面的需求。

活动反思:

第一节活动的小组目标达成情况良好。成员在席卡上写下自己希望别人称呼自己的小组别名,考验默契的游戏营造了小组轻松愉悦的氛围,大家加深了除工作外对彼此的认识。在此基础上,组员对于跨部门合作的小组内容与未来小组的期待有较为清晰的界定,通过"木桶定律"的阐释,引出老年服务质量须重视未满足需求的部分以及团队合作的重要性;大家对于"木桶定律"的理解也比较到位,积极思考其中的启发,比如"一个团队做得很好别人不会说什么,但是只要有一个人做得不好,整个团队都会名声不好,团队会一起担责任""团队的服务需要整体提升"等。但在此时趋向对于小组主题"安静"反思的阶段,主带社会工作者较为紧张,因而快速将话题引入下一个环节,本环节实际时间不充分,使得在最后布置"影像发声"作业环节,因为上一环节的紧张,没能处理好"安静"的氛围,未清晰地陈述好作业要求,在协助带领社会工作者的及时补充澄清中才顺利完成。这里的主要感受是,带领社会工作者需有充分的信心能够控制住小组的节奏,安静并不代表组员"出场"或参与度下降,也有可能是大家在思考问题,因此,需要理性判断和把握小组的状态。同时,带领社会工作者之间的合作也显得尤为重要。最后,小组中形成了一些次团体,会在组内窃窃私语,影响其他人,可在下次进行座位调整打破。

第二节 影像发声,沟通分享

活动内容:

提前设置好座位顺序,打破次团体。在上一节小组活动的基础上强化小组契约,签署契约书,形成正式的小组规范。同时,承接上一节布置的小组作业,本

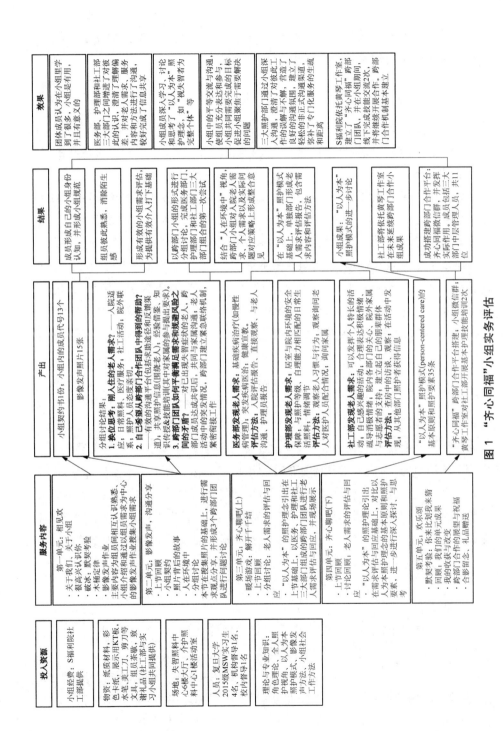

图 1 "齐心同福"小组实务评估

次小组对大家的作业成果进行分类展示,并由组员分享照片背后的故事,解释个人在工作范围中所理解的老人需求、有关跨部门合作中自己所认为的工作需求以及完成作业的感受等。带领者随后引入"人在环境中"的视角,引导成员对跨部门照护服务中的原有认识进行重新思考和审视。之后小组在个人观点分享的基础上进行小组讨论,组员分为3个均含医护、护理和社会工作者的跨部门合作小组,对三道开放式问题进行讨论,并进行观点分享。最后,预告下次活动主题。

活动反思:

为了将更多时间留给讨论,本次小组活动去掉了暖场互动的环节,导致小组开始后直接进行展示分享时组内氛围稍显沉闷,也进一步导致在邀请组员进行照片故事分享的时候,组员的反应较为被动。被邀请到的4位组员对故事的陈述都非常丰富与生动,引起在场组员的共鸣,但由于带领社会工作者过多将注意力放在对4位组员分享的回应上,较少顾及到对其他组员参与的带动,因此,并未达到最好的效果。不过在分组讨论的过程中,大家的参与度都明显提高,并且气氛热烈,有2个小组中出现了主导型人物,带领社会工作者在过程中观察并引导倾向倾听而非主动发言的组员进行分享,对小组之间的互动进行及时协调。同时,观察引导的过程也及时将偏离主题的讨论拉回主线,确保了小组讨论的方向和效果。但同时,带领社会工作者对于小组讨论的参与型观察和引导的程度需要进行把握,避免非小组成员的干预所带来的团体动力的改变。在后面小组成员进行组间分享观点的过程中,带领社会工作者鼓励发言较少的组员代表小组进行展示,极大提高了组员的自信心和小组归属感。在分享观点过程中,台下不乏或窃窃私语或脱口而出的反对意见,由于时间关系,没能对出现的反对意见展开讨论,进一步增强团体动力。最后,带领社会工作者提取出观点中出现频率最高的关键词作为议题答案,作为本次小组的阶段性成果,强化了小组目标。

第三节　齐心聊吧(上)

活动内容:

首先对前两节活动中出现的违反小组契约的行为(如迟到、看手机、组员发言时被打断等)进行强调,重申契约的重要性,并正面强化了全员到齐和不迟到的好表现。吸取上一节活动的经验教训,本节特别设置了暖场游戏。游戏结束后,在前期讨论的基础上,引入"以人为本"照护理念与模式,澄清和强化了其中的基本原则与主要要点,并在此基础上分组讨论对于老人的需求以及回应;小组分为三个组员为相同部门的小组,分别以医护、护理和社会工作者三个不同照护职能与视角进行分析,得出三个维度的结论。

活动反思:

隶属各个部门的小组成员工作内容繁杂,在工作时间会经常参加很多例会和培训,每一次大家都协调很久才挤出宝贵时间来参加小组,因此,我们原本会担心迟到和参与人数的问题,但随着小组的开展,成员准时率在提高,遵守小组契约的人数在增加。本次活动时间紧张,但医务和护理部门的组员来得很早,并且大家都带着以人为本照护模式的资料,其中一位护理部的成员栗子姐来得非常早,她气喘吁吁地说:"这边不能迟到,刚吃完饭就跑过来了。"此时能感受到成员对小组的重视,体现出成员对于小组的归属感在增强,这是小组有阶段性成效的一个表现。本次的小组游戏没有达到应有的效果,带领社会工作者对游戏不够熟悉,导致游戏规则的陈述失误,成员甚至直接面质了社会工作者的失误之处。带领社会工作者并没有过分慌张,鼓励大家进行反思。带领社会工作者的控场能力较之前得到了提升,但活动准备不够充分,导致该环节目标没有达成,是一个比较大的教训。游戏环节过后,大家及时进行调整,在分组后,对老人的需求以及照护服务的需求回应进行了讨论,大家很快进入了讨论状态,并且讨论达到了应有的效果。这里的感受是,小组是一个自始至终能动变化的过程。带领社会工作者要有回应组员的灵活性和能力,也要相信组员的能力。小组讨论的气氛比较热烈,当话语权交到大家手上,并且给予大家讨论的机会时,大家对于关乎自身利益的事情都有话要说。从讨论结果来看,医务和护理部门对于全人照护的觉察程度较高,对于老人需求满足情况较局限的地方倾向于归因给其他部门,同时,所有成员均在讨论中达成共识:老人除了基本生活照料外,其心理、精神需求需要得到更多重视。但比较遗憾的是,在小组分享的环节,意外撞上了装修和护理培训,一下子涌入好几十个护理员,装修工也大声讲话,导致场面一度比较混乱,观察员和辅带社会工作者都去控场了,这个时候带领社会工作者选择了尽快结束该环节,导致该环节时间不够。社会工作者应训练出更强的控场和协调能力。

第四节 齐心聊吧(下)

活动内容:

首先,引导组员回顾上节"齐心聊吧"中各部门工作者对于老人需求的评估方法、所发现的主要需求以及一般性需求的回应方式。在此基础上进行成果讨论，带领者邀请各部门的工作者就其他部门同事工作思路、方式的异同进行现场询问，并邀请被询问部门的工作者进行回应，以此促成跨部门合作团队内组员之间的理解与认同。然后，总结出老年照护中经常遭遇的问题与困难，在组员应对经验分享的过程中，鼓励跨部门团队成员之间提供情绪等方面支持。最后，基于部门之间、工作者之间的互相理解与支持，带领者引入以人为本的照护理念，以"投影+单页"的形式详细介绍其基本原则、要素，并引导组员对于该模型在实际工作中的运用提出自己的设想，以此强化此前组员对于跨部门合作含义的认识与思考。

活动反思：

本节活动的设置是基于上节"齐心聊吧"中未被充分探讨的议题，所以重点涉及了部门之间对于彼此在老年照护中所扮演角色的相互理解以及各部门在工作中所面临的个性或共性的问题，还有引入以人为本照护理念之后对于各部门本职工作、跨部门合作的启发。对于上节活动各部门上台展示各自在老人需求的评估与回应方面的工作方式与工作体会，本节活动中的组内讨论起到了很好的承接作用，带领者给予了护理、医务、社会工作部门的工作者提出疑问的机会，使其对于其他部门同事的工作状态有了更加细致深入的理解。随后，对于老年照护工作中时常面临的问题，组员之间的讨论与分享既是对于现实情况的反思，也是彼此之间相互支持、形成良好团体凝聚力的契机。诸如老年人的用药问题、老人家属的期待与要求等话题的引入，让不同部门的工作者对各自所遭遇的挑战均可以感同身受、互享经验与感受。最后，上节活动中未被充分探讨的"全人照护"和以人为本的照护理念在本节活动中被当成重要的知识传授部分，首先由医务部门的同事进行介绍，而后引起各部门同事在具体工作运用方面的反思，这样组员在汲取新知识的过程中也对以往的工作方式产生了新的思考，同时为日后的跨部门合作带来了新的期待。就具有普遍意义的工作挑战而言，组员之间的互动沟通明显更加主动、频繁，例如，在谈及老人家属对于院内工作者的态度、要求时，医务部门、护理部门的组员很快达成共识，均认为老人家属对于老人长期照护存在着认识上的偏差与误解；又如，在谈及社会工作者的工作内容时，护理员则表现出了很明显的好奇与疑惑，这也反过来引出了社会工作者十分详实、生动的讲解，现场的互动气氛被良好地调动起来。本节小组氛围达到了"齐心同福"小组开展以来的最佳状态，一方面，本次活动在介护楼一楼活动室进行,组员分坐在长沙发上,彼此距离很近;另一方面,两位作为部门领导的组员于本次活动缺席,其余组员在职位上并没有明显的等级差异,同事之间的平级沟通让组员在发言、讨论时更加轻松、自在,消除了平时下属在与上级沟通时的紧张、收敛。因此,小组的物理环境对于小组的氛围营造也有至关重要的作用。

第五节 欢乐颂

活动内容:

暖场游戏"你来比划我来猜"考验团队默契的同时营造轻松愉悦的氛围,随后由第二位带领社会工作者引导所有人按照 PPT 展示的内容回顾四节小组活动以及每个单元的成果。通过该过程巩固小组成员的收获和成长。在回顾了各个单元的小组过程和成果后,由小组成员分享自己的整体感受、收获和改变。回顾在整个小组过程中令自己印象最深刻的事情,提出自己的看法和意见。之后延伸到对跨部门合作小组以及 H 工作室的未来和发展作出展望。每个成员站在小组一分子和各个照护部门中层管理者的角色定位,以同是为了更好地提供老人照护服务的立场作出展望。并且带领社会工作者及其团队给予未来祝福。在赠送礼物和合影留念后,以一种仪式感结束小组活动,最后与校内督导、机构督导一起进行现场总结,接受督导,总结成果和经验教训。

活动反思:

此次小组活动主要内容是回顾之前的小组内容及目标,总结分享组员的参与感受、收获和成长。以礼物赠送和合影留念的仪式宣布小组结束,并对未来小组成员的发展进行展望和祝福。最开始的小组游戏"你来比划我来猜"的接力活动效果比较突出,游戏简单易懂,成员参与积极,充满趣味。小组气氛被调动起来后,第二位带领社会工作者进行了单元成果的回顾,大家在回顾过程中对小组完成的目标进行再一次思考。在之后,各位组员在上一步骤的基础上进行个人分享,包括对小组的整体感受、收获以及带来的成长等。在回顾过程中,大家的参与度不足导致在分享的过程中并没有完全展开,回顾过程放权给组员进行自主思考和表达或许更好。整体来讲,大家对跨部门小组的开展表达认可和支持。其中,栗子姐表达了作为护理部门的感受和期待,小车发言更加积极,大王也很欣喜通过小组让更多的其他部门同事了解了社会工作部门。最后,大家对未来的小组发展进行了展望和期待,小组将依托 H 工作室持续开展下去,促进跨部门的合作、提高工作效率,更好地提供照料服务。开场的游戏环节小组氛围迅速升温,游戏的趣味性和顺利完成都使得小组氛围趋向轻松和愉悦。在回顾成果的过程中,大家偏向于个人思考,气氛逐渐收紧,在分享环节,各部门都表达了对小组的总体感受和一些个人的思考,该环节氛围比较放松,大家各抒己见,也可以从表达中感受到小组所带来的影响。最后,在赠送礼物和合影留念环节,每个人都真诚地互赠了祝福和期待。游戏环节较成功,参与的小组成员能够直接感受到乐趣,观看的其他小组成员也如置身其中。在分享环节,由于前四节小组活动的铺垫和成效,大家不再拘谨和紧张,能够主动表达自己的观点和看法,并能提出较多建设性的意见和反思,可见小组活动很大程度上激发了跨部门对照护服务的系统性思考,也意识到跨部门合作的重要性。在小组开始之前,发现很多成员随身携带 PCC 照护模式资料。从所有的细节可以看出,小组成员希望也期盼在跨部门小组中获取知识和自我提升,这奠定了小组可持续性发展的基础。

除此之外,第一次和第五次小组活动前后进行了小组成员的自测打分,分别对小组气氛、小组活动形式、工作者带领方式、小组目标达成程度、小组成员影响力、小组的有用程度等一共14个问题进行打分。前后测的部分评估结果如图 2 所示。

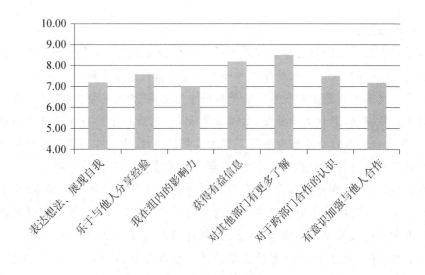

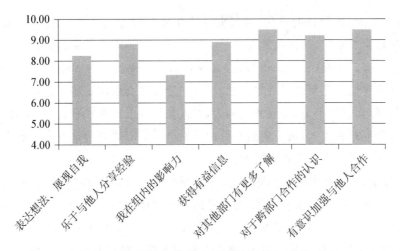

图 2 小组前后测记录(上为前测,下为后测)

总体来说,成员在小组中的参与度和归属感日益增强,小组在讨论到具体有关服务过程中的问题时,时常能形成一定的团体动力,分组讨论的形式促进了大家彼此分享经验。小组作为平等的沟通平台,个人在组内的平等、正向互动增加,也增强了个人在组内的影响力,并且获得了很多知识和共享所带来的有益信息。对于跨部门合作能力提升部分,不同部门之间增加了对彼此工作内容的理解和认识,促进了相互了解,也逐渐提升了对于跨部门合作重要性和内容的认识,组内成员均增加了与他人合作的意识,"齐心同福"小组基本达到了小组目标。

最后,在小组的质性评估过程中,通过参与观察、访谈等形式,获得的评估信息如下。

(1) 从第二节对三个问题的讨论之后,逐渐形成文字性成果资料,成员在之后的每一次小组活动中都自觉携带。组员对资料的重视和认可,可以体现出小组对其个人的有用性。

(2) 小组成员的迟到、早退、看手机等情况越来越少,成员在发言时,安静倾听和积极回应的情况越来越多。

(3) 认识改变。小江(失智照料中心护理部):"我以前不参加社会工作者做的活动,就只是在旁边看看,个人觉得是太过幼稚了一点,现在知道了这些游戏是可以帮助失智老人症状缓解的,也就明白了。"栗子姐(医护部):"我之前不知道社会工作者是干什么的,也不知道他们都干了些什么,有一次一个老人要自杀，情绪很大，按不住劝不住，我们慌也没办法，就去找了社会工作者过来，一过来还真是能听劝了，那回我就觉得社会工作者在对待老人的情绪、心理这方面真的很有一套。"小妈（社会工作部）："很多人都不知道我们的工作是什么，好多家属都以为我们是外面公司的志愿者，不像护理员喂食照顾这些工作你看得到，但是你想想，我们做个案，去找老人聊天，别人觉得我们就是在聊天，但我们就是聊过后工作也就完成了，因为我们要做的是对老人的心理精神这块需求负责，但是这些东西并不是看得见摸得着的。"

（4）跨部门合作期待。倪春蕾（介护照料中心护理部）："我们就发现，其实有些老人的情况已经很糟糕了，有明显的失智症状，而且对其他老人已经有了不好的影响，是需要转到失智中心的，但是家属不愿意，还会骂你，说很多不好听的，他们就不愿意承认这个事实，很难跟他们讲话。我觉得跟家属的沟通工作应该由医护部门带头，社会工作者做情绪方面的疏导，我们一起去做才能解决。"大王（社会工作部）："我们给老人做活动要在活动室，老人要下来，但是护理员懒得接送，要么不送，要么迟到什么的，我们社会工作者只有一个人，不可能一个个接送，老人下不来，时间长了，也觉得麻烦，就不愿意参加活动了，所以，还是希望护理员可以主动送一下。趁老人还能动，多让他们动动。"在需求评估中，各部门都认为老人需求评估涉及信息的多部门共享，"齐心同福"小组与H工作室作为信息平台已然可以发挥作用。

（5）行为与环境改善。在单元小组过程中，护理部的组员对社会工作部的组员进行了一场针对瘫痪、偏瘫老人使用轮椅的技能培训。除此之外，在社会工作部所分析的"院内各部门关心、院外家属与志愿者支持"老人需求方面，已经成功对接复旦大学生命关怀协会志愿者团队，长期、定期地为S福利院老人提供直接的志愿服务。

课程设计

一、教学目的与用途

本案例课程设计是以将此案例应用于"高级社会工作实务"课程中的老年社会工作部分的教学为基础撰写，用于讲解"院舍内的社会工作介入"方面的内容，案例的编写以此为出发点组织相关内容,对案例的分析和总结也是基于这一目的。若将本案例用于其他课程,则需做调整,本案例课程设计可作参考。

(一) 适用的课程

本案例适用于"高级社会工作实务"课程,也可以作"小组社会工作""社会服务项目设计""老年社会工作"等课程的教学辅助案例。

(二) 适用的对象

本案例适用对象包括高年级社会工作专业本科生、社会工作专业硕士(MSW)研究生。

(三) 本案例教学目标规划

1. 覆盖知识点

本案例在"高级社会工作实务"课程中应用主要覆盖的知识点有:
(1) 照护服务的递送与服务提供者之间的协作;
(2) 全人照护与以人为本的照护;
(3) 整合式照护的地方化;
(4) 社会工作者在长期照护中的角色;
(5) 小组的策划、实施与评估。

2. 能力训练点

本案例在"高级社会工作实务"课程中规划的主要能力训练点有:
(1) 学会识别院舍内照护服务递送系统的不足;
(2) 学会策划促进跨部门合作的小组方案;
(3) 学会将全人照护和整合式照护的理念运用于实务工作中;
(4) 通过能力提升和结成互助网络,为服务提供者增权。

二、启发思考题

本案例的启发思考题主要对应的是案例教学目标的知识传递目标,启发思考题与案例同时布置,另外,要让学生尽量在课前阅读熟悉相关知识点。因此,在案例讨论前需要布置学生阅读教材中有关老年人院舍照顾的内容,包括院舍照顾的基本理念、形式和特点，以及跨专业/部门合作的原则、策略、服务模型等方面的内容。供参考的启发思考题如下：

（1）你认为案例中关于跨部门合作的需求评估有何优缺点？

（2）对跨部门正式照护者开展小组社会工作，其小组方案的设计体现哪些照护理念？

（3）你认为该小组方案的设计与执行存在哪些优缺点？

（4）你认为根据案例中的实务评估结果，小组目标是否达成？为什么？

三、分析思路

案例分析的思路是教师运用案例相关情境材料，通过事先设计好的提问，有逻辑地引导和控制案例讨论过程。因此，本案例分析设计的本质是提问逻辑的设计，案例中的跨部门合作与服务资源整合是案例分析的关键路线，跨部门合作与服务资源整合背后潜在的照护理念和照护原则是教学目标。

（一）案例分析点与思考

1. 本案例服务资源整合的关键点

（1）S福利院在照护服务的递送（尤其是服务资源间的衔接方面）存在哪些不足？

（2）如何以小组社会工作的方式动员跨部门专业照护者的合作？

2. 围绕主要跨部门合作目标的相关的辅助要点

（1）如何以恰当的方法评估照护团队在跨部门合作方面的需求？

（2）如何推动不同专业团队对彼此的了解与接纳？

（3）如何将"全人照护"和"整合式照护"的理念贯穿于小组设计中？

（4）如何评价小组的有效性？

（二）案例分析的基本逻辑

1. 分析长期照护领域中，为满足服务对象需求、促进服务资源合理配置而进行实务介入的不同层次

院舍照护情境中的社会工作介入，往往把服务对象作为实务介入的焦点。例如，过去十多年来，S福利院社会工作介入主要聚焦于院内老年人的各项福

祉,尤其是心理社会需求方面,如排遣孤独感、促进人际交往、提升自我效能、认识与预防失智症、维持或增强认知功能等。也有部分社会工作介入关注护理员减压,以及改善护理员与老年案主之间的关系。尽管提供照护的各专业团队之间沟通不畅、缺乏合作的现象由来已久,这直接降低了服务效率和照护质量,但鲜有实务介入将促进跨部门的合作作为主题。案例中所选取的小组主题,实际关注的是服务资源在机构内部的不合理配置。为了提供更优质的照护,整个小组设计其实是在服务递送系统的层面对服务提供者开展增权导向的实务。值得注意的是,案例通过需求评估的结果来展示促进跨部门合作的必要性,但在需求评估所收集的资料中,缺乏服务对象的声音。如果在需求评估过程中增加服务对象自身对于照护部门合作议题的看法,将更能体现小组的带领者所强调的"全人照护"和"以人为本"理念。

2. 分析社会工作者的角色在长期照护体系中的意义

社会工作是20世纪末逐步引进中国实务界的助人专业,在医院、养老院等以生物医学模型为主导的多部门专业团队中,社会工作的专业功能往往被低估。如案例的需求评估结果所示,福利院中的护理和医疗团队未能充分认识到社会工作者的角色和作用。老年案主的需求是多方面的,小组带领者引进"全人照护"和"以人为本"的照护理念,推动组员认识到以整体性的视角考察案主需求的重要性,尤其是正视社会工作者在满足案主心理社会需求方面所承担的重要角色。

在小组过程中,小组带领者给予组员较充分的空间分享各自的工作角色,这一环节设计有助于提升社会工作者在跨专业团队中的认可度。值得注意的是,小组带领者回应组员分享内容的技巧可进一步提升。例如,在小组第四节,"谈及社会工作者的工作内容时,护理员则表现出很明显的好奇与疑惑,这也反过来引出了社会工作者十分详实、生动的讲解,现场的互动气氛被良好地调动起来"。在这里,现场的互动气氛并不是带领者最主要的关注点,针对社会工作者的生动讲解,带领者可进一步提出"生理-心理-社会"的框架以及"全人照护"的理念,引导组员从服务递送系统的层面来理解各个专业部门尤其是社会工作部门的独特作用。

3. 分析思考促进整合式照护与跨部门合作的具体策略

包括小组在设计和开展过程中如何渗透整合式照护的理念,如何进行专业团队间知识的传递与互相学习,如何搭建跨部门合作的平台,以及如何逐步促成组员参与跨部门合作这一目标。案例中,小组带领者并未在小组过程中同组员直接介绍"整合式照护"的理念,但该理念是小组设计的核心依据之一。在整合式照护的三种类型①中,该小组试图促成其中的两种:联结和协调。案例中小组在最后一节引导组员对日后福利院中跨部门合作提出新的期待,遗憾的是,在实际开展过程中,小组带领者未能进一步梳理这些较为宽泛的期待,以形成各部门骨干承诺彼此合作的行动方案。

四、理论依据与分析

本案例是以小组社会工作的方法,由养老院内护理部、医务部、社会工作部的 11 位专业工作者组成小组,旨在促成院内各专业团队之间的合作。除了小组动力理论外,该小组的设计和执行还包含以下理论依据。

(一)在服务递送系统的层面开展增权取向的实务

老年案主所处的直接环境,特别是服务递送系统,可能是造成老年案主无力感的重要来源。本案例针对院舍内不同部门服务提供者之间沟通不畅、服务碎片化的问题,选取服务递送系统的层面开展增权取向的实务。增权取向的实务涉及四个不同层次的案主系统:一是个人的层次,即个体的需求、困难、价值观和心态;二是人际间的层次,即共同的问题及需求;三是微观的环境与组织层面,即服务输送的问题;四是宏观的环境或社会政治层面,即政治系统与社会政策②。在本案例中,我们聚焦的是层次三——服务递送问题,即把焦点放在直接环境中的改变。增权取向的实务在该层面包含两项任务:一是学习了解有关社会服务和健康照护资源,以及如何获取服务和资源;二是了解专业助人者,以及发展如何与他们有效沟通的知识。在服务递送层面需求评估过程中,案例中的工作者发现福利院中的老年照护以医学模式为主导,各部门缺乏沟通与合作的正式平台,关于老年案主的照护档案未能顺畅共享。各专业团队各自为政,社会工作部门在跨专业的照护团队中处于相对弱势地位。这些服务递送环节的问题将造成对老年案主重复评估、重生理健康而轻心理社会健康、服务滞后、服务质量降低等后果。在机构管理的层面,将带来资源重复浪费、服务效率低下等问

---

① Leutz W., "Five Laws for Integrating Medical and Social Services: Lessons from the United States and the United Kingdom", *Milbank Quarterly*, 1999, 77(1), 77 – 110.

② 参看 Cox, E. O. & Parsons, R. J., *Empowerment-Oriented Social Work Practice with the Elderly*, CA: Brooks/Cole, 1993。

题。这也是目前中国城市大多数养老院在服务管理方面存在的共同问题。在案例中,工作者聚焦评估和改变中间层次的系统,包括获得有关机构的知识、发展与专业人员沟通的技巧、发展组织的技巧来回应服务对象的需求、创造互助团体。案例中涉及的行动者主要包括个体服务提供者、由同一专业的服务提供者组成的小团体,以及以问题为焦点的跨专业网络。案例中,该层面的增权实务希望促成的改变目标包括照护者个人、各专业部门以及机构的整体照护资源架构。

增权取向实务的原则和策略[1]主要包括:(1)助人的关系建立在合作、信任与共享的权力上;(2)推动集体行动;(3)接受案主对问题的界定;(4)辨识及信赖案主的优势;(5)提升案主对权力议题的意识;(6)教导明确的技巧;(7)利用互助和自助的网络或团体;(8)使资源流通或为案主倡导。

本案例将跨部门工作者组成小组,运用小组社会工作的技巧,促进不同部门专业人员之间的合作、信任与权力共享;在前期需求评估和小组过程中接受组员对服务递送相关问题的界定;依靠组员的优势深化小组对于跨部门合作的理解;在小组过程中传递关于老年照护的先进理念,为老年案主倡导;并以小组为平台,形成核心的合作网络。不足之处在于,小组对权力议题的探讨不足,未能引导组员对与权力议题相关的生物医学照护模式做深入反思。

(二) 全人照护与以人为本的照护

20世纪60—70年代,在健康照护领域,全人照护的取向逐渐成为共识。生物医学模式和现代药物的简化主义性质所蕴含的局限和危险,导致全人健康照护理念的转向。全人取向考虑个人的心理、社会和精神方面的需求。作为一个完整的个体,每个人包含身、心、灵各部分,而不是身体各部分的简单累加。一个人生活中任何部分的变化,都可能导致其他方面的变化,进而影响整体生活质量[2]。全人取向有两个重要的方面:一方面,它将每个个体视为单独的实体,不论是在生物学方面还是社会方面;另一方面,它是多重面向的,避免过度简化地

---

[1] 参看 Cox, E. O., Kelchner, E. & Chapin, R. (Eds) *Gerontological Social Work Pracice: Issues, Challenges, and Potential*, Binghamton, NY: Haworth Press, 2002。

[2] Erickson, H. L., "Philosophy and Theory of Holism", *Nursing Clinics of North America*, 2007, 42 (2), 139-163.

看待健康和疾病①。

在实务干预时,全人照护的取向包含若干原则:(1)每个人都有能力提升自身的知识和技能,改变自身的行为;(2)人们天然地倾向于保持健康,但也对自身良好的健康状态、康复和照顾负责;(3)一个"人"属于他/她自己,因此,他/她的决定和发展属于他/她自己;(4)康复的焦点在于人,而非疾病或损伤本身;(5)应注意控制健康的社会和环境因素;(6)健康照护专业人士和病人之间应是相互合作的关系,在病人求助的情况下,健康照护提供者才进行干预。

"以人为本的照护"②与全人照护有许多共同点。在以案主为中心的照护中,病人的意向和需求被置于首位,而病人的需求往往是多元的。全人照护——被作为整个人来对待——对那些有着复杂问题的病人来说是最重要的,尤其当病人有并发症和情绪不安时。

除了照护管理外,提供全人照护的另一种方式是,由不同的实务工作者提供打包的照护(packages of care),这能够弥补单一的生物医学角度提供照护的局限③。在当前院舍养老的情境中,这种照护方式呼唤各部门的通力合作。在案例中,养老院以生物医学模式为主导的照护服务递送系统中,医生、护士和护理员的角色十分明确,而社会工作团队的重要性并未得到其他团队的充分认识。案例中的小组带领者从老年案主在生理、心理、社会方面的多重需要出发,通过照护提供者对于案主需求的重新理解,带领组员认识到每个专业团队在服务递送中的重要角色,从而为跨部门的合作奠定基础。

(三) 整合式照护

长期照护是健康照护和社会服务的集合④。国际上,各国在长期照护领域除了存在政策、资金、基础建设和服务供给方面的差异,也面临相似的挑战,即碎

---

① Papathanasiou, I., Sklavou, M. & Kourkouta, L., "Holistic Nursing Care: Theories and Perspectives", *American Journal of Nursing Science*, 2013, 2(1), 1-5.
② Newman, M. A., "Newman's Theory of Health as Praxis", *Nursing Science Quarterly*, 1990, 3(1), 37-41.
③ Papathanasiou, I., Sklavou, M. & Kourkouta, L., "Holistic Nursing Care: Theories and Perspectives", *American Journal of Nursing Science*, 2013, 2(1), 1-5.
④ Kodner, D. L., "Whole System Approaches to Health and Social Care Partnerships for the Frail Elderly: An Exploration of North American Models and Lessons", *Health & Social Care in the Community*, 2006, 14(5), 384-390.

片化的服务、脱节的照护(disjointed care)、未达到最佳水准的服务质量、系统性效率低下及难以控制的成本[1]。改进体弱老年人的健康照护和社会照护之间的匹配度,提升服务效率、效果和质量,有赖于各部门、机构、服务提供者和服务作为长期照护体系的有机部分,彼此间通力合作[2]。而这些举措的核心是整合式照护[3]。在国际上,整合式照护被认为是确保服务效率、效果和回应服务使用者需求的关键[4]。

世界卫生组织将整合式照护界定为:健康服务的管理和递送,以确保案主随着时间的推移,根据自身需要,在不同层面的健康系统中能够接受一系列预防的和治疗性服务[5]。科德纳(Kodner)和斯普雷文伯格(Spreeuwenberg)(2002)将其界定为"为促成治疗和护理部门内部与部门之间的联结、联盟与合作,在资金、行政和/或服务提供者层面所涉及的具体技术和组织模式"。整合式照护聚集不同的行动者和组织,基于跨学科的工作和通用的实务(generic practice),设计和递送新的服务模型[6]。尽管整合式照护的定义和模式各不相同,它们有相似的目标:服务之间更好地协调,让服务更接近服务使用者以提供连续的、更具预防性的照护,识别和支持那些最有需求的案主以减少他们住院的可能[7]。成

---

[1] Kodner D. L., "Beyond Care Management: The Logic and Promise of Vertically Integrated Systems of Care for the Frail Elderly", in M. Knapp, D. Challis, J. Fernandez & A. Netten(Eds.), *Long-Term Care: Matching Resources to Needs*, Surrey: Ashgate Publishing Company, 2004, 101 – 118.

[2] Kodner, D. L., "The Quest for Integrated Systems of Care for Frail Older Persons", *Aging Clinical and Experimental Research*, 2002, 14(4), 307 – 313.

[3] Kodner, D. L. "Whole System Approaches to Health and Social Care Partnerships for the Frail Elderly: An Exploration of North American Models and Lessons", *Health & Social Care in the Community*, 2006, 14(5), 384 – 390.

[4] Williams, P. M., "Integration of Health and Social Care: A Case of Learning and Knowledge Management", *Health & Social Care in the Community*, 2012, 20(5), 550 – 560.

[5] WHO, "Integrated Health Services — What and Why", Technical Brief No.1, 2008. World Health Organization, Geneva. Available at: http://www.who.int/healthsystems/service_delivery_techbrief1.pdf (accessed on 12/2/2014); Murphy, F., Hugman, L., Bowen, J., Parsell, F., Gabe Walters, M., Newson, L. & Jordan, S., "Health Benefits for Health and Social Care Clients Attending an Integrated Health and Social Care Day Unit (IHSCDU): A Before-and-After Pilot Study with a Comparator Group", *Health & Social Care in the Community*, 2017, 25(3), 492 – 504.

[6] Williams, P. M., "Integration of Health and Social Care: A Case of Learning and Knowledge Management", *Health & Social Care in the Community*, 2012, 20(5), 550 – 560.

[7] Europe, R. & Young, E., "National Evaluation of the Department of Health's Integrated Care Pilots. Final Report: Summary Version", Santa Monica: Rand, 2012. Available at: http://www.rand.org/pubs/technical_reports/TR1164z1.html (accessed on 2/2/2016).

功的整合式照护供给,有赖于将服务使用者和病人的看法置于中心位置,以达到照护最优化的目标①。

整合式照护有三种类型②:(1)联结(linkage):健康和社会照护提供者更紧密地一起工作,但仍在他们各自的领域内发挥作用,并受到不合时宜的操作规则和单独资金流的限制;(2)协调(coordination):通过专门建造的结构机制来平衡系统,以弥补服务和使用者之间的空隙,并在不撼动现有系统的情况下,帮助减轻混淆、沟通不畅和缺乏信息共享的问题;(3)完全整合(full integration):从一个总部下的各个部门将长期照护的各种职责、资源和资金相融合,进而创造捆绑式融资(bundled financing)、全局管理和统一的服务递送。

在案例中,S福利院中各专业部门在小组介入之前各自为政,案主的档案信息共享渠道不畅,各部门分别执行各自的照护计划,整体服务是碎片化的。各部门缺乏合作的情况由来已久,小组的现实目标是促进各部门的联结(整合式照护的第一种类型),通过增进部门之间对彼此角色的理解,推动健康和社会照护提供者更紧密地一起工作。这是因为,整合的成功与否很大程度上受制于不同的专业团队是否能够一起工作——理解各自的角色,尊重不同的视角,汇集知识储备③,以及共同学习和递送以人为本的服务。专业团队之间隐性知识的传递是整合的关键④。诺纳卡(Nonaka)认为这是"社会化",如形成网络、实践的社区、跨学科团队工作。有效整合健康和社会照顾服务包含学习和知识管理——跨越组织和专业界限的管理、跨学科工作、促进不同文化之间的沟通和理解、澄清角色与责任、通过新的服务模型寻求共同目的。

在此基础上,小组后期试图促成协调(整合式照护的第二种类型),通过组员的讨论,探索促进沟通和信息共享的机制。小组并不会随着带领者的离开而解散,组员成为S福利院H工作室的核心成员,他们将以这个工作室为平台,进一步推动跨院舍内的整合式照护。

---

① 参看 Shaw S., Rosen R. & Rumbold B., *What Is Integrated Care? An Overview of Integrated Care in the NHS*, London: Nuffield Trust, 2011。
② Leutz W., "Five Laws for Integrating Medical and Social Services: Lessons from the United States and the United Kingdom", *Milbank Quarterly*, 1999,77(1), 77 - 110.
③ Watson M., "Knowledge Management and Staff Expertise in Health and Social Care", *Journal of Integrated Care*, 2007,15(5), 41 - 44.
④ Williams, P. M., "Integration of Health and Social Care: A Case of Learning and Knowledge Management", *Health & Social Care in the Community*, 2012,20(5), 550 - 560.

应注意,所有的整合都是地方性的,换句话说,针对老年人的最好的整合式照护是为了解决当地具体的问题。而且,整合式照护的成功很大程度上取决于当地的领导与团队合作方式,而不是自上而下的结构化指令①。这也是案例中选择邀请跨部门工作人员参与小组以促成整合式照护的原因。

五、关键要点

本案例分析关键在于把握如何从组织层面为案主增权,以及如何基于"全人照护""以人为本"和"整合式照护"的理念促进院舍内跨部门专业人员之间的合作。

(一) 教学中的具体关键点

(1) 从组织层面开展需求评估;
(2) 从组织层面开展增权取向社会工作的实务技巧;
(3) "全人照护"理念的内涵与操作方法;
(4) "整合式照护"理念的具体内涵与操作方法;
(5) 策划院舍内跨部门合作的小组工作方案;
(6) 对院舍内促进跨部门合作小组进行评估。

(二) 建议的课堂计划

本案例可根据本科生和 MSW 学生的不同特点,进行差异性教学。本课程中案例主要按照 2 学时进行设计。

A 计划:本科学生的临床经验较少,且处于理论学习的阶段,因此,案例讨论过程中需要教师引导的内容要相对多一些,可将为何如此设计方案的讨论放在课程内进行。

B 计划:针对 MSW 学生,可更注重提升其在老年社会工作理论方面的素养,启发其触类旁通,因此,建议安排课前进行理论方面的文献阅读,并以小组为单位进行口头发言或提交书面报告;也可安排学生课前对国内或本地的养老机

---

① Bevan G. & Janus K., "Why hasn't Integrated Health Care Developed Widely in the United States and not at All in England?", *Journal of Health Politics Policy and Law*, 2011, 36(1), 141-164.

构进行需求评估,从部门之间协作/全人照护的角度察看目前的照护服务;同时设计相应的方案,在课堂中进行展示和讨论。

两种课堂教学的详细安排计划如下:

A 计划	B 计划
考虑到本科生正处于知识积累和尝试实践的阶段,可适当增加讨论前的知识讲解和讨论后的知识总结时间。 课堂安排:90 分钟 知识讲解:20 分钟 案例回顾:10 分钟 集体讨论:20 分钟 案例分析:20 分钟 知识梳理总结:10 分钟 问答与机动:10 分钟	每位同学在课前文献阅读环节至少阅读三篇经典文献;并通过实地考察或文献检索,总结本地养老机构的服务递送情况,尤其是机构内部门之间的协作类型与程度。 考虑到 MSW 学生的知识基础和实践经验较丰富,建议将需求评估的内容放在课前准备中,将小组干预方案的设计和讨论置于课堂中进行。 课堂安排:90 分钟 案例回顾:10 分钟 需求分析:15 分钟 小组讨论:25 分钟 集体讨论:30 分钟 知识梳理:5 分钟 问答与机动:5 分钟

推荐阅读

(一) 课前推荐阅读和完成的材料

1. Cox, E. O., "Empowerment-oriented Practice Applied to Long-Term Care", *Journal of Social Work in Long-Term Care*, 2001, 1(2), 27 - 46.

2. Erickson, H. L., "Philosophy and Theory of Holism", *Nursing Clinics of North America*, 2007, 42(2), 139 - 163.

3. Kodner, D. L., "The Quest for Integrated Systems of Care for Frail Older Persons", *Aging Clinical and Experimental Research*, 2002, 14(4), 307 - 313.

(二）课后推荐延伸阅读和讨论的材料

1. Papathanasiou, I., Sklavou, M. & Kourkouta, L., "Holistic Nursing Care: Theories and Perspectives", *American Journal of Nursing Science*, 2013, 2(1), 1-5.

2. Shaw S., Rosen R. & Rumbold B., *What Is Integrated Care? An Overview of Integrated Care in the NHS*, London: Nuffield Trust, 2011.

3. Kodner, D. L., "Whole-System Approaches to Health and Social Care Partnerships for the Frail Elderly: An Exploration of North American Models and Lessons", *Health & Social Care in the Community*, 2006, 14(5), 384-390.

美丽夕阳·社区老年活动室营造

陈 琳 朱 强 吴艺琳*

【摘　要】　在创建老年友好型城市、建设老年宜居社区的背景下,社区老年活动室成为人们关注的焦点。由复旦大学MSW八位同学组成的"新友小组"联合上海市杨浦区新江湾城街道的时代花园社区,开展了"美丽夕阳·社区老年活动室营造"的社区社会工作实务项目。"美丽夕阳"依据前期的需求评估,在地区发展与社会策划模式的指导下,采取包含联系与沟通,专业支持下的改变方案制订,自主参与和社区动员,领袖、规章与持续发展等在内的策略,设计开展了四阶段活动("社区论坛,知你知我""装饰你的美丽,留下我的印迹""健康小课堂,关爱你我他""艾香端午同乐会暨项目总结大会")。"美丽夕阳"以老年社区工作为载体,致力于提升活动室物理环境的友好性、鼓励社区老年人的自主参与、促进多方沟通并增强活动室内老年人之间的互动,以此推动老年居民与社区环境的适应性平衡,提升老年人对社区的认同感和归属感。

【关键词】　宏观社会工作实务、老年社区社会工作、社会策划、地区发展

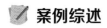

案例综述

一、引言

面对"银发浪潮"的到来,老年友好社区的建设显得尤为重要。早在2007

---

* 陈琳,博士,毕业于美国加州大学洛杉矶分校(UCLA)社会福利学系,复旦大学社会工作学系副教授;朱强,复旦大学社会工作专业硕士(MSW)研究生;吴艺琳,复旦大学社会工作专业硕士(MSW)研究生。

年,世界卫生组织(WHO)便发布了《全球年龄友好城市指引》。在我国,全国老龄办于2009年3月将推进老年人宜居社区建设确定为工作的重中之重。上海市自2013年9月启动老年宜居社区建设试点工作,提出"到2020年全面建成老年友好城市、全面建设老年宜居社区"的目标。在老年友好社区构建的过程中,社区老年活动室是建设重点,更是提升社区整体养老机能的枢纽。因此,本次社区实务工作关注的焦点就是开发社区老年活动室的潜能,使之更好地满足社区老年人需求,提升老年人的服务获得感。

二、项目背景与初步探索

时代花园社区于1999年建造,2003年成立居委会,社区人口5 056人,其中,60岁以上的老年人有1 090位(含21位独居老年人)。作为新江湾城街道老年人数量最多的社区之一,时代花园具有较为丰富的社区资源,能够较好地挖掘社区内有才艺的老年人,建立起社区老年舞蹈队、老年书画协会等。另外,社区内硬件配套设施也相对较为完善,包括老年活动室(见图1)与日间照料中心。

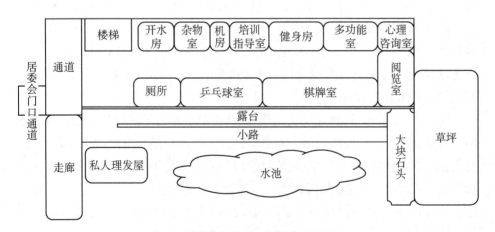

图1 时代花园社区老年活动室平面图

尽管社区内资源较为丰富,但老年舞蹈队和书画协会往往将排练场地和演出场所设在江湾街道,并不在本社区开展相应活动。对于本社区那些没有突出才艺的普通老年人来讲,他们无法参与到这些活动中。所以,目前只有老年活动室和日间照料中心是他们在社区内的活动场所。同时,日间照料中心所提供的服务和活动空间均较为有限,平常只能容纳 12 位日托老人,且室内设施基本只是为社区内的独居老年人提供午餐而使用。相比日间照料中心,老年活动室面积较大,有乒乓球室、棋牌室、健身房、阅览室、心理咨询室、多功能室和培训指导室等。虽然活动室各功能区域设置看起来较为完善,但实际的利用率却不高,每天来活动室的人较为固定,一般为 50 位左右。对于拥有 1 090 位老年人的社区而言,绝大多数的老年人并没有使用活动室,造成老年活动室的使用率较低。

通过在社区内的实地走访,以及与社区内老年人和居委会工作人员的初步沟通,项目组成员发现以下几个问题:

第一,活动室内部的物理环境有待改善,活动内容单一,难以吸引更多的老年人参与。虽然老年人们有参与的愿望,但是活动室提供的活动种类十分有限,使得社区中的老年人参与愿望并不强烈,仅仅把活动室看作居委会的一个延伸部分,社区老年活动室的定位和活动设计均缺乏一定的吸引力。

第二,存在少数老年人长期占用活动室、其他老年居民无法参与进来的问题。这种现象可以认为是社区资源的一种变相的不合理分配。老年活动室对于社区来讲,其实是一个社区内的公共空间,社区内的每位老年人都有权利使用它。但是,由于活动室面积有限、活动内容单一,长期以来,活动基本是由 4 人左右的小团体进行的棋牌活动,参与人员较为固定,其他人很难再次参与进去的可能,这就相当于社区公共空间以某种方式被个人或少数人长期占有了,降低了其他老人使用老年活动室的可能。

第三,活动室管理者(居委会工作人员)有以资源为导向分析问题的传统思路。居委会工作人员应从老年人需求出发去寻找改变活动室现状的有效方法,制定合理有效的管理制度。通过项目组成员的实地走访和访谈,有老年人反映活动室开放时间无法满足他们的需要,和他们作息时间有较大的出入,不太合适。另外,活动室的空间使用率不高,管理制度较为混乱,也成为活动室使用率低的相关原因。

三、需求评估

本次项目需求评估阶段整合了质性研究(影像发声法)和定量研究(问卷调

查法)的优点,采用了以下研究模式:首先,以问卷调查法为主进行资料收集,以初步获知社区老年人对活动室整体满意度和期望;然后,通过选择自愿参与社区营造的老年人进行影像发声,并且通过共同探讨来形成对活动室营造的可行规划。

项目组首先采用问卷调查法在对社区中的老年人抽样后进行面访。问卷调查法可以为项目提供相对客观、具有普遍意义的数据,问卷的结构性也方便项目组成员找出变量之间的相关性,让项目组成员对社区老年人在活动室的使用情况、满意程度和期待等方面有一个初步的了解;在面访的形式下,访员帮助老年人理解题目和选项,有利于提高填答的完整性和准确性;此外,在面访过程中,项目组成员可以从被访者言行、神态中获得老年人对活动室的印象。

项目组还选用了质性研究中较为新颖的影像发声法。这种研究方法将调查对象作为研究中的主体,通过组织这些调查对象拍摄照片并且进行讨论的方式激发个人和社区的改变,可以让那些平时很少发声的人用他们的视觉想象力来表达他们的态度和看法,了解到他们真实的需求和期待,帮助他们发出心声;在这种方法之下,调查对象不再是被动地接受外界的改变,而是参与到改变的决策过程中,起到增能的作用;此外,这种方法可以弥补问卷调查法的一些不足之处,视觉影像具有生动、直接、真实的特点,可以帮助人们有效地表达自己,克服了问卷法对研究对象文化水平的要求。影像发声法不仅可以帮助了解社区中存在的问题,还可以获悉社区资源。在影像发声的过程中,项目组成员还容易找到一些积极参与社区事务的老年人,可以在日后介入的过程中有意识地培养成为社区领袖。

根据需求评估结果,项目组发现受访老年人对老年活动室的整体满意度较低。三个群体均未能很好地履行职责,缺乏良好的沟通和合作,包括参与者(使用活动室的老年人)、管理者(居委会负责管理活动室工作人员)、志愿者(打扫卫生、开门关门等从事日常活动室的志愿人员),使得活动室中的小问题经年不改。而且,在与居委会工作人员的访谈过程中发现,居委工作人员往往从资源匮乏的传统角度分析问题,单纯地将问题归咎于上级财政支持的有限和行政工作的不足;解决问题的态度也停留在"多一事不如少一事"的维持现状层面,并没有采取其他的实际行动去改变活动室的现有状况,更没有从老年人群体的需求出发,去尝试和上级部门进行有效的沟通和协调,挖掘活动室现有资源,修订现有的制度,充分发挥老年活动室的功能。

此外，活动室的环境也被多数受访老年人诟病，包括物理环境（厕所、桌椅等生活硬件设施，扶手等安全设施，跑步机、乒乓球桌等活动设施，室内装饰等）、活动内容、规章制度（开门关门制度、卫生制度、借阅图书制度等）。物理环境配置低，如没有健身器材、桌椅破旧和厕所简陋等，老年人对生活设施要求比较高、对防滑地板等安全设施比较关心，对于崭新、整洁的物理环境、水塘等景观环境也有较多的期待。

同时，老年人也提出活动内容方面的改变十分重要。老年人透露出对学习健康知识、政策知识的偏好，他们比较喜闻乐见的活动内容有：益智类中的下棋和牌类游戏；体育类中的散步和慢跑；生活教育类中的养生小知识和医药小常识；娱乐类中的广场舞、戏曲以及电影赏析；政策学习类中的医疗优惠政策；退休金政策以及时事政策；技能类中的园艺和编织。并且老年人们希望通过讲座、分享会以及游戏的方式开展以上的活动。

规章制度方面的改变是维持活动室长期良性运作的重要保障，在这方面需要管理者在结合现有资源的条件下，充分了解志愿者、参与者的想法，并且在他们的参与下共同制定出一套符合具体情况的规章制度，包括志愿者管理制度、卫生管理制度、开门关门时间规定、各活动室纪律等。因此，要建设受欢迎的、老年友好的活动室，必须从人和环境两个层面入手，促使人与环境达到适应性平衡。

四、实务目标

（一）总目标

以老年活动室的营造为载体，改善活动室物理环境，同时推动社区老年人的参与，促进多方的沟通并增强活动室内老年人之间的互动，建立友好人际关系。最终促进人与环境的适应性平衡，提高老年人对社区的认同感和归属感，达成建设老年友好社区的目标。

（二）分目标

（1）搭建沟通平台，为老年友好社区建立制度基础。让老年人参与活动内容与规章制度的讨论，激发老年人对活动室的认同感与归属感；让居委会知晓老年人的需求与期待,居委会也同时告知老年人社区内的资源与限制,引导各方就关键议题达成一致意见、制订活动室使用规章;发现社区领袖,发展其为活动室的领袖人物,以便日后继续维持活动室规章。

(2) 丰富活动内容,为老年友好社区提供活动支持。通过发展兴趣小组,为老年人提供一个培养兴趣爱好的平台,调动老年人参与的积极性;通过开展主题活动,迎合不同老年人的需求,为社区老年人群体增能充权,激发社区老年人对社区的热爱与认同。

(3) 增强人际互动,为社区营造友好型的人际关系。通过弄堂游戏活跃气氛,增强活动室老年人的互动,拓展老年人的交际圈;通过焦点小组的讨论,促进老年人之间的沟通,激发社区老年群体彼此之间的关心;通过同乐会活动,为社区老年人们提供相知、相识、相聚、相助的平台,增强邻里关系。

(4) 改善物理空间,为老年友好社区提供环境保障。调动街道、社区内的资源(如老年协会、退休党员、志愿者队伍等),依靠社区自身力量推动活动室的营造计划;通过基础设施的维护与翻新、辅助设施的添置、闲置区域的利用以及整洁的室内外环境,为老年友好社区营造安全、干净、美丽、舒适的活动室物理环境。

五、实务方案与项目执行

个案的实务方案与项目执行内容见表1。

表1 实务方案与项目执行内容表

实务策略	内容	第一节 具体目标	第二节 具体目标	第三节 具体目标	第四节 具体目标
联系与沟通	1. 为不同群体的交流协商提供沟通平台,促成各利益相关主体间的良性互动与正向关系;	为各方搭建沟通平台,便于社区知晓老年人的需求与期待,告知老年人社区内的资源与限制(对应实务策略1)	为各方搭建沟通平台,便于社区知晓老年人的需求与期待,告知老年人社区内的资源与限制(对应实务策略1);	让交际圈较小的老年人走出家门积极参与老年活动,拓展交际圈,增强小组中老年人的内部交流(对应实务策略2)	以同乐会的形式,为社区老年人们提供相知、相识、相聚、相助的平台,丰富居民生活,促进邻里关系、老少关系的发展(对应实务策略2)

续 表

实务策略 \ 内容		第一节 具体目标	第二节 具体目标	第三节 具体目标	第四节 具体目标
	2. 促进居民互动及交往的增加，改善居民及团体之间的沟通与合作； 3. 增强居民对社区的认同和归属感		在项目选择、投票表决、方案公示中增强老年人的自主参与，提升老年人对活动室的融入与归属感（对应实务策略3）	形成合力，共同帮助老年人增能，提升其幸福感，增强居民对社区的满意度、认同感和归属感（对应实务策略2）	
专业支持下的改变方案制订	4. 专业支持下的改变方案制订，帮助当事人聚焦问题，为改变方案制订提供更多可行性备选方案； 5. 具体社区问题的解决和社区生活的改善； 6. 社区老年活动室建设管理体制和运行机制的规划； 7. 社区服务项目的规划	引导各方商讨、制订活动室使用规章，为活动室的营造奠定制度基础（对应实务策略6）	初步确定活动室物理环境的改造方案（对应实务策略4）	针对老年人需求，链接外部资源，提供多种项目选择（对应实务策略4）； 计划针对社区老年人对最新政策信息、生活教育知识、提高技能和兴趣娱乐等方面的需求，提供相关服务项目（对应实务策略7）	

续 表

实务策略 \ 内容	内容	第一节 具体目标	第二节 具体目标	第三节 具体目标	第四节 具体目标
自主参与及社区动员	8. 自主参与及社区动员；9. 居民认识到参与的重要性，并愿意承担责任；10. 居民通过参与学会自决自助，提升解决问题的能力（增能）	将影像发声中老年人的初次体验延伸至日后的持续互动与自主参与，为老年人提供新方式来解决社区问题（对应实务策略10）	在项目选择、投票表决、方案公示中增强老年人的自主参与（对应实务策略8）	形成合力，共同帮助老年人了解相关政策，捍卫自身权益，充实各类知识技能，丰富娱乐活动以及提升幸福感等，为社区老年人群体增能（对应实务策略10）	实现居委会、居民、志愿者的相互承诺，增强相互理解，提升自身责任意识，使三者关系更加融洽（对应实务策略9）
领袖、规章与持续营造	11. 领袖、规章与持续营造；12. 社区建设人员队伍的规划	讨论关于后期社区建设人员队伍规划的相关内容，如志愿者、党员干部群体、社区领袖等（对应实务策略12）	结合居委会的工作进度、现有资源落实部分方案计划，并为后期改造工程全面实施提供现实参考（对应实务策略11）	链接外部资源，引入社区外机构及志愿者力量，壮大社区建设团队（对应实务策略12）	实现居委会、居民、志愿者的相互承诺，增强相互理解，提升自身责任意识，使三者关系更加融洽（对应实务策略11）

资料来源：复旦大学社会工作学系 MSW"新友小组"。

（一）社区论坛，知你知我

1. 目标

为各方搭建沟通平台，便于社区知晓老年人的需求与期待，告知老年人社区内的资源与限制；引导各方商讨、制订活动室使用规章，为活动室的营造奠定制度基础。将影像发声中老年人的初次体验延伸至日后的持续互动与自主参与。

2. 活动内容

（1）"我心目中的活动室"影像发声活动回顾，结合需求评估结果，一方面，帮助老年人回想起上次活动提出的建议和期望,引导老年人在后续内容中更好地表达自己的需求与期待;另一方面,让居委会工作人员能够更好地了解老年人反映的实际情况,进行有效的回应。

(2) 居委会工作人员发言,结合老年人的诉求,介绍可供活动室营造计划开展的社区资源,同时澄清目前的实际困难和服务界限,即现阶段活动室无法改变之处。

(3) 对话协商,引导各方就关键议题达成一致意见。

(4) 制订活动室使用规章(开放时间、环境卫生、图书借阅、各区域的活动内容等),大家自觉遵守、自我监督。

3. 活动反思

(1) 通过此次居民论坛已达成以下目标:通过暖场游戏,增强老年人之间的互动;搭建沟通平台,引导各方就关键议题达成一致意见;帮助识别问题,让老年人根据自己的需求进行讨论;澄清双方对活动室的需求和承担管理活动室的能力,并就如何改善物理空间达成了部分共识,加深了各方的理解,促成各利益相关主体间的良性互动与正向关系。

(2) 未达成的目标情况:由于时间有限,讨论的议题比较多,无法具体展开,只能点到为止,也未能发掘并培训活动室老年人中的领袖人物。

(二) 装饰你的美丽,留下我的印迹

1. 目标

(1) 总结并且巩固之前活动的成果,为活动室改造建立制度基础;为活动室树立新的形象,帮助更多社区老年人重拾对活动室的信心。

(2) 合理范围内改善物理环境,吸引更多老年人参与活动室营造。这部分是项目组最初构想的物理环境改造,但经过深入的需求评估,项目组成员发现老人们的需求更多是在活动内容的改变,对于物理环境改变更多是"锦上添花"的部分;并且由于该活动室今年也会在街道的支持下翻新改建,所以,"美丽夕阳"项目中的物理环境改造将侧重在简单的装饰,而不涉及铺设防滑地板、增设厕所蹲位等。"美丽夕阳"项目将会把更多资源放在活动形式和内容的改善,也体现项目设计、推行的详略有当。

2. 活动内容

(1) 公约展示,树立新形象。将活动一的成果整理成一个正式的规章制度,出台《活动室公约》,具体规定活动室各项管理事务、各方的权责等,该公约投入使用,接受居委会、居民的监督;将之前活动的成果(包括活动照片)、《活动室公约》在 KT 板上展示,并设置留言板(草坪 BBS)等,在社区中央草坪等公共区域展出。

(2) 锦上添花,美化活动室。面向所有社区老年人,举办手工作品比赛,让老年人利用家中废品或者其他材料来制作手工作品,通过公众投票评选出优秀作品。所有作品都用来装饰活动室,包括剪纸、书法创作、绘画、制作剪贴画、制作照片墙、插花等,让老年人积极参与到活动室美化中。

3. 活动反思

(1) 活动成功吸引了居民参与。虽然活动刚刚开始的时候只有四五名老年人加入进来,但是随着活动的进行和开展,越来越多的老年人从最初的旁观者变为主动的参与者,纷纷加入手工制作活动室装饰品的活动当中。

(2) 对男性老年人适用的活动不多。由于此次活动是让老年人加入活动室的装饰和改造工作中,偏于手工的制作,所以较难吸引男性老年人的参与,虽然项目组提前准备了毛笔等书画工具,但是也并没有很好地调动起男性老年人的积极性。因此,活动设计的时候,应该更多地思考什么样的活动才能真正调动起老年人的积极性,最好能够考虑到男性老年人和女性老年人的共同需要。

(3) 荣誉感和成就感对于老年人来说很重要。结束的时候,项目组进行了颁奖环节,老年人对于奖状颁发环节的热情超出了项目组成员的预期,成员们能够感受到老年人的兴奋与自豪感;活动室装饰环节也受到老年人的欢迎,老年人对于将自己的作品摆放或粘贴到活动室十分激动,而且看到展示板上自己活动的照片十分兴奋,纷纷跑到活动室来指着自己的照片开心地笑。可以看到,老年人对于自己在活动室的参与表现还是十分满意的。

(三) 健康小课堂,关爱你我他

1. 目标

通过开展社区教育类的讲座、学习类活动,满足老年居民乃至全体社区居民对养生知识、健康卫生信息的需求,从而对前期需求评估阶段中居民反映的问题与期望进行回应。此次活动中,项目组作为资源链接者,将学生志愿者协会、相关公益组织与时代花园街道形成对接合作关系;同时,充分动员社区内部可以利用的资源,形成合力,共同帮助社区老年人增进对健康的了解与关注,丰富活动室活动类型与内容,从而提升社区老年的幸福感、社区居民对社区生活的满意度、认同感和归属感。

2. 活动内容

(1) 有奖竞答。项目组根据之前准备的健康(食品安全、生活锻炼、养生常识等)问题,在参与讲座的听众中开展有奖竞答,既能引出本次活动主题,也可以调动参与者的积极性。

(2) 养生知识介绍。根据听众回答问题的情况,以及新友小组前期收集的养生常识误区,向听众解释澄清,从而引起参与者对健康议题的关注与反思。

(3) 夏季养生和老年用药讲座。邀请社区内的退休医生进行主题讲座,对居民特别关注的健康话题进行介绍。

(4) 健康咨询。讲座嘉宾解答听众问题,同时提供现场个体化咨询服务,为社区居民和健康专业人士的沟通交流搭建平台。

3. 活动反思

讲座形式能够吸引更多活动室外老年人的参与。对健康问题的关注是老年人所共有的,本次活动用讲座结合养生知识竞猜的形式,吸引到更多的老年人,扩大了活动的辐射范围。整体而言,健康咨询比较成功,但是在过程中老年人之间、社工与老年人之间的互动可以进一步加强。社工处于权威者、教师的角色,忽略了听众都是有许多生活经验的老年人,他们也有自己坚信的一套健康知识体系,项目组应该更多关注他们的认知,更有针对地进行回应。在科普过程中,有一位老阿姨就和旁边的人私下交流了自己的看法,项目组应当给予关注。

(四) 艾香端午同乐会暨"美丽夕阳·社区老年活动室营造"项目总结大会

1. 目标

(1) 总结项目成果,感恩社区居委会及社区居民等项目支持者。

(2) 居委会、居民、志愿者相互承诺,增强相互理解,提升自身责任意识,使三者关系更加融洽。

(3) 以同乐会的形式,为社区老年人们提供相知、相识、相聚、相助的平台,丰富居民生活,增强邻里关系、老少关系。

2. 活动内容

(1) 心心相印,一诺千金。用手印树以及宣言的形式,让居委会、居民和志愿者相互承诺,居委会努力做到一切为了居民,以居民需求为主;老年人也需遵守老年活动室的规章制度,争做文明社区人。

(2) 节目表演。项目组为老年人表演一首《甜蜜蜜》,祝福老年人生活幸福,身体健康。

(3) 游戏环节。用游园会的形式将多功能室变身为老年人的游乐园,猜谜语、挑木棍、套圈、运乒乓球等游戏设摊进行,老年人自由选择想玩的游戏,通过游戏获得积分,最终赢取礼品,积分越多的老年人获得的礼物越多,激发老年人的热情。

(4) 香囊制作。适逢端午节,项目组特别安排了香囊制作的环节,到场老年人都能拿到一个香囊制作的材料包,在工作人员的指导下制作属于自己的端午香囊,增添了一份节日的气息。

(5) 结项发言。居委会工作人员、社会工作者以及老年人代表发言,讨论项目开展以来的感受,总结经验与不足。

3. 活动反思

打造了"美丽夕阳"项目的品牌形象,此次活动的许多参与者都是曾经参与活动的老年人,他们追寻"美丽夕阳"项目组的脚步而来,可见"美丽夕阳"项目已经树立了一定的公众印象,能够在社区中逐渐扎根运作。

不足的是,这次活动游戏环节进行得过长,颁奖和总结环节略显仓促,无法听到老年人在会上共同分享项目过程中的感受,这一点比较遗憾。

六、项目评估

本项目主要进行了项目的本体评估。紧密围绕项目的几个具体目标,从项目投入、活动、产出和成效几个方面进行了评价和测量。

(一) 投入

(1) 人力资源:8名MSW学生、2名居委会工作人员(居委会书记和主管老年活动室的孟老师)、1名老年书画协会成员、1名退休社区医生、1名退休律师、3名退休老党员和一支专业的装修团体。

(2) 场地:社区老年活动室(一楼和二楼)。

(3) 宣传渠道:社区电子公告栏、社区展板、社区居民微信平台。

(4) 资金渠道:居委会、复旦大学日常化实践、新江湾益立方公益项目大赛等多渠道筹资。

(二) 活动

本项目紧密围绕目标,从物理环境、活动室规章制度(居民公约)建立、活动室软性功能三个方面设计和开展活动。共计开展 5 次大型活动,其中,参与式社区调研 1 次,居民论坛 1 次,社区健康讲堂 1 次,手工书法大赛 1 次,大型社区节日活动 1 次。这 5 次大型活动主要是检验资源链接的效果,充分挖掘社区内具有各项才能的老年人,如促进居委会和已退休的社区医生合作。每双周的周三为老年人进行一次血压、血糖的监测,每月开展一场与当下节令相关的公益健康讲堂,居委会为退休医生提供一些物质上的鼓励和支持;法律顾问则是由社区内退休律师提供免费的法律咨询,每个单周的周三提供问询机会;居民论坛则是与居委会书记对接,每月开展一次,促进居民与居委会之间的沟通和交流。

(三) 产出

1. 物理环境方面

(1) 建筑性环境的改变。经过居民、居委会、建筑商多方协商,已形成一份完整的建筑装修方案,预计于当年 12 月左右进行整修。

(2) 装饰性功能的改变。截至 2016 年 6 月 5 日,每间活动室都有 2 盆以上绿色植物,并由两名专门的老年志愿者进行照料。

(3) 使用性功能的提升。①截至 2016 年 5 月 30 日,社区取消订阅《劳动报》,由此前 2 种报刊增加至 4 种,现有《老年报》《健康养生报》《人民日报》和《南方周末》;②木质座椅虽未更换,但社区为金属座椅添置了 15 个座垫和 15 个靠垫。

2. 公约执行情况

(1) 不文明行为减少。负责社区活动室卫生打扫的阿姨清洁负担减轻,每天倒垃圾次数从 3 次降低为 1 次。

(2) 公约内容的掌握情况较好。公约知识竞赛中,21 位老年人参加,分别以抢答、猜谜等形式进行,根据奖品发放数量看,有 15 位老年人能够完成竞猜。

(3) 活动室管理小组成立。招募到 3 位老年人,组成老年活动室管理小组,负责收集居民意见,并在每月 1 次的社区居民论坛上进行反馈和讨论。

3. 活动开展情况

(1) 活动种类和数量增多,初步形成固定的活动安排。种类上,增加了弄堂游戏、公益讲座以及书法、绘画、手工等常规课程；活动安排初步固定，包括每周五下午办1次娱乐活动，每月中旬办1次养生小课堂，两周1次定期体检，两周1次法律咨询，每周一、三下午开设手工和书画课程等。

(2) 活动参与人数增多，从原有的日均不足40人次，增加到70人次左右。

(四) 成效

(1) 初步搭建沟通平台，为老年友好社区建立制度基础。
(2) 活动内容得到丰富和固定，为老年友好社区提供日常的活动支持。
(3) 活动室物理环境得到改善，为老年友好社区提供了一定的环境保障。

七、项目总结

在上海市创建老年友好城市、建设老年宜居社区的背景下，"美丽夕阳·社区老年活动室营造"立足新江湾城街道时代花园社区，以社区老年活动室为平台，通过改造物理环境、促进人际交往、丰富老年活动等方式，增进社区老年居民的参与、沟通、融入，从而提升其社区生活中的生活质量和满意度。总体说来，"美丽夕阳"项目的亮点体现在：围绕人与环境互动关系进行展开，突出社会工作者的品性；根据社区实际情况分阶段开展需求评估；活动方案与需求评估结果紧密结合，并产生了品牌效应；社区内外资源均得到恰当的挖掘与利用；根据实际项目进度灵活调整各阶段任务。

"美丽夕阳·社区老年活动室营造"将老年社会工作与社区社会工作有机结合；无论是对于社区老年居民的自主参与，还是对于社会工作专业学生的知行合一，都有着积极的促进作用。在此过程中，"自助"与"互助"精神交相辉映，社会工作魅力从中绽放！

课程设计

一、教学目的与用途

本案例课程设计是以将此案例应用于"高级临床社会工作"课程中的老年社

会工作和社区社会工作部分的教学为基础撰写,用于讲解社区能力开发与培养以应对老龄化的内容,案例的编写以此为出发点组织相关内容,对案例的分析和总结也是基于这一目的。若将本案例用于其他课程,则需做调整,本案例课程设计可作参考。

(一) 适用的课程

本案例适用于"高级临床社会工作""老年社会工作""社区社会工作"课程,也可以作"社会服务项目设计""宏观社会工作"等课程的辅助教学案例。

(二) 适用的对象

本案例适用对象包括高年级社会工作专业本科生、社会工作专业硕士(MSW)研究生。

(三) 本案例教学目标规划

1. 覆盖知识点

本案例在"高级临床社会工作"中老年社会工作和社区社会工作相结合的应用,主要覆盖的知识点有:

(1) 社区工作模式:地区发展模式、社会策划模式;
(2) 模式的选择与组合;
(3) 老年社区社会工作:老年人社区需求分析、老年人社区社会工作特征分析。

2. 能力训练点

本案例在"高级临床社会工作"课程中规划的主要能力训练点有:
(1) 学会分析老年人社区需求的特点;
(2) 学会分析满足老年人社区需求的路径并与社区社会工作模式联系;
(3) 学会发展契合老年人社区需求的社区社会工作模式。

二、启发思考题

本案例的启发思考题主要对应的是案例教学目标的知识传递目标,启发思考题与案例同时布置,另外,要让学生尽量在课前阅读,熟悉相关知识点。因此,在案例讨论前需要布置学生阅读教材中有关老年人社区社会工作的内容，尤其是针对老年人的需求和特点，社区社会工作不同模式的选择和整合。

（1）"美丽夕阳"的需求评估阶段体现了地区发展哪些理念？

（2）"美丽夕阳"的需求评估阶段体现了社会策划哪些理念？

（3）"美丽夕阳"满足社区老年人需求的具体路径有哪些？

（4）你认为"美丽夕阳"还能够结合什么社区社会工作模式？

（5）针对老年人的社区社会工作实务有哪些特点？

（6）应如何开发面对老龄化的社区资源？

三、分析思路

案例分析的思路是将案例相关情景材料通过教师事先设计好的提问逻辑引导和控制案例讨论过程。因此，本案例分析设计的本质是提问逻辑的设计，学生以老年活动室营造的社区工作过程作为案例分析的关键路线，理解社区工作模式整合的逻辑，同时以老年人的需求为抓手讨论老年社会工作与社区社会工作有机结合的方式方法。

（一）本案例的主要模式组合的注意点

（1）单个模式主要旨在理论解析，但是具体实务中模式组合在社区工作实务中远多于单个工作模式；

（2）模式来自实践又指导实践，社区工作的模式运用应根据社区的实际需求不断调整适应。

（二）案例的具体分析

需求评估阶段，项目组成员通过初步观察与访谈，结合问卷调查、后期的影像发声活动，重点将改善物理环境、活动开展、规章制度与人际交往纳入工作范畴。在地区发展与社会策划模式的指导下，本项目采取包含联系与沟通、专业支持下的改变方案制订、自主参与和社区动员、领袖、规章与持续营造等在内的策略，设计并开展了四阶段的主题活动："社区论坛，知你知我""装饰你的美丽，留下我的印迹""健康小课堂，关爱你我他""艾香端午同乐会暨美丽夕阳项目总结大会"。

项目评估阶段,对于活动产出、活动成效的评估与活动方案的执行情况相呼应。对于物理空间改造的评估,涉及建筑环境、装饰和功能性改变;对于活动内容丰富的评估,包含活动的数量、种类、可获得性与参与人数;对于规章制度订立执行的评估,考虑到参与制定人数、居民论坛的调整情况;对于项目影响力的评估,则包含老年居民对项目的知晓度、认可度和满意度。

"美丽夕阳"项目达成了大部分既定的目标:改善物理空间,为老年宜居社区提供环境保障;搭建沟通平台,为老年宜居社区建立制度基础;丰富活动内容,为老年宜居社区提供活动支持;增强人际互动,为社区营造友好型的人际关系。同时,本项目在实际开展中也存在着一定的不足:实务技术方面,现场控制稍欠灵活性;实务要素方面,资金来源、社区居委的时间安排与活动室公约的约束力均存在着不确定性;实务过程方面,少数制定的目标过于宽泛,且有部分资源未被充分利用;实务模式方面,对于社区领袖的发掘和培养没有很好地完成。

四、理论依据与分析

(一) 社区社会工作模式

关于社区社会工作的策略模式,美国学者罗夫曼(Jack Rothman)的"三分法"影响广泛,其中,地区发展模式(locality development)和社会策划模式(social planning)的基本主张与特点对社区老年活动室营造计划具有一定的借鉴意义。同时,罗夫曼在论及模式组合时提出的混合搭配(mix & match),以及在完善"三分法"时所提出的宏观层次上的多模式干预,则为本项工作的策略制定提供了重要的参考[①]。

1. 地区发展模式及其特点

地区发展是协助社区成员分析问题、发挥其自主性的工作过程,目的是提高他们及地区团体对社区的认同,鼓励他们通过自助和互助解决社区问题,推动社区发展。社会工作者需要通过社区服务项目,充分发挥协调者、使能者与催化者等角色的作用。具体说来,地区发展模式有着以下几个显著的特点:

[①] Rothman, Jack, "Approaches to Community Intervention", in Jack Rothman, John L. Erlich and John E. Tropman(Eds.), *Strategies of Community Intervention: Macro Practice*, Itasca: F. E. Peacock, 1995,26 - 63.

(1) 增能：实现社区居民在自助基础上解决问题能力的提升。

(2) 社会整合与团结：在不同的种族、民族、宗教、社会阶层群体之间促成和谐的相互关系。

(3) 参与：在公民行动中获取经验，通过民主选择确定行动目标。

(4) 领导力的发展：培养当地领袖并代表社区成员、指引行动。

2. 社会策划模式及其特点

社会策划是在没有采取行动之前的计划工作，依靠专家的意见和知识，清楚理解工作机构的理念、政策、资源和方向而确立社区工作目标，从多个预选方案中选择一个最理想的工作策略，然后根据社区需要动员及分配资源，并在工作过程中结合实际的变化随时修改计划，使计划按照预定的目标行进，待工作结束时对计划执行情况加以检讨和反思的工作模式。具体说来，社会策划模式有以下几个显著的特点：

(1) 自上而下的工作模式，强调问题解决。

(2) 重视对数据的收集、处理、分析，用来识别资源和需要。

(3) 分步决策，根据实际情况的变化修改计划。

(4) 社会工作者是专家和策划者，进行资料搜集和分析，催化决策，执行项目。

社会策划模式十分重视理性思考，包含对于综合数据与缜密逻辑成分的重视。通过对数据的收集、处理与分析，人们寻求最佳的问题解决方案，这一点与项目实施与评估中问题界定、目标设定的步骤相类似。同时，因致力于解决问题的目标达成，社会策划模式也十分重视技术专家的专业知识，社会工作者时常要扮演着数据分析员、困难解决者的角色。

(二) 整合的工作策略：计划性社区能力建设

在社区工作策略模式"三分法"提出 40 年后，罗夫曼又对其进行了补充与完善。透过一个 3×3 的表格（策划/政策、社区能力发展、社会倡导三个模式分别在横向与纵向上展开，两两组合，从而形成九种新的类型），他阐述了多维度的社区干预模式[1]。其中，计划性社区能力建设（planned capacity development）与此

---

[1] Rothman, Jack, "Multi Modes of Intervention at the Macro Level", *Journal of Community Practice*, 2007,15(4), 11-40.

次社区老年活动室营造计划十分契合,来自地区发展、社会策划模式的相关策略提供了值得参考的信息,批判性的整合也与罗夫曼提出的"融而合之"思想相符。在结合了我国社区的本土特色、新江湾城时代花园社区的具体情况之后,提出的工作策略包含以下几项:

1. 联系与沟通

识别并联系社区内与老年活动室紧密相关的各方人士(管理者、参与者、志愿者等),为不同群体的交流协商提供沟通平台,促成各利益相关主体间的良性互动与正向关系。

2. 专业支持下的改变方案制订

结合前期需求评估各个阶段的发现(初期的观察、访谈、中期的问卷调查、后期的影像发声),社会工作者为社区老年活动室的营造提供有力的数据支持。鼓励社区内相关方(特别是活动室老年人)识别问题、寻找改变途径。在此策略中,社会工作者的专业特长可以体现在帮助当事人聚焦问题、为改变方案制订提供更多可行性备选项等方面。

3. 自主参与及社区动员

物理空间的改造、活动内容的调整与规章制度的订立均融入活动室老年人的自主参与,同时调动街道、社区内的有利资源(如老年协会、退休党员、志愿者队伍等),依靠社区自身力量推动活动室的营造计划。

4. 领袖、规章与持续营造

透过社区老年活动室营造项目的开展,发掘并培训活动室老年人中的领袖人物,鼓励其独立联络、团结活动室各方。同时,依靠先期活动室老年人亲自参与制订的规章条例,为活动室的持续营造奠定制度基础。

(三)老年社区工作的特征、目标与原则

1. 老年社区工作的特征

分析视角注重结构取向,而非个人取向;介入问题的层面更为宏观;富有批判和反思精神。

2. 老年社区工作的目标

降低老年人与社会的隔离,推动老年人的社会参与,促进自助与互助,增强归属感;发挥老年人的潜能,善用社区资源,满足社区需求,巩固老年人的权益;改变社会上对老年人的负面形象认识,扩大老年人对社会与政治的影响力。

3. 老年社区工作的原则

注重以老年人为中心的发展目标,给予老年人亲身参与的机会;有足够的耐心服务老年人,给予老年人适当的支持和鼓励;积极正面地看待老年人的形象,发掘更多的社区资源。

五、关键要点

本案例分析关键在于把握社区照顾服务体系建构的主导因素,发现每次变化的综合性影响因素,特别是老年人社区照顾需求分析、社区资源发掘与链接、组织能力提升等方面的要素。

(一) 教学中的关键点

(1) 老龄化对社区社会工作的影响;
(2) 社区社会工作的过程模式;
(3) 社区社会工作的策略模式;
(4) 社区社会工作模式的选择和整合;
(5) 老年社区工作实务的特点。

(二) 教学安排计划

本案例可以根据学生的差异,尤其是对案例的阅读和课前对相应知识的掌握程度来进行有针对性的施教。本案例主要按照 2 学时进行设计。课堂教学的详细安排计划如下:

课前阅读相关资料和文献：120 分钟

小组讨论：60 分钟

课堂安排：90 分钟

案例回顾：10 分钟

集体讨论：50 分钟

知识梳理总结：20 分钟

问答与机动：10 分钟

在课堂上讨论本案例前,应该要求学生至少读一遍案例全文,对案例启发思考题进行回答。具备条件的,还要以小组为单位围绕所给的案例启示题进行讨论。

(三) 本案例的教学课堂讨论提问逻辑

(1) "美丽夕阳"需求评估所选择的方法分别有哪些优势和劣势？

(2) "美丽夕阳"是如何整合两种社区工作模式的？

(3) "美丽夕阳"如何体现地区发展模式的特点与优势？

(4) "美丽夕阳"如何体现社会策划模式的特点与优势？

(5) "美丽夕阳"使用的这两种社区工作模式是如何建立满足老年人需求的实现路径的？

(6) "美丽夕阳"社区工作各个实务目标之间的递进关系是怎样的？

(7) "美丽夕阳"对老年宜居社区的建设有什么意义？

(8) 老年社区社会工作的特点有哪些？

(9) 在老龄化社会的背景下，如何在社区层面更有效地满足老年人需求？

推荐阅读

1. 《大城养老》编委会：《大城养老》，上海人民出版社 2017 年版。
2. 范明林：《老年社会工作案例评析》，华东理工大学出版社 2010 年版。

社区社会工作

> 人类存在于地球上的99.9%的历史是以小型社区生活为特点的,而亲属、朋友及邻里的亲密关系又是小型社区社会生活的主体。
>
> ——R. M. 基辛

优势视角理念下增能理论在社区戒毒康复领域中的运用

傅鹏鸣　赵　芳*

【摘　要】　优势视角、增能理论是社会工作实务中的重要理念和理论视角。"关爱·乐助·自强"吸毒成瘾人员优势拓展计划是禁毒社会工作根据药物滥用人员的特点及需求策划的专业服务项目。在优势视角理念的指引下，运用增能理论，通过"增能三部曲"，提升和拓展药物滥用人员的优势和复元能力，倡导社会的尊重、接纳与包容，促进吸毒者康复及回归社区。本项目努力尝试将优势视角和增能理论从理论到实践的转化，设计了一系列的实施步骤以及相应的评估指标，获得了很好的效果，推动了服务对象的改变与成长。

【关键词】　优势视角、增能理论、社区戒毒康复、禁毒社会工作

案例综述

一、项目缘起

吸毒问题是当今中国最严重的社会问题之一。因吸毒而引发的诸如盗窃、抢劫、伤害、贩毒等违法犯罪行为，夫妻离异、家庭矛盾、邻里纠纷等社会关系问题，以及性乱、艾滋病感染等健康问题复杂难解；而吸毒后出现稽延症状、并发症、传染性疾病等生理健康问题更是屡见不鲜。吸毒一旦成瘾，戒毒困难重重，

---

* 傅鹏鸣，复旦大学与香港大学合作培养研究生（MSW），现任上海市自强社会服务总社业务干事；赵芳，博士，复旦大学社会工作学系教授。

导致复吸率始终居高不下。

2003年年初,为了加强对吸毒成瘾人员的社会管理,从源头上预防和减少犯罪,维护社会的长治久安,中共上海市委政法委员会牵头筹备组建了大陆首家专业从事禁毒社会工作的民办非盈利社会组织——上海市自强社会服务总社(以下简称自强总社),希望通过政府购买服务的方式,把禁毒部门的部分职能转移给社会组织,走禁毒工作社会化、专业化的道路,降低行政成本,提高服务效率,实现政府职能与社会资源的最佳组合。

自成立以来,自强总社一直秉承"关爱,乐助,自强"的服务理念,即"关爱(dedication):倡导对药物滥用人员的关怀和接纳;乐助(responsibility):坚持用专业的助人方法实践社会责任;自强(strength):赋己予能、赋人予能,助人自助,追求持续改进",开展药物滥用人员的康复辅导服务,取得显著成绩。

在实务开展中,禁毒社会工作者期待能协助吸毒成瘾人员降低复吸率,成功戒毒,但问题处理的复杂性及长期性,令他们常感力不从心。同时,传统的毒品危害宣传,常常把吸毒成瘾人员塑造成"魔鬼""不可救药"等负面形象,社会大众对吸毒成瘾人群依然存在一定程度的歧视和排斥,增加了戒毒康复人员回归社会的难度及复吸的可能性,甚至导致一部分戒毒康复人员对社会的仇视,形成社会不安定因素。

针对这种现状,自强总社不断总结经验教训,积极探索更为有效的禁毒模式,开始尝试改变实务经验中的"问题视角",尝试将"优势视角"带到禁毒实务中。在优势视角理念下,社会工作者从一个完全不同的角度来看待服务对象、他们的环境、生活现状,不再孤立地或专注地集中于服务对象的问题,而是把目光投向可能性;再结合增能理论,社会工作者立足于发现、寻求、探索、利用和强化服务对象的优势和资源,增加其权能,协助服务对象达成目标,实现梦想,融入主流社会。

在经过一系列个案和小组的试点基础上,2011年3月,自强总社开始了名为"关爱·乐助·自强"的戒毒康复人员优势拓展计划,在戒毒康复人员人际关系、娱乐活动、职业/教育、自身能力、戒毒治疗及康复等多个方面,充分发掘、利用戒毒康复人员自身的优势和能力,通过篆刻、书画、刺绣等兴趣性、艺术性才艺拓展小组的开展,发掘和培养药物滥用人员健康、有益的兴趣爱好,提升和拓展药物滥用人员的潜能,促使他们自强自立,实现自我价值;同时,为药物滥用人员提供展示优势、才艺的平台,改变社会大众对他们的负面看法,进而促进他们社会功能的恢复。

项目历时一年,在全市 10 个区共开展优势个案工作 118 个,访谈 1 155 人次;优势拓展小组社会工作 16 个,共有 121 名服务对象参与各类小组,活动参与人次约 643 人次,参与率达 89.58%;优势拓展社区社会工作共有 2 000 名居民参与。项目评估显示:服务对象活动总体评价表示为满意的达 99.23%;118 名服务对象中仅有 2 名服务对象因复吸被处强制隔离戒毒,4 人因去外地等原因脱失,服务对象操守率达 94.92%。

二、理论回顾及其在实践中的转化

(一) 优势视角理念

优势视角是一个在 20 世纪末产生的新理念,以往禁毒社会工作者们只是被强调要尊重、关爱服务对象,也在培训中学习过优势视角理念,但对于如何在实践中运用该理念却很少触及。

优势视角理念[①]对人有两项基本假设:(1)所有的人都有很多天赋、能力、技能、资源和动力等;绝大多数人在遇到困难的时候会自然地运用自己的优势和资源找到解决问题的办法。(2)只有在认识到自己的优势并积极有效地参与时,才有可能成功地解决遇到的问题并改变自己的生活;优势视角让我们看到"可能性"而非"问题","选项"而非"限制","复原力"而非"疾病"。

优势视角理念对如何看待问题提出三种策略:(1)将问题放在特定脉络中,只有当问题成为个人追求目标之阻碍时才进行处理;(2)以简单的方式谈论问题,将问题视为生活当中普遍可能面临的状况,则问题就不会那么可怕;(3)给予问题较少关注,将能量转移到具体的正向行动。

在仔细思考了优势视角的理论逻辑后,项目尝试将"优势视角"与"问题视角"的不同脉络在禁毒社会工作服务过程中进行了梳理(见表1)。

---

① 宋丽玉、施教裕:《优势观点:社会工作理论与实务》,社会科学文献出版社,2010 年,第 38—39 页。

表1 "优势视角"取向与"问题视角"取向在禁毒社会工作实务中的运用比较

优势视角取向	问题视角取向
讨论描绘一年以后的生活状况,并设定康复目标	讨论并列出目前生活中的所有问题和困境
思考列出可能阻碍康复目标达成的事项或困境,并通过讨论以往的成功经验来获得自信,如讨论哪些是高危情境、以前是怎么成功渡过的、以后若再遇到打算怎么处理等	深入剖析问题的产生原因,如毒友影响、社会歧视、家庭不支持、自己控制能力不足、不懂得拒绝等
向着一年的康复目标勇敢前行,自主制定一步步达成目标的计划	问题解决有困难,只能放弃,或是由社会工作者或其他人帮忙解决
过程中,服务对象运用自身的能力向康复目标前行,社会工作者陪伴及协助	过程中,社会工作者作为专业人士提供帮助,服务对象则持续处于接受帮助的状态
无论问题是否解决,服务对象的能力在提升,始终处在高效能的主动状态	无论问题是否解决,服务对象始终处在低效能的被动状态

经此梳理,可见"问题视角"取向下服务对象问题的恶性循环以及禁毒社会工作者的无力感,而"优势视角"取向强调调动服务对象潜能,协助其运用自身的能力达成目标,禁毒社会工作者在其中更多的是陪伴和协助。

(二) 增能理论

优势视角理念强调运用"优势视角"去关注"人"的复原力。复原力是指个体面对逆境、创伤、威胁或其他重大压力的良好适应能力。依据增能理论,提升复原力需要从三个层次呈现权能感。在个人层面,个人拥有自尊、自我效能和掌控感,能够订立目标,肯定自己的能力并采取具体行动,达成目标,与所处的环境有良好的适应度;在人际关系层面,个人具备与人沟通的知识/技巧,与他人互动时能够自我肯定,能够与他人形成伙伴关系,自觉对他人有影响力,或是得到他人的尊重,但同时也能考虑别人的需求或自己的责任;在社会层面,认识自己应有的权利,参与集体行动来改变周遭的环境[①]。

---

① 参看宋丽玉、施教裕:《优势观点:社会工作理论与实务》,社会科学文献出版社,2010年。

根据增能理论,我们在项目中制定了"增能三部曲",并规划了将之运用于复元过程的路径(见图1)。

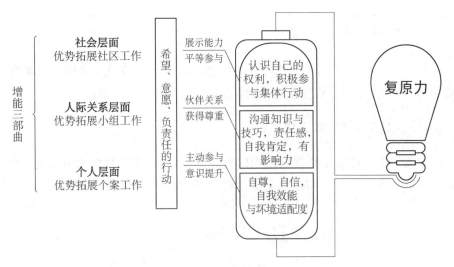

图1　增能理论指引下的社区戒毒康复人员复元过程

(1)优势拓展个案工作——从优势视角入手,通过优势能力评估、改变计划表等提升个案工作效能,激发服务对象主动参与戒毒康复的意识,在与社会工作者讨论合作制定康复目标并积极行动实现自身目标时,获得自尊、自信和对生活的掌控感,从个人层面提升复原力。

(2)优势拓展小组社会工作——动员服务对象参加以才艺兴趣为媒介的康复小组,通过同伴间的支持、互动,促进服务对象与他人形成良好的互助关系,并从人际互动中获得尊重、自我肯定、责任感、坚持等复原力。

(3)优势拓展社区工作——创建才艺展示平台,鼓励服务对象在社区展示自己的优势和能力,提升服务对象的权利觉醒意识,减少社区人士的刻板印象与社会排斥,为自己在社会保障、就业方面争取更多平等参与的机会。

"增能三部曲"交错开展,个案、小组、社区分别由不同的社会工作者负责组织,各区督导在其中协调,确保三种不同形式的服务在同一个戒毒康复人员身上系统协调地展开,从不同角度对服务对象进行增能,全面提升戒毒康复人员的主观能动性,从而提升戒毒康复水平。项目中,综合运用RSES自尊量表、自信心、自我效能感、病耻感量表进行前后测评估,观察项目中戒毒康复人员复原力的提升情况,并运用自制的"对药物滥用的看法和评价调查表"观察社会公众对戒毒康复人员接纳态度的变化。

三、项目实施

项目分三步走,在各个区由不同的社会工作者负责,在同一个服务对象身上叠加展开,自强总部设立督导组、协调组,进行总体督导和协调。

(一)优势拓展个案工作

宋丽玉教授将复元旅程以图表的形式展现,并称之为优势视角典范(见图2)。在项目设计中,我们依照此流程,参照美国的一些面向药物滥用人员的优势

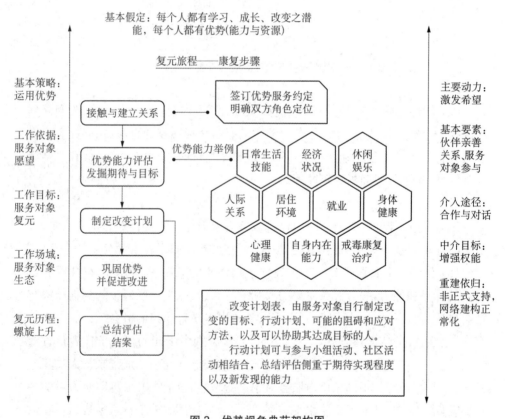

图2 优势视角典范架构图

视角能力评估的经验[①],结合本土禁毒社会工作实务,设计了系列表单及访谈提纲,并在此基础上开展优势个案访谈工作。服务过程中通过不断地对话和合作,专业人员与服务对象互为主体,促进服务对象解构与重构对自己、他人与世界的观点,进而提升服务对象的能力,达到复元。

优势拓展个案工作的特点如下:(1)信任合作的专业关系是关键;(2)关注服务对象的能力和资源的挖掘;(3)注重与服务对象的互动,鼓励服务对象设立合理的目标,并寻找资源,开始新的人生;(4)运用优势、能力和资源的发掘,帮助服务对象重新定义关注点和问题,重构生活情境。

具体实务过程如下:

1. 优势拓展服务约定

由于工作模式的转变,禁毒社会工作者在做优势个案工作首次访谈时,需要重新与服务对象建立专业关系。访谈内容应包括:描述社会工作者的角色,在项目干预过程中社会工作者将做些什么,为什么在这里和他/她交谈;介绍优势拓展项目的目的和目标;描述服务对象的角色,以及需要服务对象参与完成的事情;向服务对象提供服务关系的细节(如持续时间、频率等);鼓励服务对象对未来充满希望;签署"优势拓展"服务约定,为将来的个案、小组、社区等工作打下基础。

2. 优势能力评估实务操作

对服务对象的优势和资源进行评估,内容涉及参与戒毒康复治疗、休闲娱乐、人际关系、就业、自身内在能力等10个方面。具体实务操作如下:

(1)优势能力评估内容示例。

日常生活技能:如能保持整齐仪表,保持个人卫生,会购买食品、日用品以及其他一些生活必需品,自己做饭或者帮助做饭,自己洗衣服,会乘坐公共交通,会使用一些公共资源(如电话簿、图书馆等),能够准时赴约,有驾照或其他仍然有效的证件,有阅读能力,知道现在周围都在发生些什么等。

[①] Prendergast, M. & Cartier, J., "Improving Parolee's Participation in Drug Treatment and Other Services through Strengths Case Management", *Perspectives*, 2008, 32(1), 38 - 46; Hesse, M., Vanderplasschen, W., Rapp, R., Broekaert, E. & Fridell, M., "Case Management for Persons with Substance Use Disorders", *Cochrane Database of Systematic Review*, 2007, 4(4); Rapp, C. & Wintersteen, R., "The Strengths Model of Case Management: Results from Twelve Demonstrations", *Psychosocial Rehabilitation Journal*, 1989, 13(1), 23 - 32.

经济状况：如能保持合法收入来源，有合适的经济资助人，觉得有必要并且愿意承担经济上的责任，知道如何支付账单，有建设性地花钱，保持一个储蓄账户，为某个目标存钱，适当使用信用卡，保持收支平衡，为家庭提供适当的经济支持，按时偿还贷款，信贷记录良好等。

休闲娱乐：如有正当的业余爱好，乐于参与集体活动或户外运动（如网球、篮球、踏青等），会弹奏乐器，喜欢阅读，乐意参加艺术活动（画画、雕塑、陶艺、写作等），愿意和家人一起进行休闲活动，能有规律地参加社区活动，愿意参加公益活动，从事志愿服务等。

人际关系：如能够信任别人，能够尊重别人，对与他人关系有比较现实的期望，能够灵活处理人际关系，善于与他人合作，能积极地解决争端，保持良好的家庭成员互动，与伴侣或配偶能保持健康的关系，与子女有交流，有正常的社交能力，了解社会有哪些可用的资源，能建立健康的朋友圈，知道到哪里可以认识朋友，参与健康社会组织活动，能与不吸毒的朋友保持友谊等。

就业方面：如有职业道德，能够证明自己有职业技能，会使用网络、社区就业援助等公共职业服务资源，为申请和面试工作做准备，愿意找工作，愿意参加职业培训，在工作中会得到自我满足，有过与工作有关的积极经验，有明确的职业目标，能和上司和同事搞好关系，努力工作，得到奖励或升迁等。

学习方面：如有继续受教育的愿望，有明确的教育目标，总体来说很享受学习，有好的学习习惯，将经济来源用于教育，取得了学位、学历证书，总体来说能和老师和同学搞好关系等。

身体健康：如能够使用社区医疗资源，有医疗保险，知道家族病史，了解自身健康状况（如慢性疾病、危险致病因素等），对健康问题有一定的关注度，能有规律地进行体检或牙科检查，对艾滋病的危险、预防及治疗有足够的知识，能避免艾滋病危险行为，保持健康的饮食习惯，遵医嘱服药，经常或者有规律地运动，愿意或正在尝试改变不良的生活习惯（如吸烟、赌博、日夜颠倒等）。

心理健康：如能够使用社区心理健康资源，知道家族心理疾病史，了解自身的心理健康问题，对心理健康问题有一定的关注度，知道到哪里看心理医生，需要时会有规律地去看心理医生，遵医嘱服药，知道并且使用心理辅导热线等。

自身内在能力：如有目标地生活，理解自己的行为会怎样影响他人，表达愿望和需要，能够认识到自己的能力和天赋，能够认识到自己的兴趣，做事之前会先考虑到后果，能够认识到自己的成就，坚持自己的信念和价值，关注自己的精神需求，愿意寻求帮助来解决问题，在适当的时候会承担责任，做适当努力试图实现自己的目标，觉得对自己的生活有控制能力，能适当地表达感情，言出必行，能够有建设性地处理让人不适的情绪（如生气、伤感、悲哀、嫉妒等）。

戒毒康复治疗：如有持续戒毒的愿望，曾经主动寻求治疗，愿意定期与社会工作者面谈，试图改变吸毒行为，正在接受戒毒治疗，正在保持康复中，愿意参加同伴支持小组，避免前往吸毒现象普遍的地方和人群，和有帮助的人群保持持续的联系，和不吸毒的人保持友谊，有预防复吸的计划等。

（2）面对面引导出积极的话题。

服务对象来找社会工作者通常以抱怨、倾诉为主，或是直接提出希望社会工作者帮其办理社会保障或找工作。面对这种情况，社会工作者可以这样开始引导："你刚刚表达了你的困难和需要，这很好，在接下来的日子中，我们可以一起来想办法逐一处理和解决。不知你是否注意到，之前你谈的都是你的问题，或是过去的一些失败经验，这些话题似乎让你很沮丧。不如让我们聊点高兴的，聊一聊你的优势以及曾经有过的成功经验。每个人都有自己的优点，根据我的观察，你身上其实有很多闪光点，我们可以谈谈你的优点，你拥有的或者展示出的积极行为，还有支持你获得成功的资源，如你自身的特点、才能，或者外部的支持和人脉等，如何？"

（3）10个生活领域的访谈与选择。

可以从任何一个领域开始，每次可以谈及多个领域，或是重点深入谈及一个领域。最佳的选择是由服务对象从他们认为最有优势的领域开始，这样可以提升服务对象的自信心。无论服务对象从哪个领域开始，应引导服务对象将这些优势和戒毒康复治疗结合起来。注意访谈提纲中的内容只是"指引"而非"目标"或"客观描述"，强调服务对象自己的梳理和表达，如"参加同伴小组"，后面的横线应具体记录服务对象对参加同伴小组的看法、参与意愿、对小组的期待以及可能的行为表现等。一旦完成优势评估，要和服务对象一起将优势记录从头再看一遍，对每个领域的优势进行总结与鼓励，以强化优势评估的积极效果。

（4）注意记录优势及能力存在的时间。

应当尽量挖掘服务对象生活经验中做得好的地方，不管是过去还是现在。要注意这种好的表现在评估之前一年里是否有持续，试着将重点放在比较近期的优势和成就，但是对于长期被羁押的服务对象，就需要与其谈到曾经经历过成功的时间。如果成功经验发生在一年以前或更久，要将发生时间同时记录下来。

(5) 具体化每一个优势。

关注服务对象每一项优势的细节,运用开放性的提问方式使服务对象尽可能多地提供信息。如,服务对象:"我与孩子相处得很好。"社会工作者:"你和孩子在一起通常会做些什么呢?"协助服务对象对某个优势给出详细说明,再进行肯定和鼓励,会让服务对象觉得这是一个真正的优势。同时,了解服务对象优势细节有助于社会工作者更深入地了解服务对象的性格特点,收集生活方式等信息。

(6) 将优势能力与戒毒康复作用相联结。

优势和能力评估的目的是提醒服务对象可以运用优势来克服困难。服务对象过去是怎样处理问题的呢? 如果是负面的解决方法,可以与服务对象讨论这些办法,引导服务对象舍弃这些负面的解决方法。在评估中强调指导服务对象将优势和戒毒康复作用相联结,以协助服务对象建立明确的目标,找出获取服务和实现目标的障碍以及可能的解决方法。

3. 拟定目标,制定改变计划,行动实施

后续个案工作强调每次访谈有明确、具体的目标。目标应与拓展服务对象的优势一致,同时十分注重服务对象的参与性。每次访谈的过程,就是禁毒社会工作者协助服务对象制定自我改变计划的过程,随后通过连续性的访谈,促使服务对象由被动转为主动,一步步向自己制定的目标前行。

根据项目运行一年前后的数据统计,全市 10 个区共开展优势个案工作 118 个,共访谈 1 155 人次;服务对象自行制定的目标计划达成率均在 80% 以上(见表2)。

表2 服务对象自制目标达成情况

	戒毒康复治疗	自身内在能力	人际关系	就业	休闲娱乐
目标计划达成率	89.10%	80.20%	86.90%	88.80%	85.20%

(二) 优势拓展小组社会工作

优势拓展小组社会工作以优势拓展个案工作为基础,从兴趣才艺的培养中寻找希望、改变意愿、坚持等复原力,通过组员间的互动关系产生动力,进而促进个人的改变,提升戒毒信心及自我康复的能力。

各区优势拓展小组社会工作的内容精彩纷呈,给予服务对象充分表达的机会。嘉定区的草编、竹刻小组倡导"爱生活·爱自己";青浦区的书画互助小组感受"自强快乐";金山区的"墨新轩"书法小组表达坚韧与坚持,"金色长廊"农民画小组诉说着对美好生活的向往;普陀区的"唱出心声"歌唱小组、长宁区的"宁音"合唱团唱出了内心的呐喊;宝山区的"珠串小组""串联起了人生";徐汇区的"希望印社"刻出了重生的信念与希冀;静安区的"映像静安"摄影小组道出了对社区的关注与热爱;长宁区的"心灵手巧"工作坊、虹口区的"巧手坊Ⅱ"、黄浦区的"艺友坊"的作品向家人表达了浓浓的爱与感激(见表3)。

表3 各区小组社会工作活动及复原力元素列表

区	小组名称	复原力元素
嘉定	"爱生活 爱自己"系列小组(草编、竹刻、书法)	儿时的记忆(家乡文化传承)
金山	"墨新轩"书法社	持续坚持的毅力
青浦	"自强快乐"书画互助小组	专注于对生活的掌控力
普陀	"唱出心声"歌唱小组	情绪表达与管理能力
长宁	"心灵手巧"工作坊	自信心、装扮生活的能力
虹口	"巧手坊Ⅱ"编织小组(十字绣、绒绣)	自信心、爱的表达能力
宝山	"串联人生"珠串小组	学习自我肯定的能力
徐汇	"希望印社"篆刻小组	专注、对生活的掌控力
长宁	"宁音"合唱团	准时参与、团队协作能力
静安	"映像静安"摄影小组	关注社区、参与社区的能力
金山	"金色长廊"农民画小组	家乡文化传承、热爱自己的能力
黄浦	"艺友坊"(丝网花、插花)	美化生活环境的能力
宝山	"手工艺"小组(珠串)	专注力、关心他人的能力
宝山	"书写人生"小组	觉察自己、感悟人生的能力

项目运行一年中,全市10个区共开展优势拓展才艺小组16个,共有121名服务对象参与各类小组,活动参与人次为643人次,参与率达89.58%,每次小组活动都进行满意度调查,服务对象对活动总体评价表示满意的达99.23%。

通过小组社会工作的设置及运作，"艺术"除了发挥陶冶情操的功能之外，对药物滥用人员戒毒康复也起到了积极的作用。一是培养了持续坚持的毅力。艺术创作过程（如书法、篆刻、十字绣等），比较枯燥乏味，容易在初期就放弃，此时，同伴的支持和社会工作者的鼓励成为戒毒康复人员持续坚持的动力。二是转移注意力。心瘾的戒除是个很困难的过程，正是因为其可能在任何情景中出现，难以掌控。有些服务对象在犯心瘾的时候选择用艺术创作来转移注意力，取得了良好的效果。三是表达和重建生活意义。艺术作品创作主题的选择表达了服务对象的内心世界。项目中，服务对象的十字绣作品，如"牡丹寿""百福图"等，成为向母亲诉说愧疚、表达爱与祝福的最好礼物。服务对象的插花、串珠果盆、编织靠垫等作品，成为家居装饰的一部分。他们用心装扮着生活的每一个细节，表达出对生活的热爱以及新生的渴望。

优势拓展小组社会工作不同于以往单一的访谈及团康游戏，才艺作品本身也成为与社区沟通的媒介。一是小组中教授才艺的老师是社区志愿者，他们与社会工作者密切合作，将艺术与戒毒元素相结合，在艺术创作的过程中体验美和生活的美好；二是在每次小组活动中都有特别主题的分享，将小组活动与个体成长结合起来，协助组员分享、互助，植入希望，激发利他精神，鼓励相互学习，催生小组动力；三是产出的才艺作品，如插花、串珠等，社会工作者联络资源，由服务对象送出，或被赠予社区活动室的布置，或送给敬老院的老人，由此产生了良性的互动，也或多或少地给吸毒人员带来了难得的荣誉感和成就感；四是部分活动中，禁毒社会工作者组织居委会干部和社区居民到小组活动现场观看参与小组活动，当他们看到戒毒人员在小组中的表现时，一致表示与他们以往脑海中的刻板印象有很大的差别，对他们现在的表现给予了肯定和支持，并表示愿意将表现好的戒毒人员吸纳到社区活动中去。

（三）优势拓展社区社会工作

优势拓展社区工作是以吸毒人员才艺展的形式呈现的。才艺展预展的第一天，我们在现场举办了才艺作品创意分享会，共邀请来自10个区近20名戒毒康复人员参与了活动。过程中，通过热身活动消除了彼此的隔阂，鼓励作者带领大家来到作品前，亲自为大家说说作品的原创意图、寓意、作品制作过程的感受以及作品背后的故事。最后合唱《阳光总在风雨后》，让大家感受到被爱与支持，鼓励他们在新生的道路上继续前行。整个活动气氛和谐、祥和，充满着生命力，社会工作者用照相机和摄像机记录下全过程。对于照相和录像,在平时的活动中,戒毒康复人员非常排斥,觉得自己吸毒不光彩,也有种被监视的感觉。因此,这次活动的一开始,主带社会工作者拿出了摄像机,引导大家觉察"摄像机、照相机本身只是工具,使用者赋予的意义才是关键";而本次活动使用摄影设备将记录下作者介绍作品的过程,只在内部进行模糊处理后使用,不会对媒体公开,并且作者与作品合影的照片,将做成桌面板画,送给每一位作者留作纪念。这样提前说明摄影的用途,让戒毒康复人员感受到真诚与被尊重,从而放松了戒备,提升了自信。

在预展后,精心布置的作品展示活动正式开始。活动为期一周,在长宁区民俗文化中心开展,展厅面积达 200 平方米,分为三个主题展区,2 000 余名社区居民参与,一起分享了社区戒毒康复人员的康复成长经历。进门的前言是一首散文诗,诉说着社会工作者与戒毒康复人员互动的故事(见图3)。

图 3　散文诗:戒毒康复人员与社会工作者的互动对话

三个主题展区分别是:"修身养性——进入'书房',看到的是精湛的书法、篆刻,感受淡泊、宁静,体会修身养性";"田园风情——进入'艺术工坊',看到的是色彩纷呈的十字绣、农民画,领略田园风情,感受社区康复人员对美好生活的向往";"我爱我家——进入'客厅',看到摄影、手工艺、花艺、珠串、编织等作品,装饰着家的每一个细节,在此小憩,感受温馨,享受家的味道"。每一幅作品都标有康复者的昵称、康复时间以及他们的心语。这些精心的设计,进一步拉近了戒毒康复人员与观众的距离。最后,在展览出口处,我们设置了"回音壁",用的是树叶的N字贴,由参观者和禁毒志愿者留言,寓意在更多的关爱和帮助下,戒毒康复的大树必将枝繁叶茂,茁壮成长。

项目中,共有200余件才艺作品产出,戒毒康复人员参与才艺展示活动,得到了社会各界的认可。参观人员纷纷表示难以想象这些作品是出自戒毒康复人员之手,他们对戒毒康复人员的"恶魔""不可救药"印象有了较大的改变。

四、项目评估

项目综合运用自尊量表(RSES)①、自信心量表②、戒毒康复自我效能感量表③以及病耻感量表④等标准化量表进行前后测评估,并统计戒毒康复人员目标达成数量,以观察项目中戒毒康复人员复原力的提升情况,并运用自制的"对药物滥用的看法和评价调查表"观察社会公众对戒毒康复人员接纳程度的变化。

(一) 戒毒康复操守率

据国家禁毒委抽样调查,戒毒者出所以后,一月内复吸的占81.7%,一年内复吸的达90%以上(新浪网新闻中心,2008年)。优势拓展项目过程中,参与项目的118名服务对象中,入项目时已康复满三年以上的仅10人,占8.5%;而入项目时出所不满一年的为42人,占到总数的35.6%,项目参与服务对象

---

① 自尊(self-esteem)是指个体对自身的一种积极或消极的态度(Rosenberg, 1965)。大量实证研究发现,自尊与许多心理变量存在关联,并对未来的心理健康和行为具有预测作用,高自尊水平者有着许多良好的心理功能,相反,低自尊则与抑郁、焦虑和物质滥用等不良情绪和行为相连(Orth, Robins & Roberts, 2008)。自尊量表共有10题,由Rosenberg (1989)设计,在国际上被广泛使用。
② 自信心量表共有25题,为网络通用版。
③ 2000年,Hill等人专为评估戒毒康复人员自我效能感水平而设计的量表,包含15个容易导致成瘾者复吸的情景,用于测量成瘾者在高危情境下的控制能力。2010年,在UCLA和上海市精神卫生中心合作的戒毒人员康复管理项目中被引入使用,引进时增加了2项,从原先的15项增加到17项。
④ 源自文献 Edlaf, E., Hamilton, H., Wu, F. & Noh, S., "Adolescent Stigma towards Drug Addiction: Effects of Age and Drug Use Behaviour", *Addictive Behaviour*, 2009,34(4), 360-364。

多数处于复吸高发期。除10名康复满三年的无需接受尿检之外,参与项目的108名戒毒康复人员均按照戒毒条例接受社会工作者监督下的常规尿检,尿检率达91.53%。经过项目活动,一年后的尿检数据统计显示,该118名服务对象中仅有2名戒毒服务对象复吸,4人因去外地等原因脱失(视为复吸),服务对象操守率高达94.92%,复吸率仅5.06%,远高于国家禁毒委抽样调查的数据。

(二) 自尊、自信心、自我效能感

选用量表测量服务对象的自尊、自信、自我效能等能力复元情况。如表4所示,经前后测统计,有73.45%的服务对象自尊得到了提升,总体平均值从26.96提升至28.63,提升了1.67;有81.35%的服务对象自信心得到了提升,总体平均值从59.93提升到72.25,提升了12.32;有71.18%的服务对象在对抗毒品的自我效能方面得到了提升,总体平均值从60.49提升到65.68,提升了5.19。七成以上的服务对象在自尊、自信心、自我效能感等个人层面的复原力有提升,成效喜人。

表4 服务对象自尊、自信心、自我效能前后测情况

量表	总分值	前测	后测	提升量	改变率
SEI自尊	40	26.96	28.63	1.67	73.45%
自信心	100	59.93	72.25	12.32	81.35%
自我效能感	85	60.49	65.68	5.19	71.18%

(三) 与环境适应度的复元

病耻感是一种负性情绪体验,会对服务对象社会功能恢复产生不利影响。项目使用病耻感量表来测量戒毒康复人员对生活环境的负性感受与程度,量表内容包含"我的成瘾问题让我觉得很尴尬和羞耻""有成瘾问题的人一辈子不会很好或有成就"等30个选项。经统计,如表5所示,参加项目的118名服务对象中,67.8%的人病耻感降低,前测平均值为39.96,后测为34.00,下降了5.96。可见,戒毒康复人员对环境的适应度有所改善。

表5 病耻感测量

量表	总分值	前测	后测	降低量	改变率
病耻感	90	39.96	34.00	5.96	67.80%

同时,大型展示活动回收的674份"对药物滥用的看法和评价调查"问卷结果显示,在所有观众中,"以前认为戒毒康复人员是没有价值和能力"的占62.77%,85.64%的社区居民认为毒瘾是不可能戒断的;而在参观展览后,九成社区居民改变了他们对戒毒康复人员的看法,有85%的社区居民愿意帮助和支持戒毒康复人员(如表6),显示出展示活动提高了社区居民对服务对象的正向评价,戒毒康复人员的生存环境有所改善。

表6 对药物滥用的看法和评价

关于戒毒人员的看法	社区居民认同率	关于戒毒人员的看法	社区居民认同率
1. 我在以前接触过戒毒康复人员	76.60%	7. 我现在希望可以帮助戒毒康复人员	85.11%
2. 我以前害怕或担心与戒毒康复人员有近距离的接触	92.02%	8. 我现在认为戒毒康复人员也是有价值和能力的	92.02%
3. 我以前认为毒品成瘾是不可能戒断的	85.64%	9. 我现在认为戒毒康复人员也需要尊重和支持	93.62%
4. 我以前对戒毒知识不了解	64.36%	10. 我支持社会上更多的人去帮助戒毒康复人员	94.15%
5. 我以前认为戒毒康复人员是没有价值和能力的	62.77%	11. 我现在不再害怕或歧视戒毒康复人员	91.49%
6. 我以前认为戒毒康复人员的人生是黑暗的	70.74%	12. 我认为戒毒康复人员的未来是光明的	89.36%

课程设计

一、教学目的与用途

本案例将会应用于"高级临床社会工作"课程中,用于讲解高级临床社会工作实践中优势视角与增能理论的运用,案例的编写以此为出发点组织相关内容,对案例的分析和总结也是基于这一目的。若将本案例用于其他课程,则需做调整,本案例课程设计可作参考。

(一)适用的课程

本案例适用于"高级临床社会工作"课程,也可以作"禁毒社会工作"等课程的辅助案例。

(二)适用的对象

本案例适用对象包括高年级社会工作专业本科生、社会工作专业硕士(MSW)研究生。

(三)本案例教学目标规划

1. 覆盖知识点

(1)优势视角的理念及在实践中的具体运用;

(2)增能理论的主要内容及在实践中的具体运用。

2. 能力训练点

(1)学会识别、评估服务对象的优势,并帮助服务对象觉察自己的优势,使其成为一种推动服务对象改变、成长的动力;

(2)针对特殊人群,在优势评估的基础上,设计项目从不同层面拓展服务对象的优势;

(3)学会在优势视角理念下将增能理论运用于实践,提升服务对象的能力;

(4)学会整合性运用增能理论,从不同层面提升服务对象的能力;

(5) 学会从不同层面评估服务对象优势拓展和能力提升的路径与方法。

二、启发思考题

本案例的启发思考题主要对应的是案例教学目标中知识的传递和能力的提升，启发思考题与案例同时布置，另外，要让学生在课前大量阅读并熟悉相关知识点。因此，在案例讨论前需要布置学生阅读教材中有关优势视角和增能理论的相关内容，包括优势视角理念，增能理论的假设、内容以及与实践的结合点。

(1) 你认为在本项目中优势视角是一个理念还是一个理论？为什么？你认为是否存在将优势视角理念转化成一种清晰指导实践的理论的可能性？如果那样，本项目的设计会有什么不同？

(2) 你认为怎样才能帮助服务对象参与到其优势评估中？尤其面对一些有很多困难，很难发现自己优势的人，如何协助其觉察、挖掘自己的优势？

(3) 你认为如何能帮助服务对象将其优势拓展成为一种持续推动其改变和成长的动力？这在上述案例中是如何体现的？还有哪些不足？

(4) 你认为增能理论的主要内容有哪些？优势视角理念和增能理论有专业上的结合点吗？如果有，他们在哪些方面可以结合起来？这在上述案例中是如何体现的？又有哪些不足？

(5) 你认为增能是否是个一蹴而就的过程？如果不是，可以从哪些层面帮助服务对象增能？这些层面之间有哪些内在的逻辑？这在上述案例中是如何体现的？这些体现是否已经存在某些可以认同的内在逻辑？又有哪些不足？

(6) 本项目采用了哪些评估方法？这些评估方法是否可以对项目产生有效评估？又有哪些不足？

三、分析思路

案例分析的思路是阅读案例相关情境材料，通过教师事先设计好的提问，有逻辑地引导案例讨论，教师总结提升。因此，本案例分析设计的重点是学习面对特殊群体，在优势视角的指引下，通过增能理论的运用，设计与执行"增能三部曲"，从不同层面拓展提升服务对象的优势，提升服务对象的能力，协助他们重新恢复社会功能。案例设计与实施过程是案例分析的关键路线,服务开展背后的内在逻辑是教学目标。

(一) 本案例的主要设计与评估点

(1) 优势视角理念在实务中的运用;
(2) 增能理论在实务中的运用;
(3) 优势视角理念与增能理论的逻辑结合点。

(二) 案例分析的基本逻辑

(1) 阅读文献,了解优势视角、增能理论的基本概念和相关知识。

(2) 阅读案例,找出优势视角理念与增能理论在实务运用中的基本要素和专业脉络。

(3) 分析项目中的项目背景、实施过程、结果评估,寻找优势视角下增能理论与具体实务工作的有效结合点。

(4) 根据项目开展历程,对项目进行过程分析,分析在优势视角理念和增能理论指引下知识、方法、服务系统资源、服务传输、社会工作者角色之间的整合运用及服务对象改变与成长的历程,以及项目各部分之间的内在逻辑关系。

(5) 吸毒人群是一个特殊群体,探索面对这样的特殊人群,项目在设计和实施中的独特专业考量。

四、理论梳理

(一) 优势视角

优势视角是指着眼于个人的优势,以利用和开发人的潜能为出发点,协助其从挫折和不幸的逆境中挣脱出来,最终达到其目标、促进人的改变和成长的一种思维方式和工作方法。社会工作的优势视角反对将服务对象问题化,认为问题的标签对服务对象具有蚕食效应,重复次数多了之后,就改变了案主对自己的看法和周围人对他们的看法。长远来看,这些变化将会逐渐融入他们的自我认同中。优势视角强调每个个人、团体、家庭和社区都有优势(财富、资源、智慧、知识等);创伤和虐待、疾病和抗争具有伤害性,但它们也可能是挑战和机遇;与案主合作,我们可以最好地服务于案主;所有环境都充满资源,以优势和资产为本的取向可以激发案主和工作者的乐观情绪、希望和动机。

(二) 增能理论

增能理论认为能力不是稀缺资源,经过人们的有效互动,人们的能力可以不断增强。这里的能力发生在三个层面:个人层面、人际关系层面、环境层面。

增能理论的基本假设:

(1) 个人的无力感是由于环境的排挤和压迫(无力感的三个来源:负向评价、负面经验、无效行动);

(2) 社会环境中存在的障碍使人无法发挥能力,但障碍可以改变;

(3) 服务对象有能力、有价值;

(4) 社会工作者与服务对象之间是一种合作关系。

增能理论强调从四个方面帮助服务对象提升自己的能力:

(1) 协助他们确认自己是改变自己的媒介;

(2) 协助他们了解社会工作者的知识和技巧是可以分享和运用的;

(3) 协助他们认识社会工作者是解决问题的伙伴,而他们自己是解决问题的主体;

(4) 协助他们明确无力感是可以改变的。

五、关键要点

本案例分析关键在于把握通过优势视角,实现社区戒毒人员增能,助其回归社会,理解社区戒毒人员的心理社会特点,以及根据其心理社会特点提供具有针对性的有效服务。

(一) 教学中的关键点

(1) 如何寻找社区戒毒人员的优势;

(2) 如何帮助社区戒毒人员自我觉察、接纳自己的优势;

(3) 如何帮助社区戒毒人员将对优势的了解与自我的增能结合起来;

(4) 如何在不同层面协助社区戒毒人员完成增能;

(5) 针对项目目标如何完成项目的设计与实施。

(二) 建议的课堂计划

本案例可以根据本科生和 MSW 学生的差异,进行区别化教学。本案例主要按照 2 学时进行设计。

A 计划:本科学生可以将优势视角和增能理论的学习和讨论放在课程内进行,因为这类学生的临床经验较少,因此,案例讨论过程中需要教师引导的内容要相对多一些。

B 计划:MSW 学生已经具备相应的实务经验基础,因此可以让他们在课外对社区戒毒人员的需求进行评估,同时在优势视角和增能理论的基础上设计相应的方案,在课堂中进行展示和讨论。

两种课堂教学的详细安排计划如下:

A 计划	B 计划
考虑到本科生的知识基础和实践经验相对缺乏,要适当增加讨论前的知识讲解和讨论后的知识总结时间。 课堂安排:90 分钟 知识讲解:20 分钟 案例回顾:10 分钟 集体讨论:20 分钟 案例分析:20 分钟 知识梳理与总结:10 分钟 问答与机动:10 分钟	课前阅读文献至少 1 小时。 考虑到 MSW 学生的知识基础和实践经验较丰富,建议将方案设计部分放在课前准备中,而运用中的实务关键点、逻辑衔接的设计和讨论置于课堂中进行。 课堂安排:90 分钟 案例回顾:10 分钟 方案设计:15 分钟 小组讨论:25 分钟 集体讨论:30 分钟 知识梳理:5 分钟 问答与机动:5 分钟

在课堂上讨论本案例前,应该要求学生至少阅读 2—3 篇与社区戒毒、优势视角、增能理论相关的文献,对案例启发思考题进行回答。在课堂讨论中,以小组为单位围绕所给的案例启示题目进行讨论。

推荐阅读

1. Dennis Saleebey 编著:《优势视角:社会工作实践的新模式》,李亚文、杜立婕译,华东理工大学出版社 2004 年版。

2. 梁莹:《优势视角与系统理论:社会工作的两种视角》,《学海》2013 年第 4 期。

何以践行社会工作的"社会性"?
——一项针对成年精障人士"老养残"家庭照料者的项目实践

韩央迪　张丽珍　赖晓苗　郑思佳　高瑞鑫*

【摘　要】　受"去机构化"运动和精神健康"消费者运动"的影响,精神障碍(以下简称精障)人士的照料责任越来越多地从机构转移到家庭,家庭是精障人士生活与康复融合之路上的核心支持。针对成年精障人士家庭照料者的需求评估发现,其需求突出表现在疾病管理、喘息服务、精障成员的未来养护等方面。基于服务使用者的需求,本项目结合了自我照料理论、积极心理学和影像发声法的理论与实务。在传统的社会工作介入方法基础上,本项目注重回应社会工作的社会本质及具象目标,着力促进家庭照料者、服务提供者、决策者等利益相关者对残障议题的平等对话,进而促进社会工作者的反思性实践。此外,本项目的实践也可以对中国社会工作教育、实践与研究三个生态环的整合提供启发。

【关键词】　成年精障人士、家庭照料者

案例综述

一、引言

受"去机构化"运动和精神健康"消费者运动"的影响,对精障人士的照料责

---

① 本项目的顺利实施离不开 20 位精障人士家庭照料者的信任和参与,以及解学勤女士和静安区公益创投项目平台的大力支持,在此谨表谢意。本文改编自《社会工作》2017 年第 4 期。

* 韩央迪,博士,复旦大学社会工作学系副教授;张丽珍、赖晓苗、郑思佳、高瑞鑫,复旦大学社会工作专业(MSW)研究生。

任越来越多地从机构转移到家庭①。可以说,家庭已成为残障人士日常生活、康复融合之路上的核心支持体系。据估计,大约50%—80%的精障人士与其家庭照料者居住或保持密切的联系,在居住、经济、情感、教育和职业支持等方面依赖家庭②。由于精神疾病的病理特性,精障人士在遭受疾病痛苦的同时,还存在生活自理能力普遍较低的问题,因此,家庭照料者承受着巨大的经济、照护乃至心理的重担③。

由最初遭遇突发疾病时的困苦与无助,到迫切寄望医疗介入以治愈残障成员的精神疾病,经反复发作终于认识到疾病的永久性而降低期望,再到抽离于照料者角色而逐渐与患者建立界限、保护微小的自我,每个抚养着成年精障人士的家庭照料者都有着相对一致而又独特的心路历程。

随着越来越多的照料者步入老年甚至高老的生命历程,"老养残"家庭照料者群体发出了"我们百年之后,他/她一个人在社会上怎么办?"的呐喊。呐喊的背后,是这些年迈的照料者无尽的担忧——其精障子女多为独子(女),他们未来的监护权、生活质量如何得到保障?而现有的机构养老体系又拒绝接收精障人士。残障家庭财产信托服务滞后的背景下,精障人士未来的生活何以可能?……一系列由"老化"与"残障"交织迭代而生的冲击与挑战,无时无刻不刺激着那些家有精障人士而自身也已过花甲之年的照料者的神经。

为此,本项目旨在整合既有的研究证据、实践经验与社会工作者的临床专长,设计契合"老养残"家庭照料者需求的综合干预项目。与此同时,本项目是以 MSW 实习生为核心协调者、使能者、倡导者等多重角色的专业实践,这一实践过程本身为当下社会工作教育、实践与研究的有机整合提供了宝贵的理论价值和实践智慧。

---

① Canive, J. M., Sanz-Fuentenebro J., Vázquez C., Quails C., Fuentenebro F., Perez I. G. & Tuason V. B., "Family Psychoeducational Support Groups in Spain Parents' Distress and Burden at Nine-Month Follow-Up", *Annals of Clinical Psychiatry*, 1996, 8(2), 71-79.
② Saunders, J. C., "Families Living with Severe Mental Illness: A Literature Review", *Issues in Mental Health Nursing*, 2003, 24(2), 175-198.
③ Awad, A. G. & Voruganti L. N., "The Burden of Schizophrenia on Caregivers: A Review", *Pharmacoeconomics*, 2008, 26(2), 149-162; Cazzullo, C. L., Bertrando P., Clerici C., Bressi C., Ponte C. D. & Albertini E., "The Efficacy of an Information Group Intervention on Relatives of Schizophrenics", *International Journal of Social Psychiatry*, 1989, 35(4), 313-323.

二、文献回顾

何谓社会工作的"社会"属性？从词源学上看，现代意义的"社会"（society）一词来自日本，即我国近代学者严复在《群学肄言》中所译的"群"，意指由一定联系、相互依存的人们组成的超乎个人的、有机的整体。诚如马克思所言，人是一切社会关系的总和，社会是人类生活的共同体。而社会工作的"社会"属性涵括了社会关怀与意识、以社会弱势群体为主要服务对象、社会环境对个体问题的影响、以社会建构论的视角剖析个人问题成因、社会改变和社会公义六个维度[①]。也有学者提出，社会运动、社会参与、社会组织和社会动员等都归属于社会工作"社会"属性的范畴[②]。由此得以管窥，社会工作的"社会"属性当致力于反映、解构、调节和再塑"群""己"之间的关系边界，以此回应社会需求、推动社会变革、维护社会和谐。

自20世纪90年代《不忠天使：社会工作如何背弃了自己的使命》一书问世以来，业内对社会工作背弃"社会正义"之使命的质疑与批判一直不绝于耳[③]。由此也形成了对社会工作实践逻辑的两极化认识——临床治疗是社会工作的"专业性"路向，而社会变革是"社会性"路向。

无论境内外，在社会工作的发展语境中，"专业性"与"社会性"常被视为一对相互抵牾的矛盾关系。依笔者的理解，"专业性"需从广义和狭义两个层面进行解析，这一界分可以帮助我们更好地理解这对语词在社会工作语境中的内涵差异。从广义层面看，社会工作的专业性涵括了社会性的内涵，社会性是社会工作事业的实践旨归。狭义层面的专业性指向社会工作的工具理性，而社会性则廓清了社会工作发展的价值理性。将二者对立，不仅无助于阐明社会工作的本性，

---

① 甘炳光：《社会工作的"社会"涵义：重拾社会工作中的社会本质》，《香港社会工作期刊》2010年第1期。
② 郑广怀、向羽：《社会工作回归"社会"的可能性——台湾地区社会工作发展脉络及启示》，《社会工作》2016年第5期。
③ Haynes, K. S., "The One Hundred-Year Debate: Social Reform versus Individual Treatment", *Social Work*, 1998, 43(6), 501-509; Jacobson, W., "Beyond Therapy: Bringing Social Work Back to Human Services Reform", *Social Work*, 2001, 46(1), 51-61; 甘炳光：《社会工作的"社会"涵义：重拾社会工作中的社会本质》，《香港社会工作期刊》2010年第1期；何雪松：《社会工作学：何以可能？何以可为？》，《学海》2015年第3期；郑广怀、向羽：《社会工作回归"社会"的可能性——台湾地区社会工作发展脉络及启示》，《社会工作》2016年第5期。

事实上,无论是临床治疗抑或社会变革取向,都体现了社会工作对"社会性"的追问、承诺与实践①。诚如维克菲尔德在分析社会工作使命时所指出的,临床治疗与社会变革取向的角力,分歧不在于服务的形式或介入的路向之别,而在于社会工作者作为一个职业共同体所追求的实践旨归——分配正义②。随着人类文明的进步,分配正义已不仅仅简单地停留在物质资源层面,还囊括了时下对健康(尤其是精神健康)、时间等无形资本的拷问与追求。退一步讲,即使是在私人服务场域内,社会工作者也可通过整全的、历史的视角,来呈现服务使用者在外部约束与主体性自我建构过程中所形成的行动逻辑与生态图景;并借由相应的专业服务介入促成服务使用者的需求满足,进而对特定群体和主体间性达至解构、发声、倡导、推动变革等作用。

回到精障人士家庭照料者群体本身,为回应他们的问题与需求,国外实务界和研究界开展了大量的心理教育干预(psychoeducation)实践与研究。相对于传统上忽略家庭因素而聚焦精神障碍人士的干预实践相比,现代的家庭干预方案将家庭照料者考虑进来,关注照料者在照料过程中的付出与价值,并对他们的痛苦进行回应以及提供必要的心理社会支持服务③。早期的干预模型主要以行为家庭治疗(behavioral family therapy)④为主,当下以家庭为中心的心理教育项目(family-oriented psychoeducation)⑤和照料者同辈支持小组(mutual support

---

① 韩央迪:《法律与社会工作的互构:西方社会工作的实践与启示》,《中国社会工作研究》2015 年第 12 辑。
② Wakefield, J. C., "Psychotherapy, Distributive Justice, and Social Work. Part 2: Psychotherapy and the Pursuit of Justice", *Social Service Review*, 1988,62(3),353 - 382.
③ Addington, J., Collins A., Mccleery A. & Addington D., "The Role of Family Work in Early Psychosis", *Schizophrenia Research*, 2005,79(1),77 - 83; Kuipers, E., Onwumere J. & Bebbington P., "Cognitive Model of Caregiving in Psychosis", *British Journal of Psychiatry*, 2010,196(4),77 - 83.
④ Falloon, I. R., Boyd J. L., Mcgill C. W., Razani J., Moss H. B. & Gilderman A. M., "Family Management in the Prevention of Exacerbations of Schizophrenia: A Controlled Study", *New England Journal of Medicine*, 1982,306(24),437 - 1440.
⑤ Sin, J. & Norman I., "Psychoeducational Interventions for Family Members of People with Schizophrenia: A Mixed-Method Systematic Review", *Journal of Clinical Psychiatry*, 2013,74(12),1145 - 1162.

group)①为主。这些基于模型指导而设计的活动与服务,更加重视整合来自社区服务链的专业力量,不断循环往复,形成了正向的知识生产链条,也产生了较好的服务效果。相较而言,国内尚未对"老养残"群体进行足够的关注,相关支持尚处于探索之中,对应研究则更鲜见。

作为社会发展的领头羊,上海市自 2004 年始实施了全市残障人士"三阳工程"②建设,目前已取得了一定进展。2012 年,市残联组织专业力量对这一工程的实施进行了评估,发现当前针对"老养残"家庭的服务与支持仍以残障人士的个体需求为本,缺乏对家庭需求的考量与回应;而且,现行服务存在形式较为单一、覆盖范围小、托养机构缺失等问题,难以回应"老养残"家庭的需求③。

在建设现代社会组织体制的发展道路上,越来越多的社会工作机构(社会服务机构)得以成立,并协同基层社区组织力量为残障人士及其家庭提供了日益专业化的社会服务。然而,更为结构性的需求与家庭照顾风险并未得到有效的回应④。在当前"模糊发包"的社会组织治理结构下⑤,大多数社会组织在"强功能、弱联合,强服务、弱表达"的导向下形成了工具主义实践逻辑⑥,社会工作机构的"社会性"实践明显不足。

故此,本项目在回应"老养残"家庭照料者的个体需求基础上,特别聚焦社会工作的"社会"本质及其象目标,旨在实现个体治疗与社会变革相整合的实践策略。

三、需求评估与问题分析

本部分内容旨在交代需求评估的过程与发现,并着力在结构-态度-行动的

---

① Chien W. T., Norman I. & Thompson D. R., "A Randomized Controlled Trial of a Mutual Support Group for Family Caregivers of Patients with Schizophrenia", *International Journal of Nursing Studies*, 2004, 41(6), 637-649.
② 阳光之家:针对智力残疾开设的机构,主要功能是日间照料、康复训练、文体活动、特奥活动等;阳光心园:社区精神病人日间康复照料机构,提供工疗、农疗、娱疗、心理咨询、教育培训、社会适应能力训练的康复服务内容;阳光职业康复援助基地:组织就业困难残疾人相对集中地开展生产劳动、职业培训、职业辅导等职业康复活动的经过认定的非正规就业劳动组织。
③ 上海市残疾人就业服务中心:《"老养残"家庭现状及思考——以上海市为例》,《残疾人研究》2014 年第 1 期。
④ 范明林、李蓉:《成年残疾人子女家庭照顾风险及其个案管理模式——以上海市 S 社会工作发展中心为例》,《社会建设》2017 年第 2 期。
⑤ 黄晓春:《当代中国社会组织的制度环境与发展》,《中国社会科学》2015 年第 9 期。
⑥ 王向民:《中国社会组织的项目制治理》,《经济社会体制比较》2014 年第 5 期。

互构论中呈现服务使用者的需求、个体能动性及其无法挣脱的结构性束缚。

本研究的主要对象为静安区的 20 位"老养残"家庭精障人士长期照料者，即年龄为 60 周岁及以上的老年人，且还长期抚养着家中生活不能自理的重度精障人士，是"老养残"家庭的主要照料者。

在研究对象的选取上，本项目立足项目前期开展的"阳光互助"精障人士照料者支持小组进行招募。除年龄要求外，只要满足家中有一位成年精障人士且居住在静安等条件。在自主报名的基础上最终确定来自静安区[①]五个街道（每个街道 4—6 人）的 20 位服务使用者（见表 1）。

（一）资料收集与分析方法

本项目主要通过深度访谈、焦点小组、问卷调查等方法进行需求评估。访谈提纲在前期预调研的基础上经多次修改后确定，据此对 20 位服务使用者、8 位静安区残疾人工作关键人物（利益相关者）[②]等进行访谈，以期厘清精障人士照料者及其家庭的基本情况与服务需求，以及与"老养残"家庭有关的现行政策与服务。

在征得受访者知情同意后，项目组获得了丰富的音像资料。其后将所有访谈录音、录像资料誊写成逐字稿，并对所有访谈数据进行开放性、关联性、选择性的三级编码，在归纳、提炼中得出需求评估结果。

（二）需求评估发现

本部分将着重分析"老养残"家庭的基本特征、现有的支持与服务、照料者的需求及需求不足的原因。

1. "老养残"家庭的基本特征

由表 1 可知，20 位服务使用者的平均年龄为 66.85±7.30 岁。其中，女性照料者占 70%，这与中国家庭照料场域中的性别议题较为吻合。学历为高中及以上的人数占 60%；30% 有宗教信仰，尤以佛教为主；30% 照料者丧偶，孤身一人抚养着精障人士。目前，多数服务使用者已退休，但有 15% 仍再就业。70% 的照料者患有各种大小疾病，身体健康状况较差。

[①] 彼时上海静安区与闸北区尚未合并。
[②] 分别是上海市精神残疾人及亲友协会主席、静安区残联康复科科长、静安区曹家渡街道、南京西路街道的工作者、阳光助残社会工作者事务所负责人及一线社会工作者。

表1 家庭照料者与成年精障人士的社会人口特征

特征	N(N = 20)	%	特征	N(N = 20)	%
照料者			精障人士		
性别			性别		
男	6	30	男	9	45
女	14	70	女	11	55
平均年龄 ± 标准差	66.85 ± 7.30		平均年龄 ± 标准差	37.25 ± 7.83	
年龄段			年龄段		
56—65 岁	10	50	26—35 岁	11	55
66—75 岁	7	35	36—45 岁	6	30
76—85 岁	3	15	46—55 岁	2	10
婚姻状况			56—65 岁	1	5
已婚	13	65	与照料者关系		
离婚	1	5	子女	17	85
丧偶	6	30	姐弟	2	10
教育水平			祖孙	1	5
小学	1	5	婚姻状况		
初中	7	35	未婚	18	90
高中	6	30	已婚	1	5
大专	4	20	离婚	1	5
本科	2	10	宗教信仰		
宗教信仰			无	16	80
无	14	70	有	4	20
有	6	30	残疾等级		
			一级	3	15
			二级	16	80
			三级	1	5
			残障时长		
			平均患病时长 ± 标准差	15.8 ± 9.32	

在 20 个家庭中,高达 85% 的照料者为精障人士的父母,可见是以老年父母为主力的照料者。家庭结构主要分成以下三类:由一对老年夫妻和未婚成年残障子女构成的核心家庭;因离异或丧偶一老养一残的单亲家庭;由上有老、下有"小"(成年精障成员)三代人构成的主干家庭。

在被照料的精障人士中,未婚(90% 未婚)、无业(70% 为无业人员)是现行精障人士的主要人口特征。本项目中 55% 的精障人士为女性;平均年龄为 37.25 ± 7.83 岁,处于 26—45 岁区间的人数占 85%,有 5% 的精障人士即将步入或已步入老龄化生命历程,凸显了"残障"与"老化"迭代的严峻性。此外,残疾等级为二级以上者比例高达 95%;据残疾证持证时间计算,本项目中精障人士平均残疾时间达 15.8 ± 9.32 年之久,最长者高达 40 年[①]。与此同时,受药物副作用等因素影响,多数精障人士还患有如心脏病、高血压、内分泌失调、皮肤病等其他各类疾病,并存在记忆力衰退、嗜睡、懒惰等问题。

其中,有 5 位服务使用者除了照料精障子女之外,还需照料自己年迈的父母,承担着多代人的照料重任,远超其可承受范围。余下 15 位服务使用者的照料负担也不容乐观,其日常负载着一周配药四次、自身年老体弱仍要每日陪儿女散步(以维持康复水平)、一老养多残[②]等重任。

2. "老养残"家庭现有的支持与服务

受可寻求支持的主体少、习惯于被动接受支持以及病耻感与歧视的影响,多位服务使用者表示不会主动寻求帮助,他们大多"独立承担""自己解决"或"自我调整"。其目前可获取的支持主体由高到低的次序如下:①居委会;②残联;③街道;④邻居;⑤阳光心园;⑥父母及兄弟姐妹;⑦社会工作者及慈善组织;⑧医生、同事;⑨派出所、挂靠企业。家庭照料者接受的现有服务见表 2。

---

① 不过,由于部分家庭在子女残疾多年后才申请办理残疾证,因而部分精障人士的残障时间实际上更长。部分残障家庭做出这种选择的原因为:有的人希望被照料者病情能够康复,有的人则是无法接受事实并不愿为被照料者办理残疾证,不希望其终身戴着精残的"帽子"。

② 指一个老人照料两个精障人士。

表 2 家庭照料者接受的现有服务

服务名称	具 体 内 容
"老养残"家庭可享受的社会保障与服务	1. 居家养护服务(主要为钟点工服务); 2. 机构养老方面的服务,由市残联、民政局认定的养老机构提供服务,每月给予残疾人700元补贴,公建民营养老机构会设置一定的床位给残疾人(但并不向精障人士开放); 3. 精神障碍者可免费服药,由阳光心园提供康复服务; 4. 重残无业残疾人每月有1 000余元补贴,并以菜单式服务作补充
菜单式服务	1. 服务对象为一户多残的困难户,且为重残无业人员; 2. 助医配药、每天一小时家政服务、陪聊服务、理发服务、接送阳光心园学员等服务内容
社会保障	养老保险、医疗保险、重残无业经济补贴、每月的粮油帮困卡、电费减免、街道居委会节假日慰问、精神人士阳光心园托管服务①、残联组织各类政府购买服务项目的活动、社会工作者机构开展的"选择性"服务、钟点工服务一小时、理发、志愿服务等临时性服务等

由表2可知,静安区针对精障人士照料者的现有支持与服务涉及物质、信息、情感支持等多个方面。在项目过程中,服务使用者对于自身目前所获得的支持与服务总体评价较为积极,对静安区的助残服务较为满意。他们更愿意接受来自居委会、残联、街道的正式支持,而来自同事/朋友、邻居等的非正式支持则相对薄弱,居于辅助地位。同时,有多位照料者明显缺少支持主体,支持网络缺失,无法获得其所希求的支持。由此,可大致勾勒出当前精障人士在"精神残障""污名化"背景下的心理弱势。

3. "老养残"家庭照料者的需求结构

经过深度的资料分析发现,照料者的需求既有共性也有不同(具体结果见表3)。

---

① 阳光心园服务原则上是全市各街镇全覆盖,但在个别区的街镇层面未有提供,即非100%全覆盖。

表3 "老养残"家庭照料者的多元需求

序号	需求内容	提及频次
1	子女未来养护（我们走了，小孩怎么办？）	16
2	喘息服务	10
3	政策指导与咨询	8
4	经济补贴	8
5	药物管理（配药、吃药、药物副作用）	7
6	家长之间的交流与互助	6
7	钟点工服务	6
8	疾病管理（认知、预防与应对）	6
9	减少歧视	6
10	法律援助（财产管理、监护人）	5
11	亲子沟通	4
12	加强阳光心园管理	3
13	住房问题	2
14	其他：恋爱①	2

基于对访谈资料的主题词分析，20位服务使用者的需求可归为14个大类。其中，频次最高的是子女未来养护，余下的依序为喘息服务、政策指导与咨询、经济补贴、药物管理（配药、吃药、药物副作用）、家长之间的交流与互助、钟点工服务、疾病管理（认知、预防与应对）、减少歧视、法律援助（财产管理、监护人）、亲子沟通、加强阳光心园管理、住房问题等。

除以上提及的多元需求外，还有一些个性化需求与精障人士的精神健康和社会融合相关，主要表现为：针对精障人士开展心理辅导等相关活动、去心园接受康复辅导、精障人士的婚姻及社会融入问题的关注、精障人士生活自理能力提升等。

在以上多元需求中，可发现服务使用者最为迫切且亟须给予回应的是其子女未来养护问题，即当照料者去世后，精障人士的未来养护问题。这包含以下几

---

① 被照料者患有精神残疾对其子女谈朋友产生的负面影响，或担心患有精神疾病的子女谈恋爱时被骗。

个内涵：

第一，精障子女未来养护需求的迫切性。随着照料者陆续步入老龄化生命历程、健康状况不断变差，其对子女未来养护的担忧与日俱增，也日益迫切。其中一位照料者提道："连我女儿自己也会讲：'妈妈，如果你没有了，叫我怎么办啊？'后来她说：'你今天死，我就明天自杀。我只有死路一条，谁来照料我？'"无论是照料者还是精障人士自身，面对"老化"与"残障"交织后的需求迭代，他们对未来生活有着太多的未知与不确定性。尤其是在强调"善终"的中国文化里，如果无法保障精障人士日后基本的日常生活，对担负了半辈子照料重担甚或更久的照料者来说，他们自然无法在身心灵层面得到"善终"。

第二，照料者对子女未来养护的担心，集中聚焦于精障子女的未来养护及其生活的自主性。从内容看，主要表现为：养护机构——需要有一个可让精障人士自由而有尊严生活的空间，以保障其基本的衣食住行和康复护理；监护人——精障子女未来的候选监护人，是否有爱心、拥有必要的工作技巧？能否给予精障人士关爱？财务管理——保障子女生活需要的钱财，并能够妥善保管；自我管理能力——至少在药物管理以及财务管理方面能够自理。

第三，照料者对子女未来养护的预期打算持消极态度。子女未来养护的问题已经困扰了照料者多年，但对于未来打算，多数照料者持"走一步算一步""没办法""没有打算"等消极态度。"我再怎么想，也没用！因为现在社会上也没有这样的一个机构，可以让他/她像（在）养老院那样。所以，如果我们（父母）过世了，那只能靠社会啦！都是独生子女，也没有兄弟姐妹的。肯定是要（靠）社会，也没办法。""他们这批人都是独生子女，我们把财产都能交给国家。最好的监护人就是政府，政府一定要担当起这个责任。"多位照料者表示，目前没有接收精障人士的养老院；多为独生子女家庭，没有兄弟姐妹可接替照料重担。故此，只能寄希望于社会和政府。

4. 需求不足的问题分析

从个体层面出发，照料者个人大多已过花甲之年，他们本身的身体健康状况不容乐观，难以担负起照料的重负。长期照料所引发的超强负荷不仅促发了照料者高水平的病耻感，也弱化了照料者的求助动机。多位照料者因子女患精神障碍而长期感到自卑，害怕将子女病情告诉其他人，害怕子女在家时来访客。孩子发病后，大多照料者都选择刻意隐瞒病情，主动回避社会交往，如与同事、邻居等断绝来往，或减少与外界的沟通和互动。并且，多位照料者不给子女申请残疾证,而选择独自承担残障子女高额的康复费用。

从中观层面看,社会上对精神健康和精障人士存在根深蒂固的误解和歧视,这进一步加深了"老养残"家庭照料者和精障人士本身的病耻感,也显著弱化了外界的支持水平。受历史传统观念和偏见的影响,相对于其他残障人士而言,精障人士所遭受的歧视与排斥显然是最高的。照料者经常无奈坦陈,目前"社会上的养老机构不(愿)接收精障人士""要跟正常人在一起是不可能的""(别人)说你坏话……你坏啊、你缺德啊、你孩子生病啊……邻居有意见,我们(孩子)摔东西,人家下面都去到居委会反映"等等。这些都驱使照料者们迫切祈求能建立针对精障人士的专门养护机构。

在宏观层面,独生子女政策、精障人士机构养护服务缺位以及当前社区服务的碎片化,是"老养残"家庭照料者在子女未来养护上需求得不到满足的结构性因素。根据访谈和对相关政策文本的分析,静安区目前针对精障人士的养护服务主要有居家养护、重残无业人员机构养护、日间照料及康复服务等方式(具体内容见表4)。

表4 目前静安区的精障人士养护服务类型及条件

服务类型	服务对象受理条件
居家养护服务	1. 具有本市户籍,持有残疾人证,未享受机构养护或日间照料服务补贴的重残无业人员; 2. 原"7259帮老助残行动"对象("老养残"家庭、未享受养老服务补贴政策的孤残老人)
重残无业人员机构养护	拥有本市户籍、持有残疾人证、经审核符合养护服务条件的重残无业人员
日间照料及康复服务(阳光心园托管)	1. 为本市户籍、16—55周岁、精神残疾人; 2. 经专业人员评估,符合入园条件:①病情稳定,自愿服药,生活基本自理,家属积极配合;②无传染病和无严重躯体疾病;③经评估,总危险度在2级及2级以下

尽管可查阅到有关残疾人机构养护服务的政策与内容,但受制于对精神健康疾病的偏见及有限的现有服务资源[①],现实中尚缺乏接收精障人士的养护机

---

① 现实中出于对精障人士的照料风险考虑,大多数养护机构明确表示不愿意接收他们。

构(不包含精神卫生中心)。此外,20世纪70年代的独生子女政策,对这一代家庭照料者也有着深远影响——在当时政策的导向下,多数照料者只生育一名子/女,有的照料者本身也是独生子女,致使其所能获取的手足支持缺失。虽然照料者们理想的养护愿望是居家养护,但若自己身故后,独生子女家庭无其他成员可照料精障人士,居家养护就没有了现实基础,因此,多数照料者迫于现实不得不考虑机构养护。然而,机构养护仅停留在文本上,现实中机构考虑到风险因素并不向精障人士开放。如此,这些"老养残"家庭的子女未来养护不确定性陡增。

四、逻辑模型与干预过程

综上所述,作为家庭中的顶梁柱,这些年迈的照料者大多处于"忘我"状态,其表达性需求也基本以精障人士为主。首先,如何在互助小组中舒缓照料者自身的压力,提升他们的健康水平以及对自我生命的"叙事性"认知,来实现照料者的自我增能,是本项目"社会性"的一大体现。其次,如何通过以服务使用者为主体的"参与"来集中呈现"老养残"家庭在结构-行动中的限制与主体能动性,是本项目"社会性"的集中体现。

(一)本项目的"改变"理论

干预设计的第一步是问题理论的概念化,即问题理论;而项目理论是指用来阐述干预如何改变调节之过程的概念化[1]。上文的需求评估和问题分析呈现了"老养残"家庭在关乎残障人士未来养护上所遭受的制度性排斥和自我排斥,下文将着重阐述本项目"改变"的理论基石,以此呼应"社会性"的逻辑模型。

自我照护理论(theory of self-care)由美国护理学家多罗丝·奥瑞姆(Dorothea Orem)(1914—2007)于1959年首次提出。奥瑞姆[2]认为,自我照护是指人类个体为保证生存、维持和增进健康与安宁而创造和采取的行为。但直到20世纪70年代末期,伴随医学模式的解构与转变,自我照护才得到护理界的逐渐重视。本项目采用的是美国休斯敦大学(University of Houston)社会工作

---

[1] 参看 Fraser, M. W., Richman J. M., Galinsky M. J. & Day S. H., *Intervention Research: Developing Social Programs*, Oxford: Oxford University Press, 2009。

[2] Orem, D., "A Nursing Practice Theory in Three Parts, 1956 - 1989", In M. E. Parker (Ed.), *Nursing Theories in Practice*, National League for Nursing, 1990。

学院张锦芳教授关于自我保健的实务技术。她指出,当个人超出负荷、资源供应以及能力所及时,生理和心理所产生的交互反应将造成生理不适,进而使健康受到威胁与伤害①。综合自我保健三阶段的技巧以及考虑老年人行动不便的实际情况,本项目选取了其中 5 个简单易行的方法形成五分钟自我保健法。在操作上,社会工作者在活动现场示范,带领照料者做规范动作,并激活小组的互助动力,协助老年照料者学会自我照料。

1. 积极心理学

作为一个专有名词,积极心理学(positive psychology)最早由心理学家马斯洛(Abraham Maslow)于 1954 年提出;但直到 1994 年,塞利格曼(Seligman)才重新提出这一术语,他倡导关注人的美好与卓越,注重挖掘个体生活中积极的一面②。其中,萃取个人生命主题是积极心理学的一个临床技术。它通过被访者分享生命故事,圈出答案中重复出现的地方,以分享来加深被访者对自己的肯定。这一手法借由个体对生命主题的萃取,在组员之间再说和再经验,从而实现叙事的政治性和疗愈性③。

结合项目目标,本项目根据萃取个人生命主题的具体操作步骤,使用"生命图书馆"焦点小组的方法,让小组成员围绕"萃取生命主题"的提纲进行分享。经过社会工作者开放式的提问,小组中每位组员分享自身的人生经历与故事,分享结束后其他组员给予支持与鼓励。

2. 影像发声法

影像发声法(photovoice)既是一种研究方法,又是一种实务介入手法,其内涵涉及发展传播学、视觉人类学、社会学、艺术等多个学科。它源于社区又归于社区,因其强调过程和注重集体参与,而被越来越多地应用于回应和解决参与者的共性需要④。国内外多项实践表明,影像发声法是促进社会变革、为弱势群体

---

① 美国休斯敦大学社会工作研究生院:"自我保健社会工作者站",https://monitcheung4.wixsite.com/selfcarechi/101,最后浏览日期:2017 年 6 月 17 日。
② Lopze, S. & Gallagher M., "A Case for Positive Psychology", In C. R. Snyder & Shane J. Lopez, *The Oxford Handbook of Positive Psychology* (2nd edition), Oxford: Oxford University Press, 2009.
③ 参看古学彬:《凝视:生命与公益交融之旅》,社会科学文献出版社,2017 年。
④ Wang, C. & Burris M. A., "Empowerment Through Photo Novella: Portraits of Participation", *Health Education & Behavior*, 1994,21(2),171-186.

发声的一把利器①。

在社会工作实践中,影像发声法被学者誉为参与式行动研究的新方法。其具体操作程序为:通过组织参与者拍摄照片记录他们的日常生活,用照片来告诉人们他们的生活故事和独特经历,以此推动个人和社区相关议题的讨论,使参与者成为倡导者,进而激发个人与环境的改变②。立足独特的生产与传播方式,影像发声法有助于充分调动社区参与并影响政策,以此发挥宏观社会工作的政策倡导使命。

本项目采用影像发声法的核心内容,鼓励参与者运用手中的手机或相机,真实记录和呈现他们的日常生活;通过与社区中特定的利益相关者分享与讨论,来讲述他们的生活故事与独特经历,向组员、社会工作者展现对生命昔、今、后"三维一刻"③的界说,让平常很难听到其声音的社区成员和决策者了解其生命脉络与现实需求,推动有关个人和社区议题的讨论与变革(见图1)。

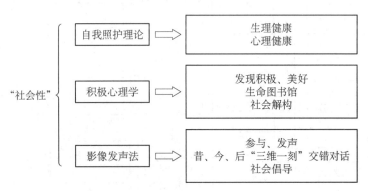

图1　项目实践的"社会性"要素

(二) 逻辑模型与干预过程

基于上述理论原则与实务技术,下文将进一步呈现本项目的逻辑模型:本项目聚焦"老养残"家庭的照料者,从"社会工作者—服务使用者"的平等关系出

---

① Wang, C. & Burris M. A., "Photovoice: Concept, Methodology, and Use for Participatory Needs Assessment", *Health Education & Behavior*, 1997,24(3),369-387.
② 朱眉华、吴世友、Chapman M. M.:《流动家庭母亲的心声与社会工作的回应——基于T村母亲形象影像发声项目的分析》,《中国青年社会科学》2013年第5期。
③ 费孝通:《从马林诺斯基老师学习〈文化论〉的体会》,《北京大学学报(哲学社会科学版)》1995年第6期。

发,通过互助小组的自我保健、生命图书馆和影像发声法来发挥社会工作干预在增能、解构、发声与倡导中的作用。在逻辑模型图中,着重区分了项目的投入、产出、目标和成效。图2从上至下依次呈现了本项目的内在逻辑和行动路线。

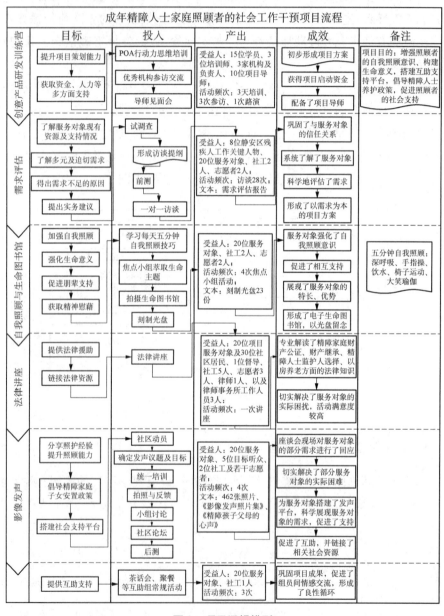

图2 项目逻辑模型

1. 自我照料和生命图书馆

自我照料和生命图书馆于2015年7月22日至29日进行,分别开展了4次焦点小组活动,引导服务使用者学习自我照料的技巧,并建立其生命图书馆。

本环节的活动目标如下:

(1) 协助组员学习每天5分钟自我照料技巧,使其加强自我照料,以缓解其照料负担与压力;

(2) 组员通过回顾生命中的重要事件,萃取生命主题,强化其自身生命的意义;

(3) 引导组员彼此分享经验,互相鼓励与支持,促进同辈群体间的支持;

(4) 整理活动录像,刻录成光盘并分发给组员,使其成为组员间持续的精神慰藉。

自我照料与生命图书馆前期准备如表5所示。

表5 自我照料和生命图书馆前期准备工作

事项	具体工作
初步形成活动安排	1. 听取组员对于活动时间、场地、内容等方面的意见;按其意愿和所属街道进行分组; 2. 通过精神残疾人及亲友协会负责老师联络场地
形成活动内容	1. 通过文献等资料,形成每天5分钟自我照料方案手册; 2. 准备生命回顾的引导性问题,反复练习并内化; 3. 设想各种可能出现的状况及回应方式
进行活动通知	与服务对象沟通活动时间、地点,四个小组根据前期安排分别于7月22日、23日、24日、29日逐一开展活动

自我照料和生命图书馆被设计安排在同一次焦点小组中进行。在具体设计中,除了社会工作者示范5分钟的自我保健外,也充分考虑服务使用者的主体能动性,鼓励组员之间分享自己的保健法。在此基础上,再进行生命图书馆的生命主题分享、讨论、萃取与支持(见表6)。

表6 自我照料和生命图书馆的具体内容与开展工作

阶段	目标	内容
自我照料	教授每天5分钟自我照料技巧,引导其运用于日后生活,加强组员自我照料,缓解压力	由笔者及社会工作者分享5分钟自我照料的各项内容,并现场进行动作示范,引导组员共同完成深呼吸、手指操、饮水、椅子运动(甩手操)、大笑瑜伽(热身、个人笑、集体笑、结束)5分钟演练
生命图书馆	1. 组员通过回顾生命中的重要事件,萃取生命主题,强化其自身生命的意义; 2. 引导组员彼此分享经验,并互相给予鼓励与支持,促进同辈群体间的支持	1. 向组员说明此次生命图书馆活动的目标及内容; 2. 听取组员感受,以问答的形式对组员逐一进行生命回顾; 3. 一人分享结束后,笔者立即进行简要总结,并引导其他组员给予分享者支持和鼓励; 4. 当所有组员分享结束后,再引导组员表达活动感受以及建议

注:生命回顾活动全程由志愿者进行摄影,并着重录制5条不同组员的特长、优点、爱好、正面元素。

考虑到"老养残"家庭的照料负荷重,本项目提供了4次不同时段来开展自我照护和生命图书馆的活动,以提高活动的便利性和可及性。除了在时间上更多地从服务使用者的实际情况出发,本项目也立足前期的互助小组实践,由社会工作者使用接纳、同理等晤谈技术引导组员,以此激发组员之间的交流对话、互动分享和相互支持。此外,本项目还依托志愿者借助摄影设备有形地记录下这些照料者不同的特长、优点、爱好、正面元素,借由志愿者的反思性实践来推动社区成员对"老养残"家庭照料者的理解。经由此过程,精障人士家庭所身处的场域,及其被污名化、福利体制转型等因素所约制的家庭生命跃然纸上。并且,在社会工作者的引导下,这些年迈的照料者们逐一分享生命中的记忆和亮光,在实现对过往生命社会建构的基础上,也让所有参与者感受到"每个生命都自带的光芒"。

2. "老养残"家庭照料者的法律讲座

正如前文的需求评估中所呈现的,这些年迈的照料者除了对自我照料与情感支持的需求外,关乎精障子女或家庭成员未来安置的法律问题也是他们最为关注的议题之一。故此,本项目邀请专业的律师志愿者,特别设计了法律讲座

(沙龙)以集中回应照料者在财产公证与继承、监护人的选择及"以房养老"三个方面的问题。该讲座旨在提供专业互动平台,以此回应照料者的法律诉求,并为其提供可能的法律援助窗口,推进政策倡导(见表7)。

表7 法律讲座活动及具体内容

活动目的	活动内容
1. 为服务对象讲解未来子女安置相关法律问题的基本知识,回应他们的问题,以解决他们对未来安置的困惑 2. 链接资源,搭建律师与服务对象的互动平台,使活动结束后服务对象仍能够得到具有针对性、持续性的法律援助	1. 精障家庭财产公证、如何继承(精障孩子是否可以开户继承?) 2. 精障孩子的监护人的选择(居委会或者亲朋是否可以?如何保障?尤其是针对独生子女精障家庭) 3. "以房养老"相关的法律知识

讲座前期准备:

(1)法律援助动员会:与精障人士家长及精神残疾人及亲友协会主席进行会谈,确认座谈会最想要得到解决的问题;

(2)场地准备:与实习所在机构及残联进行协商,寻找确认合适的场地;

(3)嘉宾邀请:光大律师事务所的律师、民革上海市委社会与法制工作者活动中心的工作人员、精神残疾人及亲友协会主席及高校学者等。

在法律讲座过程中,社会工作者动态扮演了多重角色。首先是需求评估者,其次是代表者与协调者,再次是资源的链接者,最后是倡导者。在这个过程中,社会工作者发挥了跨界译者(inter-translator)和资源整合者的作用,这是社会工作者的核心角色所在,即社会工作者作为服务使用者的经纪人(broker)角色。这要求社会工作者不仅对案主的需求具有敏锐的洞察力,更要具备整全的视角来分析服务使用者(群体)的未满需求;而最重要的是,社会工作者需要在理性、情感与行动中达到平衡。

需要注意的是,单次的法律讲座无法从根本上满足这些年迈的照料者的需求,但却在很大程度上给他们打开了一扇窗。

3. "老养残"家庭的影像发声

研究者希望通过影像发声平台介入成年精障人士家庭照料者的支持项目,从而达成如下干预目标:

(1)依托照片,由照料者交流分享在养护孩子方面的经验,社会工作者引导

协助澄清子女安置议题中担忧的具体内容,对需求进行分类与优先次序的排列,肯定照料者的价值与付出,促进同辈间的支持;

(2) 通过照片展示,由照料者讲述照片背后的故事,进而在分享者、组员、其他主体中展开昔、今、后"三维一刻"的交错对话,呼吁更多主体关注精障家庭的子女安置,积极倡导有利于改善其状况的政策;

(3) 搭建起针对精障照料者社会层面的支持平台,能够在后期持续提供社会层面的支持,由此完善精障照料者的支持网络。

在影像发声活动正式开展之前,笔者通过一系列前期准备工作保障其顺利进行(见表 8)。

表 8 影像发声法介入成年精障人士家庭照料者支持项目的前期准备

事项	具体工作
接洽项目相关方	与静安区残联、静安区精神残疾人及亲友协会、××助残社会工作者事务所等有关部门进行接洽
确定议题、目标	1. 确定影像发声议题为"子女养护经验与未来安置困扰"; 2. 围绕议题,将成年精障人士照料者的需求进行分类与排序; 3. 设定运用影像发声法进行干预的具体目标; 4. 选择和招募政府政策制定者、专家学者、社会组织、社区领袖等多方人员作为影像发声的目标观众
统一培训	确定重点培训内容: 1. 拍照方法、社区故事分享、后期图片处理; 2. 影像发声法、政策倡导、社区支持网络、沟通技巧等相关知识

在项目的实施过程中,团队根据项目的实际运作进行了调整。首先,照片最初设定由摄影爱好志愿者拍摄,通过他们的感知和视角来呈现照料者的健康和日常生活,以此达到社群之间的互动和对话,深化对问题的解构与建构。然而,由于"污名化"的严重性,"老养残"家庭并不希望外人过度走入或曝光他们的家庭。本着"案主自决"的原则,经协商,照片由"老养残"家庭自身或互助组内照料者之间相互拍摄。其次,原定在社区内进行影像发声宣讲活动,也因"污名化"的深重影响,社会工作者与服务使用者们协商后最终确定在互助组内进行照片发声与讨论。再次,影像发声的照片分享和讨论分两个环节进行:一是互助组内若干个亚小组的照片分享与讨论;二是本项目中的所有服务使用者、社会工

者、实务工作者、政策制定者和研究者一起进行最终的照片分享与政策倡导(见表9)。

表9　影像发声法介入成年精障人士家庭照料者支持项目的开展流程

阶段	目标	内容
"影像发声"总动员	招募发声参与者,获取参与者的信任与同意,建立良好的合作关系,希望通过发声活动增加照料者的自省与自信,促进照料者能力提升	1. 通过现场招募、电话邀约、精神残疾人及亲友协会工作者提供候选人形式共招募到20位发声参与者; 2. 如实告知项目目的、资料处理方式等,获取参与者的知情同意
纪实摄影进行时	记录、了解照料者养护孩子的日常生活,理解其困扰与需求,为小组分享与讨论奠定基础	1. 围绕"子女养护经验与未来安置困扰"主题进行摄影; 2. 由每位照料者自主决定具体摄制内容; 3. 组织照料者进行拍照,工作人员做好协助拍摄工作; 4. 拍摄期间照料者与项目组成员及时进行反馈与沟通,对于过程中出现的问题,项目组成员给予讲解、指导与支持
"照片的里里外外"小组讨论	照料者交流分享在养护孩子方面的经验与关心方式,促进同辈间的支持,消解照料者子女未来安置议题中的担忧	1. 引导照料者讲述照片背后的故事,开展反思性对话; 2. 记录小组讨论内容,并根据照片呈现的主题与内容进行分类分析与处理; 3. 筛选具有代表性的发声照片,形成《影像发声照片集》,制作PPT与宣传短片,呈现照料者的真实生活与诉求
"影像发声"座谈会	搭建针对精障照料者的发声平台,科学展现服务对象的需求,完善精障照料者的支持网络,倡导精障家庭子女安置政策	1. 照料者通过现场分享照片背后的故事与诵读呼吁书的形式,使与会人员了解精障照料者的日常生活,倾听其诉求与心声; 2. 通过发声座谈会促进精障照料者这一群体与社会多方(包括政府政策制定者、专家学者、社会组织等)的互动,照料者的部分需求得到了回应,链接了相关社会资源,为后续行动计划打下基础

可以发现,影像发声法通过照料者自行拍摄纪录他们所感知的日常生活,以或大或小的团体形式对照片背后的生活故事与独特经历进行分享与讨论,首先促进了照料者与其他精障人士家庭的对话,觉察与自省促成了服务使用者增能的第一步。其次,表达的过程进一步激发了服务使用者的潜能,不仅让照料者发出自己的声音,更使之成为社区改变的倡导者,在付诸行动中激发个人与环境的改变。最后,这个过程也影响和加深了政策制定者和服务提供者对相关议题的反思性理解,深化了有关精障人士未来安置规划及精障人士家庭等议题的深度对话(见表10)。

表10 家庭照料者影像发声需求评估所得结果

组别	需求内容
第一组	1. 成立针对精障人士的专门养护机构; 2. 提升重残无业补贴,使精障人士可以有基本退休工资,有生活保障; 3. 改善个体的居住环境
第二组	1. 成立一个全日制的照料机构,在精障子女40岁后可以享受全日制的照料,满足其衣食住行多方面的需求,可以正常生活; 2. 吃药、配药、照料问题均需有保障
第三组	1. 建立全日制养护机构; 2. 对精障人士监护者的关怀; 3. 阳光心园的老师要有爱心与技巧; 4. 精神卫生中心设立全科,医生主动关心精障人士的配药等情况; 5. 精障人士也需无障碍设施; 6. 促进精障人士全面康复,实现就业,融入社会

通过小组内的影像发声法,可以发现,针对精障人士的专门养护机构和生活照料是照料者最为关注的问题。在最后的座谈会上,20位成年精障人士照料者和社会工作者、精神残疾人及亲友协会主席、区残联领导、残障研究专家等一道话照片、议可能,从而使自下而上的声音被更多的政策制定者和研究者听到,并在现场的互动对话中让服务使用者了解当前政策的进展并看到希望。

五、服务评估

为了掌握服务成效,社会工作者在本项目中运用多元方法实时了解方案实施所产生的变化。具体包括对服务使用者、资助者、社会工作者等的直接观察、访谈法、量表测量等手段,据此开展过程评估和结果评估。经过系统的需求评估,项目组了解到"老养残"家庭照料者在自身健康、子女未来养护及安置等方面有着共性而迫切的需求。据不完全统计,整个项目在两位督导老师的专业指导下,开展各类活动20余场次,直接受益人次为280余人次。整体的服务成效可从以下三方面进行考察:

(一) 服务对象的积极参与和评价

在每次活动中,服务使用者参与率高达95%以上,服务使用者非常积极主动地参加各次活动。随着活动的深入,照料者的参与热情高涨,部分照料者在活动开始前一个小时到场,与社会工作者及其他照料者沟通交流;活动结束后仍有人留下来共同探讨相关议题。对于这些承担了繁重的日常照料负担的老年人而言,他们的倾情参与可以说是从侧面很好地印证了本项目的效果。

通过对服务使用者"家庭支持"量表的前后测量,发现服务使用者们的家庭支持并没有表现出统计学意义上的显著差异,但通过访谈和与服务使用者们的日常交流,可以看到本项目带给照料者们的显著支持和精神舒缓作用。前后测比对的不显著,可能的缘由在于精障"污名化"和长期的照料负荷所形成的重压难以在项目较短周期内得到根本改观,以及可能来自测量工具效度的干扰。

通过每次活动结束后与服务使用者及时的跟进访谈,以及经由专题座谈会了解到服务使用者对本项目的高度评价。他们认为:"一系列活动使我们家属有许多联系,活动内容非常适合我们,(子女未来安置)是我们过去、现在、将来最关心的问题。(在)互助组大家很开心,是以前从来不曾有过的!内心很愉快,大家在一起很幸福""通过这些活动,让我又重新看到了希望""觉得蛮好的,我们之间可以学习交流""今后我比如有什么需要的帮忙,我也会找老师商量,因为跟其他人我从来不讲的""我感到很好,今后我有什么问题可以有人讲了"。

(二) 服务对象中本土领袖和互助网络的形成

三个月的支持与互助,极大地挖掘了参与者的潜能,服务对象由最初的身心疲惫、主体意识缺乏、需求表达途径缺失、支持不足,到最后产生了积极的改变。服务对象在项目活动中解开了多年的心结,能够敞开心扉、畅所欲言,逐渐关爱自我、互帮互助,共同探讨正向元素、相互激励。

在活动中,服务使用者自发形成了互助组,分享自身的特长、爱好、照护经验,还主动写文章在影像发声活动现场表达心声。更为重要的是,三位本土领袖人物在这个过程中脱颖而出,他们成为这些照料者互助网络的推动者,这是检验本项目成功与否的试金石。例如,个案 8 在后期的互助组活动中能够主动了解各位照料者的需求,并根据自身精神残疾人及亲友协会工作的经验给予积极回应,对于不能进行现场解答的问题则进行记录与梳理,在后续工作会议中向残联领导反映相关问题,由此形成了良好的需求反馈机制。

(三)服务使用者给予社会工作者高度肯定

项目的顺利开展促成了服务使用者与社会工作者之间平等友好的信任关系,服务使用者们充分肯定了社会工作者的专业表现和优质服务。即使在项目正式结束、社会工作者与服务使用者结束专业关系后,服务使用者们都仍同社会工作者保持着非正式的良好关系。其中,个案 19 对社会工作者讲:"今后不管到哪儿,告诉我一声!就把我当成在上海的一个朋友、长辈。"个案 5 在项目结束较长时间后给社会工作者打电话表达关心:"很长时间没见你了,我想你了!有两个事:中秋节、国庆节快乐;我很感谢,我们很喜欢你,做这个事情(残障服务)蛮辛苦的,挺感谢你的。"这样的话语不胜枚举,但这些质朴而简单的话语无不透露着服务使用者对社会工作者的肯定和赞美。

(四)项目对"社会性"的践行与达成

本项目立足自我照护理论、积极心理学和影像发声法等,确立了本项目的"社会性"元素,形成了个体、家庭、同辈、社区、社会等不同维度的干预。自我照料、互助组、生命图书馆、法律讲座、影像发声等系列活动充分体现了社会工作的"社会性"[1],尤其是生命叙事和影像发声法。

前者通过对照料者生命故事的再说呈现了个体在时代脉络下的个人际遇、

---

[1] 项目计划与具体方案内容大体一致,并在活动实施中尊重服务使用者群体的诉求,及时调整项目方案。同时,由于三个月的时间有限,而最初设想的活动过于丰富,最终在实际活动中聚焦任务目标,减少合作范围。具体实施过程中曾面临一定的挑战。主要包括:一是涉及伦理,有些照料者表示不希望到家里拍摄;二是照顾者多为老年人,不会使用手机中的相机功能,手机相机功能损坏等;三是要保证照片质量,需要提供相机,需要资金或者设备支持;四是照顾者不希望社区内邻里及社会大众知道自己的情况,限定了座谈会的听众范围,使政策倡导具有局限性。以上挑战,通过遵从自愿原则,志愿者协助拍摄等具体方案得以化解。

自我的生命空间和成长轨迹,以及与他者的交融,从而勾勒出叙事的社会性与疗愈性;后者则通过利益相关者在昔、今、后"三维一刻"的多时空交融中达成对话与互构,重构了照料者的需求与问题。通过影像发声活动,与会者包括上海市精神残疾人及亲友协会领导、静安区残联领导、复旦大学教授均在影像发声座谈会及后续给予了回应,将"老养残"家庭照顾者的需求写入上海市残疾人"十三五"规划,切实解决一些家庭照顾者的特殊需求等。比如,针对个案 4 提出的居住环境差问题,残联为其家庭进行了房屋修葺;针对个案 5 提出的志愿服务需求,社会工作者链接"知了公益"的志愿者资源为其提供持续性的志愿服务等。

六、结论与讨论

本项目是以"家庭照料者"为核心的综合社会工作干预项目,"社会性"是本项目的灵魂所在:从前期走访调研开展的需求评估到每日 5 分钟自我照顾;再到开展叙事实践并建构生命意义的生命图书馆;接下来的残障子女未来监护人选定与家庭财产信托等的法律讲座;最后开展影像发声、围绕子女养护经验与未来安置困扰纪实摄影,通过向与会者(高校、上海市精神残疾人及亲友协会、静安区残联等专家领导)讲述照片背后的故事,进而达到发声和政策倡导之目标。

在这个过程中,社会工作者与照顾者建立了良好的信任和互动关系,并看到了照料者们发自内心对精障子女未来养护的担忧,以及"老养残"家庭照顾者从被动、无措到逐渐掌握话语主动权并进行发声倡导的努力。这些实践不单单从个人层面出发回应服务使用者的诉求,而且在更大意义上呼应了社会工作的"社会性"。

项目结束距今已近两年的时间,但相关的实践并没有因为项目的结束而停止,项目团队对家庭照顾者进行了深入的实践服务与跟踪调查。比如,团队后续开展了照顾者的自我健康管理小组、后续交流座谈会、互助小组出行等系列活动,以期进一步为成年精障人士的家庭照顾者提供服务。当然,本项目还存在很多不足,如项目评估部分不够精准、"社会性"在未来需要更清晰的界定和可操作性等。这些都希冀在未来能有更进一步的发展与实践。

纵观项目的实践过程,在残障人士未来养护计划及社会倡导上还需不断完善,也对社会工作教育提出了有益启发。

(一）完善未来养护计划的制度安排和实践

完善成年精障人士的未来养护计划服务，推动危机处理机制的建立。当年老的照顾者因为死亡或者疾病不能继续照顾残障家庭成员等危机情况出现时，为残障人士制定的未来安置计划是预防危机事件的关键[1]。未来养护问题已经成为这些家庭照顾者最关注的事件，但目前尚缺乏相关知识和服务指导，很多照料者对未来安置计划选择回避或推迟的态度。特别是在当前福利递送系统远没有准备好的情况下，当涉及日常照料、财产、监护和居住等问题时，这些都成为照料者最担忧的问题，也是他们内心迫切想提前做好规划的关键问题。政府、社会公益组织、相关专业机构及家庭照顾者需要协同一致，立足本土，并吸收境内外的有效经验与实践，对未来养护方面的关键点进行讨论，形成有针对性和适用性的提案，推动相关的制度安排和实践。

(二）践行社会工作干预项目的"社会性"

作为一个助人专业，社会工作发展至今不过百余年的历史。在中国，它的发展更是曲折和多样。面对背弃"社会"使命的质疑，社会工作者界都已认识到，仅仅在个人层面努力而促进改变是不够的，因为社会工作者需要评估对案主生活世界不利的相关因素和问题。因此，每个社会工作者必须从政策和社会体制层面采取倡导和变革的策略行动[2]。

本项目从三个环节入手，如实呈现了社会工作干预项目的"社会性"实践。其中，影像发声法是社会工作者践行政策倡导的重要载体。通过影像发声法，社会工作者可以进一步挖掘案主潜能，增强个体权能感；回应案主共同体的利益，推动资源的最优分配和政策的修改完善，以此践行社会正义。需要指出的是，本项目的20位服务使用者只是精障人士照料者群体的"冰山一角"，更多的服务使用者尚隐匿在精障"污名化"的大墙内，还需要更长久和可持续的发声、倡导与政策变革，进而达致精神健康的"去污名化"和精障人士及其家庭的社会融合。

---

[1] Bowey, L. & McGlaughlin A., "Adults with a Learning Disability Living with Elderly Carers Talk about Planning for the Future: Aspirations and Concerns", *British Journal of Social Work*, 2005, 35 (8), 1377–1392.

[2] 参看罗伯特·施泰德、洛丽·莱斯特：《社会工作倡导——一个新的行动框架》，韩晓燕、柴定红、魏伟等译，格致出版社、上海人民出版社，2011年。

（三）推动社会工作教育-实践-研究的有机整合

本项目是社会工作教育-实践-研究三个生态环有机整合的一个案例。该项目的实践不仅为成年精障人士照料者带去了服务、支持与发声平台，更让笔者去反思现行社会工作教育与研究的不足。

社会工作实践既是一个道德实践的过程，也是一个政治实践过程。就一个社会工作项目而言，需要社会工作者首先看到项目所处的场域，尤其是场域中的权力关系。这需要学生不仅要具备"社会学的想象力"，更要养成"社会工作的想象力"。前者可以通过理论讲解、社会问题的剖析传授给学生，而后者事实上更难。作为社会工作教育者，我们不仅要提升学生的临床微观能力，更要传授给学生一种整全的视角和可带走的宏观能力。前者是指在面对具象事物时能将自上而下的宏大叙事和自下而上的主体性建构形成合力；后者是指在微观能力的基础上所形成的耦合于当前中国本土社会工作权力场域的可操作化的宏观能力，即社会工作者作为"代表"和"影响"的适切能力，而这些恰恰是当前本土社会工作教育所欠缺或不足。如何传导给学生基于中国的政治、经济、文化处境的"社会工作的想象力"，进而在默会知识（tacit knowledge）的不断累积中练就跨部门的资源链接、协调与整合的能力，这将是接下来较长一段时间内中国社会工作教育面临的挑战。

综上所述，未来需要更多严谨的社会工作教育研究、社会工作实务研究以及社会工作元理论研究。对于教育者、实务者、研究者而言，亟须在教学-实务-研究的分殊路向上进行力量整合，并在不断的反思性实践中共同携手推进专业发展。身处"滑世代"，各界也需思考技术在社会工作教学、实务与研究中的作用与角色。唯有如此，中国社会工作的本土化与土生化才得以可能和可为，进而在权威为本—证据为本（循证实践）—设计为本实践模式的谱系进路上更好地践行社会正义的使命。

课程设计

一、教学目的与用途

本案例课程设计适用于"循证社会工作实践的项目设计与开发"课程中与项

目设计的问题理论、项目理论、设计流程等相关内容的教学,可用于讲解项目设计中的需求评估、逻辑模型等方面的内容。案例的编写以此为出发点组织相关内容,对案例的分析和总结也是基于这一目的。若将本案例用于其他课程,则需做调整,本案例课程设计可作参考。

(一) 适用的课程

本案例适用于"循证社会工作实践的项目设计与开发"课程,也可以作"宏观社会工作""社会工作行政""老年社会工作""精神健康社会工作""高级社会工作实务"等课程的辅助案例。

(二) 适用的对象

本案例适用对象包括高年级社会工作专业本科生、社会工作专业硕士(MSW)研究生。

(三) 本案例教学目标规划

1. 覆盖知识点

本案例在"循证社会工作实践的项目设计与开发"应用中主要覆盖的知识点有:

(1) 社会问题的分析框架;

(2) 社会需求(Bradshaw)类型及评估方法;

(3) 社会工作政策实践的内涵;

(4) 项目设计中的循证与逻辑模型。

2. 能力训练点

本案例在"循证社会工作实践的项目设计与开发"课程中规划的主要能力训练点有:

(1) 学会以服务使用者的需求为本,并从利益相关者的角度进行整合的需求评估;

(2) 学会特定的问题分析,并结合目标人群的特点,形成假设、逻辑模型;

(3) 学会立足当时当地,汲取"最佳实践"的经验,形成项目的目的、目标和活动;

(4) 实践社会工作者作为赋能者、协调者、教育者、倡导者等的多元角色;

（5）学会将"社会学的想象力"和"社会工作的想象力"进行有机衔接，形成可带走的宏观社会工作能力。

二、启发思考题

本案例的启发思考题主要对应的是案例教学目标中的知识传递目标，启发思考题与案例同时布置，另外，要让学生尽量在课前阅读熟悉相关知识点。因此，在案例讨论前需要布置学生阅读教材中有关社会工作"社会性"、项目设计的原理等内容，具体包括社会工作"社会性"的基本内涵、要素和特点；需求评估的原则和流程、项目设计中的问题理论、项目理论的梳理和明确，以及社会工作者的多元角色实践等方面的内容。具体包括以下几点：

（1）你认为城市成年精障人士"老养残"家庭的照顾不足更适合用哪一种社会工作者实务模式进行介入？

（2）用影像发声法进行发声与倡导在此例中有何优势？为什么不采用更广义上的社区影像发声法？

（3）同当下志愿者上门进行"老养残"家庭的服务支持或更为流行的社区康乐活动相比，本例中所使用的社会工作干预体现了哪些社会工作的专业理念和手法？

（4）在本例中，社会工作者的多元文化能力体现在哪些方面？

（5）社会工作者在本例中实践了哪些具体的专业角色？其角色有效实践的前提何在？

（6）本例中的社会工作循证实践是如何实现的？逻辑模型是如何确立的？如何区分本项目中的目的（goals）、目标（objectives）、投入（inputs）、产出（outputs）、结果（outcomes）？

（7）针对"老养残"家庭的需求，社会工作者的可行路径可从哪几个方面入手？

三、分析思路和理论要点

在本例中，需要学生掌握的理论知识点和实务知识点较多，对老师和学生都是不小的挑战。但核心点是，教师要传导给学生循证设计的思维，明确项目设计的基本原理和操作化流程。教会学生如何判断"证据金字塔",并从"最佳服务实践"中结合当时当地的特点进行项目适应性改编。

具体而言,本案例的学习需要习得问题分析框架、需求评估和项目理论,进而确立逻辑模型,并用适当的图表进行呈现。

(一) 问题分析框架[①]

引导学生从以下问题分析框架出发,首先从宏观背景中了解到这一群体的需求和问题所体现出来的一般性和特殊性,明了导致这一问题的根源。

(1) 这类情况或社会现象的性质是什么?
(2) 这些"术语"是如何被界定的?
(3) 这类正在发生的社会现象具有什么特点?
(4) 这类社会现象的规模和分布是怎样的?
(5) 这类社会现象的存在挑战了哪些社会价值?
(6) 这类社会现象在多大程度上被辨识了?
(7) 谁将此类社会现象界定为社会问题?
(8) 这个社会问题的病因是什么?
(9) 是否有种族和性别问题?

基于上述问题分析的框架,要让学生明了事物的状态或社会事实——当它们被判定为负面的、有害的或病态时,这类社会现象就可能成为社会问题。进行具体的问题分析时,不仅仅要包括 who、what、where、why,还要分析政治环境、社区对解决问题的准备、社区愿意贡献的资源。一定要明晰,谁将这类社会现象界定为社会问题以及背后的理由,这非常重要。这也体现了"社会学的想象力"之重要性。要让学生在案例的研讨中充分认识到,只有厘清该社会问题的历史、理论和相关研究,才能明晰特定问题的成因关系,进而推动项目改变的假设之形成。

(二) 需求评估

要让学生明白,社区的人和关系镶嵌于其所处的文化之中。只有充分认识

[①] 参看 Kettner, P. M., Moroney, R. M. & Martin, L. L., *Designing and Managing Programs: An Effectiveness-Based Approach*, London: SAGE Publications, 2012。

到这一点,社会工作者进行需求评估时才能跳脱要么单纯从服务使用者角度出发,要么单向度地以"出资方需求为本"或"机构需求为本"(社会工作者所服务的机构生存和发展为本)的陷阱,而代以一种历史的、整全的视角来深描出服务使用者的需求结构和特点。

(三)评估项目的"改变"理论

项目的"改变"理论是从可操作化的角度进行挖掘和深耕细作,而不是停留在惯常意义上被误用的"宏大"理论。即项目设计者需要从项目本身所倚赖的"改变"基础出发,澄清项目所立足的理论基石。如此,方能设计出可操作化、可复制的项目路径。

第一,本项目首个活动主要立足于奥瑞姆的自我照护理论,并进一步结合张锦芳教授的自我保健五步法进行了适应性改编,以此契合本项目老年群体的身心特点。第二,本项目溯源积极心理学,采纳了萃取个人生命主题的技法,由社会工作者引导服务使用者在生命叙事中实现干预的社会性和疗愈性。由是,让这些担负了半辈子甚至更久的照护负担的老年人参与解构的历程,重新建构生命意义。第三,本项目主要立足影像发声法进行发声与倡导。在这个过程中,首先要让学生晓悟的是,厘清服务使用者的忧思与顾虑;其次,掌握影像发声法的基本流程和技巧,明了如何体现服务使用者和其他相关利益者参与和互动的要点;最后,一定要在项目结束后对服务使用者进行进一步的回访和服务的衔接。

(四)逻辑模型

所谓逻辑模型,是指每项服务方案的理论假设基础[1],也被称为"改变理论"(theory of change)。特定方案的逻辑模型需要把短期—中期—长期的成效,方案的投入、产出、活动与服务流程以及理论假设和方案的原则环环相扣,连成整体,以此立体地呈现整个项目的内在逻辑(具体内容可参见 Kettner 等人的书目内容)。

通过事先的个案材料阅读,让学生初步区分项目设计中目的(goals)、目标(objectives)、投入(inputs)、产出(outputs)、结果(outcomes)之间的联系和区

---

[1] 参看 Kettner, P. M., Moroney, R. M. & Martin, L. L., *Designing and Managing Programs: An Effectiveness-Based Approach*, London: SAGE Publications, 2012。

别。并进一步结合其他具体实例（指本案例之外的更多内容），让学生进行具体的辨析，以此形成相关的知识结构。在此基础上，提供给学生相应的逻辑模型模板，指导学生结合本案例的内容绘制逻辑模型图，从而对本案例的逻辑模型（见前文图 2）形成批判性认识。

四、关键要点

本案例分析关键在于把握"老养残"家庭照料者的需求，厘清问题理论和项目理论的内涵差别，内化项目设计中逻辑模型的知识点，进而习得项目设计的理论原则和操作化能力。核心难点在于，理解社会工作实务中的制度环境和服务使用者的主体性，掌握在中国社会工作语境中进行"资源链接"的角色实践。

（一）教学中的关键点

（1）社会工作的"社会性"内涵；
（2）社区的人和相互关系；
（3）社区需求评估的原则、步骤；
（4）问题理论与项目理论；
（5）逻辑模型的厘定和设计；
（6）"老养残"家庭产生的必然性；
（7）社区照顾服务体系中不同利益相关方的角色与责任。

（二）建议的课堂计划

本案例课堂计划可以根据学生的差异，尤其是对案例的阅读和课前对相应知识的掌握程度来进行有针对性的施教。本课程中案例主要按照 4 学时进行设计，分两次课进行案例学习和研讨。

A 计划：学生事先预习到位，本科生和全日制研究生可以将小组讨论置于课外进行，因为这类学生的实际工作经验少，因此，案例讨论过程中需要教师引导的内容要相对多一些。

B 计划：MSW 学生课前预习不一定完成得很好，或者学员间预习差异较大，因此，需要将小组讨论置于课堂讨论之中进行。

两种课堂的教学的详细安排计划如下：

A 计划	B 计划
前 2 学时安排： 课前阅读相关资料和文献 3 小时； 小组讨论 1 小时。 考虑到本科生的知识基础和对应用的理解，要适当增加讨论后的知识总结的时间。 课堂安排：90 分钟 读书笔记分享讨论：10 分钟 案例回顾：10 分钟 集体讨论：40 分钟 知识梳理总结：20 分钟 问答与机动：10 分钟	前 2 学时安排： 课前阅读至少 0.5 小时。 考虑到在职 MSW 学生课前阅读和讨论的可行性，建议将小组讨论置于课堂中进行。 课堂安排：90 分钟 案例回顾：10 分钟 小组讨论：20 分钟 集体讨论：40 分钟 知识梳理：15 分钟 问答与机动：5 分钟
后 2 学时安排： 课前阅读相关资料和文献 3 小时； 小组讨论 1 小时。 考虑到本科生的知识基础和对应用的理解，要适当增加讨论后的知识总结的时间。 课堂安排：90 分钟 读书笔记分享讨论：10 分钟 案例回顾：10 分钟 集体讨论：40 分钟 知识梳理总结：20 分钟 问答与机动：10 分钟	后 2 学时安排： 课前阅读至少 0.5 小时。 考虑到在职 MSW 学生课前阅读和讨论的可行性，建议将小组讨论置于课堂中进行。 课堂安排：90 分钟 案例回顾：10 分钟 小组讨论：20 分钟 集体讨论：40 分钟 知识梳理：15 分钟 问答与机动：5 分钟

在课堂上讨论本案例前，要求学生至少读一遍相关主要文献及案例全文，前 2 学时对相关文献进行阅读分享，后 2 学时对案例的思考题进行讨论和回答。具备条件的，还要以小组为单位围绕所给的案例启示题目进行研讨。

（三）本案例的教学课堂讨论提问逻辑

1. 项目设计理论提问

（1）社会工作的"社会性"到底何指？

（2）当前，中国城市社会的家庭结构形态发生了哪些变化？

（3）老化与残障的交织迭代对社会提出了哪些挑战？

（4）影像发声法在中国社会的政策中具有多大的应用空间？

（5）逻辑模型具体指什么？它在项目设计和项目运行中扮演了什么样的角色？

（6）"社会学的想象力"指什么？"社会工作的想象力"又指什么？

2. 项目实务提问

（1）"老养残"家庭的需求表现在哪些方面？本项目中的需求评估体现出什么特征？

（2）"老养残"家庭的需求评估应以何为本？

（3）"老养残"家庭需求未满的原因为何？

（4）社会工作者在整个项目中扮演了哪些角色？本项目的评估部分存在哪些成功之处和不足之处？

（5）本项目的设计存在哪些不足？如果是你，你会如何围绕这些照料者的需求进行项目设计？

（6）未来应当如何对"老养残"家庭中残障成员的未来安置规划诉求进行进一步的回应？

推荐阅读

1. 罗伯特·施奈德、洛丽·莱斯特：《社会工作倡导——一个新的行动框架》，韩晓燕、柴定红、魏伟、陈赟译，格致出版社、上海人民出版社2011年版。

2. 罗伯特·亚当斯：《赋权、参与和社会工作》，汪东东译，华东理工大学出版社2011年版。

3. Kettner, P. M., Moroney, R. M. & Martin, L. L.：《服务方案之设计与管理》（第4版），高迪理译，扬智文化事业股份有限公司2013年版。

4. Fraser, M. W., Richman, J. M., Galinsky, M. J. & Day, S. H., *Intervention Research: Developing Social Programs*, Oxford: Oxford University Press, 2009.

CIPP 模型在社会工作项目评估中的应用
——以乐耆社会工作者服务社"银福家园"项目评估为例

王川兰　葛丹玲　文玉群[*]

【摘　要】 诞生于美国 20 世纪中期的 CIPP 评估模型,最初用于教育领域,但近年来也被广泛地应用于社会科学、医疗卫生等领域。本案例通过乐耆社会工作者服务社在上海市杨浦区殷行街道开展的"银福家园"为老服务项目,将 CIPP 评估模型运用其中,以此了解服务对象的需求是否满足、项目是否按照计划实施、执行过程中遇到哪些障碍、获得了哪些预期和非预期成果、项目还有哪些改善空间等问题。从而为项目的继续开展提供建议,为未来老年人社会工作者服务项目的策划与实施提供参考,也为未来社会工作项目评估提供借鉴。

【关键词】 CIPP 评估模型、社会工作项目评估、独居老人

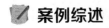
案例综述

一、案例背景

上海市浦东新区乐耆社会工作者服务社于 2008 年 5 月注册成立,是一家专门致力于推动老年社会福利事业发展的民办非企业单位,业务主管单位为浦东新区民政局,主要经费来源为政府购买服务。它通过政府购买社会工作服务的方式,派遣社会工作者至浦东新区的养老机构和社区为老服务组织,运用社会工

---

[*] 王川兰,复旦大学社会工作学系副教授;葛丹玲,复旦大学社会工作专业硕士(MSW)研究生;文玉群,复旦大学社会工作专业硕士(MSW)研究生。

作专业理念和方法开展老年社会工作者服务。至今,机构承接过较多政府购买的老年人服务项目,如金杨街道"金色夕阳"项目、潍坊街道"为老芬芳"项目、塘桥街道"耆乐塘桥"项目、殷行街道"银福家园"项目等。其中,"银福家园"项目的主要服务对象为60岁以上的社区独居老人、日间服务中心的老人以及社区志愿者,目的是通过依托老年人日间服务中心、老年活动室、志愿者服务基地等平台,整合社区公共服务资源,开展多元化的为老服务,提高社区独居老人的晚年生活质量。

可是,该项目的评估工作却并不专业,最主要的与评估相关的工作就是年底的项目评估会议,即邀请部分街道领导、老年人代表、助理关爱员代表对一年的项目工作进行评议,指出优缺点所在,而无正规的评估机构或是科学的评估方法进行专业评估。项目组的内部评估报告也只是对一年所做工作的简单罗列,作为工作总结汇报的资料呈交,这对于项目的进一步发展无疑是不利的。

有鉴于此,评估者决定"另寻出路",找到一种更有效的评估方法。在现有社会工作项目评估模型中,既有形成性(formative)评估和总结性(summative)评估两大类。其中,形成性评估的主要目的是收集资源数据以提升项目质量;总结性评估的侧重点则在于检视项目是否达到预期目的及效果、影响,用以决定项目是否继续执行。也有根据项目发展阶段和项目评估性质将项目评估划分为五大类,即适用于新发展项目及项目发展初期的前摄性(proactive)评估,适用于发展中项目的澄清性(clarificative)评估、互动性(interactive)和监测性(monitoring)评估,以及多用于已完成项目的影响性(impact)评估。还有根据社会工作者实务一般过程进行归类,如需求评估、过程评估、成果评估和效益评估,以及项目设计评估、过程评估、项目管理评估和影响评估等。

当然,也有基于各种不同的独特视角,提出了一些相对系统深入的评估模型,如以"人在情境中"为分析框架的"层次深入模型",以活动成效为主的程序逻辑模式(又称 PLM 模式),注重组织或项目结果的"3E 评估"(economy, efficiency, effectiveness),注重实施政策、计划或项目组织能力的"3D 评估"(diagnosis, design, development),以及主要针对非营利组织的"APC 评估"(accountability, performance, capacity)等。

总体来看,上述模型都能较好地指导社会工作项目评估,但实际指导价值却有所差异,如总结性评估和形成性评估、根据项目发展阶段和评估性质进行的划分以及根据社会工作者实务一般过程进行的归类等,都只笼统说明了评估的方向。而那些较为系统深入的评估模型如"层次深入模型""3E 模型"和"3D 模型"等,也只是表明了评估的侧重点,停留在评估这一事件本身而无更深一层的探索。

根据古贝和林肯的评估四阶段论,目前的评估应处于第四阶段,即评估要特别注重多元化,如评估目的、评估主体和评估方法等的多元[①]。我国社会项目评估领域学者方巍也认为,未来社会项目评估的趋势应是注重价值取向、强调弱势群体发展、关注项目过程机制和注重评估过程的影响[②]。而在社会项目评估中,因社会项目与普通项目本身性质的差异,导致社会项目评估与普通项目评估也有着较大差别,其更注重评估结果的使用、项目的改进方案与项目的社会交代等方面。从这个角度而言,传统的社会项目评估模型在此显然不太适用。

基于"银福家园"项目评估工作的缺乏和社会服务责信的重要性,通过查阅相关文献并广泛收集有用资料,发现最初运用于教育领域的 CIPP 评估模型在此有较大的适切性与可行性,故决定从 CIPP 模型入手,对该项目进行重新评估。

二、项目评估设计

(一) 项目评估架构

CIPP 评估模型由斯塔弗宾(D. L. Stufflebeam)受命在俄亥俄州立大学领导组建评估中心时提出,主要应用于教育发展项目。该模型将项目评估分为背景评估(context evaluation)、输入评估(input evaluation)、过程评估(process evaluation)和成果评估(product evaluation)四个步骤,尤其注重项目的改善和提高。

其中,背景评估可通过评估项目的背景和服务对象的需求,帮助确定项目目标,并对项目目标的合理性进行评价和判断。输入评估是对系统各种能力和资源进行分析,阐释选择某种特定方案的原因及优势,也是对计划方案的可行性、合理性进行评估。过程评估是对项目方案实施过程的监督和检视,发现方案实施过程中的不足,引导计划方案的改良。成果评估则是对项目效果、影响的测量,找出预期与非预期的结果,以及正面与负面的影响,并与前面三者的评估结果联系起来做综合考量,为决策者的判断提供依据。

[①] 参看埃贡·G. 古贝、冯娜·S. 林肯:《第四代评估》,秦霖、蒋燕玲等译,中国人民大学出版社,2008 年。
[②] 方巍:《研究发展趋势与启示》,《社会工作》(下半月)2010 年第 6 期。

斯塔弗宾认为:"评估是一种划定、获取和提供描述性与判断性资讯的过程,那些资讯涉及研究对象的目标、设计、实施和影响的价值与优点,以便指导做符合绩效责任需求的决定,并增进对研究现象的了解"①。这个定义实际上指出了CIPP模式的目的:第一,获取相关资讯为决策者做决定提供指导;第二,提供履行绩效责任的相关资料和记录;第三,增进对研究对象的了解。它同时也强调了评估不是某一个时间点,而是一个长期的过程。

为清楚地解释CIPP的架构与概念,斯塔弗宾对CIPP评估模型的运行与逻辑过程绘制了工作流程图,以指导各评估者的评估实践(见图1)。

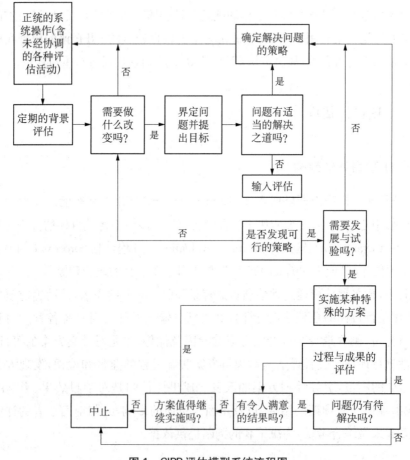

图1　CIPP评估模型系统流程图

---

① Stufflebeam, D. L. & Shinkfield, A. G., *Systematic Evaluation*, Kluwer-Nijhoff, 1985, 170–171.

上述流程图阐释了整个评估过程的逻辑顺序,不仅揭示了每一个评估步骤的任务,还提供了是否继续进行下一步评估或项目运作的判断依据。同时,也说明了评估可以整合成项目整体运作的其中一部分,并贯穿整个项目运作过程。在这个模型中,背景评估是定期开展、不断循环的,而输入评估、过程评估与成果评估则在此基础上逐一展开。

此外,斯塔弗宾还进一步从 CIPP 评估模型四个评估步骤的目标和功用等方面,来说明该评估模型的基本含义(具体内容见表1)。

表 1　CIPP 评估模型解析

	背景评估	输入评估	过程评估	成果评估
目标	界定机构/服务的背景;确认目标群体并评估需求;确认相关领域的有利条件和资源机会,以重视并满足需要;依据需要来诊断问题并评断目标是否足够响应所评估之需求	确认并评估系统能力及可能的服务策略;紧密检验规划程序、预算及时程,以利执行所选定的策略	确认或预测在程序设计或执行过程中的缺点;提供信息,供做方案决策时参考;建文件记录所有程序事件与活动,以利后续分析与判断	搜集详细资料并判断结果产出;将其与目标以及背景、输入及过程等数据相互联系;阐释方案与作为的价值及意义
在变革过程中相关决策的拟定	决定所服务的环境;界定目标与优先级;重视可能潜在的障碍,并设法处理;提供评估需要,以作为结果判断之依据	选定支持资源及其解决策略;阐述一个良善方案的程序设计,包含预算、时程以及人力计划;提供一套管控并判断执行过程的基础	执行并精炼方案设计及其程序,如实施过程管控,记录实际过程,以作为判断执行过程及阐释结果的基础	针对变革活动,决定继续、撤销、修正或重新聚集;提供一份清楚的效用记录(预期和非预期,正向和负向);判断方案与作为的优点及价值

根据 CIPP 评估模型四个维度的特点与"银福家园"项目本身的实务结构,评估者提炼出了如下评估架构,以期获得对该项目的完整评估结果(见图 2)。

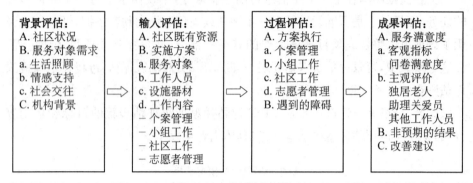

图 2 "银福家园"项目评估架构示意

（二）项目评估方法

为实现评估内容的完整性与全面性，本项目采用质性与量化相结合的方法，通过文献法、访谈法和问卷法来收集资料，并根据 CIPP 四个不同维度的特点选择合适的指标，力求客观、全面地反映项目评估结果。

（1）文献法。

搜集项目组项目申请材料、项目活动策划方案、各次活动记录、统计报表、管理档案等一系列原始资料，并进行归纳和分析。这些文献资料对项目的背景、输入和过程评估，具有较为重要的作用。

（2）访谈法。

采用访谈法中的半结构访谈法。根据本项目的目的与上文罗列的评估架构，预先设计好访谈提纲作为访谈时的参照，但又不完全拘泥于访谈提纲，对于回答中出现的重要信息也进行适当追问。与问卷调查不同，半结构化访谈既能顺着评估者的评估思路收集资料，又能给予访谈对象提供其他线索的机会，帮助评估者挖掘更多有用信息，以增加评估内容的完整性与丰富性。

本项目访谈对象的选取采用立意抽样方法，根据评估需要和实际情况，选取 2 名项目执行人员、2 名助理关爱员、2 名独居老人、1 名日间照料中心的助老员以及 1 名殷行街道老年协会的会长进行访谈，一共 8 名受访者。

由于访谈过程中会涉及访谈对象的个人信息，这是社会工作评估较为重视的伦理议题，对此评估者做了谨慎处理。对于每位访谈对象，评估者在开始访谈之前都说明了评估的目的及内容,并向他们说明录音的必要性及保密的承诺,在征得其同意后才开始访谈工作。访谈时间在半个小时至一个小时之间,评估者根据具体情况和访谈对象熟知内容的不同,酌情增减访谈时间,以获得丰富、有效的访谈资料。

质性访谈资料分析是本评估的重难点所在。评估者先将拿到的访谈录音整理成文稿,出于保密原则的考虑,对每一份文稿进行编号,从 A 到 H,共 8 位访谈对象,然后对文稿进行仔细研读,选取能够反映共同内涵的概念,进行仔细分析与总结,最后将集中反映的方面予以有条理的呈现,作为评估和阐述的依据。

(3) 问卷法。

问卷法是收集客观资料的重要方法,能对结果进行量化分析。本评估问卷调查的对象即社区独居老人,包括日托中心老人及散居在社区内的独居老人。日托中心的老人共 9 位,收回有效问卷 7 份。而对社区独居老人首先采用分层抽样,以街道内每个片区为一个小单位,抽取工农片区发放问卷。在工农片区范围内再采取随机抽样,由助理关爱员将问卷带给老人,共发放 80 份问卷,收回 66 份。

因此,评估者共发放问卷 89 份,其中,有效问卷 73 份。分别是针对日托老人 9 份(7 份有效),针对社区老人 80 份(66 份有效)。具体人数比例如表 2 所示。

表 2 社区独居老人类型

		频率(个)	百分比(%)	有效百分比(%)	累积百分比(%)
有效	日托老人	7	9.6	9.6	9.6
	社区老人	66	90.4	90.4	100.0
	合计	73	100.0	100.0	

(三) 项目评估说明

"银福家园"项目成立于 2009 年,而本评估项目开展于 2013 年,考虑到资料完整性、人员变动情况及评估者自身精力等限制因素,当时为获得可靠确切的文献资料与档案信息,以及受访者对方案的及时性反映与评价,仅对该项目 2012 年的工作进行了评估。

此外,"银福家园"项目招标说明书中阐明的服务对象是日托中心的老人、社区 60 岁以上独居老人、志愿者服务团队、标准化老年活动室。在评估者看来,对于志愿者和标准化老年活动室的管理和服务也是为独居老人服务,是以他们的需求为导向开展的资源整合活动。而日托老人也属于社区 60 岁以上的独居老人,与其他社区独居老人不同的是,他们白天有固定的活动场所即日托中心。因此,评估者认为本项目的服务对象其实就是社区 60 岁以上的独居老人。

三、项目背景评估

按照 CIPP 评估模型,在背景评估部分,需对项目开展的具体背景及服务对象的整体状况作出评价,以确定项目目标是否按照需求设定,并以此作为形成方案目标的基础。评估者主要从社区背景、服务对象需求和机构背景三方面进行分析和判断,具体阐述如下:

(一) 社区背景

1. 社区老龄人口多,为老服务缺口大

上海市杨浦区殷行街道位于上海市东北角,20 世纪 80 年代中期开发建设,至 90 年代中期开发基本结束,是上海市最大的居民住宅区之一。辖区现有面积 7.98 平方公里,常住人口近 20 万,居委会 49 个,居民以低收入工薪族居多,其中常住老年人口数逾 3.78 万。如此庞大的老年群体,急需开展相关为老服务,解决老年人生理、心理与社交等方面的问题与需求。但仅靠政府和街道对部分典型困难老年人进行补贴或慰问还远远满足不了实际需要,仍有许多老人或多或少存在各种困难,为老服务缺口较大。

据悉,街道原有杨浦区老龄办特别委托的专职关爱员,平均每人负责 25 个老人,分两批隔天上门拜访,主要和老人聊天、提供精神方面的服务,一般每次 20 分钟到 1 小时,有时也帮老人交水电费、配药之类。老人可以免费申请这项服务,但却要求是独居且有这项迫切需求的,通常年龄很大、很典型的困难老人才能申请到,一个街道大概仅 300 多人能享受到这项服务,远远满足不了老人的需求。

2. 社区资源丰富,但未能有效链接

在殷行街道,其实存在许多可以挖掘的为老服务资源,如医疗资源、军队资源、法律资源、学生资源，甚至是一些足浴、理发等资源，且这些社区资源也有提供服务、奉献社会的意愿和需求。但以往提供为老服务的居委或老龄办等相关单位，并没有很好地链接这些资源或联系甚少，社区固有的设备和资源，如标准化老年活动室也没有得到妥善利用，使老年人错失了享受这些固有资源的机会。

项目开展之前，这些社区资源的挖掘与运用均由老龄办统筹，链接和管理都很不到位，而学生对社区的志愿服务，最多也就是到老人家里帮忙打扫卫生、买点点心看望老人等，且基本也只是在"志愿者日""学雷锋日"这样的特殊节日进行慰问，平常很少在社区开展服务。

（二）独居老人的需求

调查发现，服务对象的需求根据自身状况差异而有所不同。从生理健康角度来看，社区独居老人大致可以分为两类：其一是身体较好、能够自理的独居老人，他们大多是独居老人中的低龄老人，生活照料需求较低，更多是心理、社会层面的需求，尤其希望能够有人陪伴，参与更多的娱乐活动和社交活动，甚至是通过志愿服务来实现更大的自我价值；其二是自理能力较差、需要生活照料的老人，有着多重的生理、心理和社会需求。

通过对独居老人需求资料进行整理和分析，这里从以下几方面来分析阐述独居老人最迫切的需求。

1. 生活照顾

由于特殊的生理特点，如记忆衰退、机能弱化等，部分老人在衣食住行方面已经力不从心，需要别人帮助解决洗衣做饭、打扫卫生、求医看病等问题。对于独居老人而言，更是存在这样的生活照顾需求，尤其是遇到重大危机（如老伴刚去世）或瘫痪、痴呆的老人，子女住得很远、自身身体不好的老人，以及纯老家庭。

2. 情感支持

老人也期望老有所爱、老有所伴，也有着亲情伦理及情感生活方面的需求，子女的孝敬、邻里的关心、亲属的关怀都是他们获得情感支持的渠道。然而，独居老人由于长期独自生活，获得的情感支持较少，孤独、寂寞的情绪长期伴随着他们，因为难以找到倾诉的对象，他们急需获得更多的情感支持。如日托中心的一些老人虽然年纪大，但身体上并没什么大毛病，基本能够自理，尽管在中心有专人负责他们的吃饭问题，但还是显得很孤单，特别渴望得到他人的关注与情感支持，对文化娱乐活动有较大需求。

3. 社会交往

一方面，独居老人由于长年独自居住，缺乏沟通与交流的对象，社会支持网络较为薄弱，因此有着强烈的社会交往需要，以期从中获得乐趣，满足社交需求。另一方面，通过社会交往，也可以排解独居老人的寂寞情绪，丰富其晚年生活，提高生活质量。如有的独居老人想建立自己的社交网络，可却因大家都住在自己家里、不互相沟通而无法实现，当然，有的身体好的老人也会自己出去打打麻将、跳跳舞之类的，或是参加一些自己感兴趣的活动来丰富自己的生活。

（三）机构及项目组概况

殷行街道"银福家园"为老服务项目的承接机构是上海市浦东新区乐耆社会工作者服务社，其注册成立于2008年5月，是一家专门致力于推动老年社会福利事业发展的民办非企业单位。其业务主管单位为浦东新区民政局，接受浦东新区社会工作协会业务指导，经费来源主要为政府购买服务，并通过政府购买专业社会工作服务的方式，派遣社会工作者至各个街道的养老机构或社区为老服务组织，运用社会工作专业理念和方法开展老年社会工作服务，提高为老服务领域社会工作专业服务水平。

人员构成方面，截至2012年12月31日，乐耆社会工作者服务社共有工作人员31名，包括1名机构副主任兼专业督导、3名部门负责人、4名项目主管、2名督导助理、19名社会工作者和2名活动助理，男女比例3∶28，平均年龄29.3岁。31名工作人员中，2名为社会工作或社会学专业研究生，10名为社会工作或相关专业本科，18名为社会工作专业大专学历，1名为高中学历。

"银福家园"项目是乐耆社会工作者服务社于2009年12月承接的一个政府购买服务项目。该项目的人员构成为1名项目主管及2名基层社会工作者，同时借助街道内的助理关爱员团队及其他志愿服务团队开展服务工作。该项目的总目标为：充分发挥老年人服务中心辐射指导作用，依托老年人日间服务中心、老年活动室、志愿者服务基地等平台，整合社区公共服务资源、人力资源，开展多元化的为老服务，有序提高老年人的晚年生活质量。其具体目标如下：

（1）充分使用社区内各类资源，开展健康教育、文化娱乐、志愿服务等常规活动和节庆大型活动，以多元化的服务方式将为老服务面向社区辐射。

（2）依托老年人日间服务中心现有设备和资源，以"老年教育"为主题，根据老年人生理、心理、社会支持等方面的需求，逐渐完善高龄体弱老人的社区照顾体系,传播终身学习理念。

(3)突出老年人服务中心的指导作用,定期开展活动室评估工作,引导社区志愿者,特别是低龄健康老人志愿者积极参与活动室的日常管理、逐步形成志愿者和居委干部共同管理、社会工作者定期督导评估的活动室管理模式。

(4)以"耆"乐堂创投项目为契机,通过"耆乐家庭"、亲子联系活动等,营造敬老、爱老、助老的社区良好氛围,提升家庭、子女赡养老人的责任和意识。

(5)面向社区加大项目自身宣传力度,通过多种途径吸纳新的志愿资源,同时引入第三方评估机制,积极探索项目成效评估模式。

综合背景评估的内容发现,杨浦区殷行街道是一个低收入工薪阶层聚居的区域,目前社区存在老龄人口多、服务需求大、为老服务资源丰富但又不能得到有效利用的尖锐矛盾。

服务对象的需求根据各自特点有所区别,但最为迫切的需求主要有三个方面:生活照顾需求、情感支持需求和社会交往需求。乐耆社会工作者服务社作为一家从事老年人社会工作者专业服务的社会组织,有着较为丰富的为老服务项目经验,其工作人员大多接受过社会工作专业教育,因此,机构具有充分的资质来提供为老服务。殷行街道购买乐耆的服务是满足街道内老年人诸多需求的一种有效途径。

"银福家园"项目设立的总目标及具体目标都着重强调了整合利用社区内多重资源的重要性,并以各种途径挖掘志愿者资源,注重志愿者领袖的培养,确保志愿队伍的可持续发展。在提供为老服务方面,指出了要满足老年人在生理、心理、社会层面的多重需求,重视老年教育工作和敬老氛围的营造,为老年人实现自我价值提供了有效途径,是与现实需求和系统能力相适应的项目目标。

四、项目输入评估

项目输入评估是在项目背景评估的基础上,对达到目标所需要的条件、资源及备选方案的可行性做出分析与评价,实际上是对项目方案的优点和适用性进行判断。评估者首先针对社区现有资源和其他可替代的服务方案进行梳理,分析其解决当前困境的可行性。其次是对"银福家园"项目方案的阐述,包括服务对象、人员配备、设施设备、工作内容等,并分析该方案的优势及可行性。

(一) 社区既有为老服务措施

在"银福家园"项目入驻之前,殷行街道的一部分老人享受了政府的一些助老或补贴政策。例如,每个居委会都有一些政府出资救助或提供服务的贫困户、五保户等,但只涉及极少数老年人。而覆盖范围稍微大一些的是近几年上海市出台的居家养老服务政策。2009年,上海市质监局会同上海市民政局等部门制定和出台了《社区居家养老服务规范》(后简称《规范》),界定了居家养老服务的范围与对象,以及提供的服务内容。

《规范》规定了上海市居家养老服务对象为60周岁及以上有生活照料需求的居家老年人;服务内容为提供或协助提供生活护理、助餐、助浴、助洁、洗涤、助行、代办、康复辅助、相谈、助医等服务;服务提供主体主要为社区居家养老服务社、社区老年人日间服务中心、社区老年人助餐服务点。

社区居家养老服务体系的建立与《规范》的出台,充分说明了政府对于老年人服务的重视。但从其服务内容上来看,十大内容中只有"相谈"这一条涉及心理和精神方面的需求,其他内容更多是针对生活照顾和饮食起居方面的服务。通过与居家养老服务中心工作人员的简单访谈了解到,从事居家养老服务的人员一般都是文化水平不高的下岗工人,实际上他们提供的服务相当于家政服务,很少能够深入老人内心,且并无能力顾及这一层面。

此外,免费享受居家养老服务具有较多规定和限制。政府对该服务采取的补贴政策,评估者在殷行街道居家养老中心有所了解,具体政策与补贴范围如下:

(1) 具有本区户籍、在本社区居住的60周岁以上低保、低收入老人,经专业评估人员上门评估后,据评估结果,按养老服务补贴和养老服务专项护理补贴享受不同等级的补贴。2012年度的补贴标准为:轻度300元;中度400元;重度500元。

(2) 具有本区户籍、在本社区居住的80周岁以上独居或纯老家庭老人,养老金低于上年度全市城镇企业月平均养老金水平,经评估,需要生活照料者按养老服务补贴和养老服务专项护理补贴标准的50%给予补贴,2012年度补贴标准为:轻度150元;中度200元;重度250元。

(3) 具有本市户籍、常住在本市行政区域内的85周岁及以上的高龄离休干部,补贴标准为每人每月100元。

(4) 以上专项补贴用于购买社区居家养老服务，不得兑现现金，当月有效。超出补贴标准额度的服务需求，可由本人自费购买。

因此，从上述政策规定来看，只有很少一部分老人能通过评估获得政府的相关补贴用于购买居家养老服务，而其他老人则只能通过自费的方式购买服务。对于殷行街道这个以低收入工薪族居多的街道而言，部分低收入老人需要自费购买服务还是有些吃力。再者，其服务的侧重点在于生活照顾和饮食起居方面，服务人员素质与服务能力不高，老人的精神需求较难从中得到真正满足。

总的来说，评估者认为该政策的覆盖面较窄，对于老人而言成本过高，虽可解决部分老人的生活照料需求，但却无法满足大部分老人在生理、心理层面的普遍需求，这是该方案不能解决当前困境的重要原因。

（二）项目实施内容

"银福家园"项目的主要内容可从以下几方面进行阐述。

1. 服务对象

本评估将项目的服务对象界定为社区 60 周岁以上的独居老人，以对他们的需求、服务输入、过程和结果为评估的重点与依据。殷行街道共有 1 800 余名独居老人，约占街道全部独居老人的 80% 左右，这些老人都是"银福家园"项目的服务对象。

2. 工作人员

"银福家园"项目有 3 名社会工作者，1 名项目主管及 2 名一线社会工作者。在任职资格方面，项目主管要求是社会工作者师，三年以上经验。两名社会工作者中一名有助理社会工作者师证或社会工作者四级证，一年以上工作经验；一名有相关工作经验。在教育背景方面，项目组的社会工作者都具有社会工作专业背景或具有长期从业经验。在人员编制方面，"银福家园"的社会工作者由乐耆社会工作者服务社统一招聘，再根据社会工作者的个人工作能力、特长和家庭住址远近等因素综合考虑，派遣社会工作者到项目组。在培训与督导方面，乐耆社会工作者服务社有一些针对机构社会工作者的培训和督导计划，根据社会工作者的不同特点和资质进行安排。

3. 设施设备

"银福家园"项目在殷行街道的为老服务中心有一间独立的办公室，配有两台电脑，两张办公桌，但是空间很小，不到 10 平方米。既要容纳 3 位社会工作者，又要容纳存放文档资料的柜子，办公室显得十分狭窄。如果遇上有外人拜访，就更加拥挤。平时社区活动可以在街道24个居委会活动室内开展，但需要和居委会干部协商时间。某些社区有一些康复医疗器材，但利用率不是很高，给老人开展相关活动一般是到专业机构进行。

4. 工作内容

"银福家园"项目2012年度的工作内容主要有以下几个方面：

第一，做好对独居老人的个案管理工作。完善日托老人、社区老人的个人健康档案，以利于提供合适的服务，并做好相关活动或服务的满意度测评。

第二，根据日托老人、社区独居老人的需要开展适合的小组活动。通过开展小组活动，增强日托老人之间的情感联系，分享有用信息；促进社区老人走出家门，融入社区，排解寂寞情绪，加强社区支持网络。

第三，开展各类社区活动，包括由专业领域的志愿者提供的医疗知识讲座、法律知识讲座、消防讲座等，增加老年人医疗、法律、消防等方面的常识，在关键时刻保护自己，以利于生命质量的提高。还开展一些娱乐活动，如主题活动、节庆活动等，以提高老人的社会参与能力，为其营造积极的情绪体验。

第四，做好志愿者队伍的管理与资源整合工作。首先是助理关爱员队伍的管理与培训。需要开展对助理关爱员及其内部领袖——助理关爱员片长的培训与督导、工作绩效考核、津贴发放等。其次，需要与其他志愿者团队进行沟通和联系。街道内的志愿者资源有老年协会、长海医院医师团队、大桶大足浴志愿者团队、街道爱卫办、牵手俱乐部、社区文体团队、法律讲师志愿者团队等，项目组主要与这些志愿团队负责人进行交流与沟通，达成服务共识，为社区老人及日托老人提供定期的志愿服务。

输入评估的部分对于街道原有的为老服务资源与政策进行分析，反映了居家养老服务体系的覆盖面不广，服务花费偏高，只能满足部分老人在生活照料和饮食起居方面的需求，未能对老人在精神方面的需求有更多的高品质服务，因此，难以解决社区独居老人的困境。

而"银福家园"项目面向社区1 800余名独居老人提供服务，覆盖范围广泛，能够弥补政府政策未能覆盖的那部分老人群体。项目工作人员具有社会工作者的专业资质和一定的为老服务经验，以整合社区志愿者资源为老人提供服务为最主要的方式，能够解决服务人员不足的困境。而在工作内容方面，主要开展的是针对日托老人、社区老人的个案管理工作、小组社会工作、社区工作等，还有针对志愿者团队的资源引进和培训督导工作。该项目方案的服务形式多样且具有可持续性,尤其是对志愿者领袖的培养能够促进日后社区志愿服务的进一步发展。

因此,相较于居家养老服务方案,"银福家园"项目覆盖面广、可持续性好,并且对于老人而言没有任何经济上的负担,这些优势决定了"银福家园"项目的开展具有较高的可行性与适用性。

五、项目过程评估

项目过程评估主要用于评估项目方案的执行情形,以便对方案进行监督、检查和反馈,可以根据评估结果引导方案进行进一步调整和修改。本部分将从项目方案的执行与项目执行过程中遇到的障碍两方面进行分析评估。

(一)项目方案执行

项目方案的执行主要从个案管理、小组社会工作、社区工作及志愿者管理四个角度逐一进行检视与监督,以了解方案实施的具体情况。

1. 个案管理

个案管理工作面向全体日托老人及社区 60 周岁以上的独居老人。社会工作者对日托老人及社区独居老人会有定期的访谈及信息更新、存档,以了解他们的需求与喜好,作为开展社区活动与小组活动的前期需求调研。

工作人员为每位日托老人都建立了个案管理档案,记录个人的基本情况与身体状况,以及每次的服务内容,并从每位老人的需求出发,为其提供有针对性的个性化服务;而社区老人的记录则相对简单,结合助理关爱员反馈的关于独居老人的信息,以表格的形式进行统计与整理,对个别有特殊需求的老人提供个别化服务。这部分工作形成的档案记录,为其他为老服务活动的开展奠定了基础。

通过对个案管理工作的反馈了解到,较为系统的、需要多次介入的个案工作极少开展,较多涉及的是个案工作的一部分。工作者一般会替日托中心解决一些关系上的摩擦,或定期找日托老人聊天掌握他们的情况,了解他们对服务的满意度,有时也和老人的家人进行交流,看老人生理、心理上有什么需求,以方便提供服务,所有这些都会在档案上进行详细记录。

2. 小组社会工作

小组社会工作也是"银福家园"项目提供服务的一种方法,小组的主题常以较为贴近老年人的养生保健、社交沟通等为主。2012年,小组活动的开展并不频繁,总共三个小组,有针对日托老人的"健康驿站"小组,也有针对社区老人的"耆享健康"养生保健小组和"缘来一家人"社交沟通型小组。具体开展情况如表3所示。

表3 小组活动统计

小组名称	节次	参与人次	日期
"耆享健康"养生保健小组	4节次	116人次	2012年2月—2012年5月
"健康驿站"小组	2节次	22人次	2012年9月
"缘来一家人"社交沟通小组	5节次	71人次	2012年11月—2012年12月

在调查中也了解到,小组和社区的主题都是根据老人需求来确定的,老人想要什么样的活动,就开展什么样的活动,如养生保健类和社交沟通类小组就是老人比较关心且主动希望开展的,此外,也会根据社区老人之间普遍存在的问题来开展活动,如对于社区老人彼此之间相互不熟悉的问题,就策划了能够让他们相互熟悉的方案。

从以上信息来看,小组的主题契合了老年人的生理、心理及社会需求,是符合项目目标的工作内容。从表格统计的活动情况来看,养生保健小组及社交沟通小组持续的时间较长,涉及的人次较多,而"健康驿站"小组只开展了两次,严格来说算不上是小组活动,可见项目工作人员在以后的工作中需进一步加大对小组社会工作的专业性与完整性的重视。

3. 社区工作

(1) 资源链接。

社区工作的开展很大程度上依赖于社会工作者对志愿者服务资源的链接。与原来资源不稳定的情况不同,项目组自从入驻街道以来,与志愿服务资源有了频繁的互动,将许多志愿服务活动形成了系列服务,面向的服务对象范围更广。

项目组入驻之前,社区老年协会的戏曲表演队经常会给日托或社区老人表演节目,其他资源(如学校的中学生、大学生)在一些大型活动中也会参与进来,陪老人做游戏或教老人做保健操之类的,但这些也只是偶尔现象,真正多起来却是项目组入驻社区开展工作之后的事。

关于引进的志愿服务资源,根据所获资料制作了如表4所示的明细表。

表4 机构志愿服务明细表

机构性质	机构名称	合作内容
学校	包头中学	表演节目、与老人结对参与游戏、教老人做保健操、与老人聊天等
	上海市城市管理学院	
	上海师范大学	
	上海体育学院	
医院	长海医院	开设医疗讲座、帮老人免费量血压、进行体检等
	社区卫生服务中心	
法律	周逸翔律师事务所	开设法律讲座、免费咨询
企业	大桶大足浴	帮老人扦脚
军队	驻杨浦区武装部队	打扫卫生、磨刀
消防	国和中队消防队	消防安全讲座
志愿者团队	助理关爱员队伍	上门拜访老人、与老人聊天、陪老人参与社区活动、表演节目等
	老年协会戏曲队	

根据以上内容可知,社会工作者在资源链接方面发挥了较大作用,将殷行街道附近各服务领域的大量服务资源引入社区,并形成了一部分固定或连续的系列服务活动,发挥了资源整合功能,为日托老人与社区老人争取到了更多资源和服务,能够进一步提高老人的生活质量。

(2)活动开展。

社区活动是整个项目内容最丰富、最充实的一面,很多服务需要通过社区活动的形式进行输送。这其中的很多活动需要与志愿者资源进行链接,由社会工作者与其合作开展;而部分社区活动由三位社会工作者独立策划、组织与开展。2012年度社区活动可以分为几大类,活动内容与参与人次统计见表5。

表5 社区活动统计表

活动类型	活动内容	共计参与人次
讲座	老年人维权法律讲座	170人次
	爱耆大讲堂	203人次
	消防讲座	85人次
	小计	458人次
节庆活动	"温情腊八送祝福·耆乐新春闹元旦"腊八节活动	34人次
	"喜跃龙腾闹元宵"元宵节活动	32人次
	"耆乐迎新共欢笑"迎新活动	27人次
	"共建耆乐家庭,同享温馨家园"共建活动	47人次
	"粽香六月,耆乐端午"耆乐家庭端午节大型活动	63人次
	"耆"乐堂为老服务项目启动仪式	64人次
	"喜迎中秋,欢度国庆"中秋节大型活动	32人次
	"中秋同欢乐,国庆喜相逢"中秋节大型活动	34人次
	"爱满心怀,敬老情深"重阳节大型活动	52人次
	"九九重阳情,浓浓敬老意"耆乐家庭重阳节主题活动	37人次
	小计	422人次
主题活动	幸福耆享故事会	535人次
	欢乐大篷车	396人次
	百岁老人庆生会	38人次
	"绿色伴我行,银龄在行动"环保主题活动	27人次
	小计	996人次
总计		1 876人次

从表5来看,社区活动基本上按照计划的工作内容开展,分讲座、节庆活动和主题活动几个方面穿插进行,涉及的对象较多。讲座活动涉及458人次,节庆活动涉及422人次,主题活动涉及996人次,总计达1 876人次。

而在讲座部分,老年人维权法律讲座、爱耆大讲堂医疗讲座都是在各个居委会轮流开设的。由于时间和场地限制,讲座并没有遍及各居委会,表6是对每次讲座参与人数的统计。

表6 讲座活动统计表

讲座名称	居委会	人数	讲座名称	居委会	人数
"我权益我维护"老年人维权法律系列讲座	国二(3)	13人	"爱耆大讲堂"医疗讲座	城市名园	27人
	市二(2)	17人		250弄	22人
	开三	36人		市四(2)	29人
	闸一	20人		市二(1)	25人
	开五	15人		81弄	25人
	470弄	9人		工四(1)	19人
	闸二	22人		工四(2)	15人
	市四(2)	25人		开二	21人
	殷行新村	13人		民600弄	20人
	990弄	15人		城市名园	27人

从表6来看，两个主题的讲座都覆盖了10个居委会，然而每次参与人数并不多，甚至出现了个位数，从一定程度上反映了讲座本身对老人的吸引力有所欠缺。作为项目执行方，应重新考虑该讲座的宣传工作是否到位，讲座内容是否真正满足了服务对象的迫切需求，活动形式是否需要调整等问题，以提高独居老人参与活动的积极性，实现服务资源的真正利用。

4. 志愿者管理与培训

志愿者队伍，尤其是助理关爱员的管理与培训是整个项目的重要环节。助理关爱员每天上门关爱老人，提供生活和精神上的服务，他们是向社区独居老人提供日常关爱服务的主体。他们在提供服务的过程中需要运用各种沟通技巧与医疗知识，遇到困难时也需及时舒缓情绪，提供有效支持。因此，项目组社会工作者需每月对志愿者开展有针对性的培训和分享例会。

针对助理关爱员的日常培训包括医疗培训、消防知识培训及能力建设活动等，定期召开例会交流工作经验与困难，提升志愿服务技能，且多次开展活动建设团队凝聚力。助理关爱员的工作内容与参与情况如表7所示。

表7 助理关爱员培训及活动统计表

活动类型	活动内容	共计参与人次
技能提升及分享例会	殷行南片(12次,72人)	520人次
	殷行北片(12次,47人)	
	工农片(12次,94人)	
	市光片(12次,86人)	
	嫩江片(12次,59人)	
	国和片(12次,70人)	
	开鲁片(12次,92人)	
	片长工作例会	94人次
	全体工作例会	46人次
	国和片助理关爱员会议	8人次
助理关爱员大型活动	消防讲座	45人次
	医疗培训	47人次
	团队能力建设	45人次
	消防讲座	45人次
	欢声笑语多·耆乐新春到	46人次
	看电影活动	86人次
	助理关爱员中秋节活动	25人次
	"'耆'暖夕阳,知'足'常乐"社区志愿服务	36人次

从表7中可知,对于助理关爱员的技能提升及分享例会在七个片区都完成了一年12次、每月1次的工作量,并且还开展了医疗、消防知识培训及团队能力建设、凝聚力建设等活动,这些同样是根据项目计划的目标在开展工作。然而,满足工作量的同时也需要考虑服务的质量。整个街道的独居老人每日关爱工作实际上都是由助理关爱员完成的,这种工作方式是否能较好地完成服务,保证服务质量,仍是项目工作人员需要深思的问题。

(二)执行过程中的障碍

1. 办公空间狭小

"银福家园"项目组社会工作者所在的办公室面积不到 10 平方米,既要放两张桌子,又要放柜子、各种项目物资等,可以说既是办公室也是杂物间,对于三位社会工作者来说,空间太小,不利于工作的开展。对此,三位项目社会工作者都有提到,因办公室空间狭小,三人三台电脑,共用两张桌子,电脑都放不过来,还要放各种文档资料,空间本就拥挤不堪,导致服务对象到办公室来连个坐的地方都没有。不仅如此,社会工作者的电脑系统也非常老旧,总是出现各种系统问题,非常不利于各项工作的开展。

2. 人力资源不足

殷行街道辖区现有面积 7.98 平方公里,常住人口近 20 万,包括 49 个居委会。而"银福家园"项目组的在职社会工作者只有三人,既要服务日托老人,又要服务社区老人,兼具活动策划、组织、执行、评估等多重角色,还需广泛联系志愿者资源。因此,社会工作者人力资源出现严重不足。

不仅社会工作者队伍存在人力资源不足的问题,助理关爱员队伍也存在这个问题。街道内目前共有 47 名助理关爱员,每个助理关爱员通常要服务 30—40 位社区独居老人。街道要求助理关爱员每天看望老人一次,同时要陪老人聊天,提供各种服务。可想而知,如此庞大的服务数量及服务内容无疑会影响服务质量。

3. 人员调动的负面影响

"银福家园"项目组成立以来,社会工作者人员经过了多次变动,2012 年就有人员内部调整和辞职。一些老人在对社会工作者建立专业关系后,又不得不面临关系的中断。而调来新的社会工作者之后,老人与社会工作者之间要重新建立专业关系;不但增加了工作量,而且会对项目进程产生负面影响。人员的调动不仅会影响老人对社会工作者的感情,也会对其他没调动的社会工作者产生影响,尤其是彼此之间的工作配合方面。

4. 沟通障碍

相对于独居老人的年龄,项目组的三名社会工作者都比较年轻。尤其是两名基层社会工作者,都是刚毕业不久的大学生,行为举止带有这一代年轻人的特点,和老人或其他年龄稍长的志愿者沟通容易产生一些代沟和障碍,不利于项目的顺利开展。但这也从另一方面反映了年轻社会工作者在言语表达的技巧和同理意识方面还有所欠缺，需要更多地提高自己的专业素养和沟通技巧，积累实际工作经验，对服务对象有更多了解。

过程评估的部分对于项目方案的执行进行了具体分析，主要对个案管理、小组活动、社区活动以及志愿者管理几方面进程与内容进行检视。个案管理针对日托和社区独居老人展开，并建立了详细的档案，同时为社区与小组活动的开展提供建议和参考；小组活动方面，分别在养生保健和社交沟通方面开展了三个小组活动，但工作人员需要注意提高小组活动的专业性与完整性；社区活动主要包括讲座、节庆活动以及其他一系列主题活动，其中，法律、医疗讲座的参与度不高应引起重视与反思；志愿者资源的引进与团队管理培训工作较为到位，但是主要依靠助理关爱员队伍向独居老人提供每日关爱服务的方式是否合适，有待进一步思考。

在项目过程中遇到的障碍主要有：项目组人力资源不足，包括社会工作者人员与助理关爱员的缺乏，进而对服务质量产生负面影响；办公空间狭小，电脑系统陈旧，不利于服务工作的开展；社会工作者人员的工作调动影响与老年人专业关系的建立，导致阻碍项目进度；社会工作者与助理关爱员及老人之间存在一些沟通上的障碍，应注重沟通技巧的锻炼提高，积累更多的实际工作经验。这几方面遇到的障碍，应是项目未来做出调整和改善的重点方向。

六、项目成果评估

项目成果评估是测量、判断和解释项目成果的部分，属于总结性评估，能够帮助了解服务对象需求满足的程度，以及项目利益相关者对项目成果的评价与看法。评估者从量化和质性双重角度分析了服务对象对于项目服务的满意度，并收集了服务对象及他人对整个项目的主观评价，进一步对项目产生的非预期结果进行分析，最后提出对项目的改善建议。

（一）项目服务满意度

满意度测量是评价项目服务成果的重要手段，评估者自行编制了调查问卷，从服务对象生活照顾、情感支持、社会交往三个层面需求的满足程度及对工作人员的整体服务满意度出发设计问卷，以期获得服务对象对服务项目的整体满意程度反馈。以下将从各方面进行具体阐述与分析。

1. 生活照顾

独居老人生活照顾方面的满足度可首先通过问卷数据来分析(见表8)。

表8 生活照顾

您属于哪一类人群		您的饮食起居受到更多的照顾	您在购物方面受到更多的照顾	您在看病就医方面受到更多的照顾	您在缴付水电煤方面更加方便
日托老人	均值	4.86	4.71	4.57	4.57
社区老人	均值	4.24	4.35	4.35	4.53
总计	均值	4.30	4.38	4.37	4.51

从表8来看,在"生活照顾"方面的满意程度,日托老人总体来说比社区老人更高。尤其在饮食起居方面和购物方面差距最大,满意度分值差距分别为0.62和0.36,而在看病就医和缴付水电煤费方面则相差略小一些。

在访谈中,同样也能发现日托和社区老人的略微不同的态度与期待。如不少日托老人表示日托中心的服务挺好,不仅饭菜可口方便,有专人打扫清洁,还会有定期的身体检查,总体满意度较高;而有的社区老人则反映要自己洗衣服晒被子,一有什么事都要麻烦助理关爱员,看着关爱员们跑上跑下,每天负责那么多人,其实自己对他们挺感激的,有时甚至还会对总是麻烦助理关爱员感到不好意思,故希望社区能提供更多的服务,以减轻助理关爱员的工作量。

至于日托老人与社区老人的满意度有所差异的原因,可做以下分析:日托所平时都有专人负责清洁打扫,饮食方面由社区的居家养老助餐点送饭上门,医生还会定期给老人们量血压,做身体检查;并且,日托老人数量不多,服务人员有精力照顾到每一位老人的需求。而社区老人的生活照顾则没有享受如此周到的服务,他们能从助理关爱员那里获得一部分照顾,但并不全面。助理关爱员的职责主要是陪老人说话谈心,适当地帮助做家务、购物、代缴水电煤费等,对于老人吃饭、洗衣等方面的照顾并不多,同时也因要关心的老人太多而无暇顾及。

总的来说,问卷反映出在5分为满分的情况下,老人对于生活照顾的服务满意度均值大于4,说明"银福家园"项目在老人生活照顾方面提供了一定的帮助。

2. 情感支持

情感支持方面满意度的数据结果如表9所示。

表9　情感支持

您属于哪一类人群		您得到更多的关心与问候	您更好排解了寂寞情绪	您多了倾诉心事的对象
日托老人	均值	4.71	4.71	4.86
社区老人	均值	4.45	4.48	4.35
总计	均值	4.48	4.51	4.40

从以上数据来看,老人在"情感支持"三个选项的满意度均值都在4.5左右,满意度较高,相较于"生活照顾"的满意度均值要高一些。说明"银福家园"项目在提供情感支持方面的作用比生活照顾所发挥的作用更大一些。而从每一个选项具体来看,日托老人每个选项的满意度均值依然比社区老人略高。

具体而言,日托老人之间年龄相近,来到日托所之后,白天随时都有聊天诉说心事的对象,彼此之间成了依靠。社会工作者也经常与老人聊天,帮助其排解心中的忧愁与疑虑,适当的时候进行情绪疏导。老人在这里得到了较大的心理安慰和精神需求的满足,如有的老人刚到日托中心时脾气不好,可后来待了一段时间就慢慢开朗随和了,再也不乱发脾气了,也有的老人刚开始因为老伴去世而心情忧伤,可到了日托中心以后,通过跟中心的其他人交流分享,自己的抑郁心情便也舒解开了。

社区独居老人所获得的情感支持大多来源于助理关爱员的关心和服务。同时,一些社区活动与小组活动等形式的活动开展也加强了对老人的关注,排解了他们的寂寞情绪,让他们感受到社区的温暖。像社区中秋节、端午节等发的小礼物,以及举办的联欢会、小游戏等,都能给前来参加活动的老人带来不少欢乐与温暖。

3. 社会交往

老人们对社会交往满意度的问卷数据如表10所示。

表10　社会交往

您属于哪一类人群		您有了更多参与社区活动的机会	您有了更多与其他老人交往的机会
日托老人	均值	4.57	4.57
社区老人	均值	4.52	4.61
总计	均值	4.52	4.60

由表10分析可知,在"社会交往"方面,日托老人和社区老人的满意度十分接近,并无明显的区别,且每项均值都超过了4.5,而总计均值也比"生活照顾""情感支持"两个层面都略高一些。该数据说明老人在社会交往方面获得了较大的满足,是三个服务层面中满足程度最高的。访谈中,老人们都指出了项目在促进他们社会交往方面的作用:有的老人表示日托的老人相互之间就像一个小群体,大家彼此相互扶持、相互接触,能满足自己社会交往方面的需求,而日托的老人大都不愿意舍弃日托所,甚至会担心自己以后身体不好不能到日托所去;有的老人表示来日托所和老朋友们聊天本就是件很开心的事,而不用在家里独自面对空荡荡的墙壁;有的老人表示有时参加完社区活动会觉得接下来的日子有盼头,期盼着下一次活动的到来,能够发现更多与自己兴趣爱好相投、性格脾气相似的老人,从而交到更多的朋友,或是加强与老朋友之间的联系。

4. 对工作人员的满意度

对于工作人员的整体满意度,评估者希望能从对项目服务内容、服务态度、专业能力以及整体工作表现四个角度来呈现,具体结果分析如表11所示。

表11 对工作人员的满意度

您属于哪一类人群		您对"银福家园"项目组社会工作者的服务态度满意度	您对"银福家园"项目组社会工作者的服务内容满意度	您对"银福家园"项目组社会工作者的专业能力满意度	您对"银福家园"项目组社会工作者的整体工作表现满意度
日托老人	均值	4.57	4.71	4.57	4.57
社区老人	均值	4.52	4.55	4.41	4.53
总计	均值	4.52	4.56	4.42	4.53

从表11得知,参与问卷调查的对象对于银福家园社会工作者的满意度均值都超过4.4。在四个选项中,"服务内容"这一选项的均值从横向来看比其他选项都高,尤其是日托老人对于该项的满意度达到4.71,说明项目在提供的服务内容上获得了较大的肯定。而对于工作人员的服务态度、整体工作表现的满意度也都超过4.5,专业能力方面的满意度略低,总计均值为4.42。

其次,在访谈的部分,评估者也发现了受访者对于该项目以及社会工作者的整体评价较好,十分认可其工作态度,对于社会工作者的付出较为感激与佩服。有老人表示,社会工作者这么年轻就能和老人交流得如此之好,已经非常不错了;有的老人表示,社会工作者都很热心,经常帮老人做事,对老人态度好、有礼貌,甚至比自己的亲人对自己还要好;还有老人通过回忆自己身体不好,社会工作者主动拿红糖给自己的事例,表达对社会工作者的感激之情。

(二) 项目非预期结果分析

"银福家园"项目开展过程中,收到了许多预期的成果,但是伴随着服务的开展,也产生了一些意料之外的影响。部分受访者对此有所感触,这里将共同反映的主要非预期结果整理成两点。

1. 老人对志愿者的非理性期待

访谈中,有些老人对于志愿者的期待过于脱离实际,产生了一些非理性期待,尤其对助理关爱员造成了一些困扰。首先,助理关爱员的服务范围和精力有限,并不能顾及每个老人的方方面面,只能提供力所能及的服务,而部分老人在某些情境下会不理解并认为是志愿者的失职。如有的老人要求助理关爱员陪自己去看病,不陪他们就觉得好像是助理关爱员的失职。有时候助理关爱员并没有那么多时间,他们要同时负责许多老人,而且看病也不是一时半会就能解决的事,特别是一些突发状况(如手术签字之类的)也不是助理关爱员能负责的。

其次,部分老人会因为对某些事情的看法缺乏全面性,而对助理关爱员存有误解。如有时候活动室不够大,不能让所有老人都同时参加活动,这时助理关爱员便会选择让自己负责的老人轮流参加。可这种情况下,一些没参加的老人就会有意见,说别人参加了自己怎么没参加,甚至不开心了还会投诉,情绪上来劝也劝不动。

2. 老人与子女关系的疏离

项目的开展为社区60周岁以上独居老人提供了助理关爱员上门拜访服务。在助理关爱员的长期服务与帮助之下,老人对他们的依赖反而影响了其与子女之间的亲密关系。因为老人遇到困难首先想到的就是助理关爱员,有需要就找他们而不是麻烦自己的子女,从而降低了对子女的依赖和需求。有些子女也认为老人有了志愿者,自己可以减少对老人的关注。长此以往,有些老人与子女的关系渐渐疏离,反而影响了家庭内部的关系,淡漠了子女的养老责任意识,给社会养老造成了更大的负担。

除此之外,有的老人会因为怕麻烦自己的子女而刻意不叫自己的子女照顾自己。他们会为自己的子女着想，觉得现在工作很难，不希望子女请假不上班来照顾自己，从而将自己的养老需求寄托于助理关爱员，寄托于社会。

以上所显现的非预期效果都与志愿服务的提供有关，但都是项目工作人员不希望看到的结果，因为其影响了项目的继续开展，使志愿服务的持续进行遇到了阻力。

老人对志愿者产生非理性期待，一方面是现实因素的限制，另一方面是老人的心理特点所致。现实因素方面，由于志愿者人力不足，很多时候志愿者无法顾及每一位老人，人力不足、经费有限等原因也导致了服务范围狭窄而未能全面覆盖到老人的每一项需求。老年人心理因素方面，由于独居老人长年独居，尤其期望自己受到别人的关注和关心。一旦他们认为自己受到了冷落，就会产生失落情绪，如果该"冷落行为"是出自似乎对老人有照顾义务的志愿者，老人更容易产生不满。老人与子女关系的疏离则是很多老年志愿服务容易出现的问题，这一问题的出现也应引起项目工作人员的广泛重视，寻求可能的解决办法，以更好地克服项目所带来的负面效果。

（三）项目改善建议

此部分的改善建议均收集自参与访谈者，他们是项目的参与人员，对于项目的优势和不足有着更切实的体会。因此，这里期望从他们的角度获得一些对项目的想法与建议，具体可以从以下几方面进行分析。

1. 社会工作者人员需稳定

在过程评估的部分，很多访谈者提出了项目实施过程中遇到社会工作者频繁更换的现象，觉得有时候和这个社会工作者相处好了，下一次换了另外的社会工作者，又得重新认识和了解，这对于老人来说是十分不适应的，毕竟，人总是希望和熟悉的人一起工作、一起相处。能够有固定的社会工作者安排在"银福家园"项目组，与老人形成良好互动，是老人所希冀的。

2. 内部分工需明确

有受访者指出，社会工作者对日托所和社区老人的兼顾有可能导致负面影响。一些老人在社会工作者离开去做其他事情的时候会认为自己不受重视，从而产生失落情绪。因此，受访者提出社会工作者人员内部需确定合理的分工，将不同社会工作者分别安排给日托所和社区老人，而非两者兼顾。如此一来，不仅社会工作者能够专心用在一个方面，不用总是那么忙还得不到老人的理解，老人也能在需要社会工作者的时候及时找到依靠。

3. 宣传工作需加强

项目执行过程中,还存在一些社区老人对"银福家园"的社会工作者或举办的活动不了解甚至反感的情况,影响了项目服务的输送和项目目标的达成。并且,许多社区中有实际照顾需求的老人,对于日托所这样一个高龄老人照顾机构并不知情,导致志愿者服务资源与社区照顾资源的浪费。因此,加强"银福家园"项目的宣传工作也是改善项目工作的诉求之一。

4. 经费投入需增加

加大经费投入其实是对项目购买方提出的建议。经费不足导致没有足够的费用招募更多工作人员,从而加大了每个人的工作量,对服务质量造成了一定影响。而在服务内容提供方面,也受到一些限制。特别是工作人员通常会因为经费不足而缩小服务开展的范围,降低服务提供的水平。故此,增加经费是受访者提出的普遍一致的诉求。

成果评估部分,分析了服务对象在问卷中所体现的对于服务满意度的客观评价,以及相关项目参与人员对项目的主观评价,也分析了项目执行所得到的非预期效果,以及受访者对改善项目的建议。

服务满意度方面,反映出独居老人在项目开展之后,在生活照顾、情感支持、社会交往方面都得到了一定的满足,尤其在社会交往方面的满意度最高。同时,独居老人对于社会工作者的服务态度、内容、专业能力以及整体评价方面都给予了较高的评价,其他项目参与人员也表达了对项目组社会工作者的肯定。

非预期成果方面,首先是发现部分独居老人对志愿者产生了不符合实际的非理性期待,其次是志愿者服务的提供反而使得独居老人与子女关系的疏离。这两个非预期成果对于项目的继续开展来说是负面的,需找到解决办法加以克服。

改善建议方面,参与访谈的人员均希望社会工作者人员能固定下来,且内部有明确的工作职责分工,同时能加强对项目的宣传工作,争取更多老人的信任与支持。此外,还需要加大对项目的经费投入。

课程设计

一、教学目的与用途

本案例课程设计是以将此案例应用于"社会工作项目评估"课程中的社会项目评估模型部分的教学为基础撰写,用于讲解 CIPP 评估模型运用方面的内容,案例的编写以此为出发点组织相关内容,对案例的分析和总结也是基于这一目的。若将本案例用于其他课程,则需做调整,本案例课程设计可作参考。

(一) 适用的课程

本案例适用于"社会工作项目评估"课程,也可以作为"社会服务项目开发与管理""老年社会工作"等课程的辅助案例。

(二) 适用的对象

本案例适用对象包括高年级社会工作专业本科生、社会工作专业硕士(MSW)研究生。

(三) 本案例教学目标规划

1. 覆盖知识点

本案例在"社会工作项目评估"课程中应用主要覆盖的知识点有:

(1) 社会工作项目评估的概念;

(2) 社会工作项目评估的几种主要模型;

(3) CIPP 评估模型的概念;

(4) CIPP 评估模型的框架体系;

(5) CIPP 评估模型运用的基本流程。

2. 能力训练点

本案例在"社会工作项目评估"课程中规划的主要能力训练点有：

（1）学会分析几种主要社会工作项目评估模型的特点；

（2）学会根据具体的评估需求选择恰当的社会工作项目评估模型；

（3）掌握将外来评估模型运用于本土社会工作项目评估的主要策略；

（4）学会如何在具体的社会工作项目中运用 CIPP 评估模型；

（5）学会分析 CIPP 评估模型运用于社会工作项目的可行性与适切性。

二、启发思考题

本案例的启发思考题主要对应的是案例教学目标的知识传递目标，启发思考题与案例同时布置，另外，要让学生尽量在课前阅读熟悉相关知识点。因此，在案例讨论前需要布置学生阅读教材中有关社会工作项目评估的内容，包括社会工作项目评估的概念、类型与主要模型等，并对 CIPP 评估模型的概念、内容和架构体系等也要有所了解。

（1）评估者提到，"银福家园"项目先前的评估存在不专业、缺乏社会责信等问题，你认为一个好的社会工作项目评估应该是怎样的？

（2）评估者提到，社会工作项目评估还有很多模型，如"层次深入模型""3E 模型"和"3D 模型"等，这些模型各自的主要内容及特点是什么？与它们相比，CIPP 评估模型有何独特优势？

（3）本项目中，评估者为什么会选择 CIPP 评估模型？本案例中评估者选择该模型有何特殊意义？

（4）作为一种外来的非社会工作项目评估领域内的评估方式，在评估过程中，如何实现 CIPP 评估模型的本土化？

（5）CIPP 评估模型存在耗时耗力、连贯而具有逻辑性、结构复杂等特点，在具体运用该模型时，如何处理这些内部矛盾、协调评估的广度与深度、准确把握评估介入时间点及选择合理的评估方法与指标？

（6）对于本案例，你觉得还有哪些不足之处？具体该如何改进？

三、分析思路

案例分析的思路是将案例相关情景材料通过教师事先设计好的提问逻辑引导和控制案例讨论过程。因此，本案例分析设计的本质是提问逻辑的设计；在本社会工作项目评估案例中，为何采用CIPP评估模型及CIPP评估模型如何运用于具体的社会工作项目之中，是本案例分析的关键路线；CIPP评估模型相关知识的掌握和在具体社会工作项目中的运用是教学目标。围绕这个目标，本案例分析的基本逻辑是：

首先，对主要的社会工作项目评估模型进行说明，在此基础上分析现有评估模型在应用上的不足，引出CIPP评估模型，并对CIPP评估模型的概念、架构体系等内容进行介绍，进而指出该模型在社会工作项目评估中得以运用的基础。

其次，根据CIPP评估模型设计具体的评估方法和指标体系，依次对殷行街道的社区背景、老人需求、服务社区项目概况、社区既有为老服务设施、"银福家园"项目实施内容与执行情况、执行期间产生的障碍、项目服务的满意度、非预期结果的分析和项目改善的建议等进行分析，将模型具体实践化。

最后，在上述分析的基础上进一步探讨反思该模型在运用时需要注意的事项并提出相应的解决措施，为该评估模型的推广提供参考。

四、理论依据与分析

本案例的理论依据是社会项目评估，其中，社会项目是指有组织的、目标相对具体的一种活动类型，旨在实现社会公正的基础上增进人类福祉[①]。社会项目评估因不同学者的侧重点不同而有不同定义，这里采用国内学者方巍等人的总结，认为社会项目评估就是借助社会科学研究方法，对一定时间维度内和社会资源条件下具有明确目标的、旨在维护社会正义和增进公众福利的有组织活动的设计、执行和结果进行评定，以增进其成效[②]。

本例中乐耆社会工作者服务社开展的"银福家园"项目，旨在通过依托老年

---

① 方巍等：《社会项目评估》，上海人民出版社，2012年，第4页。
② 同上书，第10页。

人日间服务中心、老年活动室、志愿者服务基地等平台,整合社区公共服务资源,开展多元化的为老服务,提高社区独居老人的晚年生活质量。对本项目开展评估工作,既是服务购买方、社会工作者机构、社区日间中心等工作开展的需要,也是促进该项目本身进一步完善发展的内在要求。

虽然评估者运用 CIPP 评估模型对该项目进行评估之前,该项目已经有了较为官方的评估,但其效果并不理想。基于社会项目责信和促进项目改善的需要,评估者运用 CIPP 模型对该项目重新进行评估。CIPP 评估模型在该项目中的可行性和适切性,前面案例部分也分析过并得出了肯定结论。

在将 CIPP 评估模型运用于"银福家园"项目时,评估者先构建出 CIPP 评估的完整架构,然后通过文献法、访谈法和问卷法等进行具体的评估设计,在详备的资料收集和整理基础上开展评估工作。

五、关键要点

本案例分析关键在于了解 CIPP 评估模型的基本框架,学会分析 CIPP 评估模型与其他社会项目评估模型的区别及相对优势,并学会如何将该框架运用于具体的社会项目评估之中。

(一) 教学中的关键点

(1) CIPP 评估模型及几种主要社会项目评估模型的各自特点;
(2) CIPP 评估模型的主要内容及操作流程;
(3) CIPP 评估模型与社会工作项目评估的兼容性;
(4) CIPP 评估模型在社会工作项目评估中指标体系的构建。

(二) 建议的课堂计划

本案例课题计划可以根据学生的差异,尤其是对案例的阅读和课前对相应知识的掌握程度进行有针对性的施教。本案例主要按照 2 学时进行设计。

A 计划:学生事先预习到位,本科生和全日制研究生可以将小组讨论置于在课外进行,因为这类学生的实务工作经验少,因此,案例讨论过程中需要教师引导的内容要相对多一些。

B 计划:在职 MSW 学生课前预习不一定完成得很好,或者学员间预习差异较大,因此,需要将小组讨论置于课堂中进行。

A 计划	B 计划
课前阅读相关资料和文献 3 小时; 小组讨论 1 小时。 考虑到本科生的知识基础和对应用的理解,要适当增加讨论后知识总结的时间。 课堂安排:90 分钟 案例回顾:10 分钟 集体讨论:45 分钟 知识梳理总结:20 分钟 问答与机动:15 分钟	课前阅读至少 0.5 小时。 考虑到在职 MSW 学生课前阅读和讨论的可行性,建议将小组讨论置于课堂中进行。 课堂安排:90 分钟 案例回顾:10 分钟 小组讨论:20 分钟 集体讨论:45 分钟 知识梳理:5 分钟 问答与机动:10 分钟

两种课堂教学的详细安排计划如下:

在课堂上讨论本案例前,应该要求学生至少读一遍案例全文,对案例启发思考题进行回答。具备条件的,还要以小组为单位围绕所给的案例启示题目进行讨论。

(三) 本案例的教学课堂讨论提问逻辑

(1) 什么是社会工作项目评估?为什么要对社会工作项目进行评估?

(2) 什么是 CIPP 评估模型?其基本框架是什么?

(3) "银福家园"项目最初的评估存在什么问题?评估者为什么要采用 CIPP 评估模型再次进行评估,而不是其他社会工作项目评估模型?

(4) 将 CIPP 评估模型运用于社会工作项目评估有何可行性与适切性基础?

(5) CIPP 评估模型运用于本项目评估的具体方案是什么?如何操作设计?

(6) 本项目中 CIPP 评估模型的运用还有哪些不足?如何改进?

推荐阅读

1. 彼得·罗西等:《项目评估方法与技术》,邱泽奇译,华夏出版社 2002 年版。

2. 查尔斯·H. 扎斯特罗:《社会工作实务:应用与提高》,晏凤鸣译,人民出版社 1988 年版。

3. 陈锦堂等：《香港社会服务评估与审核》，北京大学出版社2008年版。

4. 邓国胜：《公益项目评估》，社会科学文献出版社2003年版。

5. 何俊德：《项目评估——理论与方法》，华中理工大学出版社2000年版。

6. 威廉等：《21世纪评估实务》，卓越等译，中国人民大学出版社2006年版。

7. 周大鸣、秦红增：《参与式社会评估：在倾听中求得决策》，中山大学出版社2005年版。

8. 周玉萍、薛仲、康永征：《老年社会工作》，知识产权出版社2008年版。

9. Stufflebeam, D. L., Shinkfield, A. J., *Evaluation Theory, Models, and Applications*, San Francisco: Jossey-Bass, 2007.

灾后安置社区建设[①]
——基于增能的观点及策略

刘 江[*]

【摘 要】 灾后安置社区建设的重点不仅体现于其物理环境的建设,也体现为以安置社区这一物理空间为载体而进行的个体和集体层次的"身、心、社"等方面的建设。如何以灾后安置社区为载体,实现安置社区内个体和集体层次身、心、社的建设呢?为回应这一问题,本文以云南省鲁甸县"8·3"地震后灰街子安置社区社会工作服务为案例展开分析。具体而言,本文以灰街子安置社区灾后重建实务工作作为分析对象,以增能理论作为实务工作的指导,并按照社会工作服务开展的步骤,从"问题及需求评估""应对问题的优势与不足""服务目标""服务干预""服务产出及效果"等步骤对上海社会工作者服务队(第二批)为期一个月的服务工作进行完整且有序的剖析和呈现。

【关键词】 安置社区、社会工作、增能

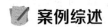
案例综述

一、引言

一般而言,灾难除了对物理环境造成巨大影响外,还会对人的"身、心、社"等

[①] 本文使用的案例在作者发表的论文《社会资本与灾后安置社区建设——基于行动研究的过程分析》一文中已经陈述过。不同之处在于,本文将案例置于增能理论下进行分析。同时,本文严格按照社会工作实务过程对案例进行重新整理。由于用于指导写作的思路不同,本文所获得的反思也不同。

[*] 刘江,南京理工大学社会学系讲师,复旦大学社会工作学系 2017 届博士毕业生。

面向造成负面影响。根据以往经验，灾后安置社区建设对于受灾群众的身、心、社等方面的恢复具有非常重要的作用。通常情况下，社会工作进行灾后服务会以恢复受灾人员功能（心理功能、社会功能）为主要目标。由于社会工作强调服务对象的成长与发展，因此，专业社会工作者希望通过社会工作服务提升服务对象的能力，以至于服务撤离之后依然能够有效应对其自身所面临的问题、满足自身的需求。由此，安置社区的建设应该融入发展性视角，重视安置社区居民和社区能力的提升。本文以"8·3"云南省鲁甸县震后安置社区建设为案例，剖析上海社会工作者服务队（第二批）以增能为核心的灾后安置社区建设服务，并做出相应反思。

二、服务背景

2014年8月3日，云南省鲁甸县发生地震。地震后，出于对村民安全的考虑，当地政府将受灾村社集中安置在灰街子安置点。该安置点由9个村社组成，分别是灰街子社、谢家营盘社、段家坡社、萝卜地社、红石岩社、三板桥社、黄泥坡社、观音山社、大坪子社。9个社共有416顶帐篷，528户，2 256人。地震前相对较小的村落因为聚集安置而转变为较大的临时社区。这种改变为各村社的管理带来巨大挑战。为给村民提供良好的灾后服务，该安置点以行政力量为主导，组建灰街子安置点临时党支部作为统筹、党小组进社区的方式进行管理。具体方法是以每20户为单位建立党小组，并选举出优秀党员专门负责相关工作。通过这种管理方式，该安置点顺利完成震后初期相关工作，如搭建帐篷、物资发放等。随着安置点日常生活的逐渐稳定，村民的需求呈现出多样化的特征，如社区环境安全的需求、良好的邻里关系的需求、震后心理调适的需求、身体健康的需求等。面对村民多样化的需求，原来以党小组为主导的行政化社区管理方式无法做出有效应对，更具综合性、专业性的服务成为灰街子安置社区后期建设的迫切需求。

上海社会工作者服务队（第二批）进入灰街子安置社区的时间是2014年10月初。此时距离地震发生已经两个月。由于上海社会工作者服务队（第一批）已经在灰街子安置社区开展过以心理辅导为主的干预服务，加之安置社区和村民个体随着时间的推移而实现的自我成长等因素，上海社会工作者服务队（第二批）在通过新的社区问题及需求评估分析之后，将服务的总思路确定为：服务全局,协助本地团队的组建与参与,对内挖掘社区自身资源,对外争取各类外部支持,开展社区增能服务,在可操作的范围内积极疏解安置社区面临的具体问题。

三、需求评估及问题分析

有效的社会工作服务起始于对服务对象的需求、问题以及资源的准确分析。为厘清灰街子安置社区震后两个月的新问题及需求,上海社会工作者服务队(第二批)对安置社区重新进行了需求评估及问题分析。具体而言,服务队10名队员按照两人一组开展社区需求评估工作。评估形式包括以下几类:第一,勾画安置社区地图。目的是通过社区地图了解灰街子安置社区的地形、地貌,以及可能存在的社区资源。第二,入户访谈。目的是通过与安置社区居民面对面交流,收集社区需求。受到当地语言和村民文化水平等方面的限制,服务队在入户访谈时主要以非正式访谈(闲聊)为主。就评估工具而言,服务队坚持社会工作者本身就是最好的工具这一观点,在访谈(闲聊)过程中运用大脑记住所收集的信息。在访谈(闲聊)结束后将所收集的信息及时转录在笔记本上以供后续分析。就评估内容而言,为实现对安置社区需求的综合了解,服务队以社会工作系统理论为指导,结合灰街子安置社区实际情况从三个方面展开评估工作:第一,与安置社区领袖互动,从宏观层面了解安置社区当前运作情况及存在的问题;第二,与安置社区内其他社会组织互动,了解当前安置社区已有的服务以及可以提供的潜在服务;第三,与安置社区村民互动,从村民日常生产与生活的角度了解村民的新需求。通过上述三方面的评估工作,服务队发现该安置社区存在三个方面的问题及需求:第一,安置社区的管理潜力没有得到充分发挥,主要表现为村社领导原有的管理能力和管理经验无法有效应对安置社区村民多样化的需求、无法整合复杂的社区资源。村社领导无法根据村民的实际需求有效整合安置社区内复杂的社会关系。第二,安置社区安全与防护急需改善,主要表现为消防隐患大、环境卫生差、饮食习惯不健康、帐篷潮湿、道路危险等。第三,村民精神及社会关系急需调适,主要表现为部分村民夜间会做噩梦、头晕等现象,邻里关系及家庭关系不如地震前融洽,村社之间缺乏良性的横向互动。根据需求评估可以看出,灰街子安置社区在地震后两个月的需求已经从对物质的需求、个体心理的需求,转变为对安全的需要以及社会关系重新建构的需求。

四、应对问题的优势与不足

从理论上讲,社会工作强调在地化,强调当地力量在需求满足和问题应对方面的作用。对外来的服务团队而言,提供服务的重要内容之一就是充分挖掘当地的资源。这些资源包括安置社区的物质资源、社会资源、政治资源等。通过勾画社区图、深度访谈等方式,服务队发现灰街子安置社区在应对问题上具有自身优势。这些优势表现在以下几个方面:第一,物质资源优势。服务队进入安置社区时,安置社区的帐篷等基本生活物质资源已经得到比较充分的补给。这降低了安置社区村民因物质短缺而产生的焦虑。第二,社会资源优势。这里的社会资源主要指受灾村民在以往日常生活中形成的社会联系。一般而言,人与人之间的社会联系会因灾难而受到影响。但是,服务队在需求评估中发现灰街子安置社区村民的社会联系保存良好,且持续发挥着积极功能。主要表现为村社内部联系紧密,人与人之间具有互帮互助的良好氛围。具体而言,震后各村社在书记或主任的带领下相互帮助与扶持,如以家庭为单位轮流做饭、值班、照顾小孩等,而具有劳动能力的人口则结伴上山采摘花椒和玉米等经济作物。各村社内部因为良好的凝聚力而保证了震后日常生活有条不紊地进行。通过调查发现,村社内部的紧密联系源自村社长期聚居形成的传统。各村社以单姓村居多,每个村社的支部书记和主任在村民中间都有极高的威望,在村民中间起到带领和保护的作用。除此之外,还有另外一种社会资源,也即各类外来的正式与非正式组织。这些组织因为具有较强的专业属性,进而能为灰街子安置社区村民提供良好的、有针对性的服务。比如,有专门的建筑公司、卫生防疫部门、高校心理干预机构等。第三,政治资源。政治资源是灾后重建不可或缺的重要资源。在灰街子安置社区,政治资源主要体现为成立了以县委组织部副部长为领导者,以安置社区各村社书记/主任为主要成员的红旗党支部。这种政治上的安排,一方面可以通过县委组织部副部长的角色获得有关灾后救助的上层信息,另一方面可以通过红旗党支部带动安置社区主要党员同志为群众服务。

需要注意的是,任何优势如果没有充分调动与整合都可能成为劣势。灰街子安置社区同样面临这样的问题,主要表现为灰街子安置社区缺乏一个有效的促变系统。虽然安置社区原有村社领导可以利用其在村民中的威望以动员村民力量进行灾后自救、安置点基础设施建设,但是,这种以权威为基础的工作方法已经无法满足安置社区多样性特征及村民多样化需求。具体而言,村社领导无法有效整合安置社区内诸多外来的社会资源,进而导致外来社会组织处于一种相对无序的服务状态。此外,安置社区内不同村社之间的社会互动和联系也因村社之间的壁垒而难以突破。而安置社区内诸如家庭内部关系紧张、夜间被噩梦困扰等问题也急需专业性的服务。这些问题的改变都需要一个能够推动安置社区问题解决的促变系统。

五、理论视角及服务目标

社会工作一个重要的专业品性是提升服务对象的能力,进而实现助人自助和促境美好的双重目标。社会工作领域中的增能①(empowerment)理论为实务工作者提供了实现"助人自助、促境美好"的指导性视角。总体上讲,增能可以看作一种理论和实践、一个目标或心理状态、一个发展过程、一种介入方式,但值得注意的是,增能并不是"赋予"案主权力,而是挖掘或激发案主潜能②。本质而言,增能的核心思想是强调挖掘或激发服务对象的潜能,帮助服务对象自我实现或增强影响,使得服务对象对自身及环境充满效能感。增能的最终目的是"授人以渔",让服务对象在社会工作者离开之后依然能够自行有效地应对社区内相关问题。在增能实践中,权力发生在个人、人际和环境(政治)等三个层面上,所以,实践策略必须聚焦于实现案主增能的所有层面。增能一般分为三个层次:一是个人层次,通过增能使个人感觉到有能力去影响或解决问题;二是人际层次,通过增能促进个人与他人合作以解决问题并获得经验;三是政治层次,通过对个体和团体的增能促成相关政策的改变。由于上海社会工作者服务队(第二批)在服务期满后撤离灰街子安置社区,因此,提升灰街子安置社区自我管理能力、自我服务能力是本次服务的核心目标。根据灰街子安置社区存在的需求、问题及资源,服务队以社会工作增能视角作为核心理念提出工作的总目标:疏解安置社区实际问题,提升安置社区本土工作团队的能力。具体目标则被分解到在个体、社区两个层次。

为保证各项服务能够顺利实施,服务队充分利用村社领导的权威性,组建以

---

① Empowerment 在社会工作领域有多种翻译,如赋权、增权、赋能、增能等。本文根据此次灾后重建实务内容将其翻译为增能。
② 陈树强:《增权:社会工作理论与实践的新视角》,《社会学研究》2003 年第 5 期。

村社领导和村社精英为主、以上海社会工作者服务队(第二批)为辅助成员的"社区行动先锋队"作为本次灾后安置社区建设的促变系统。在此促变系统中,上海社会工作者服务队(第二批)与社区精英之间不是指导与被指导的关系,而是伙伴关系。在此关系中,服务队和社区精英都是实现需求满足和问题解决的资源。

六、服务干预

服务对象参与服务是实现增能的重要前提。在具体服务过程中,服务队采用参与式增能服务。服务内容和目标以提升能力为主,服务形式是服务对象和服务提供者共同参与。参与至少包括两个内容:其一是参与安置社区各项服务的制定和实施(主要针对社区行动先锋队);其二是参与安置社区各项服务(主要针对安置社区村民)。根据需求评估、问题分析以及增能理论内涵,本次服务主要提供以下几个方面的服务内容。

第一,社区领袖层面的增能服务。由于安置社区社会环境的剧烈变化超越了村社领导管理社区的能力,因此,提升社区领袖的社区管理和服务能力是重要议题。在服务过程中,服务团队协助安置社区形成"一社一领袖一团队"的工作系统。其中,"一社"指安置点上各个村社;"一领袖"指各个村社社长;"一团队"指以社长为核心配备三位本社村民精英,并加上一名专业社会工作者。这一系统也是本次社区实务的促变系统。在这个系统中,服务队在充分尊重本地传统社区资源的基础上,将专业社会工作"嵌入"其中,通过本土社区资源与外来专业社会工作相互融合的过程,提升安置社区应对多样化需求的能力。这个工作方法体现了社会工作"本土导向"的积极内涵。具体工作如下:(1)协助村社领导筛选本社领袖,并将社区领袖与专业社会工作者编入同一团队;(2)协助社区领袖搜集和整理村民信息,通过搜集和整理村民信息以提升村社领导对村民新需求的了解;(3)开展两次社区领袖工作坊。作为促进者,服务队的专业社会工作者引导社区领袖讨论安置社区的问题及需求,并在此过程中向社区领袖传递需求分析和问题应对等技巧。两次工作坊分别安排在10月中旬和下旬。其中,10月中旬的工作坊主要对社区领袖如何识别居民日常生活中的困境(如夫妻吵架、社区安全隐患、儿童安全等)进行培训。同时,就安置社区可能存在的问题及应对策略进行讨论,并形成应对方案。10月下旬的工作坊主要是对前半月的工作进行总结,并讨论工作中存在的不足及改进策略。

除了开展社区领袖工作坊以外,服务队还通过建立社区联席会议的方式提升社区领袖资源整合能力。灰街子安置社区内有多家外来专业组织,这些组织因各自关注点存在一定的重复性而导致安置社区村民接受重复服务。重复服务导致了过度服务及资源浪费。为整合安置社区各类外来组织提供的服务,服务团队与安置社区内其他社会组织或机构取得联系,分析各组织或机构的优势与不足,根据它们在安置社区内所发挥的功能将其纳入服务队的工作框架。服务队通过联席会议的方式对安置社区内各社会组织的服务从总体上进行督导。在具体服务上,服务队与县组织部副部长达成共识,定期召开灰街子安置社区临时党支部会议。联席会议由临时党支部、"一社一领袖一团队"、各社会组织负责人共同参与。在联席会议中,分析各组织或机构的优势与不足,根据它们在该安置社区内所发挥的功能有组织地开展服务。比如,服务队与安置社区消防队一起对社区行动先锋队开展安全教育;与安置社区其他社会组织一起使用小组社会工作的方法协助安置社区青少年开展花椒小剧社、小小安全员培训等活动。通过联席会议,社区领袖与安置社区内其他社会组织建立良好联系,并在一定程度上掌握灾后安置社区建设的主动权,进而能够根据社区的真正需求寻找适当的资源或服务。例如,安置社区在建设之初没有考虑排水渠问题,导致一下雨多数低洼地区的帐篷会被水淹没。在多次联席会议之后,社区领袖与驻扎当地的建筑公司领导进行多次协商后,实现了排水渠的改造。

除了培训、联席会议等方式外,社区领袖与专业社会工作者共同完成安置社区内相关工作,如村民安全教育、主动联系安置社区外部各种有利社区发展的资源。在共同完成工作的过程中,专业社会工作者将如何应对问题、链接资源、回应需求等技术教授给社区领袖,进而通过"做中学"的方式实现问题解决能力的提升。

第二,村民层面的增能服务。村民层面的增能服务主要从村民个人层次和人际层次两个方面提供。其中,个人层次的增能主要以安置社区村民个体为服务单位。服务团队针对村民震后"身、心、社"等方面受到的负面影响,通过开展村民心理调适工作坊、村民群团活动、定期走访等方式提升村民自我效能感,实现村民"身、心、社"三方面的全面改善。就村民个体面临的心理上的困境(如焦虑、余震会头晕、晚上做噩梦等),服务队充分利用团队内接受过咨询训练的有效资源由香港大学博士通过心理调适工作坊帮助大家分析造成心理困境的原因,并讲授一些简单的解决办法。此外,针对那些需要深度介入的案例(仅有2例),

服务队采用入户咨询的方式协助其解决心理困境。人际层次的增能主要以安置社区村民个体和他人之间的社会联系为服务对象。针对村民在安置社区居住期间面临的新的社会关系，通过诸如巧妇团、棋牌天地、龙头山好邻居等功能性团队，以带动安置社区社会互动的正向发展。以巧妇团为例。巧妇团为恢复安置社区妇女社会联系而设立。服务队通过将有社会需求的妇女组织起来，以编织毛衣、纳鞋垫等手工活等作为媒介，为不同妇女提供沟通和交流的机会。通过观察，妇女们可以在巧妇团内分享自己的日常经历（甚至分享地震之中和之后自己的变化）、获得她人的鼓励和支持，进而找到生活的意义。同时，通过将巧妇团编织的毛衣和鞋垫等赠送给安置社区内其他村民的方式，使得这些平时被当地忽视的编织行为重新获得重视，从而提高了巧妇团成员的自我效能感（很多巧妇团成员都惊讶于自己做的这些"微不足道"的事情居然可以获得大家认可）。

实际上，除了村民个体层面的增能服务外，服务团队还以安置社区本身作为服务对象，通过社区村民的努力而实现社区能力的提升。主要包括社区安全感建设和邻里关系建设。

首先，社区安全感建设。安置社区人口多、分布密集，导致安置社区存在火灾等安全隐患。这些安全隐患会进一步降低村民的安全感。在具体工作中，为提升社区安全感，服务团队以"社区行动先锋队"为工作核心，为安置点提供改善卫生、饮食、居住、出行、治安等方面的安全服务。具体工作如下：（1）走访社区，摸排社区安全隐患；（2）绘制社区地图，标定安全隐患点；（3）以社区领袖作为主要对象开展社区安全培训（包括出行、饮食、卫生相关内容）；（4）协助社区领袖完成安置社区消防水桶购置与发放；（5）协助各村社成立社区安全巡逻队以服务社区安全（实际上，社区安全巡逻队由社区村民自行组建并运作）；（6）借助小组社会工作组建以青少年为主体的"小小安全员"团队，充分发挥社区最具朝气的青少年的力量，为社区安全感建设贡献力量。

其次，邻里关系建设。邻里关系建设的目标一是为了重建安置社区村民的人际联系；二是为了勾连安置社区内9个村社之间的联系。灰街子安置社区各村社在地震前因为地形而形成相互隔离的状态。虽然村社内部联系紧密，但是村社之间的联系比较松散。村社之间曾经因为物资发放等产生过不愉快。邻里关系建设是为了协助安置社区9个村社建立互助互爱的邻里精神。在具体工作中，服务团队协助"社区行动先锋队"建立和培育本地志愿者团队、兴趣团队、任务团队等，以此协助村民建立互助互爱的邻里精神。具体工作如下：（1）协助建立以妇女为主体的巧妇团,并通过倡导巧妇团成员为邻居服务的方式培育社区互助互爱的邻里精神。在工作中,服务团队根据各村社妇女的特长免费提供针线等,鼓励巧妇团成员编制毛衣、纳鞋垫等。然后,将毛衣和鞋垫送给安置社区内其他有需求的村民。(2)协助建立以男性为主体的棋牌社,并通过联合9个村社的大型社区棋牌比赛"棋艺耍大牌"拉近安置社区内不同村社村民的距离。(3)进行安置社区"龙头山好邻居"评比活动,此活动通过村民自己推选的方式产生60位"龙头山好邻居",然后通过安置社区大型活动表彰的方式树立互助互爱的好榜样。这些服务实施过程中,9个村社村民根据自身的需求积极参与不同服务。在参与的过程中村民逐渐打破以本村为单位的社会交往范围,与安置社区内其他村社的村民展开互动和联系,进而实现社会关系重建的目标。

七、服务产出及效果

社会工作服务除了追求过程目标外,也强调任务目标。也即是说,社会工作服务除了要关注服务过程中服务对象的成长以外,还应该注重服务的产出及服务的具体效果。上海社会工作者服务队(第二批)以社区增能为目标开展多层次(个体和社区两个层次)服务,在近一个月的时间内取得良好效果。

首先,服务产出。就服务产出而言,服务团队以村社为单位建立了10个"社区行动先锋队",并开展2次"社区行动先锋队"工作坊;共成立10个安全巡逻队,以确保社区安全;成立以安置社区14名青少年组成的"小小安全员"团队,为社区安全贡献力量;建立8个巧妇团、8个棋牌社;表彰60位"龙头山好邻居";开展2期"花椒小剧社"、2期亲子工作坊;举行1次巧妇团作品展、1次"棋艺耍大牌"社区棋牌比赛;跟进2个中度心理调适案例;举办1次社区大型活动暨灰街子安置社区大型社区表彰活动。

其次,服务效果。就本次服务而言,服务效果主要关注各层次的增能是否实现,或者说安置社区村民及社区是否朝着正向的方向发展。服务效果主要从两个方面进行说明:一是安置社区村民的反馈;二是民政部灾后重建督导专家的评价。本质而言,社会工作服务效果的评估应该使用严格的方法,比如在服务之初做好前测,在服务结束时做好后测,然后对前后测结果进行比较分析,以确定服务对象相关面向是否因服务提供而发生改变;或者在没有前后测的情况下使用截面数据,通过统计建模的方式检验服务投入和服务结果之间的因果关系。

就本次服务而言,由于服务时间紧张、服务内容多,服务整体框架根据灰街子安置社区村民和社区成长情况进行不断修订,进而导致严格的数字化测量相对较难。由此,采用"自我改变"报告的方式评估服务效果。具体而言,通过村民对参与服务前后的自我口头报告的方式,以及第三方评估专家口头报告的方式评价服务效果。

首先,安置社区村民自我口头报告。在服务队长期走访、开展各类社区服务的情况下,安置社区村民的生活逐渐走上正轨,原先封闭的心理状态逐渐开始打开,邻里关系也开始得到好转。(1)心理改变:"你们的到来首先改变了我们的心理状况,我们更愿意和其他人交流了";(2)社区氛围活跃:"你们的活动让我们灰街子比以前更活跃,星期天娃娃放学回来都有更多的活动可以参加";(3)社区联系增强:"以前我们社与社之间虽然都认识,但是交流比较少,你们来了之后,做的这些活动让我们更愿意相互走动"[①]。就专家角度,民政部灾后重建督导顾教授在考察灰街子安置社区并听取服务队工作报告后说:"我来这个地方已经有几次了,但是这次终于看到变化了,中国人的社区最讲究的是一种社区的感觉,一种生活的感觉,这次来我看到了大家开始在外面晒玉米、晒花椒、晒辣椒了,小卖部也开起来,这说明大家的生活开始步入正轨了。"

实际上,来自村民的口头报告一定程度上表达了村民个体对服务效果的感知,说明服务团队的工作对个体带来的改变;而来自专家的评价一定程度上表达了观察者对社区层次改变的感知,说明服务团队的工作在社区层次带来的改变。由此可以说明,上海社会工作者服务队(第二批)以增能为目标的服务具有一定成效。

八、实务反思

社会工作作为实务导向的专业并不像外界所批评的那样重技术、缺理论。社会工作的理论需分成为社会工作的理论与社会工作的理论。前者指能够为社会工作所运用的其他学科理论,后者指社会工作自身的理论。在本次服务中,指引服务团队开展具体实务工作的是增能理论。增能理论的核心思想强调挖掘或

---

① 刘江:《社会资本与灾后安置社区建设——基于行动研究的过程分析》,《社会工作与管理》2016 年第 5 期。

激发服务对象的潜能,帮助服务对象自我实现或增强影响,使得服务对象对自身及环境充满效能感。增能的最终目的是"授人以渔",让服务对象在社会工作者离开之后依然能够自行有效地应对社区内相关问题。从前面的干预过程可以看出,基于增能理论,本服务团队根据灰街子安置社区基本问题、需求、优势等,以增能为核心,在个体层次、人际层次、社区层次等方面开展了具体服务。并且,服务产出和效果均得到肯定。

仔细分析本次服务可以发现,服务中包含以下几个社会工作专业的品性:助人自助、能力提升、促"境"美好。事实上,在本次服务中,助人自助和能力提升的专业品性主要体现于安置社区村民个体,而促"境"美好则体现为以社区为目标的服务内容。除此之外,本次服务还有一个重要的观念是"参与"。主要体现为,服务团队始终保持"在地化"的服务意识,凸显灰街子安置社区村民在灾后重建工作中的主体性,强调安置社区村民在服务中的深度参与。对上述社会工作专业品性的坚持,是本次服务取得良好效果的核心原因。除此以外,接受过专业训练的社会工作者也是服务实现良好效果的重要保证。具体而言,本次服务团队总共由 10 人构成,其中具有多年社区服务经验的一线社会工作者 4 名,参加过 2008 年汶川震后重建的社会工作者 3 名,高校资深教师和博士 3 名。总之,有专业能力的工作者是保证专业品性的基础,而专业品性是实现良好服务效果的重要保证之一。

课程设计

一、教学目的与用途

(一) 适用的课程

本案例适用于"灾害社会工作"相关课程。同时,也可以作为"社区工作"课程中介绍灾后社区的案例。使用本案例必须遵守一个前提,即本案例使用的场景是灾后过渡性安置社区。使用本案例时必须交代清楚社区的属性或者类型(不同的社区类型在社区特征、社区发展程度上存在差异,因此,不可将此案例随意套用)。除了过渡性安置社区外,本案例还可以运用于那些发育程度低、社会功能失调的一般社区。

(二) 适用的对象

由于本案例以灾后安置社区为载体,同时兼具个案、小组、社区等不同类型的社会工作服务技术,因此,本案例对使用者的社会工作专业综合能力具有一定的要求。建议本案例用于具有一定社会工作专业教育基础(如高年级本科生、MSW),或者具有较多实务经验的社会工作者的教学工作。

(三) 本案例教学目标规划

1. 覆盖知识点

本案例呈现了灰街子安置社区灾后重建的全过程。主要包含以下知识点:
(1) 社区社会工作一般模式及具体方法;
(2) 灾后安置社区总体重建的框架及具体内容;
(3) 增能理论在灾后安置社区建设中的具体运用。

2. 能力训练点

本案例旨在从以下几个方面提升受训者的能力:
(1) 提升全面布局灾后安置社区建设的能力;
(2) 提升识别灾后安置社区问题及需求的能力;
(3) 提升根据问题和需求选取合适理论视角并形成服务计划的能力;
(4) 提升在灾后安置社区有效整合社会工作个案、小组、社区、行政等不同工作技巧的能力;
(5) 提升对安置社区建设效果进行综合评估的能力。

二、启发思考题

本案例是一个以灾后安置社区为对象的综合性实务案例。案例中涉及需求评估、个案、小组、社区、行政、效果评估等多种社会工作实务方法。因此,在使用本案例时可以从以下几个问题引导学生进行思考:

(1) 就个体而言,生活于灾后安置社区内的村民在身体、情绪、精神、社会关系等方面与灾难前相比具有什么差异?
(2) 就社区而言,相较于灾难前的社区,灾后安置社区在社区归属感、社区认同感、社区安全感在总体上呈现何种特征?

(3) 灾后安置社区的行政结构呈现何种特征?

(4) 在以增能为核心的灾后安置社区建设服务中,社会工作者所扮演的角色呈现何种特征?

(5) 灾后安置社区的综合性建设服务中,如何根据安置社区的问题和需求,有效地整合个案、小组、社区及行政等社会工作实务技术?

(6) 在本案例中,各项实务如何体现出增能理论的内涵?如何将增能理论操作化为具体实务工作?

三、分析思路

需再次声明,本案例是以灾后过渡性安置社区为载体的综合性社区重建案例。对此案例及前述问题进行思考时,需坚持系统视角、比较视角以及操作化视角。具体解释如下:

首先,系统视角。系统视角主要指在灾后安置社区建设中必须坚持全局观。实务工作者要从全局的角度来审视灾后安置社区所面临的问题、需求,以及所要提供的服务。思考如何将不同类型的问题、需求及服务进行有效匹配,并建立系统化服务架构。

其次,比较视角。比较视角主要指将灾后安置社区现状与受灾前社区状况进行比较。具体内容包括个体的身、心、社以及社区的安全感、归属感等内容。除了与灾前状况进行比较外,还要将灾后安置社区当前状况与灾后不同时间段的情况进行比较,以有效掌握个体和社区成长发展动态。

再次,操作化视角。操作化视角主要指如何将所选用的理论视角操作化为可以用于指导实现服务目标的具体实务技术。这要求实务工作者具有一定的社会科学训练,或者较为丰富的实务经验。

基于上述三个视角,案例分析的基本逻辑如下:

(1) 阅读与社区有关的理论文献。阅读滕尼斯关于共同体与社会的理解、社区消亡论、社区继存论、社区解放论、社区场域理论等理论。在阅读理论的过程中寻找社区内涵的发展脉络;

(2) 阅读灾后社区重建文献,储备与灾后社区建设有关的不同经验;

(3) 阅读案例,分析案例背景、问题及需求评估、目标、干预等如何体现灾后

安置社区建设所蕴含的理论意义;

(4)分析社会工作者在灾后安置社区建设中所扮演的角色与社区成长之间的联系;

(5)利用增能理论将社会工作者提供的服务、社会工作者的角色与灾后安置社区建设的目标进行连结,找到三者之间的系统性联系。

四、理论依据与分析

(一)社区工作相关概念

1. 社区组织

社区组织有两个含义:其一是指"为社区谋福利的社区组织"(community organization for social welfare),也即联系协调社区内的各个服务机构,以合力为社区提供服务;其二是指一种结合社区力量去解决社区问题的方法与过程[①]。

2. 社区社会工作

社区社会工作也有两个含义:其一是指一门社会工作的领域,即社会工作者针对某一目标社区(target community)运用各种社会工作方法,包括个案工作、团体工作、社区工作、社会工作行政、社会工作研究等去提供各种福利服务;其二,社区社会工作是指解决社区问题的方法[②]。社区社会工作可以从广义和狭义两个方面进行区分。首先,从广义观点看,社区工作主要有三个内涵:(1)社区工作指联系协调社区内各相关服务机构,以谋求更完善的社区福利服务;(2)社区工作指结合政府与社区的力量去从事社区基础建设,以改善社区的经济、社会、文化环境;(3)社区工作是社会工作针对某一社区提供其所必需的福利服务;(4)社区工作是一种协助解决社区问题的方法[③]。狭义观点上的社区工作与广义社区工作观点具有较大差异,主要指社会工作者协助社区成员团结起来,发挥社区自己的力量,并运用各种资源解决社区问题,满足社区需求的方法[④]。

灰街子安置社区工作本质上使用的是狭义社区工作的观点,也即上海社会

---

① 苏景辉:《社区工作理论与实务》,巨流图书股份有限公司,2012年,第5页。
② 同上。
③ 同上书,第6页。
④ 同上。

工作者服务队(第二批)作为外来力量,通过协助社区领袖、社区居民建立各种非正式社区组织,培育和提升社区能力。同时,整合安置社区内多种不同的社会力量,共同回应安置社区个体和社区层次的不同需求。

(二) 社区工作者的工作价值观与工作假设

1. 工作价值观

(1) 人有其尊严和价值;
(2) 人应互助并具社会责任;
(3) 参与和民主;
(4) 社会正义。

2. 工作假设

(1) 社区中的人们能发展出处理社区问题的能力;
(2) 人有改变的动机,也能实现改变;
(3) 社区居民应该且有权参与社区相关事务;
(4) 社区内部自发的改变有其重要意义,这与被动改变有本质区别;
(5) 以整体视角分析和解决社区问题;
(6) 社区居民必须合作参与社区工作[①]。

上海社会工作者服务队(第二批)在实务工作中严格坚持以上工作价值和工作假设。服务队始终坚持"当地村民是灾后社区重建最重要资源"的观点,将当地村民视为灾后重建的主体而开展相关工作。在工作过程中,服务队一直强调村民参与的积极作用。具体表现为专业社会工作者在角色上只扮演教育者、使能者的角色,通过与村民"肩并肩"的方式共同开展服务。此外,服务队坚持"系统视角",将安置社区看成一个复杂的系统,从全局(或整体)角度来分析社区需求和问题,并提供不同层次和面向的服务。

(三) 社区工作模式

社区工作因对社区问题的假设不同而延伸出不同的工作目标、工作方法,进而形成多种不同的工作模式。但是,在社区工作领域内,最为经典的工作模式为

---

① 苏景辉:《社区工作理论与实务》,巨流图书股份有限公司,2012年,第14—15页。

罗斯曼(Rothman)提出的地区发展、社会计划、社会行动等模式[①]。

1. 地区发展模式

地区发展模式又称为社区发展模式。它假设社区居民广泛地参与社区事务，共同决定社区目标与行动方案，最终达成解决社区问题的目的。社区发展模式一般比较重视社区实务的过程目标，也即关注在社区实务过程中实现社区能力的提升。通过自助、团结、互助等方式回应社区需求，解决社区问题。在社区发展模式中，专业社会工作者扮演"使能者"的角色，协助社区居民表达需求，鼓励社区居民团结起来，培育社区居民间良好的社会联系。

2. 社会计划模式

社会计划模式与社区发展模式具有较大差异。社会计划模式假设社区问题的解决需要由专家通过专业技术能力来设计各种计划并执行计划。因此，社会计划模式以问题解决为导向，以理性、谨慎的计划去实现社区改变。与社区发展模式注重过程目标不同，社会计划模式注重任务目标。也即，以解决实质的社区问题作为工作的主要目标。在社会计划模式中，专业社会工作者扮演"专家"的角色。专业社会工作者主导计划的撰写，往往借助正式组织的运作以实现其任务目标。

3. 社会行动模式

社会行动模式假设一群处于弱势地位者需要被组织起来、与他人联合，并根据社会正义或民主的理念，对大社会提出适当的要求[②]。社会行动的核心在于团结社区内部力量，实现权力及资源的再分配。在社会行动模式中，专业社会工作者扮演"倡导者"的角色，引导有需求的成员有组织地争取自身的合法权益。

虽然社区工作具有三种经典模式，且每一种模式都有其理论和实务上的合理性，但是，灰街子安置社区建设主要使用了社区发展模式。原因在于上海社会工作者服务队（第二批）在认真分析灰街子安置社区的基本情况及未来发展走向后，将其工作重点定位于安置社区能力提升。本质而言，服务队强调在安置社区村民参与服务的过程中实现需求满足、能力提升及社区问题解决，体现出明显的过程目标。

[①] 苏景辉：《社区工作理论与实务》，巨流图书股份有限公司，2012年，第31—32页。
[②] 同上书，第36页。

(四) 增能理论

社会工作专业的服务对象通常是那些资源拥有量和调动资源能力都比较低的人。因此，提升这类人的能力就成为专业社会工作者的重要工作。增能理论在这方面具有积极的指导作用。增能的概念最早出现于芭芭拉·所罗门（Babara Soloman）在1976年出版的《黑人的增能：被压迫社区里的社会工作》一书中。虽然学者们对于增能有诸多不同的分析视角（如心理视角、结构视角），但是大多数人都认为，增能是个人在与他人及环境的积极互动过程中，获得更大的对生活空间的掌控能力和自信心，以及促进环境资源和机会的运用，以进一步帮助个人获得更多能力的过程[1]。

基于增能观点的社会工作认为，个体需求及问题根源于环境对个人的排挤和压迫。增能观点具有以下基本假设：

(1) 个人的无力感是由于环境的排挤和压迫而产生的；

(2) 社会环境中存在着直接和间接的障碍，使人无法发挥自己的能力，但这种障碍是可以改变的；

(3) 每个人都不缺少能力，个人的能力是可以通过社会互动不断增加的；

(4) 服务对象是有能力、有价值的；

(5) 社会工作者与服务对象的关系是一种合作型的伙伴关系，社会工作者关注的焦点在于服务对象与环境之间是否能够实现有效互动，从而实现自己[2]。

在增能观点基本假设的指引下，社会工作者一般从三个层次实现服务对象能力提升：个人层次，包括个人感觉有能力去影响或解决问题；人际关系层次，指个人和他人合作促成问题解决的经验；环境层次，指能够改变那些不利于实现自助的制度安排[3]。由此，基于增能取向的社会工作在助人过程中主要关注以下几个方面：一是工作人员与服务对象建构协同的伙伴关系；二是重视服务对象的能力而非缺陷；三是维持人与环境这两个工作焦点；四是确认服务对象是积极的主体；五是以专业伦理为依据，有意识地选择长期处于"缺乏能力"的人或社区为服务对象[4]。

---

[1] 王思斌：《社会工作综合能力》，中国社会出版社，2009年，第114页。
[2] 同上书，第115页。
[3] 同上书，第115—116页。
[4] 同上书，第116页。

上海社会工作者服务队(第二批)在灰街子安置社区开展的各项服务,从理论假设到具体实务工作都体现出增能的内涵。首先,在对个体假设上,服务队坚持"在地化"观点,将安置社区村民视为安置社区重建的最主要资源。其次,在服务内容上,服务队从个人、人际、社区三个层次开展具有针对性的服务,以实现安置社区全面改变。再次,在服务关系上,服务队坚持安置社区村民是安置社区建设的绝对主体,服务队扮演使能者的角色,协同当地村民一起成长。

五、关键要点

本案例分析关键在于把握灾后安置社区的基本特征、社区工作模式以及增能理论的内涵及运用。

(一) 教学中的关键点

(1) 经典社区工作三大模式(社区发展模式、社会计划模式、社会行动模式);

(2) 增能理论的内涵、假设;

(3) 基于增能理论的社会工作实务方法。

(二) 建议的课堂计划

本案例可以根据学生知识储备情况,分为理论教学和实务案例分析教学两大板块。本案例可以按照3学时进行设计。

第一学时:理论讲解。教师应该按照案例关键点提前做好相关理论准备。课程理论包括两个内容:第一,社区工作三大模式,按照"关注的问题""目标""策略与技术""改变的媒介""社会工作者的角色""案主角色"等几个内容安排讲义;第二,增能理论,按照"理论内涵""理论假设""工作内容"等几个内容安排讲义。

第二学时:案例分析与讨论。教师将学生随机分组,然后将案例分给各组学生进行讨论。学生讨论包括两个部分:第一,要求学生按照第一课时中教师所讲理论框架对案例进行分析;第二,学生根据自己的知识积累对案例进行发散式思考和讨论。

第三学时:课堂分享。教师邀请每组学生上台分享本组讨论的结果,由其他组成员提出问题并回应。最后,讲课教师对所有讨论进行总结与升华。

(三)本案例课堂讨论提问逻辑

(1)灰街子安置社区呈现出何种特征?

(2)灰街子安置社区灾后服务的一般流程是什么?

(3)灰街子安置社区服务体现了哪种社区工作模式?具体如何体现?

(4)灰街子安置社区服务如何体现增能理论的内涵和假设?

(5)灰街子安置社区服务过程中,专业社会工作者扮演什么角色?这种角色对社区重建有什么积极意义?

(6)专业社会工作通过哪些服务实现个人、人际和社区三个层次增能的目标?

推荐阅读

1. 李易俊:《当代社区工作:计划与发展实务》,双叶书廊有限公司2013年版。

2. 林万亿:《灾难管理与社会工作实务手册》,巨流图书股份有限公司2013年版。

3. 刘江:《重识社区:从"共同体"到"场域"的转向》,《社会工作》2016年第2期。

4. 罗家德、梁肖月:《社区营造的理论、流程与案例》,社会科学文献出版社2017年版。

5. 罗家德、帅满、方震平、刘济帆:《灾后重建纪事:社群社会资本对重建效果的分析》,社会科学文献出版社2014年版。

6. 姚赢志:《社区组织理论与实务技巧》,扬智文化事业股份有限公司2011年版。

7. 张和清、杨锡聪:《社区为本的整合社会工作实践:理论、实务与绿耕经验》,社会科学文献出版社2016年版。

新梅社区来沪人员社区融入[①]

陈虹霖 黄苏萍[*]

【摘 要】 全球化、资讯化已经影响到社会生活的方方面面,随着城市建设和发展的加快,人口流动也越来越频繁。随着人口、人才的高度流动,各群体的学历、收入、地位等各个层面都存在较大的差异,需求具有不稳定性和多样性,这对社区如何通过新的管理满足居民的需要提出了挑战。通过对社区抽样调查结果与服务现状的了解,社区工作者对于新梅社区的来沪人员需求有了较充分的实证依据。锦阳社工事务中心通过成立包括社区社工、社区居委会、街道领导、居民代表为中心的团队工作组策划和执行"共融新梅行动"来回应上述居民需求,促进社群的共融。该行动包括两大主要目标:一是建立以来沪人员需求为导向的社区管理系统;二是建立来沪人员参与式社区服务和自我服务系统。通过设计系列的专业干预项目,助力社区融合。

【关键词】 社区社会工作、社区融入、流动人口

案例综述

一、引言

新梅社区地处上海市浦东新区金融贸易区的中心区域,面积约6.89平方公里。实有人口16万人,户籍人口约12万人,外来人口近4万人。居民4.36万户,分布在31个居委会,是当地居民和外籍人士的重要聚居地之一。该区域内

[①] 新梅社区为上海某社区的化名。
[*] 陈虹霖,博士,复旦大学社会工作学系副教授;黄苏萍,博士,上海大学社会学院副教授。

办公、购物、休闲、娱乐、观光资源优质丰富,会展、旅游等现代服务业发达,有商务楼宇 72 幢,各种经济、社会组织 6 500 余个。20 世纪 90 年代末,社区所在的新区区划调整以后,社区机构在全面建设外向型、多功能、现代化新城区的进程中,针对社区国际化、开发区、差异性的三大特征,建设分类分层的服务载体,培养多彩的文化,优化社区环境,使社区文明程度和居民综合素质明显提高。

但随着城市建设和发展的加快,在现代化城区建设工程中,旧的传统社区管理已不能适应新形势需要,新梅社区的居民人口组成日益复杂,除了本地居民外,既有外籍人士,又有来沪人员;既有白领,也有进城务工者和农民工群体。随着人口、人才的高度流动,形成的大量的社会群体中,学历、收入、地位等各个层面都存在较大的差异,需求多种多样,且具有不稳定性,这造成一大阻碍,且以往由政府下属社区安排组织社区事务与新梅社区建设现代化、国际化社区的目标不太匹配,如何通过新的管理满足居民的需要是该社区亟待解决的问题。

再者,虽然新梅社区在人力和财力上比其他社区更有优势,有更加丰厚的社区资源,在公共服务方面涵盖更为广泛,包括卫生医疗、社区就业、社会救助、助残服务、为老服务、来沪人员管理、法律援助、社会组织、文体教育,以及其他如家政服务、商贸购物、集贸市场等。但社区的资源利用率低,公共服务资源无人问津的现象常有发生。因此,在新形势下,新梅社区做好来沪人员的管理和服务工作显得尤为重要。

二、案例背景与初期探索

(一) 案例背景

随着改革开放的持续深入和工业化、现代化、城市化进程的加快,人口流动现象日益显著,根据国家人口计生委流动人口服务管理司出版的《中国流动人口发展报告 2012》[①]公布的数据,来沪人员总量不断递增,数量庞大的流动群体具有强烈的平等意识、权利意识和融入城市的愿望,希望能与城市居民平等地享有城市建设和发展的成果。从上述当前我国来沪人员的特征可以推知,来沪人员如果不能有效地融入城市体系,将带来极为严峻的社会问题和社会服务挑战。根据第六次人口普查数据,我国单人口家庭(16 岁以上稳定居住在一住所 6 个

---

① 国家人口计生委流动人口服务管理司:《中国流动人口发展报告 2012》,中国人口出版社,2012 年。

月以上)已经有4 000多万,以30—45岁男性为主,并多集中在大城市。

社区是正式制度与非正式制度交接的转换区域,社区管理与服务在来沪人员日常生活方方面面的渗透,是实现规范目标的现实路径。社区管理在来沪人员社区融入问题上既可以起到排斥作用也可以起到融合作用,建立新的社区运行模式以适应城市化的需要,是转型社会结构发展的合理性要求。而社区服务作为一种满足来沪人员多层次需求的新手段,也显得尤为重要。社区融入不仅仅是经济生活的融入,满足基本的生存需求和安全需求,也是社会日常生活的融入,满足社会沟通和交往互动的需求,还包含社会心理层面的融入,满足心理上形成对城市的认同感、依赖感、归属感及责任感的需求。

上海市作为全国金融中心和超大城市,经过改革开放40多年的发展,城乡人口流动、区域人口流动日益频繁,人口的合理迁移可以促进人口空间布局的优化,促进人口与经济、社会、资源、环境的协调,为城市发展不断创造新的活力和动力。与此同时,来沪人员规模同样也在不断扩张,成为上海未来发展的重要力量。新梅社区面对此情况,以上海市城区工作会议所确立的"两级政府、三级管理的方针"为路标,提出要探索出一条新的社区管理道路,形成一种能够凝聚社区全体成员的合力——归属感和认同感。在当下,这需要在政府和社区成员之间建立联动机制,既需要行政机构从上至下的政策倡导,也需要居民从下至上的反馈途径,两者结合,加强社区动力,实现积极合作。

(二) 社区服务现状

1. 新梅社区采用属地来沪人员的管理方式

新梅社区为了对来沪人员进行基础性摸底工作,通过房屋出租管理服务来登记流动人员(根据上海市20号令,2010年11月1日,试行三年,流动人员来沪3天内去公安部门登记。社区人口管理办公室从事此项工作专职人员70人,兼职楼组长、会长240人,民警15—16人,志愿者3 200人)。在属地管理的理念下,地域辖区内的居住者则是辖区的居民,但这在实际操作中有很多不便之处。问题一:宣传力度不够,来沪人员缺乏主动性;2010年11月1日起试行三年,宣传不够广。主动登记只占5%左右,且多为为了孩子入托、读书、办驾照、办护照、就医、孕妇检查等情况下的被动选择。问题二:人户分离,信息收集不便。来沪人员以群租房、家居型、临时型、组合型(公司租赁)几种房屋租借居住方式为主。社区内房屋人户分离导致工作员上门有时间性障碍,需要三番五次上门才能采集到信息。问题三：行政化色彩浓厚。20世纪50—60年代确立的流动人员临时户口政策，建立了源头上的行政管理，使外来人口主动登记，这样就能让居委会干部有更多精力做服务管理，尤其是服务；目前的人口办只是疲于管理性工作，根本没有服务。在社区要求下，街道依托高校社工机构召开过来沪人员座谈会，发现这个群体有很多的服务需求，如文化方面的、福利方面的，都亟待满足。

2. 在为来沪人员提供服务方面，新梅社区各部门发挥联动机制

在日常服务层面，劳动科提供工作信息和维权服务。包括综合保险参保、单位综合手续办理、劳动保障维权服务、劳资纠纷、劳动监察、指导仲裁等服务。但是由于社区外有外劳管理所、职介服务和区从业人员招聘会，社区提供的岗位数量有限，覆盖面窄。再加之该区域人口户籍难以控制、流动性大，具体职介资料难以把握。

在精神生活层面，由群文科的工作人员负责，包括提供硬性的工作场所，如文化阵地、文化中心、图书馆，同时提供一些上门服务，如有线电视维护服务。具体形式包括：依托图书馆成立组织（如"五湖四海俱乐部"），组织读书活动、旅游等活动；开放图书馆，免费制作借阅卡（来沪人员自几年前便开始使用），开放健身房、演播厅、会议室等文化设施；定点送图书，如上海造船厂集体宿舍（来沪务工）。必须承认，在提供服务过程中，难以对不同年龄群体和文化层次的群体提供差异化的服务，而且已有的服务因为参与者的不确定也不具备持久性和系统性。

在调解维权层面，司法科通过宣传栏、横幅、印小册子或者《社区报》等方式进行长期的宣传，同时还辅助以请相关老师上课等方式提供针对性的服务。在此基础上，还设立了外来人员电子法律图书角。律师志愿者等也参与相关服务；去年解决相关矛盾400多起，居委会调解委员会占大多数，社区的司法科着重解决跨区、跨居委的矛盾。

综上所述，目前新梅社区来沪人员社区融入和服务现状总结见表1。

表1 新梅社区来沪人员社区融入服务概况

部门	现有服务	困境	可能解决途径
劳动科	综合参保；劳动保障维权；就业渠道提供	就业渠道有限；流动性大导致资料难以控制；特殊时期劳资纠纷（对来沪人员约束较弱）	加强宣传职业渠道的职能

续 表

部门	现有服务	困境	可能解决途径
群文科	硬性的工作场所,如文化阵地、文化中心、图书馆;基础性上门服务	人员分散,不定期,文化建设持久性和系统性工作难做;年龄层次、文化层次差异较大;外来人口对文化需求的层次较低	调动社区居民的参与度和积极性;社区资源的最优化利用
司法科	纠纷调解宣传;图书影像角;上课服务;律师志愿者	缺乏主动求助者,往往被动地提供服务;宣传方式效果不佳;内容满足不了需求	通过调研了解需求;创新和更改宣传方式

在以上背景下,为了更好地服务新梅社区来沪人口,谋划未来成为国际化社区的发展,新梅街道办公室采用政府购买的方式委托区社工协会锦阳社会工作事务中心(后简称锦阳社工事务中心)为街道辖区的来沪居民设计社区融入的服务方案和进行为期一年的社会工作服务。

三、新梅社区来沪人员社会需求服务再评估

对于社区人群的服务必须结合社区具体情况,从需求出发,精准设计和应对。据此,锦阳社工事务中心组成调研团队于2017年1月采用抽样调查对新梅社区的人口需求做进一步分析。整个项目采用需求评估—方案设计—实际介入—项目评估的程序完成一年的社区服务。

需求调查以问卷方式进行,包括人口基本状况、现有社区服务利用概况,主要是就业、教育、医疗、社会交往这几方面的现有服务利用状况和未满足的相关需求这几大板块。

(一)抽样方案

新梅社区共有49 582户常住户,实际人口有134 853人,分布在31个居委会。其中,本市户籍人口80 698人,占社区总人口的59.8%;外省市来沪人口

47 707人,占35.4%;来沪境外人口6 448人,占4.8%。新梅社区来沪人口社会需求服务抽样调查根据来沪人口中各群体的特殊需求,以公共服务均等化为基本原则,探索新梅社区优化外来人口服务策略和机制。在社区居委会的配合下,整个调研过程以户为单位,采取分层、随机等距的抽样方法,在31个居委会中依据小区类型抽取高档小区(100户)、成熟小区(440户)、老式小区(460户),共1 000户来沪人口家庭户。实际调查样本总共2 255人。

(二) 调查结果

1. 来沪人口的基本概况

(1) 来沪人口以年轻人、大学生为主。

本次调查结果显示,来沪人口中,男性有1 108人,占总数的49.14%,女性有1 147人,占总数的50.86%,性别比为0.97。0—14岁的有259人,占总数11.9%,15—59岁的有1 882人,占总数83.5%,60岁及以上的人口有114人,占总数的5.1%。劳动力人口(15—59岁)中以15—29岁人数最多,占劳动力人口的46%。可以说,新梅社区的来沪人口以年轻人为主。以性别/年龄的分布来看,15—29岁和46—59岁的年龄段内女性人口分别占53.3%和54.5%。30—45岁年龄段内男性人口占51.6%(见表2)。

表2　分年龄段来沪人口、比重及性别比

	0—5岁	6—14岁	15—29岁	30—45岁	46—59岁	60—75岁	75岁以上	总量
男(人)	70	67	404	405	105	53	4	1 108
女(人)	50	72	462	380	126	52	5	1 147
总量(人)	120	139	866	785	231	105	9	2 255
男(%)	58.3	48.2	46.7	51.6	45.5	50.5	44.4	49.14
女(%)	41.7	51.8	53.3	48.4	54.5	49.5	55.6	50.86
性别比	1.4	0.9	0.9	1.1	0.8	1.0	0.8	
总占比(%)	5.3	6.2	38.4	34.8	10.2	4.7	0.4	100.00

调查来沪人口受教育程度的结果显示,大学以上人口数占比为58.2%;高中以下占比为41.8%。在文化程度分类中,大学本科占首位,为32.5%,初中占

21.6%。大学本科的来沪人口以 15—29 岁年龄段为主,这个群体大学本科占比为 45.8%;而初中的来沪人口年龄主要集中在 30—45 岁。可见,新梅来沪人口的教育程度存在大学及初中同时并存的格局。

(2) 服务业为主,就业结构与受教育程度相关性强。

高学历层次的职业类型分布中,以专业技术人员和国家机关企业事业单位负责人所占比例较高;而低教育程度的人员主要从事服务业、生产运输、设备操作业等,这显示偏低受教育水平的外来人口就业只能局限于较低层次,职业流动机会少,容易形成与市民之间的就业隔离,进而形成社会隔离。

(3) 已婚占比高于未婚占比。

调查来沪人口的婚姻状况结果显示,已婚人数 1 260 人,占 55.9%,未婚 916 人,占 40.6%,其他如同居 1.9%、离婚 0.8% 等占比极低。以婚姻/年龄的关系为例,来沪人口 15—29 岁人群未婚占比较高,达到 63.3%,已婚人数占 33%。已婚占比高的年龄段为 30—45 岁和 46—59 岁,分别占 83.6% 和 92.2%。

(4) 来沪目的以务工、经商为主,男性比重大;投亲靠友等女性占比大。

来沪人口的来沪目的调查中,有 1 259 人来沪目的是务工,占总数的 55.8%;有 335 人的目的是经商,占 14.9%;有 280 人是投亲靠友,占 12.4%;有 160 人的目的是读书培训,占 7.1%(见图 1)。

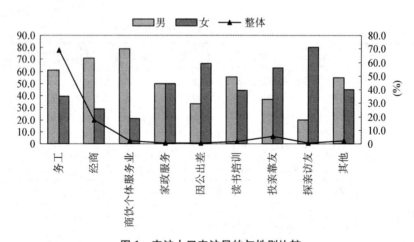

图 1 来沪人口来沪目的与性别比较

2. 来沪人口对社区现有公共服务利用情况

(1) 对社区提供的就业信息及职业培训服务利用情况。

来沪人员就业的主要障碍中文化程度占绝对比重；随后社会关系、技能、户籍也是影响就业的主要因素；而信息不对称、居住证对就业的影响较小（见图2）。

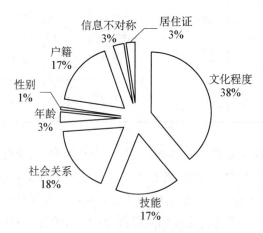

图2　来沪人员在上海就业障碍比重

以亲缘和血缘关系为主的社会网络是来沪人员寻找工作的主要途径。在调查中，有41.7%的人员找工作是通过亲戚朋友介绍的，说明来沪人员亲缘关系、地缘关系是最基础的关系网和社会资本。其次是通过劳动市场的单位招聘及职业介绍。社区推荐在近年来的社区活动中取得一些成果，但人数相比亲朋介绍、招聘要低。通过社区推荐获得就业帮助的有128人，评价较低，但高于其他方式（如组织推荐、新闻媒体）（见表3）。

表3　就业获得帮助方式及评价

评价		亲朋介绍	政府招聘	单位招聘	组织推荐	社区推荐	职业介绍	新闻媒体
获得帮助（人）	帮助很大	220	35	223	5	5	29	9
	有些帮助	135	56	91	20	26	49	33
	帮助很小	60	91	67	99	97	89	57
	总计	415	182	381	124	128	167	99
获得帮助（人）	人数	415	182	381	124	128	167	99

续　表

评价		亲朋介绍	政府招聘	单位招聘	组织推荐	社区推荐	职业介绍	新闻媒体
没有帮助（人）	人数	580	813	614	871	867	828	896
获得帮助（%）	比重	41.7	18.3	38.3	12.5	12.9	16.8	9.9
没有帮助（%）	比重	58.3	81.7	61.7	87.5	87.1	83.2	90.1

关于职业培训参加意愿与知晓度。从调查样本中,从职业培训的了解程度、参加意愿及参加情况看,两者的就业培训调查结论没有差异性。了解这种培训的来沪人员较少,无论社区组织的培训还是政府给予补贴的培训均只占16%左右;参加意愿比较弱,参加社区培训的仅仅20人,政府给予补贴培训的参加人数仅14人,均只有2%左右。这反映出新梅社区需要加强职业培训宣传,引导社区来沪人员积极参加。

没有参加培训原因为"不知道"的占45.8%,"没时间"的占37.2%,培训内容缺乏技术性、针对性的占2.4%(见图3)。

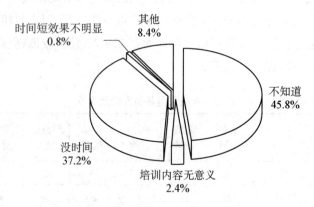

图3　没有参加培训的影响因子

(2) 来沪人员子女就学情况及其他。

来沪人员子女的入学问题,已经成为社会关注的焦点。他们的子女是否能享有同本地居民子女同等的受教育权利,直接影响到他们真正融入城市和社区的程度。子女在上海就学（入托）困难，没有向社区（居委会）寻求任何帮助的达到83.8%；寻求咨询或帮助的只有16.2%。是否向社区（居委会）寻求帮助与本社区居住时间有相关性，1年以内的求助比率极低；2年以后随着在本社区时间越长，求助占比呈直线上升趋势。有64.4%得到社区（居委会）的介绍，获知孩子入学流程；有9.5%的社区（居委会）不予理睬及将问题推向其他部门。

来沪人员目前在上海就学的初中以下（包括入托）共占86.4%，高中仅占8.7%。这与来沪人员子女参加高考必须回原籍参加考试的政策有关，相关政策致使来沪人员子女高中段只有很少部分能够在上海就学。从调查中得知，在上海上学年数最长的达14年，在上海就学年数1年的人数最多，占21.1%，3—5年的占32.6%，6—14年的占27.6%。在6—14岁的阶段中，就学7年的占比最高，为9%。来沪人员家庭在城市生活时间比较长，适应了当地的生活，尤其对子女而言，他们已经适应了城市的学习环境，多数家庭会照顾子女学习的需要而全家滞留在城市。这些家庭在就学方面希望获得帮助的首选是在上海享受读高中及参加大学升学考试，主要围绕高中读大学的一系列问题，如希望办理长期居住证、转为上海户籍等；其次希望进入公立学校（公立幼儿园）；再次是关于学费问题，希望学费低廉一些或者政府给予就学资助。

来沪人员及家人患病，选择就医方式位于前三位的主要是市区二、三级医院（58.5%），自己买药吃（25.5%），附近的社区医院（12.9%）。为了优化社区服务，对选择社区医院的人群进行深入调查后得知，主要原因是收费便宜态度好（40.3%），离家近（33.4%），病情不重（24.1%）。

就孕期检查培训而言，70%左右的来沪人员家庭不了解社区提供的妇女孕检健康培训，实际参加孕检培训的不到14%。对来沪人员妇女进行的调查显示，没有进行孕期例行检查的占67.7%，进行孕检的占31.8%。对社区提供的免费孕检了解的只有30.6%，不了解的占69.4%。愿意参加社区提供的免费孕检的占较大比重，达到53.6%；不愿意的为46.4%。在调查后得知，已经参加过社区提供的孕检、妇检的仅仅占13.7%，86.3%的人没有享受此福利服务。了解社区提供的健康培训的有22.8%，愿意参加的占52.8%，而实际已经参加的仅占5%。知道社区提供健康服务的仅占11.5%，他们了解的健康服务主要为测量血压、健康保健体检和宣传讲座。

除了医疗，还有法律服务。来沪人员法律纠纷中寻找社区居委法律援助时，遇到法律问题最多的是劳动纠纷(28.8%),其次是消费买卖交易纠纷(28.1%)、交通事故(17.5%)、邻里关系纠纷(11.9%)和医疗纠纷(4.6%)。来沪人员在上海遇到法律问题的求助选择中,25%选择咨询专业律师,寻求法律援助中心咨询及寻求社区居委会帮助分别达到22%,可见来沪人口在遇到法律纠纷时较倾向于找社区居委会寻求帮助。求助社区获得法律服务评价中认为帮助很大的占20.4%,有些帮助的占44.2%。图4为来沪人员法律求助的途径。

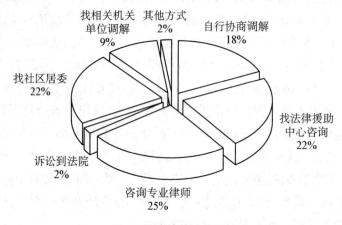

图 4 解决权益问题途径

3. 社会交往与社区实践活动参与

(1) 随着滞留时间的增加,来沪人口的社会关系逐渐由以亲缘和地缘为主向业缘、新地缘转变。

中国是乡土社会,特别重视以家庭为纽带的亲缘和地缘关系。这种对亲缘、地缘关系的重视,影响着人们的生活方式和社会交往方式,成为一种"习性",并具有很大的惯性。以社会交往和来沪时间为例,一般来说,倾向于和亲戚、同乡接触属于来沪人员社会网络中比较低层次的原生共性,尤其是初到城市的来沪人员,能利用的社会网络往往只有其迁出地带来的原始社会资源。如同乡关系,本次调查来沪人口半年内社会交往的主要对象第一位为同乡,占38.9%。但随着来沪时间的增加,这两类社会交往人群的重要性和所占比重开始出现波动态势。与此同时,基于业缘的初级网络建构使来沪人员日常交往人群中同事的比重呈现平稳增长之势。如半年至1年、1—3年甚至3—5年滞留上海期间内,与同事交往的所占比重占第一位。和邻居、本地居民的交往也较来沪初期频繁。

以本地居民交往为例,最初刚到上海的比值为1.79%,经过10年及以上滞留期后则上升到14.73%。来沪人口与所在社区居民的交往,是基于经济层面的融入之上的更高层次的社会融入过程。这个过程会增加来沪人员对于所在城市和所在社区的认同感与归属感。

(2) 社区三类活动愿意参与率超过50%,实际已参与且超过2次以上占12%。

来沪人员参与城市社区各种活动是其融入城市社会的有效方法,可以增进了解,减少偏见。在来沪人口社会融入的大背景下,随着人群教育程度的提高,参与社区活动的意愿(包括社区管理、社区志愿者活动和社区组织的其他活动)逐渐增强。初中及以下教育程度的来沪人口中,由于个体心理的边缘化、社区归属感的缺失及活动组织的排外性等缘故,能参与社区活动的人数实际上极其有限;而在高中及以上学历的来沪人口中,由于能意识到丰富知识及大量信息所带来的机遇与改变,社区三类活动都有超过50%的人意愿参与。经调查实际已经参与社区三类活动且超过2次以上的人群占12%,参与者的教育程度与参与意愿之间存在相关关系(见图5)。

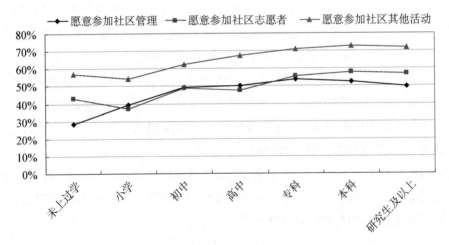

图5 新梅来沪人口社区活动参加意愿与教育程度的关系

(三) 需求评估的总结和梳理

锦阳社工事务中心根据上述的调查发现,新梅社区的来沪人口有多样化的需求亟待满足。虽然政府职能部门已有基本的服务,但是服务递送过程中产生不少困难,使得来沪人口享有的服务质量和数量并不高。总体来说,新梅社区来沪人员有熟悉社区生活、利用社区服务、融入社区文化和消除社区疏离感等实际需求;从社区民众的特征来看,他们有自治自助的能力、需求;从社区亟待解决的问题来看,社区需要其他服务资源的投入。

锦阳社工事务中心分析了未满足的具体需求,认为该群体最关键的问题在于来沪人群的社区融入需求。一旦社区融入的需求得到满足,针对就业、子女入学、医疗、社会参与等方方面面的困难都可以得到适当缓解。因此,锦阳社工事务中心以促进来沪人员社区融入为切入口,进行一系列社区干预。

四、相关理论

一般系统理论。一般系统理论可以用来解释个体的变化[1]。该理论认为,有机体、个体、组织、机构、社区等都可以被看作一个系统,它们需要能量的输入;当系统吸收能量后,内部就会发生作用,系统也因此会输出能量。

充权理论。充权理论的基本假设是个人能否提升生活质量取决于其获得的权能的多少[2]。而获得权能是一个过程,在这个过程中个体得到资源从而可以更好地控制所处环境,并达到其目标。基弗(Kieffer)提出了四种可帮助案主获得能力的途径:个人有改变和参与的愿望;个人有评价社会和政治制度的能力;个人有能力制定行动计划并寻求环境资源以达到目标;个人有能力与他人合作以确认和实现他们的目标[3]。充权理论也可以用来说明个人的积极变化,改变的动机、自我效能和责任感是其中最重要的因素。

新梅社区是一个有机系统,其各部门之间都相互联系,而且不同人群之间也互相发生作用。而对于来沪人员的充权有助于满足其社区主体角色的需求,从而发挥其主观能动性,参与社区建设和社区生活。

---

[1] 参看 Ludwig Von Bertalanffy, *Organismic Psychology and Systems Theory*, Mass: Clark Univrsity Press, 1968。

[2] Hasenfeld, Y., "Power in Social Work Practice", In Y. Hasenfeld (Ed.), *Human Services as Complex Organizations*, CA: Sage Publications, 1992, 259-275.

[3] Kieffer, C., "Citizen Empowerment: A Developmental Perspective", *Prevention in Haman Service*, 1984, 3(16), 19-35.

五、新梅社区来沪人员社区融入的双模介入尝试

（一）社会策划与社会发展理论模式

1. 社会策划模式的基本假设

（1）必须依靠专业人员技术、计划与政策,将各种服务输送给有需要的人群。专业的研究和科学的分析方法是计划执行的基本。掌握知识和技术的专业人士是计划的权威和主导。

（2）崇尚理性的力量。运用连贯一致的决策标准,以客观的理由及逻辑去分析各个可行的方案并估量其后果,最终作出理想的决定。

（3）假设一系列社会问题可以通过渐进的方式解决,即认为人类的能力是有限的,需要逐步、客观地应付复杂的社会问题,强调渐进式的策划。

2. 社会策划模式的特点

（1）社会策划模式以解决实质性社会问题为主要工作取向,注重任务目标的实现。

（2）强调运用理性原则处理问题：一方面,强调过程的理性化；另一方面,强调技巧的科学化。

（3）因为社区自身资源的限制而注重自上而下的改变。

（4）指向社区未来变化。

3. 地区发展模式的基本假设

（1）工业化和城市化,使得社区内部问题复杂,居民关系疏离,缺乏解决问题的渠道。

（2）居民是有丰富潜能但能力未得到充分开发的群体。他们在彼此互动、在与社区工作者的合作过程中,能成为改善社区面貌的积极行动者。

（3）在集体行动中,如果能考虑到个体的行为动机,照顾到个体的合理要求,个体就能够培养起对集体的归属感和认同感。

（4）注重民主程序、民众一致、自愿合作和发展自决。

4. 地区发展模式的特点

（1）较多关注社区共同性问题。

（2）通过建立社区问题的自决来实现社区的重新整合。以培养居民自主、

自立、自决能力,促进社区居民互助合作,增进社区居民团结为目标。

(3) 过程目标的地位和重要性超过任务目标。

(4) 特别重视居民的参与,发挥自我解决的能力。

(二) 双模结合的总体目标

经分析,锦阳社工事务中心认为新梅社区来沪人员的社区融入问题仅依靠民众,力量比较单薄,而很多需求的满足也需要专业的知识和手法自上而下地投入,故拟定了一系列自上而下的介入方针。而社区的自生力量才是社区长期发展的最终源泉,故需整合政府和民间力量,以社区发展模式为指导,激活民众的主观能动性,通过各项计划行动促进来沪人员的社区融入,通过过程目标促进居民自助和互助,提升居民运用民主方式解决问题的能力,增强社区团结、社区参与和社区归属感,促进社区整合,最终达到新梅社区民众社区自治,团结共融。

(三) 社会策划模式的具体运用:锦阳社工事务中心新梅社区"共融新梅行动"

结合上述科学抽样调查的结果与服务现状,对新梅社区来沪人员需求在实证的基础上有了充分了解后,通过与社区行政的对接,受社区委托,拟定了为期一年的名为"共融新梅行动"的社区干预计划。锦阳社工事务中心成立了以社区社工、社区居委会、街道领导、居民代表为中心的工作组策划和执行"共融新梅行动"。行动包括两大主要目标:第一,建立以来沪人员需求为导向的社区管理系统;第二,建立来沪人员参与式社区服务和自我服务系统。工作组根据需求评估确定混合模式下各项任务的优先顺序,制定阶段性目标。整个社区干预计划要进行过程评估和结果评估,以检视干预的项目效果,采纳各方建议,根据评估结果及时调整干预策略。

1."共融新梅行动"项目设计

针对以上两大目标,分别实施如下项目(见表4):

表4 "共融新梅行动"项目设计工作表(2016年2月—2017年1月)

目标	具体任务	参与人员	执行时间
以需求为导向的社区管理系统	成立社区睦邻中心	共融新梅行动项目组和居民代表	2016年2月

续 表

目标	具体任务	参与人员	执行时间
	职能部门周接待日	社区各职能部门	每周三
	推行新梅家园卡	所有社区居民	2016年3月布线完成
参与式社区服务和自我服务系统	楼组长睦邻中心值日制度	居民选举的楼组长	2016年2月始每周日轮班
	新梅缘文化日	所有居民	每月第一个周一6—8点
	新梅时事角	所有居民	每月第二周周一6—8点
	新梅二手市场	所有居民	每月第三周周六

以上的项目计划,需要各方面通力合作实施,共同努力完成。

2. 项目实施过程和原理

以需求为导向的社区管理系统需紧密围绕来沪人员各方面的需求设计,前述职业培训、法律援助、妇幼保健、子女就学等需求都是契合来沪人员民生利益的重要方面,需根据人群需求实行多元化的服务设计和跟进。同时,要特别关注来沪人口带来的城市内部二元结构必然增加社区工作的复杂性和多层次性。对调查中部分来沪人员愿意形成自发管理组织的情形,要正面引导,小集团与当地基层组织易形成对抗,如何使这些群体属地化、最终形成身份认同,需要社会各方力量的努力。比如,在制度上除了国民待遇之外,应着重回应来沪人员的市民待遇,对其关心的医疗、健康等问题在制度允许的范围内进行服务创新。在对来沪人员的服务设计上要合理,在现有财政、人员能力的基础上提供服务,将普适性的全国性福利与地方性照顾综合起来考虑,合理设计多方共赢的服务,并使服务和管理紧密融合,不脱节。

锦阳社工事务中心"以需求为导向的社区管理系统"是"共融新梅行动"的第一大内容。例如,新梅社区来沪人口的特征主要以年轻人、大学生为主,在第一次参加职业培训的具体案例中,我们发现职业培训并未出现预期的都集中在学历层次低的人群的现象,本科以上层次的来沪人员对职业培训更为热衷和需要。

对本科文化程度的来沪人员的培训多集中在电脑、语言、单位业务、企业管理等方面。效果评价：认为非常实用的占38.9%，认为实用、基本实用的分别占37.3%、17%，认为不实用的仅占2%。可以认为，新梅社区培训应以中高层次的人群为主，这类人群占比较大。关于想参加的技能培训，首选是英语类，其次为理财、驾驶、餐饮、电脑、服装、金融、舞蹈、销售等。显然，实行多元化、个性化、有针对性的服务设计就非常必要。

第一，成立社区睦邻中心。2016年1月，锦阳社工事务中心社工链接资源推动社区筹资成立睦邻中心，在此基础上实行议事厅制度，推出常规化议事通报以及特殊集体时间议事制度。邀请所有社区居民投票，采取民间推举机制产生社区议事厅群众领导小组，建立有效的机制，推动社区自治。后续各项计划均依托社区睦邻中心平台来实施。在睦邻中心完善智慧社区平台建设，进一步整合社区劳动部、群文部、司法部等各部门业务需求，建立"新梅来沪人口综合管理信息系统"，在系统中提供劳动力市场和就业、子女教育、出租房屋、流动育龄妇女、流动党团员、劳动社保、疾病控制等联网共享接口，建立统一的信息交换平台和统一的共享机制，实现信息的及时交换和快速流转，满足来沪人口服务的各种需求，做到信息全面共享。

第二，设立职能部门周接待日。前述锦阳社工事务中心来沪人员需求调查显示，群文、司法、劳动部门都存在有服务但知晓度不高、利用率低下的问题。以提供的就业及职业培训服务为例，有45.8%的来沪人口对相关社区的服务并不知晓，这就对相关科室职能部门宣传自身职能提出了要求。另外，为有一定居住年限的妇女提供体检、提供子女义务教育补贴、从业者婴儿日托服务（单位所在物业提供）、居住地外来人员重大家庭变故医疗补贴、法律咨询等服务，都存在知晓度低的问题，这严重影响了来沪人员社区归属感的形成。设立职能部门周接待日，并且通过锦阳社工事务中心的定点、错峰宣传，最大限度地使所有民众知晓社区职能部门的功能和服务。

第三，推行新梅家园卡，鼓励来沪人员参与社区服务。新梅地区来沪人员教育程度较高，参与社区活动的意愿（包括社区管理、社区志愿者活动、社区组织的其他活动）较强，经反思需求调研结果，锦阳社会工作事务中心认为社区应改革动员型的社区参与方式，强化来沪人员利益社区化，引导社区来沪人员积极参与社区事务。

因此，锦阳社会工作事务中心在"共融新梅行动"中，以加强社区来沪人员家园意识、提升社区来沪人员综合素质以及服务好两类人群（工作在新梅、居住在新梅）为总体目标，制定服务来沪人员"家园"计划，根据社区来沪人员的实际需求开展学习教育的推广和志愿者活动，帮助来沪人员早日融入社区，成为社区家园的一员。

从2016年1月开始，项目工作组召开多次会议，决定多方筹资统一制作社区来沪人员"家园"卡，向所有居民收取工本费5元，其他资金由社会筹集和政府资助，工作组分工合作，分头与社区科教文卫相关单位沟通，达成新梅社区居民（包括来沪人员居民）共用共融的协议，即学校运动场馆、文化设施、图书馆、社区卫生中心的公用设施可以在非业务时间面向居民开放。

利用科教文卫设施，为所有居民开展"新梅讲堂"系列活动，还特别为社区来沪人员提供城市精神、文明礼仪、社情概貌等基础知识普及课程（必修课），听说上海话、金融理财、乐器演奏、计算机基础、摄影入门等艺术兴趣课程（选修课）。推出一本适合来沪人员快速了解新梅、融入上海文化背景的宣传手册。通过展板制作、居民区巡展，吸引来沪人员关注社区培训，并通过发放免费试听券的形式，鼓励来沪人员参加社区各类培训活动。为进一步调动来沪人员参与社区各类培训以及志愿活动的积极性，采用"家园"卡积点奖励的形式，年内完成所有必修课程并参与社区志愿活动5次以上的社区来沪人员，可以凭"家园"卡换领社区手册。

"参与式社区服务和自我服务系统"是项目深入发展、植根民众的关键步骤。社会工作的最终目的是达到助人自助，在本项目中的具体体现便是新梅居民实现社区自治，自我服务和自我管理，淡化户籍差别，使来沪人员融入社区。在来沪人员社会融入的大背景下，随着人群教育程度的提高，参与社区活动的意愿（包括社区管理、社区志愿者活动、社区组织的其他活动）逐渐增强，在高中及以上学历的来沪人员中，由于能意识到丰富知识及大量信息所带来的机遇与改变，社区三类活动都有超过50%的人愿意参与。

调查显示，实际已经参与社区三类活动且超过2次以上的人群占12%，参与人员中失业和无业人员占比大，由于这些来沪人口与社区存在依附关系，他们的参与往往在实质上成为某种被动的要求。这种参与方式的参与度虽高，但是并不具有实质上的社区参与内核和意义，没有培育来沪人员居民意识的作用。因此，需要有针对性地设计更符合民众需求的项目，促进居民共融。具体措施主要依托社区睦邻中心，依据地区发展状况制定社区工作模式。

第一，制定楼组长睦邻中心值日制度。由项目工作组发起新梅各居民楼海选楼组长，采取居民自荐和推荐的方式，差额投票，2016年1月中旬选举完毕。工作组于1月20日召开所有楼组长会议，制定楼组长工作制度和睦邻中心管理营运章程，试行街道出资、出场地，居民自我管理的营运方式。自2016年2月始，楼组长每周日轮流在睦邻中心值班。接待各居民楼居民并负责动态了解民情和需求，制定社区未来的活动计划。楼组长每周向睦邻中心提交楼组安全日志。

第二，设立睦邻中心常规活动日。由项目组发起，各楼组居民筹划，依托睦邻中心和智慧平台，推出一系列常规社区活动，为居民交流和参与社区事务提供平台。这些常规活动如下：

(1) 新梅缘文化日。

每月第一个周一6—8点，在睦邻中心推出家乡特色展示活动，以楼组为单位，组织居民申报家乡的风俗、特征特色展示，以促进居民共融。

(2) 新梅时事角。

每月第二周周一6—8点，在睦邻中心开展时事角，大家以灵活多样的形式，就社区、城市热点和百姓关注的事件发表议论和辩论等。

(3) 新梅二手市场。

每月第三周周六，在睦邻中心开展二手物物交换或者物币交换的活动。此项活动可以满足多方面的需求，并达到环保的目的。

另外，可以根据居民需求，依托社区睦邻中心，设计其他特殊的项目。比如，开展就学问题社区咨询日，邀请中小学、幼托机构来社区开展咨询活动；又如，根据居民的法律援助需求，将社区内具有一定法律专业知识和较高政治素质、热爱社区工作的在职或退休法官、检察官、律师、法学工作者等吸收到社区法律服务志愿者队伍中来，联合社区辖区内的律师事务所，为社区内的居民特别是社区内的来沪人员提供法律咨询和援助、代写法律事务文书，调解民间纠纷。

六、新梅社区来沪人员社区融入的双模介入的项目评估

项目评估有利于项目利益各方掌握项目实施的效果，重点关注项目方案内容与服务对象需求之间的吻合度、项目实施(包括项目进展、目标与任务的实现

情况等)与原有计划的吻合度、项目成效(包括项目的社会影响、服务对象满意程度等)。据此,项目评估的内容应包括四个方面:服务对象需求;服务方案或委托协议书的具体内容及要求;项目实施情况;项目的社会影响。

根据项目评估的依据及方法,结合"共融新梅行动"具体情况,本次评估的基本思路为:依据2016年年初新梅社区与锦阳社会工作事务中心"共融新梅行动"协议书,结合项目的具体运作,分析项目的任务完成情况、目标实现程度、工作成效和社会影响等。

随着社区发展和来沪人员的社区融入,社区自治的运作空间将会进一步加大,睦邻中心的职能面临系统性加强的要求,包括完善睦邻中心规章制度、组织架构(有理事会和监事会)、规范组织运作,定期召开工作会议等。这表明,睦邻中心的持续运作有了基本的能力和经验。锦阳社会工作事务中心和新梅社区签订的委托服务协议的具体内容基本一致。服务的获取,不是一个单纯的自上而下的方式,或者简单的给予过程,不能忽略社区中参与主体的能动性和积极性,只有充分调动来沪人员的自主意识和价值感,才能激发社区服务的参与率。锦阳社会工作事务中心选用了社会策划和地区发展模式相结合的思路,该模式下的项目设计使来沪人员的就医、就学、法律咨询等需求得到进一步满足,家园卡的推出和实行增强了社区居民的归属感和身份意识。总而言之,项目综合了社会各界力量,对来沪人员带来的二元结构进行有效回应,收到较好效果,居民也对社区资源更熟悉,参与了很多社区公共事务决策的设计和执行,真正得到赋权和融合。

访谈结果也表明,项目服务与管理的主体、服务与管理的方法需要进一步理顺;项目执行过程中的监管体系需要进一步完善;另外,如果能设计更科学的评估方法和引入第三方评估项目的成效,则评估结果更具客观性。

课程设计

一、教学目的与用途

本案例课程设计是将此案例应用于"社区工作"课程中社区社会工作部分的教学,用于介绍地区发展和社会策划模式的相关内容与运用,案例的编写以此为出发点组织有关内容,对案例的分析和总结也是基于这一目的。若将本案例用于其他课程,则需做调整,本案例课程设计可作参考。

(一) 适用的课程

本案例适用于"社区社会工作""高级临床社会工作",也可以作为"社会服务项目设计"等课程的辅助案例。

这一案例展示了运用综合视角对社区外来务工人员社区融入问题进行分析和干预。社会工作生态模型着重强调人与环境的互动关系,强调把来沪人员融入问题与他们的人格特性、家庭动力、同伴关系、属地文化、社区特征以及更广阔的经济社会环境联系起来。学生在分析造成社区疏离的原因时,应当从微观、中观以及宏观的角度出发。学生需要同时评估社区行政部门提供政策的目标和策略,据此,思考项目应当向何方向发展。

(二) 适用的对象

本案例适用对象包括高年级社会工作专业本科生、社会工作专业硕士(MSW)研究生。

(三) 本案例教学目标规划

1. *覆盖知识点*

本案例在"社区社会工作"中应用主要覆盖的知识点有:

(1) 社区建设与社区服务;

(2) 外来人口/来沪人员的社会融入;

(3) 社区发展的三大模式及相互整合。

2. *能力训练点*

本案例在"社区社会工作"课程中规划的主要能力训练点有:

(1) 学会分析社区的特点与现状;

(2) 学会动态评估社区的问题与需求;

(3) 学会识别社区的资源;

(4) 学会发展契合社区多元人口需要的管理与服务体系。

二、启发思考题

本案例的启发思考题主要对应的是案例教学目标的知识传递目标,启发思考题与案例同时布置,另外,要让学生尽量在课前阅读熟悉相关知识点。因此,在案例讨论前需要布置学生阅读教材中有关社区工作的基本模式,包括基本假设、主要任务和策略、使用的方法与社会工作者扮演的角色。

(1) 新梅社区在服务和管理历程中经历了哪些阶段和转变?
(2) 与传统社区相比,新梅社区结合自身的情况进行了哪些适宜的调整和设计?
(3) 新梅社区在服务历程中体现了社区社会工作的哪些价值观和理念?
(4) 新梅社区运用了社区社会工作中的哪些模式?
(5) 该社区的服务平台与哪些支持主体结合?发挥了哪些作用?
(6) 该项目设计和评估中有哪些不足?需要做哪些改进?

三、分析思路

案例分析的思路是将案例相关情景材料通过教师事先设计好的提问逻辑引导和控制案例讨论过程。因此,本案例分析设计的本质是提问逻辑的设计,案例的服务定位和服务体系构建是案例分析的关键路线,服务体系构建背后潜在的建构理念和建构原则是教学目标。

(一) 本案例的服务体系建构点

1. 主要服务体系建构点
(1) 新梅社区如何定位与转变社区的功能?
(2) 新梅社区融合的促成主体与要素是什么?

2. 辅助服务体系建构要点
(1) 如何确定社区人口的真正需求并增加居民对需求的可得性?
(2) 如何运用不同的社区工作模式来确定服务方案?
(3) 在来沪人员社区管理与服务中,不同主体如何发挥各自的作用?

（二）案例分析的基本逻辑

首先，对比分析新梅社区在两个阶段采取的社区管理和服务的内容，可以从内外环境的变化来思考社区不同部门定位和差异化的功能目标。前一阶段的社区工作现状如何？出现了什么问题？新梅社区政府原来在管理上采用传统的属地管理的方式，试图通过人户一体的方式来静态地管理居民，导致随着来沪人员日益增多而出现的僵尸化管理和口头化管理，不具有可操作性和实效性。且在服务的提供上存在弊端：一是在工作理念上缺乏创新，采用传统的社区服务方式进行"单方面地给予"；二是在工作内容上，容易出现"拍脑袋"决定方式，缺乏实事求是的就地调研和需求评估，没有做到社区服务与居民需求真正对接。

后一阶段，新梅社区根据社区人口要素和组织结构要素的变化，对社区的管理和服务进行了调整。面对流动人口与日俱增，该社区一方面创新了管理的方式，改变了过去静态管理和按人头管理的方法，提出建立智慧社区动态服务和管理手段；另一方面，在服务方面，不仅做出了及时全面的需求调研，而且融合不同的社区工作模式进行服务方案的设计，充分尊重了社区的多元群体，也调动了社区的多方活力。

其次，思考社区工作的原则和价值观对于建构来沪人员服务和管理体系的重要意义。以社区的发展为主要目标，根据实际条件制定工作计划，强调居民的参与，尊重社区自决，开展广泛合作，是社区发展的五大原则。正是因为秉持了这些原则，才会有新梅社区在融合上所做的努力和调整，才使社区从最初的传统管理迈向智慧社区的治理，以服务带管理满足居民住房、就业、育子、养老、医疗等多方面的生活需求，逐步在社区扎根，并不断拓展服务范围。

最后，在新梅社区构建管理和服务体系的过程中，要分析和思考不同模式的融而合之和分而用之。在方案调整前期，新梅社区在社会策划模式的指导下，对社区问题和可动用资源进行了调查分析，收集了相关的事实资料，确定服务的目标群体和群体需求，并进行了技术性和理念性的创新，将属地管理调整为智慧社区和多样的动态监管；在后期具体服务落实的过程中，锦阳社工事务中心通过挖掘和动员社区内部资源，充分调动政府部门、社区居民社会组织以及志愿者的资源，建立多样化服务输送渠道。同时，培育居民的自助和助人能力，思考在社区融合中个人能力提升、邻里互助、社区网络建立、社会资源共享层面还有哪些服务可以增进和完善。

四、理论依据与分析

(一) 社区工作的具体目标与专业价值

1. 具体目标

满足社区需要是社区工作目标的核心内容。社区工作就是为了满足包括个体、家庭、社区等各种工作对象的需要,提供专业的服务、发掘和整合社会资源的过程。具体包括:

(1) 促进居民参与解决自己的问题,提高生活质量。

(2) 改善社区关系,鼓励遇到问题的居民主动表达自己的需求与意见。

(3) 提升居民的社会意识,使居民意识到努力表达自己意见是一种权利。

(4) 发挥居民的潜能,提高居民自我解决问题的能力。

(5) 培养相互关怀及照顾的美德,降低社区疏远感,促成一个互相关怀的社区;加强居民对社区的归属感,使居民善用社区资源来满足自己的需要。

2. 专业价值

从新梅社区的案例中,我们可以看到从管理观念的转变入手,增强来沪人员的存在感和价值感,用服务促管理,在拉近与来沪人员的距离,消除排斥和疏离感后,再通过调动居民的积极性来激发社区居民参与社区事务的热情,改善了来沪人员所在社区难于管理、疏于服务的现状,提升了来沪人员的参与意识,增加了社区的资本。

社区工作的专业价值表现为以下几个方面:

(1) 以集体为取向的人的价值和尊严。人的价值和尊严以及个人自我选择和自我实现的权利是社会工作(包括社区工作)的核心价值。其关注的始终是社区共同体和人的环境,通过社区组织来实现人的价值。

(2) 以制度为取向的社会正义。社区工作重视社会制度对社会成员提供平等的机会和福利责任,把获得诸如食物、住房、医疗、教育和社会参与等基本的生活资源视为每个公民的基本权利。

(3) 以民主为取向的社会参与。认为人民的民主权利要通过社会参与来实现,而民主本身具有非常丰富的社会功能,能够提升个人、团体乃至整个社区的政治意识、合作意识和解决问题的能力。

(4) 以互助为取向的助人服务。注重社区成员、团体和组织之间的互动交往，强调居民建立邻里关系、强化互相照顾、建立和谐社区的重要性。通过促进居民对他人的正面态度来提高他人对社区的关心，从而使居民获得更大的归属感和安全感。

在新梅社区的个案中，我们看到了社区功能和目标始终是以社区共同体和环境的变化为转移的，针对人口要素和结构以及社会环境的变化，社区在动态中实现功能的转化。与此同时，面对社区居民的流动性增大和群体多样化趋势，新梅社区始终把基本生活品的保障视为重中之重，通过建构各项服务来满足新群体的基本需求；在以服务促管理、以服务推服务的后续阶段，新梅社区能够依托社区的不同力量，包括正式与非正式组织和资源，激发居民的互助热情，这在社区参与的建立和运作上表现得最为明显。新梅社区也十分重视来沪人员的归属感和价值感，把消除隔阂和疏远作为工作的重要环节。在以服务促管理的转变中，通过获得群众的认可和信任来实现良性自觉的管理和自我服务。

(二) "社区"的概念

"社区"这一概念是德国社会学家滕尼斯于 1887 在《共同体与社会》一书中首次提出，其初始含义就是指人们生活的共同体和亲密的伙伴关系[①]。我国学者的观点是：在某一区域内，一些生活中联系紧密的人群便可以组成社区[②]。社区的形成离不开地域、人口、组织、结构和文化五大要素。首先，强调居民是社区的主体，也是社区得以保持相对稳定的人力资源；其次，强调居民之间的居住环境、卫生、文化活动、教育和治安与社区参与等方面的互动关系构成社区的组织结构要素；再次强调文化的维系力，即居民对社区的认同感和归属感；最后强调地域共同体这一要素。

(三) 社会融合理论

在人口社会学研究领域，社会融入是指缩小差距，逐步消除最弱势群体和主流社会之间的不平等，并确保最需要帮助的社会群体能够及时得到社会支持。许多国家和地区将社会融入视作人类生活质量的关键指标，而更高层次的社会

---

① 参看斐迪南·滕尼斯：《共同体与社会》，林荣远译，商务印书馆，1999 年。
② 参看顾东辉：《社会工作概论》，复旦大学出版社，2008 年。

融入早已成为全社会发展的终极追求①。为应对社会排斥、促进社会融入,在国际理论与实践研究中,欧盟国家已经越来越重视发展社区参与。从更广泛的视角积极关注人们的社区生活,通过专业化的社区发展方法,探讨有效的对抗社会排斥的途径,促进市民社会的发展②。在社会学理论中,社会学家将相互同化和文化认同看作社会融入的经典定义。美国芝加哥学派帕克认为,社会融入是移民和当地居民之间的相互沟通,以分享他们的文化记忆,进而适应所在城市,进入当地的主流文化生活③。

来沪人员融入城市社会,从学术上说,就是要进行再社会化。所谓再社会化,要同时兼具三个基本条件:一是在城市拥有一个相对稳定的工作,以便拥有稳定的经济收入和一定的社会地位;二是能够形成一种与当地人密切联系的生活方式,以便有与当地人进行社会交往并且参与当地社会生活的条件;三是因循这种生活方式并与当地社区接触,可能形成被接受的、新的与主流社会趋同的价值观④。基于此,来沪人员的社会融入就可以概括为三个层面:经济层面、社会层面、心理(文化)层面。这三个方面呈现依次递进的关系:第一,经济发展水平的基础适应,是基于流动者在城市生存的需要;第二,城市生活的深层次要求便是社会适应,体现了融入主流社会的广度;第三,整合心理文化适应,体现了融入主流社会的深度。来沪人员要想真正实现融入当地主流社会,必须上升到心理(文化)层面的适应。

(四) 社区参与

简政放权大趋势的推动与市民社会的发育和多元利益群体的成长,带来了居民权利意识和自主意识的提升,他们迫切希望参与社会治理⑤。在社会治理和社会服务的框架中,不同的个人团体、社区组织及政府和非政府组织共同参与管理,形成联动机制,从而促使旧的服务模式不断优化,新的服务方式得以不断

---

① Further Information: Social Inclusion, 2007 – 2013 European Structural Funds Program (ESFP), http://www.esep.co.uk 03-info-social-inclusion.html.
② Vercseg, I., "Community Development in Central-Eastern Europe", *Seminar Paper*, Sovata, Romania, 27 – 28 March, Budapest: HACD, 2003.
③ 参看罗伯特·E. 帕克:《移民报刊及其控制》,陈静静等译,中国传媒大学出版社,2013年。
④ 严士凡、叶晓萍:《关于促进外来人与本地人融合问题的调查》,《人口与经济》2003年第1期。
⑤ 刘岩、刘威:《从"公民参与"到"群众参与"——转型期城市社区参与的范式转换与实践逻辑》,《浙江社会科学》2008年第1期。

构建。作为社区参与的重要元素,参与主体、参与意愿和社区动员显得尤为重要。

1. 参与主体

随着社区的发展,单一化、行政化和单位化的自上而下社区管理已经不再适应实际情况的需要,为实现"共赢""共生"和"共享"等社区发展目标,社区内不同的组织、团体和居民之间展开了频繁的互动。目前,社区参与的主体大体包括三类:社区居民、非政府组织和政府组织,他们之间形成了一种合力和联动模式。在这三类主体中,社区居民参与的地位最为重要,毕竟人是社区建设中的决定性因素,如果居民能够普遍参与社区公共活动,这不仅说明社区居民具有明确的主体意识,还表明社区建立了畅通的参与渠道。就社区非政府组织而言,有广义和狭义之分,广义的非政府组织既包括社区内的群众自治组织、娱乐组织、健身团体等,也包括在本社区开展活动的社会上的非政府组织。政府参与社区建设主要是通过社区居民委员会这一居民自治组织,居委会承担着社会控制与利益表达的双重功能,但从其实际运作来看,它更多地承担着社会控制的职能。

新梅社区在以往的服务和管理中,没有能够充分地激发社区多元主体的活力和作用,将最具有发言权和行动力的社区居民视为被动的输出者,造成了管理的困境和服务的僵化。相比之下,在调整后的第二阶段,社区能够把包括基层政府、社会组织和居民在内的多元主体作为一个行动的联合体,是一个理念上和行动上的进步,是激发社区资本、迸发社区活力的良好开端。

2. 参与意愿

参与意愿是居民是否参与社区事务的主观决定因素。一般而言,年龄、健康状况、受教育程度、收入水平等客观因素和权利意识等主观因素都会影响个体的行动选择。从现代经济学的"理性经济人"这一假设出发,社区居民是否参与社区事务和活动,取决于"参与"行动所带来的效用和收益的高低。即如果参与效用满足了各个居民的"利益最大化"原则,该居民就会积极参与;反之,就没有足够的积极性参与社区建设和公共活动[1]。当前,社区建设中自上而下的向度热热闹闹,自下而上的向度冷冷清清,社区横向联动也缺乏合力的困境,实质上与资源和利益不能共享大有关系[2]。但是,"利益最大化"原则及其所基于的完全

---

[1] 陈万灵:《社区参与的微观机制研究》,《学术研究》2004年第4期。
[2] 马西恒:《社区治理框架中的居民参与问题:一项反思性的考察》,《上海行政学院学报》2004年第2期。

理性预设,受到越来越多的批评和争议,因为人并非是完全理性的,个体的选择行为受到情感因素、所处情境、个人偏好等诸多因素的影响。从这个意义上说,居民对所属社区的情感认同和利益关联是两个制约居民社区参与意愿的一般意义因素。

新梅社区在转变传统的属地管理的理念基础上,进一步以服务促管理,改变了以往行政化自上而下的工作方法。在需求评估的基础上,通过为居民提供针对性的社会服务来间接实现管理的需求,在减少来沪人员疏离感和抵触情绪的同时,为居民带来切切实实的效用和收益,同时又激发了居民进行社会参与的热情和意愿,达成了双赢和互利的效果。

3. 社区动员

社区参与既被看作社区发展的动力,也被认为是社区建设的手段与目的。如何让社区居民有参与的意愿显得尤为重要。随着现代社会的发展,居委会在社区中的动员背景和动员方式都在发生改变。无论是对作为一个居民自治组织的行政权威而言,或是从其资源获取方式、对居民的管理能力而言,都受到了的限制。因此,适时适地地运用本土性社会资源,建构以感情、互惠和信任为基础的地方性互动网络,培育一个非正式网络,有着重要的积极意义。

新梅社区在进行社区管理和社区服务的历程中,无论是对政府机构主体作用的发挥,还是对各类社会组织的资源链接以及后期在自治组织建立和公益活动开展上都进行了充分的社会动员。第一,在政府主体层面,完善社区基层组织工作机制与框架;第二,明确社区居民自治权利,推动居民参与,确保居民对社区活动的知情权、参与权和决策权;第三,明确社区居民在社区参与的过程中既强调权利也强调义务,服务与管理并存共促。

五、关键要点

本案例分析关键在于把握社区在来沪人员管理与服务上的转变与调整,尤其是社区居民的社区需求分析、参与主体的调动、社区资源发掘与整合等方面的要素。

(一) 教学中的关键点

(1) 社区融合的概念与发展;
(2) 不同社区工作模式的运用;

(3) 社区服务与管理体系建构的阶段性特点；
(4) 社区服务中不同主体的角色与作用。

（二）建议的课堂计划

本案例可以根据学生的差异，尤其是对案例的阅读和课前对相应知识的掌握程度来进行有针对性的施教。本案例主要按照 2 学时进行设计。

A 计划：学生事先预习到位，本科生和全日制研究生可以将小组讨论置于课外进行，因为这类学生的实际工作经验少，案例讨论过程中需要教师引导的内容要相对多一些。

B 计划：在职 MSW 学生课前预习不一定完成得很好，或者学员间预习差异较大，因此，需要将小组讨论置于课堂讨论之中进行。

两种课堂教学的详细安排计划如下：

A 计划	B 计划
课前阅读相关资料和文献 180 分钟； 小组讨论 60 分钟。 考虑到本科生的知识基础和对应用的理解，要适当增加讨论后知识总结的时间。 课堂安排：90 分钟 案例回顾：10 分钟 集体讨论：50 分钟 知识梳理总结：20 分钟 问答与机动：10 分钟	课前阅读至少 30 分钟。 考虑到在职 MSW 学生课前阅读和讨论的可行性，建议将小组讨论置于课堂中进行。 课堂安排：90 分钟 案例回顾：10 分钟 小组讨论：20 分钟 集体讨论：50 分钟 知识梳理：5 分钟 问答与机动：5 分钟

在课堂上讨论本案例前，要求学生至少读一遍案例全文，对案例启发思考题进行回答。具备条件的，还要以小组为单位围绕所给的案例启示题进行讨论。

（三）本案例的教学课堂讨论提问逻辑

(1) 新梅社区融入服务的前后变化如何？调整的原因和机遇为何？

(2) 新梅社区在转型后的服务与管理中分别增加了哪些重要的社区工作元素？成功之处和不足之处是什么？

(3) 新梅社区在后阶段服务中可以体现出哪些社区社会工作的理念和原则？

（4）现有的新梅社区服务还有哪些不足和需要完善的地方？

推荐阅读

1. 张和清、杨锡聪：《社区为本的整合社会工作实践：理论、实务与绿耕经验》，社会科学文献出版社 2016 年版。

2. 天津市社会工作协会：《社区社会工作案例选编·为民解困篇》，中国社会出版社 2017 年版。

后 记

　　复旦大学社会工作学系的主要研究和发展方向集中在健康社会工作、家庭社会工作、老年社会工作和社会政策与机构管理，本书的编写主要围绕这四个方向展开。

　　编写这本书的过程是一个不断被感动的过程，因为看到系里同事在承担诸多家庭、教学、科研压力的同时，还在努力地投身实务，一边言传身教于学生，一边身体力行地想改变什么，这不得不让我肃然起敬。复旦大学社会工作学系实在是因为有这些负责任而又情怀满满的老师而充满魅力。付芳老师为了讲授"高级医务社会工作"的课程需要，自己做需求评估，自己设计方案，然后坐一个小时左右的车程去医院一节一节地带医护人员的减压小组，读她的案例可以感受到整个小组做起来环环相扣，细腻而流畅，时不时还有些神采飞扬，一如付老师的个性；高建秀老师一直致力于家庭社会工作的研究与教学，持续数年在妇联接听反家暴热线，所以，她的案例读起来一气呵成，考虑问题周到而详实，清晰可见其功底的深厚；陈虹霖老师在学校讲授社区工作，她写的案例资料详实，数据充分，娓娓道来，一幅外来务工人员社区融入生机盎然的画面跃然纸上；张佳安老师毕业于美国密歇根大学社会工作学院，她带来了一个她在美国养老院介入的个案案例，这份案例读起来真是不忍释手，那份因真诚地对人的关怀、对更好生活质量的追求而引发的细致入微的服务，深深触动了我的内心。还有米勒先生，他是一位美国家庭治疗专家，全职入职复旦大学社会工作学系。他在案例中表现出的对中国文化的热爱与尊重，对中国临床社会工作发展的现实思考，以及他提出来的"双向交流的重要性"、警惕"单一故事的危险性"让我分外感佩。此外，韩央迪老师、王川兰老师、陈琳老师和陈岩燕老师，他们四位的案例都是和学生一起合作完成的，文献回顾、理论选取、长期的实施与跟进、每处细节的恰当调整，复旦大学社会工作学系老师在教学、督导中的投入由此可见一斑。更难能可贵的是每个案例都反映了他们对社会工作者理念的深刻理解、对专业的精细把握，如韩央迪老师对"社会性"的思考，王川兰老师对评估系统性的强调，陈琳老师对友好社区目标的追求，陈岩燕老师对全人照护和整合照护的深刻反思。能和这些有情怀、负责任的老师一起工作，一步一个脚印地推动社会工作事业的发展，真的是一件很快乐的事情。

编写这本书的过程也是一个颇感欣慰的过程，因为又可以和那些已经毕了业的学生一一对话，了解他们的工作，看到他们毕业后的成长。薛莉莉目前已经是上海市精神卫生中心社工部的主任，她在案例中提出，疾病不仅给患者带来了困扰和习惯性思维方式，更多是患者被贴上精神病患标签后作为一个"人"所享有的权益"被剥夺"了，这种剥夺也许是无意识或出于"善意"而产生的，看似患者被照顾了，实际上导致患者逐渐"失能"了。因此，她提出了赋权式的小组社会工作，希望通过自己的努力为这些被污名化、被弱能化的精神健康患者找到一条回归社会的路，整个案例读起来，在专业之外，是满满的人文关怀。许俊杰是一位在学校里就被同学称为"教授"的学生，特别爱思考，也很有想法。他的案例是一个值得细细感受的案例，他提的问题颇具启发性，如"到底精神疾病去污名的教育和倡导该使用何种方式，既充满尊严，又能让社会包容和支持""现有服务系统中，精神障碍康复者们因长期被训化服药的依从性和严密的管控性，他们生活中独立自主性能力被削弱许多，从而影响到他们对于生活的希望、信心、责任。是否可以有些新的尝试，让他们重新去经历、体验上述被削弱的部分"，多好的问题。马凯旋是一个在学校里就能力很强的学生，有决断，执行力非常好，做事也投入。毕业后，她在上海市新华医院做了一名医务社会工作者，对工作充满热忱，总是不断地挑战自己。她和同事合作的这份案例可读性很强，把 PSICU 病房里的社会工作者服务娓娓道来，于不惊之处见专业。刘江是我们系的博士毕业生，那位为了攻下博士学位"发际线已经退到黄浦江畔"的年轻人，在读博期间一边认真严谨地做着学问，一边还满腔热忱地参与了云南鲁甸的灾后重建社会工作，书中的案例来自他自己的亲身实践。如今，这个年轻人已经成长为一位社工教师，还拿了三届中国教育协会年会论文的一等奖，可喜可贺。还有傅鹂鸣，复旦大学社会工作学系早年与香港大学合作培养的 MSW 毕业生，一直在禁毒社会工作领域默默耕耘，目前已经成为一位禁毒社会工作专家。她的案例反映了她总是想要实践新的尝试、新的想法、新的技术运用，这些都带给你无限的专业不断被拓展的兴奋。当然，还有那些我们仍然在读的学生，他们的认真以及一丝不苟地对专业的践行，令我在感动之余，常常会一边读一边忍不住要夸夸他们。教学相长，复旦大学社会工作学系因这些学生而精彩，祝福他们每个人都会有更好的未来。

其实，就这本书而言，出彩的不仅是案例本身，还包括案例后的"使用说明"，那是更见作者的批判与反思功力的部分，是我们精心搭起的一座桥，帮我们打通了与案例使用者分享、讨论的路径，是一个我们将专业再次延展的部分。希望这部分内容对那些使用案例的师生有所助益。

坐而论道，起而行之。这本书是近年来复旦大学社会工作学系师生教学研究的一次汇总，当然，这只是案例教学集（一），应该还会有（二）（三）（四）等。我们用我们的努力践行一份社会工作者的理想，也期待所有的努力可以为专业的教学与发展略尽绵薄之力。

感谢复旦大学研究生院专业学位课程建设基金的支持，感谢复旦大学出版社宋启立编辑的辛苦付出，感谢书中所有我们的服务对象、医院、福利院、机构、社区的支持。当然，书中还有很多不当、不完善之处，敬请各位同仁批评指正。

写下这篇后记时，复旦校园正桂花盛开，清香满园，沁人心脾，一个美丽而令人遐想的季节。

赵　芳　于复旦大学
2019 年 10 月

图书在版编目(CIP)数据

社会工作教学案例与课程设计/赵芳主编. —上海：复旦大学出版社,2020.4
(复旦博学. 社会工作教学案例库系列)
ISBN 978-7-309-14604-2

Ⅰ.①社… Ⅱ.①赵… Ⅲ.①社会工作-教案(教育)-高等学校②社会工作-课程设计-高等学校 Ⅳ.①C916.2

中国版本图书馆 CIP 数据核字(2020)第 054579 号

社会工作教学案例与课程设计
赵　芳　主编
责任编辑/宋启立

复旦大学出版社有限公司出版发行
上海市国权路 579 号　　邮编：200433
网址：fupnet@fudanpress.com　http://www.fudanpress.com
门市零售：86-21-65642857　　团体订购：86-21-65118853
外埠邮购：86-21-65109143
上海春秋印刷厂

开本 787×960　1/16　印张 23.25　字数 372 千
2020 年 4 月第 1 版第 1 次印刷

ISBN 978-7-309-14604-2/C·391
定价：58.00 元

如有印装质量问题，请向复旦大学出版社有限公司发行部调换。
版权所有　　侵权必究